Von Noel Barber sind als
Heyne-Taschenbücher erschienen:

Tanamera · Band 01/6893
Sakkara · Band 01/7849
Koraloona · Band 01/8156
Magoori · Band 01/8271
Liebe in Frankreich · Band 01/7764

NOEL BARBER

PARISER JAHRE

Roman

Aus dem Englischen
von Christine Mössel

WILHELM HEYNE VERLAG
MÜNCHEN

HEYNE ALLGEMEINE REIHE
Nr. 01/8779

Titel der Originalausgabe
THE WEEPING AND THE LAUGHTER
Die Originalausgabe erschien bei Hodder & Stoughton, London

Wilhelm Heyne Verlag GmbH & Co. KG, München
Printed in Germany 1993
Umschlagillustration: Barbara Lofthouse
Umschlaggestaltung: Atelier Ingrid Schütz, München
Gesamtherstellung: Elsnerdruck, Berlin

ISBN: 3-453-06419-4

Weinen und Lachen –
sie währen nicht lang.
Haben wir einst das Tor passiert,
kommt ihnen wohl kein Gewicht mehr zu.

ERNEST DAWSON

Für
Gloria und Michael Lewis

NOEL

Dank des Autors

Wie stets gilt mein Dank meinem Kollegen Alan Wykes, der mir bei den Recherchen zu diesem Buch eine so wertvolle Hilfe gewesen ist. So gut ich mein Paris kennen mag – immerhin habe ich dort über zwölf Jahre gelebt –, so muß doch der Genauigkeit Genüge getan werden. Alans Fähigkeiten auf diesem Gebiet verkürzten die Arbeitszeit am vorliegenden Band um gut ein halbes Jahr.

Des weiteren danke ich meinem Verleger, John Bright-Holmes, dessen Unterstützung in Rat und Tat sehr wertvoll für mich gewesen ist.

Zuletzt meinen lieben Dank an Pippa Esdaile, die vier Versionen – oder zumindest die Hälfte davon – getippt hat, denn Umstände, auf die ich keinen Einfluß hatte, hatten das Engagement einer zweiten Schreibkraft nötig gemacht. Auch sie hieß übrigens Pippa – Pippa Mallett. Beiden Pippas bin ich sehr verbunden.

N. B. 1987

ERSTER TEIL

1919

1

Mein Zwillingsbruder Rudi – wir waren damals gerade zwölf Jahre alt – belauschte eines Tages meinen Vater bei einem ernsten Gespräch mit Mama und Tante Olga im Nebenzimmer. Während er noch angestrengt horchte, sagte mein Vater das magische Wort »Flucht«.

»Hör dir das an, Nicki!« Rudi drängte mich, hinter der Tür niederzukauern.

An Türen zu lauschen war damals unsere Lieblingsbeschäftigung – und zwar ganz besonders während jenes trostlosen, kalten Winters Anfang 1919, als Mord und Plünderungen an der Tagesordnung waren und man sich nicht mal mehr gefahrlos vor die eigene Haustür wagen konnte.

»Flucht?« wiederholte ich leise. »Aber wohin denn?«

»Nach Paris.« Und damit war das zweite Zauberwort gefallen.

Von unserem Spiel- und Schulzimmer führte eine sehr alte Tür in Mamas großen Salon. Gelegentlich gelang es uns, durch eine Ritze in der Holztäfelung in den angrenzenden Raum zu spähen und zu lauschen. Wenn der Winkel gerade günstig war, dann konnten wir durch das große Schlüsselloch sogar einen Blick auf das erhaschen, was sich dort drüben abspielte.

»Paris«, murmelte ich. »Aber wie sollen wir denn dorthin kommen?«

»Papa ist doch immerhin General gewesen«, erwiderte Rudi, als erübrige sich damit jede weitere Erklärung.

Seit Monaten ahnten wir, daß irgend etwas Einschneidendes passieren mußte, denn seit Zar Nikolaus und Zarin Alexandra mit den Kindern verschwunden waren, häuften sich die Nachrichten über die blutige russische Revolution und von den zahllosen grausamen Morden und Folterungen.

»Wenn wir jetzt nichts unternehmen«, hörte ich Vater zu Mama und Tante Olga sagen, »dann ist unser Ende besiegelt. Ich habe schon fast alles vorbereitet. In Kronstadt liegt ein Schiff, das uns über die Ostsee nach Dänemark mitnimmt. Von dort reisen wir weiter zu unserem Haus in Paris. Adelige haben in Rußland keine Zukunft mehr. Die Bolschewiken trinken unser Blut wie andere Leute Wodka.«

Rudi wurde kreidebleich, und mir war auch etwas flau in der Magengegend, als ich mir vorstellte, daß jemand Rudis Kehle durchschneiden und sein Blut trinken könnte. Aber selbst das konnte mich nicht davon abhalten, weiter durchs Schlüsselloch zu schauen.

Mein Vater, Fürst Dimitri Korolew, damals gerade fünfzig Jahre alt, stand mit dem Rücken zum großen offenen Kamin, in dem ein prächtiges Feuer brannte und ab und zu Kastanienäste unter Zischen und Knallen platzten.

Vater war über einen Meter neunzig groß und in letzter Zeit etwas fülliger geworden. Er hatte dichtes graues Haar, einen gepflegten grauen Backenbart und einen imposant geschwungenen Schnauzbart. Wenn er auf einen Ball ging, pflegte er meist zu sagen: »Ich habe den schönsten Schnauzbart, den man je im Winterpalast gesehen hat.«

Mein Vater war ein Militär der alten Schule, also ausgesprochen autoritär, ein Mann, der gewohnt war, zu befehlen. So manchem Soldaten, der nicht schnell genug gehorchte, hatte er das Fürchten gelehrt.

Nur war er im Jahr 1919 bereits kein General mehr – und das aus ganz einfachem Grund. Fast die gesamte Generalskaste war untergetaucht oder ermordet worden oder geflohen. Nur ein kleiner Rest versuchte, auf der Krim oder noch weiter im Osten eine »Weiße Armee« auf die Beine zu stellen.

Vater verdankte sein Leben seinem Ruf, ein zwar strenger,

jedoch gerechter und fairer Offizier gewesen zu sein. Seine »guten« Taten waren unter der Arbeiterklasse St. Petersburgs längst zur Legende geworden.

So erzählte er uns zum Beispiel oft, wie er die Wachen am langen Newsky-Prospekt davon abgehalten hatte, einen alten schwachen Mann, an den Schwanz eines Pferdes gebunden, in den Kerker zu schleifen. Mein Vater erfuhr nämlich, daß die Soldaten dem Alten nichts anderes vorzuwerfen hatten, als mit seiner Anwesenheit »die schönste Straße Rußlands« zu verschandeln.

Der Mann war nicht betrunken gewesen, sondern lediglich halb verhungert und völlig mittellos. Mein Vater veranlaßte, daß der Mann zu essen und der befehlshabende Offizier der Wachen einen Monat Arrest erhielt.

Das war eine der Taten, die meinem Vater später, als die Revolution ausbrach, das Leben retteten, denn viele der fanatischen Bolschewiken bewunderten ihn heimlich. Einer dieser Leute warnte ihn auch, daß er auf der »Todesliste« stehe, so daß wir noch rechtzeitig durch die blutgetränkten Straßen von St. Petersburg zu unserem Landhaus in Zarskoje Selo fliehen konnten.

Zarskoje Selo bedeutet im Russischen »Dorf des Zaren«. Unser Haus, das mit etlichen anderen Kavaliershäusern in dem riesigen Park lag, der zur kaiserlichen Sommerresidenz gehörte, war ein Geschenk des Zaren an meinen Vater für dessen Tapferkeit und treue Dienste.

In diesem Areal lag unter anderem die Privatkapelle der Zarin, in der Rudi und ich getauft worden waren. Hier auch wurde der Zar selbst mein Patenonkel, weil ich genau eine halbe Stunde älter war als Rudi. Seit wir unser Haus am Mojka-Ufer in der Nähe des Winterpalastes von St. Petersburg verlassen hatten, lebten wir völlig zurückgezogen in Zarskoje Selo.

Plötzlich war uns der Blick auf Vater durchs Schlüsselloch versperrt. Wir hatten gerade noch Zeit, in die entgegengesetzte Ecke unseres Zimmers zu huschen und so zu tun, als seien wir in ein Buch vertieft, bevor mein Vater hereinstolzierte. Ja, das ist der Ausdruck, den ich noch deutlich in Erinnerung habe, wenn ich an Vaters Haltung denke, die Macht und Reichtum vermittelte und ihn deutlich von der Gangart normaler Sterblicher unterschied.

»Tag, Jungens«, begann er. »Wo ist Galina?«

Galina war unsere siebzehnjährige Stiefschwester aus Vaters erster Ehe.

»Ich glaube, sie ist in den Park gegangen.«

»So ein Unfug! Wie kann man nur so unvorsichtig sein? Heutzutage ist man vor nichts und niemandem mehr sicher.« Vater zwirbelte beinahe automatisch die Enden seines Schnauzbartes. »Sagt ihr, daß ich sie sprechen möchte, sobald sie zurück ist!«

Als sich die Salontür wieder hinter ihm geschlossen hatte, konnten wir unsere Erregung kaum noch zähmen.

»Paris!« entfuhr es mir unwillkürlich. »Meinst du, wir fahren wirklich nach Paris?«

»Na, hoffentlich«, entgegnete Rudi. »Dort gibt's die schönsten Frauen – sagt Onkel Igor.«

Igor, der gerade neunzehn war, hatte St. Petersburg mit uns verlassen.

Mich befielen plötzlich Zweifel. »Aber ich weiß gar nicht, ob ich dort leben möchte. Paris ist so schrecklich groß.«

»Dafür gibt's eben 'ne Menge Mädchen.«

»Wenn ich groß bin, dann möchte ich lieber russische Mädchen haben – und zu Hause leben.«

Unser Vater verfügte über insgesamt vier Häuser, darunter auch eine Villa in der Schweiz. Man hatte uns erzählt, sie läge am Lac Léman oder am Genfer See. Jedenfalls sind Rudi und ich dort geboren – zwischen zwei Zuganschlüssen, wie mein Vater neckend zu sagen pflegte.

Obwohl meine Mutter gebürtige Russin war, hatte sie den Wunsch gehabt, uns in der Schweiz zur Welt zu bringen, da sie Schweizer Ärzten mehr Vertrauen entgegenbrachte als russischen. Davon abgesehen, sprach man am Genfer See Französisch, und selbst in Rußland war Französisch die Sprache der Aristokraten. Nur gegenüber Dienstboten bediente man sich des Russischen.

Doch trotz der schlimmen und gefahrvollen Zeiten, in denen wir lebten, wollten wir unser Zuhause, unsere Heimat, eigentlich nicht verlassen. Ich fühle noch deutlich wie damals den Kloß in meinem Hals, der sich bei dem Gedanken daran bildete, daß wir diesen herrlichen Park verlassen sollten – herrlich, obwohl er jetzt von Marodeuren und mordenden und plündernden Banden heimgesucht wurde. Und konnte ich überhaupt Kodi, meinen geliebten Teddybären, mitnehmen?

»Rußland ist das schönste Land der Welt, überall sonst ist es scheußlich«, sagte ich düster zu Rudi.

»Meinst du, wir können hierbleiben?« fragte Rudi.

»Wie denn?«

»Wir laufen einfach weg, wenn Vater mit der Familie aufbricht, und verstecken uns im Wald.«

Ich schüttelte den Kopf. »Da würden uns die Bolschewiken erschießen.« Und damit war das Thema für uns beendet.

In jenem langen Winter hatten nur zweimal Besucher den Weg zu uns gefunden. Wir hörten, wie sie mitten in der Nacht eintrafen. Danach müssen sie sofort ins Bett gegangen sein, denn wir, die Kinder, sahen sie erst am darauffolgenden Tag.

Es waren zwei Herren mit rotblondem Haar, die in einer uns fremden Sprache miteinander redeten. Sie mußten jedoch sehr wichtig sein, denn man zog uns an jenem Morgen unsere besten Matrosenanzüge mit langen Ärmeln und großen Kragen mit V-Ausschnitt an, so daß darunter unsere gestreiften Hemden zu sehen waren.

Vater erklärte uns dann, daß die Besucher Diplomaten seien. Er empfing sie daher in der Paradeuniform mit weißen Kniehosen und goldverziertem Jackett. Auf seiner Brust glänzten zahllose Orden und Auszeichnungen.

Nach einem Tag Aufenthalt in Zarskoje Selo, an dem Lilla, unsere Haushälterin, das beste Essen auf den Tisch brachte, das sie kochen konnte – wieder mal Hühnchen! –, reisten die Fremden nach Einbruch der Dunkelheit wieder ab.

Später erfuhren wir von Vater, daß die beiden hohe Angehörige der dänischen Botschaft in St. Petersburg gewesen wären. »Tapfere Männer, die uns zu helfen versuchen. Sie wollen ein Schiff nach Kronstadt schicken, das uns aufnehmen wird.«

Damals wußten wir noch nicht, wie Vaters Freundschaft mit den Dänen entstanden war. Es hing damit zusammen, daß die Mutter von Zar Nikolaus eine dänische Prinzessin, die Tochter von König Christian IX., gewesen war. Der Zar hatte als Halbdäne Kopenhagen in Begleitung seines Adjutanten, meines Vaters, regelmäßige Besuche abgestattet.

Vater verband seitdem eine enge Freundschaft mit dem dänischen Botschafter, der vor der Revolution häufig das Wochenende bei uns in Zarskoje Selo verbracht hatte. Dieser Botschafter war es gewesen, der während der blutigen Kämpfe um den Winterpalast in St. Petersburg Kontakt zu unserem Vater aufgenommen und ihm geraten hatte, in Zarskoje Selo abzuwarten, bis er uns ein dänisches Schiff zur Rettung schicken könne.

Allerdings konnte dieses Vorhaben erst verwirklicht werden, sobald sich das Wetter gebessert hatte, denn während der Wintermonate war das Mündungsgebiet der Mewa am Finnischen Meerbusen stets zugefroren.

So harrten wir also, von allen isoliert und etwas ängstlich, in Zarskoje Selo aus. Der weitläufige Park war öde, leer und voller Schnee. Die meisten Häuser waren fest verschlossen, die Äste der Bäume bogen sich unter der dicken Schneelast.

Obwohl die Zarenfamilie auch ihren Palast in Zarskoje Selo verlassen hatte, hatten unser treuer alter Diener Juri und seine Frau Lilla hier auf unsere Rückkehr gewartet. Sie sorgten dafür, daß in allen Räumen das Feuer im Kamin nie erlosch. Sogar nachts gingen sie leise durch die Schlafzimmer, um die Kamine zu versorgen.

Wir verließen das Haus nur zu kurzen Spaziergängen im Park, denn der Palast des Zaren war geplündert und unser Haus bisher nur verschont worden, weil die Villa nicht gerade pompös aussah. In St. Petersburg waren vorerst größere Reichtümer zu holen und mehr Leute umzubringen.

Juri und Lilla waren die einzigen Personen außerhalb der Familie, mit denen wir Kontakt hatten. Selbst das Lyzeum, die vom Zaren in einem Flügel des Palastes eingerichtete Schule, war geschlossen worden. Hier sollte den zukünftigen hohen Würdenträgern des Zarenreiches die angemessene Erziehung und Bildung vermittelt werden. Auch wir durften das Institut besuchen – in der blauen Schuluniform mit rotem Kragen, silbernen Tressen an den Aufschlägen und Schaftstiefeln.

Während ich jetzt auf die schneebedeckten Rasenflächen hinuntersah und nach Galina Ausschau hielt, fragte ich mich traurig, was wohl aus den etwa zwanzig Klassenkameraden geworden sein mochte, die mit uns in die erste Klasse gegangen waren. Viele waren wohl schon geflohen, manche vermutlich bereits tot.

Augenblicke des Grauens und der Angst waren nicht auszuschalten, doch ebensowenig vermochten wir jene glücklichen Stunden aus dem Bewußtsein zu verdrängen, die wir in Zarskoje Selo verbracht hatten.

Der weiße, weiche Schnee und die bizarren Birken verliehen dem Zaren-Palast stets eine märchenhafte Schönheit. Wie vertraut war uns doch alles – die Marmorstatuen, welche die Gartenfront bis hin zum Lyzeum säumten, der chinesische Teil des Gartens und die Birkenlichtung, von der aus man die goldenen und grünen Miniatur-Paläste sehen konnte. Sie lagen an den Wegen, die sternförmig von der Lichtung ausgingen.

Von einer bestimmten Stelle aus konnte man sogar einen Blick auf jene Miniatur-Pagode erhaschen, die in einem fernen Winkel des Gartens hinter Hecken lag. Diese Hecken waren in Figurenform geschnitten und gestutzt. Vor den Figuren empfand ich oft Angst, besonders im Winter, wenn der Schnee sie als Fabelwesen und Ungeheuer erscheinen ließ, an deren Silhouetten der eisige Wind aus der Tiefe Sibiriens rüttelte.

Im Sommer wurden wir oft von den Zarenkindern eingeladen. Dann organisierten die Lakaien Spiele für uns, nachdem wir das Picknick am sogenannten Milchmädchen-Brunnen am unteren Ende des großen künstlichen Sees beendet hatten.

Manchmal hatte uns auch die Zarin in ihren herrlichen malvenfarbenen Salon im Alexander-Palast geladen, wo wir neben ihren Töchtern Tatjana, Olga, Marie und Anastasia sitzen durften.

Die älteren unter ihnen tanzten dann mit den ausgewählten jungen Gardeoffizieren, die in Zarskoje Selo stationiert waren. Ab und zu hörten wir auch Musik, oder unsere Stiefschwester Galina tanzte Szenen aus einem bekannten Ballett auf dem Parkett vor.

Galina hatte in St. Petersburg mit dem Ballettunterricht begonnen. Sie war groß, aber zierlich, hatte lange Beine, und es schien, als könne sie ewig auf Spitzen tanzen. Alle behaupteten, sie sei ein vielversprechendes Talent, doch das bedeutete noch lange nicht, daß mein Vater ihr auch erlauben würde, Tänzerin zu werden.

Sieben Jahre zuvor war Galina von der kaiserlichen Ballettschule aufgenommen worden, an der alle üblichen Fächer einschließlich Literatur, Malerei und Musik unterrichtet wurden.

Wie alle anderen Jungen und Mädchen zwischen zehn und elf Jahren mußte Galina damals eine der schwierigsten

Aufnahmeprüfungen der Welt absolvieren, und nur ein Viertel der Bewerber wurde letztlich aufgenommen. Doch bevor Galina dort auch nur einen Tanzschritt lernte, mußte sie Monate damit zubringen, graziös und mit nach außen gestellten Zehenspitzen gehen zu üben. Wie alle übrigen Schüler trug sie zum theoretischen Unterricht eine braune Kaschmiruniform und beim Tanztraining ein schlichtes Kleid aus grobem grauen Leinen.

Mädchen und Jungen trafen an dieser Schule lediglich bei offiziellen Anlässen zusammen. Das geringste Fehlverhalten brachte ihnen Rügen ein, die in ein schwarzes Buch eingetragen wurden. Jedes Mädchen, das den Unterrichtsraum betrat, mußte dem Ballettmeister und dem Klavierspieler die sogenannte Reverenz erweisen. Der Ballettmeister schlug mit einem langen Stab den Takt auf dem Fußboden. Sogar der Pedell, der am Schuleingang postiert war, trug eine Uniform mit dem Wappen der Zarenfamilie.

Galina hatte die ersten schwierigen Tests bereits bestanden und war für gut genug befunden worden, auf Maskenbälle im Salle de la Noblesse in St. Petersburg mitgenommen zu werden.

Aus diesem Grund mußte sie in der Zeit vor der Revolution häufig in St. Petersburg bleiben, wenn Rudi und ich nach Zarskoje Selo durften, wo trotz der unmittelbaren Nachbarschaft zum Zaren eine wesentlich lockerere Atmosphäre herrschte.

Natürlich waren wir als gute russische Untertanen dazu erzogen worden, Zar Nikolaus noch über Gott zu setzen. Jedesmal, wenn wir ihm bei seinem Nachmittagsspaziergang begegneten, und das geschah fast täglich, nahmen wir sofort Haltung an und zogen die Mützen der Schuluniform.

Selbst Vater pflegte bei solchen Gelegenheiten mit starr geradeaus gerichtetem Blick strammzustehen, bis der Zar beiläufig sagte: »Ich bitte Sie, Fürst Dimitri!«

Uns musterte er lächelnd, klopfte einem von uns beiden

vielleicht auf die Schulter und fragte: »Welcher von euch ist denn heute mein Patensohn?«

Das war für uns das Zeichen, daß wir wiederum bequem stehen durften, was jedoch nicht hieß, daß jedes Benehmen angebracht war. Jeder Patzer bedeutete, daß wir am Abend auf das Essen verzichten mußten.

Es war eine herrliche Zeit, die ziemlich langweiligen Gottesdienste eingeschlossen, denn wir mußten jeden Sonntagvormittag am Gottesdienst in der Federowski-Sobor-Kapelle im Park des Zaren teilnehmen. Die Zarin selbst hatte diese kleine Kirche bauen lassen, nachdem sie erfahren hatte, daß ihr Sohn Alexis ein Bluter war. In eben dieser Kapelle waren Rudi und ich auch getauft worden. Beim Gottesdienst ging es sehr »russisch« zu: Unzählige Kerzen brannten, Ikonen glänzten, und der Chor intonierte das Glaubensbekenntnis. Es roch stark nach Weihrauch, eine Nonne verlas das Tagesgebet. Der Ornat des Bischofs glitzerte im Kerzenschein, so daß fast ein Heiligenschein um den Altar entstand, in dem Tausende von Staubpartikeln tanzten.

Vater kehrte ins Schulzimmer zurück und sagte zu Rudi: »Geh zum Vordereingang und ruf nach Galina, und zwar laut!«

Rudi schien den Wunsch des Vaters beherzigt zu haben, denn es dauerte nur wenige Minuten, bis ich ihn heftig winken sah. Während ich durch das reifbeschlagene Fenster in den Park blickte und beobachtete, wie Rudi schnell wieder auf das Haus zulief – ein kräftiger, gutgebauter Junge mit »meinen braunen Augen und meinem sandfarbenen Haar«, wie Vater es nannte, stämmigen Beinen und breiten Schultern –, erlebte ich wieder einmal das Wunder, ein Zwilling zu sein.

Immer wenn ich Rudi ansah, war es, als betrachte ich mein Spiegelbild. Und immer wenn ich seine Stimme hörte, war es, als hörte ich mich selber sprechen.

»Sie kommt«, verkündete er und klopfte Schnee von den Schuhen.

Schließlich tauchte Galina hinter ihm auf. Sie nahm ihre Pelzkappe ab, schüttelte ihr dickes blondes Haar und sagte: »Es hat wieder geschneit. Und jetzt habe ich Hunger und friere. Lilla bereitet mir sicher Tee und ein paar Blinis.«

»Vater will dich sprechen«, erklärte Rudi.

»Zuerst trinke ich eine Tasse Tee.«

Lillas Mann Juri hatte als Soldat bei Vater gedient. Obwohl wir normalerweise nicht ohne ausdrückliche Erlaubnis in die Küche durften, wurden die strikten Hausregeln mittlerweile etwas lockerer gehandhabt, seit wir nur noch zwei Dienstboten hatten. Die anderen waren in alle Winde zerstreut.

Einige waren in ihre Dörfer zurückgekehrt, wo sie sich sicherer fühlten, andere hatte man umgebracht, und der restliche Teil war einfach untergetaucht.

»Es ist noch ein Geheimnis, aber wir gehen nach Paris«, flüsterte ich Galina zu.

Galina klatschte in die Hände. »Paris! Dort gefällt's euch bestimmt. Ich bin mit Papa schon mal dort gewesen.«

»Wetten, daß die Franzosen keine guten Blinis backen können?« maulte ich verächtlich.

»Papa hat gesagt, daß er dich sofort sprechen will!« drängte Rudi.

»Ade, ihr schönen Blinis!« Galina seufzte. Wie wir alle liebte auch sie jene dick mit Kaviar gedeckten Pfannkuchen. »Hoffentlich ist wenigstens noch Tee im Samowar im Salon.«

Rudi und ich spielten Schach, als Tante Olga erschien und uns zu sich winkte.

»Euer Vater möchte mit euch sprechen. Auch mit Juri und Lilla. Geht und holt die beiden!«

»Die Dienstboten?«

»Ja, beeilt euch. Euer Vater hat eine für die Familie und die

Dienstboten wichtige Entscheidung getroffen.« Und sarkastisch fügte sie hinzu: »Oder was davon übrig ist.«

Tante Olga war die Gräfin Olga Arenskij. Sie hatte gerade ihren dreißigsten Geburtstag gefeiert und sah mit ihren hohen Backenknochen, den großen dunklen Augen und den schmalen langen Händen sehr schön aus. Rudi und ich bewunderten sie sehr.

»Tante Olga, du kannst bestimmt wunderbar Klavier spielen«, hatte Rudi einmal zu ihr gesagt.

»Noch besser kann ich sticken«, hatte sie daraufhin geantwortet. Und Mama hatte das nur bestätigt.

Sie liebte es, Kissenbezüge und Bettüberwürfe zu sticken, und entwarf und nähte zum Spaß Kleider. Mama behauptete, Tante Olga sei deshalb so schön, weil sie alles »nur zum Spaß« mache. Ihre Augen glitzerten stets fröhlich, sie war immer zu einem Lachen bereit.

Von Mama wußte ich, daß sie bei den großen Bällen im Winterpalast des Zaren stets von Verehrern umschwärmt wurde, die sich mit ihrem Namenszug auf ihrem »Carnet de bal« sämtliche Tänze mit ihr reservierten. Obwohl ich mich damals manchmal fragte, warum sie, die nicht mal eine Blutsverwandte war, bei uns lebte, nahmen wir ihre Anwesenheit dankbar hin. Erst viele Jahre später erfuhr ich den Grund für dieses Arrangement.

»Ich wette, sie ist schon immer eine heiße Dame gewesen«, bemerkte Galina eines Tages mit der Weisheit ihrer siebzehn Jahre. Ich begriff zwar nicht, wieso es Tante Olga immer »heiß« sein sollte, vor allem während unserer kalten Winter, nahm jedoch an, daß etwas dran sein mußte, da Galina stets sehr selbstsicher auftrat.

Gefolgt von Juri und Lilla, gingen wir schließlich in Mamas Salon. Auf unerklärliche Weise nötigte uns Vater in diesem Raum meist noch mehr Respekt ab als bei seinen Besuchen in unserem Schulzimmer.

Er stand uns zugewandt vor dem Kamin, eine imposante, aufrechte Gestalt, die Hände auf dem Rücken verschränkt. Er kam ohne Umschweife zur Sache. »Setzt euch, Jungs!« Er bot weder Juri noch Lilla einen Stuhl an. Sie hätten eine solche Aufforderung auch nicht befolgt, und Vater wußte eben, daß er sie damit nur in Verlegenheit gebracht hätte.

Mama, schön wie immer, wirkte müde und besorgt. Sie saß am Ende eines großen graublauen Sofas, das so lang war, daß zehn Kissen darauf Platz hatten, die allesamt von Tante Olga gefertigt waren. Man hatte uns gesagt, daß Mama in wenigen Wochen ein Baby zur Welt bringen würde, und das war wohl der Grund, warum sie so füllig um die Taille war.

»Für uns ist es an der Zeit, Rußland zu verlassen und ein neues Zuhause in Paris zu finden. In Paris, der Hauptstadt Frankreichs – und der nach St. Petersburg schönsten Stadt der Welt«, erklärte uns Vater mit dröhnender Stimme, das Gesicht halb hinter Zigarrenqualm verborgen.

Als diese Nachricht nur mit ernstem Schweigen quittiert wurde, denn wir wußten ja alle längst Bescheid, fuhr er fort: »Ich weiß, wir alle würden es vorziehen, in unserem geliebten Rußland zu bleiben, doch als gute Soldaten«, er warf uns einen Seitenblick zu, »darf uns unsere Bequemlichkeit nicht mehr wert sein als der Kampf gegen den Feind.«

Vater hatte von jeher gern militärische Gründe für alle seine Entscheidungen gesucht, doch seine nächsten Worte zeigten, wie ernst es ihm diesmal war: »Rußland erlebt zur Zeit einen grausamen Bürgerkrieg gegen eine in sich böse Bewegung. Ihr Anführer ist ein Mann namens Lenin, der seine Pläne in der Sicherheit eines anderen Landes ausgeheckt hat. Ich habe vor, es ihm gleichzutun. Von Zarskoje Selo aus können wir die Revolution nicht niederschlagen. Doch auch wenn unser geliebter Zar mit seiner Familie jetzt nicht bei uns ist, werden wir Rußland eines Tages wieder in seiner alten Größe erstehen lassen. Bis es soweit ist, kann ich allerdings meine Familie keinem Leben in Angst und Schrecken aussetzen.«

Als ich etwas sagen wollte, donnerte er: »Ruhe!« Und plötzlich wurde mir klar, daß es sich hier um kein harmloses Sandkastenspiel handelte. Vater erklärte uns schließlich die Einzelheiten unseres Fluchtplans.

»Das Gefährlichste bei der Sache ist die Fahrt nach Kronstadt. Zwar ist es nur ein Dutzend Meilen entfernt, aber erst, wenn wir uns an Bord des neutralen dänischen Schiffes befinden, sind wir in Sicherheit. Bis dahin steht uns eine unangenehme Reise, bei winterlichen Temperaturen und über schlammige Straßen, bevor. Aber Igor ist ein kampferprobter Soldat, und ihr beiden Jungen – na, auf euch kann ich mich doch auch verlassen, oder?« Er sah uns an.

»Jawohl, Papa!« riefen wir im Chor.

»Was ist mit Mama?« fragte ich beklommen. »Sie kriegt doch ein Baby.«

»Na, Nicki«, erwiderte er trotz seiner grimmigen Miene überraschend sanft. »Wir wollen alles tun, um ihr die Fahrt zu erleichtern. Wir haben Kissen, Decken und so weiter. Auch wenn unser Schiff, die ›Lysberg‹, ein alter Frachter ist, so gibt es dort doch eine Kapitänskammer mit etwas Komfort. Deine Mutter bezieht sie. Dafür ist gesorgt.«

»Und Juri und Lilla?« Die Vorstellung, die beiden zurücklassen zu müssen, war schrecklich für uns. Lilla war stets wichtiger für uns gewesen als die zahllosen französischen Kindermädchen, die wir gehabt hatten. Zu Lilla konnten wir heimlich in die Küche schlüpfen und verbotenerweise Kuchen naschen. Und Juri hatte uns Schießen und Angeln beigebracht und uns in die Geheimnisse des Lebens in der freien Natur eingewiesen. Ohne ihn fühlten wir uns verloren.

Juri stocherte im Kaminfeuer, um es neu zu entfachen. Als sein Name fiel, legte er den Schürhaken beiseite und richtete seine alten Knochen auf. Doch bevor er etwas sagen konnte, fuhr Vater fort: »Ich hoffe, ihr beiden werdet uns begleiten.

Abgesehen davon, daß das unser Wunsch ist, wäre das Leben in Rußland ohne regelmäßiges Auskommen für euch sehr schwierig. Du bist ein alter Soldat, Juri, und in der Armee ist das Leben eines gemeinen Soldaten ebensoviel wert wie das eines Generals.«

Juri verbeugte sich dankbar, und mein Vater erklärte uns dann, daß wir ohne Gepäck reisen müßten, denn falls uns der Pöbel anhielt und Wertsachen in Koffern bei uns fand, würde das sofort Verdacht erregen.

»Wir lassen alles zurück – mit Ausnahme des wertvollsten und schönsten Kolliers eurer Mutter. Sie wird es gut verstekken. Wir haben Geld auf einer Schweizer Bank. Für die Fahrt nach Kronstadt jedoch müssen wir alte, schmutzige Kleidung anziehen, damit wir wie Bettler aussehen.«

»Kein Gepäck?« wiederholte ich irritiert.

»Keins! Verstehst du plötzlich kein Französisch mehr, mein Junge?«

»Aber was ist mit Kodi, meinem Teddybär?« Ich kriegte es plötzlich mit der Angst zu tun.

»Das Baby schläft immer noch mit seinem Teddybär«, höhnte Rudi.

»Ich bin kein Baby mehr.«

»Still, ihr beiden!« befahl mein Vater. »Deinen Teddybär kannst du mitnehmen. Der Zar hat ihn dir zur Taufe geschenkt, und ein Geschenk des Zaren muß in Ehren gehalten werden.«

»Kommt Tante Olga Arenskij mit uns?« fragte Rudi, der das Thema wechseln wollte.

»Ja, sie möchte uns begleiten«, erwiderte Vater. »Und sie wird eurer Mutter eine große Hilfe sein.«

»Und Onkel Igor Treporowitsch?« erkundigte ich mich, an Igor gewandt. Igor war ein entfernter Vetter meines Vaters. Er nickte.

»Großartig!« rief Rudi begeistert aus. »Der ist wenigstens immer lustig.«

»Der?« schnaubte Vater wütend. »Für euch ist der, noch immer ›Graf Igor Trepow‹.«

»Aber«, begann Rudi verwirrt, »im Russischen ändern sich doch die Namen. Ich meine, wenn man heiratet oder ...«

Ich hatte das System, ehrlich gesagt, bisher auch nie begriffen.

»Also, paßt mal auf«, begann Vater, »und das geht übrigens euch alle an: In Frankreich ist Schluß mit diesen russischen Merkwürdigkeiten. Dort versteht das sowieso niemand. Dort werde ich einfach ›Fürst Dimitri Korolew‹ sein, und eure Mutter ist ›Fürstin Korolew‹. Ihr Jungen heißt schlicht Rudi und Nicki Korolew, und Galina, eure Halbschwester, wird ihren Namen nicht durch irgendwelche lächerlichen Endungen verunstalten, die sowieso niemand begreift. Sie heißt einfach Mademoiselle Galina Korolew und nicht Galina Korolewkaja.«

»Klingt ziemlich kompliziert«, sagte ich leise.

»Im Gegenteil. Es ist ganz einfach«, entgegnete mein Vater betont geduldig. »Viel einfacher als bei uns. Allerdings«, fügte er hinzu, »da Nicki eine halbe Stunde vor Rudi geboren wurde, wird er natürlich meinen Adelstitel ›Fürst‹ erben, falls der dann überhaupt noch was wert sein sollte.«

Unsere letzten Vorbereitungen betrafen unsere »Verkleidung«, wie Vater es nannte. Wir sollten uns so schmuddelig wie möglich herrichten. Denn obwohl sich mittlerweile die heftigsten Kämpfe in den größeren Städten konzentrierten, fielen Revolutionsbanden noch immer über abgelegene Dörfer her, stahlen Lebensmittel oder Pferde und hinterließen meistens ein schreckliches Blutbad. Sicher konnten sich nur die Zerlumpten, Hungernden und Kranken fühlen. Sie hatten eine Chance, zu überleben.

»Unser Leben retten wir nur, wenn wir unsere Herkunft verleugnen«, erklärte Vater.

Juri hatte sämtliche alten Kleider gesammelt, die er im Gesindetrakt unseres Hauses finden konnte. Igor half uns dabei, zusammen mit Alexej, einem geflohenen Bauern aus der Gegend.

An unserem letzten Tag kleideten sich Vater und Igor als erste um. Vater schien das »Abenteuer« Spaß zu bereiten, denn ich hörte, wie er beinahe lachend zu Igor sagte: »Mein Gott, Igor, du siehst wirklich wie ein Bettler aus – und riechst auch so.«

Wir erlebten fast unwirkliche Szenen. Mit Lachen und Scherzen versuchten wohl alle, ihre Angst und Erregung zu vertuschen. Denn selbst Vaters Lachen konnte uns nicht darüber hinwegtäuschen, welche Gefahren uns bevorstanden. Besonders Mamas Zustand bereitete allen Sorgen.

Doch selbst sie lächelte, als sie sich in ihrer Verkleidung, dem alten, fleckigen Gewand einer Köchin, im Spiegel betrachtete. Das Kleid mit seinem weiten, schweren Rock half jedoch, ihren Zustand halbwegs zu verbergen.

»Eure Mama ist nicht krank«, beruhigte uns Tante Olga, während sie noch zusätzlich Löcher in die Hosen und Jakken riß, die sie für uns ausgesucht hatte. »Aber wenn man ein Kind erwartet, ist man natürlich nicht so kräftig und widerstandsfähig wie sonst.«

In dem Wissen, daß Zarskoje Selo diesmal nur eine kurze Zwischenstation auf der Flucht sein würde, hatte Vater angeordnet, die Pferde mit dem restlichen Hafer, der in unseren Scheunen trotz der Plünderungen zurückgeblieben war, gut zu füttern. Unsere Kutschpferde waren auf diese Weise im Winter noch selten in so guter Verfassung gewesen. Als es Zeit war, Zarskoje Selo zu verlassen, strotzten die Tiere vor Kraft und Unternehmungsgeist.

Für die Flucht nahmen wir eine Art Planwagen. Mutter sollte von Juri, der sich am besten aufs Kutschieren verstand, gefahren werden. Igor würde neben ihm auf dem Bock sitzen. Unter der Plane, im Schutz der nur locker befestigten Planenöffnung, hatte man ein bequemes Lager aus Kissen und Matratzen hergerichtet.

Mama kletterte schwerfällig auf ihren Wagen und sank dankbar in die weichen Kissen. Tante Olga nahm neben ihr Platz und gab Rudi ein Zeichen, sich zu ihr zu setzen. Rudi hielt Kodi fest umklammert. Ich hätte den Teddybären selbst gern bei mir gehabt, doch Vater hatte mich überzeugt, daß er gut als Ablenkungsmanöver dienen konnte, falls Mamas Wagen etwas zustoßen sollte.

»Ah, mein Beschützer«, hörte ich Mama heiter sagen.

Ich stand neben Vater, als dieser einen letzten Blick in das düstere Wageninnere warf und versprach: »Wir sind dicht hinter euch, Liebes, und passen auf. Hast du sie?«

Mama klopfte sich an die Brust. »Hier, da sind sie sicher.«

Dann ließ Juri die Peitsche knallen, und der alte Holzwagen setzte sich in Bewegung.

»Kriecht nach hinten!« befahl Vater Galina, Lilla und mir. Vater und Alexej nahmen auf dem Kutschbock des zweiten Wagens Platz. Alexej konnte als Bauer ebenfalls gut mit Pferden umgehen.

Lilla begann laut zu weinen.

»Ich mußte die beiden trennen«, erklärte Vater. »Sollten wir in Schwierigkeiten geraten, müssen die beiden das Reden besorgen. Wenn wir erst anfangen, sind wir gleich verraten und verkauft.«

»Arme Mama«, murmelte ich verzagt, als wir hinter dem ersten Wagen in die gefrorenen Spuren der Straße einbogen. »Ist sie jetzt ohne dich sehr unglücklich?«

»Sie ist die Frau eines Offiziers«, erwiderte Vater darauf streng über die Schulter. Und dann fügte er mehr zu Galina als zu mir gewandt hinzu: »Ich habe bewußt entschieden, den anderen Wagen vorausfahren zu lassen. Bei Gefahr in Verzug können wir an erster Position vielleicht gar nichts tun. So sehen wir wenigstens, ob Schwierigkeiten zu erwarten sind, und sind in der Lage, das Schlimmste von den anderen abzuwenden. Deshalb soll eure Mutter das Schiff als erste erreichen. Im Notfall können wir zu Fuß gehen, sie nicht.«

Vater schien anfangs recht guter Dinge zu sein. Er lehnte sich unter die Plane zurück und klopfte mir auf die Schulter. »Verhungern müssen wir wenigstens nicht«, sagte er. »Lilla hat unsere letzten vier Hühner, Eier und rote Beete gekocht sowie Brot und eine Dose Kaviar eingepackt. Außerdem haben wir noch ein paar Flaschen Wodka – eisgekühlt, dank Mutter Natur.« Die Flaschen klirrten unter dem Kutschbock.

»Meinte Papa die Wodkaflaschen, als er Mama fragte ›Hast du sie‹?« wollte ich von Galina wissen.

»Nein, du Dummkopf«, entgegnete sie. »Er meinte natürlich das Smaragdkollier, das gute Erbstück. Vater hielt es für klüger, es Mama zu überlassen – für den Fall, daß er in einen Kampf verwickelt wird. An einer Frau, die ein Baby erwartet, vergreifen sie sich bestimmt nicht.«

Auf den Brettern des alten Wagens war es eine lange und ermüdende Fahrt. Gegen elf Uhr hielten wir am Straßenrand, um etwas zu essen und die steifen Glieder auszustrekken. Unsere Route führte über eine einsame, schlammige Landstraße, die sich wie eine Schneise durch dichten Birkenwald wand.

Vater sprang aus dem fahrenden Wagen und lief voraus, um Juris Gespann anzuhalten. Ich folgte ihm und erreichte den vorausfahrenden Wagen noch vor Galina, so daß ich Vater gerade fragen hörte: »Wie geht es dir, Liebes?«

Mutter saß von vielen Kissen gestützt im Wageninneren und antwortete fröhlich: »Ich fürchte, Olga und ich haben dem Wodka schon tüchtig zugesprochen. Aber Olga behauptet, es sei die billigste Heizung.«

»Übertreib's nur nicht, dann kann er nicht schaden.« Vater warf Olga einen prüfenden Blick zu, die daraufhin leicht den Kopf schüttelte und daranging, das Essen auszupacken. Dann murmelte sie: »Ich habe Rudi einen Schluck gegeben. Er hat so gefroren.«

»Krieg' ich auch einen?« bettelte ich.

»Natürlich.«

Der Wodka brannte wie Feuer in meiner Kehle, aber es war schließlich nicht das erste Mal, daß wir diesen Schnaps probierten, und er wärmte tatsächlich. Selbstverständlich wollte dann auch Galina einen Schluck Wodka.

Igor schenkte für sie ein und neckte: »Das erste Glas muß man mit einem Schluck leeren. Sie sind jetzt alt genug, um das zu wissen.«

»Du trinkst das Zeug vermutlich nur flaschenweise, was?« entgegnete sie lachend und sah dabei trotz der Lumpen, die sie trug, sehr hübsch aus. »Ich kenne Männer wie dich, Igor. Es heißt, daß dir alle Mädchen zu Füßen liegen. Und daß du nach der Vorstellung die Tänzerinnen triffst. Ich wette, du verzichtest nur ungern darauf.«

»Ah, die glücklichen Zeiten in Sankt Petersburg! Ich werde sie nie vergessen. Aber das ist vorbei.«

»Wer weiß, wie es in Paris wird? Man bricht nur ungern mit alten Gewohnheiten. Eine der Tänzerinnen hat dich einen Garderoben-Don-Juan genannt.«

Igor lachte geschmeichelt, bis Vater plötzlich scharf flüsterte: »Psst! Ich höre Pferdegetrappel.«

Wir waren wie erstarrt vor Angst. Worte und Gelächter erfroren auf unseren Lippen. Schon im nächsten Augenblick hörten wir deutlich sich schnell nähernde Pferde und das Lachen und Rufen von Männern.

Es hatte zu schneien begonnen. Die Flocken tanzten wie Federn durch die Luft und legten sich lautlos auf den gefrorenen Boden. Wir kauerten hinter einem rostigen Traktor. Unsere Herzen klopften zum Zerspringen, als die Gruppe zerlumpter Kerle um die Wegbiegung ritt. Ihre triumphierenden, mordlüsternen Schreie drangen bis zu uns herüber.

Vater befahl uns, hinter dem Traktor zu bleiben, und schlich geduckt durch das Birkendickicht in Richtung Straße, bis er sehen konnte, wie drei Reiter auf ein Haus zuhielten, aus dessen Schornstein Rauch aufstieg.

»Bestien!« keuchte er, als er zu uns zurückkehrte. »Ein zersprengter Trupp ohne Offizier. Die bringen vermutlich alles um, was ihnen zwischen die Finger gerät.«

Ich hielt entsetzt den Atem an.

Von Rudi war nur ein unterdrücktes Schluchzen zu hören, und Tante Olga versuchte uns beide zu trösten. Als uns Vater heiser befahl, still zu sein, sah ich zwei Männer mit Bajonetten um die Scheune der Bauernkate schleichen. Offenbar wagten sie jedoch allein keinen Angriff.

»Die kehren mit Verstärkung zurück«, sagte Vater in verächtlichem Ton. »Die setzen ihr erbärmliches Leben nicht unnötig aufs Spiel.«

So schnell, wie die Bande aufgetaucht war, verschwand sie auch wieder. Ich hörte das Hufgetrappel immer leiser werden.

Schließlich sagte Vater: »Das war's. Wenn wir Kronstadt noch vor Einbruch der Dunkelheit erreichen wollen, müssen wir schleunigst weiter. Ich glaube, jetzt sind wir sicher – so sicher, wie man sich in Rußland heutzutage fühlen kann«, fügte er erbittert hinzu.

2

Erst in der Dämmerung setzten wir mit einer Fähre von Oranienbaum nach Kronstadt über, das auf der Insel Kotlin liegt. Dahinjagende Wolken gaben immer wieder den Blick auf den fahlen Mond frei, sein Licht spiegelte sich im schmutzigen Matsch der Kronstadter Straßen wider.

»Liegt das Schiff hier in der Nähe?« fragte ich. »Und wonach stinkt's hier so scheußlich?«

»Still, mein Junge!« verwarnte mich Vater streng. »Jetzt folgt der Teil der Reise, in dem wir die Augen besonders offenhalten müssen.«

Die friedliche Straße auf dem Festland war jetzt belebten

Hafenstraßen gewichen. Wir sahen Trambahnen, etliche noch von Pferden gezogen, und hin und wieder mußten wir anhalten, als Züge auf frostig glitzernden Schienen die Straßen überquerten, um Fracht zum Hafen zu bringen.

Als ich durch einen Schlitz in der Leinwand des Planwagens spähte, entdeckte ich Holzhäuser, die die engen Gassen säumten, und an der Ecke einer Kreuzung eine aus Stein erbaute Schmiede. Wir holperten mit dem Pferdegespann über unbefestigte oder mit Kopfsteinpflaster bedeckte Straßen und über die Rillen, die die eisenbeschlagenen Räder der Karren in den Untergrund gefräst hatten. Manchmal führten sie nur Zentimeter an den Eingangsstufen einiger Häuser vorbei. An fast jeder Ecke türmten sich riesige Schneeberge.

Nicht weit von den beiden einzigen schmutzigen Hotels in Kronstadt erreichten wir ein Gebäude, das etwas gepflegter aussah. Es beherbergte die öffentliche Badeanstalt für Männer und Frauen. Dahinter lag eine Talg verarbeitende Fabrik, in der Kerzen und Seife hergestellt wurden. Unweit davon wiederum gab es noch eine Gerberei, und von diesen beiden Werken ging ein unglaublicher Gestank aus.

Ich konnte es kaum noch aushalten, und bevor ich etwas dagegen tun konnte, mußte ich mich übergeben, wobei ich Galina nur um Zentimeter verfehlte.

»Entschuldige, Papa«, keuchte ich und wischte mir den Mund am schmutzigen Ärmel meiner Jacke ab.

»Schon gut, mein Junge«, beruhigte mich mein Vater ungewohnt nachsichtig. »Da bist du sicher nicht der einzige in dieser stinkenden Stadt. Kronstadts Fluch sind Tiertalg und die Gerberei.«

Dann geriet der Verkehr plötzlich ins Stocken, als sich ein Zug näherte, um auf dem Weg zum Hafen die Straße zu überqueren. Vater sprang vom Wagen, einen Becher in der Hand, um von einem alten Mann, der neben einem Kanonenofen an der Straße kauerte, heißes Wasser zu kaufen. Normalerweise hatte der Alte wohl heißes Wasser an Reisende verkauft, die ihre Samoware mit sich führten. Neben ihm boten etliche Zwiebelverkäufer mit lautem Geschrei ihre Waren an.

Vater reichte mir den Becher. »Tut mir leid, Tee haben wir keinen, aber auch das wird deinem Magen guttun.«

»Und warum bieten die hier ausgerechnet Zwiebeln an?« fragte ich verblüfft.

»Das tun sie in allen russischen Hafenstädten. Zwiebeln sollen gegen Seekrankheit gut sein.«

Der Zug schien eine Ewigkeit zu brauchen, um die Straße in Richtung Rangierbahnhof zu überqueren. Doch schließlich war das Rattern der Räder über den Weichen verklungen, die Straße wurde wieder freigegeben, und wir fuhren weiter.

Unsere beiden Pferdegespanne erregten kaum Aufmerksamkeit. Allerdings hatte sich der Abstand zwischen Mamas und unserem Wagen verringert, so daß uns die Leute von Zeit zu Zeit wütend anschrien. Droschkenfahrer fluchten und knallten mit ihren Peitschen, weil wir auf diese Weise nur schwierig zu überholen waren.

Ein neben uns fahrender Kutscher ließ seine Peitsche auf unser Leitpferd niedersausen, und als es vor Schmerz laut wieherte und sich aufbäumte, wäre Mamas Wagen beinahe umgestürzt.

Es herrschte eine trostlose, ungemütliche Atmosphäre in den schmutzigen, engen Gassen, und ich hörte Vater mehr als einmal Alexej zur Vorsicht mahnen. Aber jetzt, als Mamas Wagen beinahe umgekippt wäre, schrie Vater wütend: »Ich bringe dich um, du Bastard!«

Ich hoffte, die Angelegenheit sei damit ausgestanden, doch wir mußten wegen einer Straßenbahn anhalten, und als der andere Kutscher wieder mit uns gleichzog, brüllte er drohend: »Was hast du Idiot da eben gesagt?«

Noch bevor Vater sich verraten konnte, erwiderte Alexej in seinem breiten Umgangs-Russisch: »Kümmere dich nicht um den alten Trottel! Er ist nicht ganz richtig im Kopf.«

»Vielleicht sollte ich da mal mit einer Tracht Prügel nachhelfen.«

Vater schäumte vor Wut, doch es gelang ihm, sich zu beherrschen. Unbehelligt setzten wir unseren Weg fort.

Dann schrie ein Mann, der beinahe von Mamas Gespann überfahren worden wäre: »Könnt ihr nicht aufpassen, ihr Hohlköpfe?« Ich hörte, wie Juri es ihm mit gleicher Münze heimzahlte.

Die ganze Atmosphäre wurde immer beängstigender. Vor den Fenstern der Häuser hoch über der Straße wehten rote Fahnen. Kleine Banden von oft betrunkenen Unruhestiftern taumelten singend und fluchend über die Straßen.

Ich war vor Angst starr, als plötzlich ein unrasierter Mann mit einem roten Halstuch von hinten auf unseren Wagen sprang, Galina sah und geiferte: »He, dich hätte ich gern ein Stündchen für mich, mein Täubchen!«

Galina schrie laut auf, und Alexej brüllte vom Kutschbock nach hinten: »Tu mir einen Gefallen, Genosse! Gib mir noch zwanzig Minuten! Dann gehört sie dir!«

Der beißende Gestank wich allmählich dem frischen, salzigen Geruch des Meeres. Dafür verwandelte der Wind jedoch das sanfte Schneetreiben in naßkalten Schneeregen. Die Pferde hatten Mühe, nach dem anstrengenden Tag sicheren Tritt auf dem glitschigen Untergrund zu finden. Mamas Zugpferd verlor mehrfach den Halt, und uns allen wurde klar, daß wir größeren Abstand halten mußten, um bei einem unerwarteten Halt nicht auf den ersten Wagen aufzufahren.

Die Übelkeit kehrte zurück. Diesmal war nicht das Schaukeln des Wagens oder das abrupte Anfahren oder Anhalten, sondern Angst die Ursache. Als wir uns den Hafenanlagen näherten, sah ich flüchtig Gruppen von laut schreienden Menschen, die rote Fahnen schwenkten. Einige Männer johlten, als sie uns bemerkten. Wieder versuchten sie, auf den Wagen zu klettern, um unter die Plane sehen zu können.

Galina saß zusammengekauert hinter der fülligen Matrone Lilla in der hintersten Ecke. Schließlich gelang es einem der Männer doch, aufzuspringen.

»Einer für alle, alle für einen! Das ist unsere Devise!« grölte er. »Aber du bist viel zu fett, Großmütterchen!« Und als Lilla, atemlos vor Wut, nach einer Entgegnung suchte, fiel sein Blick plötzlich auf einen Fuß, der hinter der massigen Lilla hervorlugte.

»He! Was haben wir denn da, Mütterchen?« Er zerrte Lilla zur Seite. »Oho! Sei gegrüßt, mein schönes Täubchen«, gurrte er, während Galina spitz zu schreien anfing.

Alexej sah über die Schulter durch die Öffnung zu uns herein. »Finger weg, Genosse!« befahl er energisch. »Die gehört mir.«

Der Mann rief einem Kameraden etwas zu, der sofort ebenfalls von hinten aufsprang und Galina am Fuß aus ihrer Ecke zerrte, ohne Alexej eines Blickes zu würdigen. Der Mann pfiff leise durch die Zähne. »Was für ein hübsches kleines Vögelchen! Ein bißchen mager, aber …«

»Das Hühnchen gehört mir, Genosse!« wiederholte Alexej, und ich sah, wie er mit warnender Geste die Hand auf Vaters Knie legte.

»Du leihst sie mir doch sicher aus, Genosse. Nur zehn Minuten, das reicht. Ich bezahle. Du kennst unsere Devise: Alle für einen, einer …«

»Das dahinten sind meine Frau und meine Kinder. Laß gefälligst die Finger von meiner Familie!«

»Na gut, wenn's deine Familie ist«, sagte der Mann widerwillig. »Trotzdem solltest du auf das Küken besser aufpassen. Sie wär' 'ne Schönheit – wenn du mal 'n bißchen Wasser an sie 'ranlassen würdest.«

Damit sprangen die beiden Männer wieder auf die Straße. Was wir alle in der Aufregung nicht gemerkt hatten, war die Tatsache, daß Alexej, der ja damit beschäftigt gewesen war, Galina zu verteidigen, den Wagen angehalten hatte.

Nachdem die unmittelbare Gefahr für Galina gebannt schien, tauchte plötzlich der Revolutionär mit dem roten Halstuch neben dem Kutschbock auf und fragte Alexej mit einem prüfenden Blick auf Vater: »Wer ist denn der alte Bock da neben dir?«

Da es mit unserem Gespann immer noch nicht weiterging, gerieten die Leute hinter uns allmählich in Aufruhr. Flüche und Schreie wurden laut, und jemand versuchte, unser Pferd am Halfter weiterzuzerren.

Alexej tippte sich an die Stirn und antwortete dem Revolutionär mit einem Seitenblick auf Vater: »Ein Onkel. Er ist nicht mehr ganz richtig im Kopf.« Vater lief erneut vor Wut dunkelrot an und konnte sich offenbar nur mühsam beherrschen.

Unser Pferd allerdings weigerte sich aus irgendeinem unerfindlichen Grund, weiterzugehen. Auch als Alexej vom Kutschbock sprang und es weiterzuführen versuchte, rührte es sich nicht von der Stelle. Es stand nur mit zitternden Flanken da und schien vor irgend etwas Angst zu haben.

Sogar als Alexej es erneut vom Kutschbock aus mit der Peitsche versuchte, war es nicht vom Fleck zu bewegen. Möglicherweise fürchtete es das glitschige Kopfsteinpflaster, vielleicht war es nach Monaten des ruhigen Landlebens die vielen Menschen nicht mehr gewohnt. Jedenfalls ergriffen zwei Droschkenkutscher hinter uns schließlich die Initiative und versuchten uns zu überholen.

Das wäre ihnen beinahe gelungen, wäre auf der linken Straßenhälfte nicht plötzlich ein Bierwagen aufgetaucht und hätte ihnen den Weg versperrt. Das Zugpferd des Bierwagens rutschte aus und knickte mit den Vorderbeinen ein. Die Droschke kippte um, als sich dieses Pferd aufbäumte, und zwei Frauen fielen schreiend auf die Straße. In Sekundenschnelle herrschte ein heilloses Durcheinander.

Als Alexej wieder vom Kutschbock sprang, schrie Vater: »Wir haben sie verloren! Der Wagen meiner Frau ist weg!«

Wir waren fast an der Pier. Vater kletterte zu uns nach hinten und fiel beinahe über Lilla. »Los, sieh nach ihnen!« schrie er Alexej an. »Wir laufen zu Fuß weiter. Wir haben's schon beinahe geschafft. Gleich um die Ecke, dort, wo du die Kräne siehst, ist eine große Laderampe mit Lagerhäusern. Von dort führt ein schmaler Durchgang direkt zur Pier, an der die Lysberg liegt. Ich schlage mich bis dorthin mit den Frauen und Nicki durch, gebe sie ab und kehre dann zurück.«

Bevor Alexej davonrannte, rief er ihm noch zu: »Bring die Frauen und Rudi bis zu dem schmalen Durchgang. Dort wartet ihr auf mich. Ich helfe euch. Bis zum Schiff sind es dann nur ein paar Meter.« Und zu uns gewandt, fuhr er fort: »Los, raus mit euch! Alle! Und zwar schnell!«

Vater mußte meinen ängstlichen Blick aufgefangen haben, denn er beruhigte mich: »Keine Sorge, Nicki. Ich bringe euch bis zur Gangway. Auf dem Schiff paßt du auf die Frauen auf, bis ich Mama und die anderen geholt habe. So sparen wir Zeit.«

Wir stolperten zu Fuß weiter, ein paar ängstliche Bauern, zerlumpt, schmutzig und übelriechend. Nicht mal der mißtrauische Bolschewik würdigte uns eines Blickes.

»Ich habe Kodi, meinen Bären, verloren!« schrie ich plötzlich aufgeregt.

»Unsinn!« rief Galina. »Rudi hat doch Kodi mitgenommen, du Dummkopf!« In der Aufregung hatte ich das tatsächlich vergessen.

Vater führte uns durch eine enge, gewundene Gasse, die nirgendwo zu enden schien. In der Ferne glaubte ich plötzlich laute, schrille Schreie zu hören, war jedoch selbst an der Hand des Vaters so damit beschäftigt, auf dem glitschigen Untergrund nicht den Halt zu verlieren, daß ich dies in all dem Trubel nur im Unterbewußtsein registrierte. Vater zog mich weiter und half gleichzeitig Galina, die unermüdlich versuchte, die übergewichtige Lilla zur Eile anzutreiben. Ich bewunderte Galina sehr, wie sie in ordinärem Russisch schrie: »Platz da für meine Mutter! Sie ist krank!«

Einige Leute traten tatsächlich zur Seite, um die augenscheinlich verzweifelte Tochter mit ihrer dicken, unsicher stolpernden Mutter im Schlepptau vorbeizulassen, die im Schneematsch einen sicheren Tritt suchte.

Schließlich erreichten wir das Ende der Gasse und standen plötzlich am Wasser.

»Das dort ist die ›Lysberg‹!« Vater deutete zu einem kleinen Frachter, an dessen Bug eine rote Flagge mit einem weißen Kreuz flatterte.

»Jetzt übernimmst du das Kommando, Nicki!« rief Vater mir zu und lief sofort in die Gasse zurück. Das Gefühl, plötzlich wichtig zu sein, war stärker als meine Angst. Schon auf der Mitte der Gangway trat uns ein großer, freundlicher Mann entgegen. Er empfing uns in schlechtem Russisch: »Das ist sicher die Familie des Fürsten. Wo sind die anderen?«

»Ja, das sind wir, mein Herr«, erwiderte ich artig. »Mein Vater holt nur noch Mama und die anderen.«

»Kommen Sie«, sagte er zu Lilla und half ihr die glatten Planken der Gangway hinauf. Als wir alle an Bord waren, begrüßte er uns mit einem Wort, das wohl aus dem Dänischen stammen mußte: »Velkommen!«

Noch immer ging dichter Schneeregen auf uns nieder. Der Mann erklärte uns auf russisch, der dänische Botschafter in St. Petersburg hätte veranlaßt, daß für uns alle Kleidung an Bord gebracht worden sei. »Außerdem gibt's auf der ›Lysberg‹ auch heißes Wasser«, fügte er hinzu. »Die Damen«, fuhr er an Galina gewandt hinzu, »möchten sich sicher zuerst waschen, damit die anderen nachher nicht warten müssen.«

»Sie müssen jede Minute eintreffen, mein Herr«, sagte ich höflich. »Vielleicht sollten wir hier auf sie warten.«

Insgeheim hatte mich eine böse Vorahnung beschlichen.

Ich hatte überhaupt keine Lust, unter Deck in die Kabine zu gehen, solange ich nicht wußte, daß die anderen in Sicherheit waren. Plötzlich hatte ich Mühe, die Tränen zurückzuhalten. Während ich mich ungeduldig über die Reling lehnte und die Schreie und das Rufen hinter den Ladebaracken hörte, wuchs meine Angst ins Unerträgliche.

Ich weiß nicht mehr, wie lange dieses qualvolle Warten dauerte, bis ich endlich die beiden Gestalten entdeckte. Sie sahen zerlumpt und zerfetzt aus und taumelten, sich gegenseitig stützend, durch den schmalen Durchgang auf die Pier.

Zuerst erkannte ich sie nicht, denn der eine der beiden hinkte stark. Dann endlich sah ich durch einen Schleier von Tränen ihre schmutzverschmierten Gesichter.

»Vater!« schrie ich. »Wo ist Mama? Und Olga? Wo ist Rudi?«

Vater schien verletzt zu sein. Er rang unter Schmerzen nach Luft, als ihn dänische Seeleute die Gangway hinauf an Bord brachten, wo der Kapitän ihn in Empfang nahm. Ihm folgte Igor, dessen Jacke an der Schulter blutgetränkt war.

Als Vater bewußtlos auf die Planken sank, war das vertraute Gesicht Igors vor Entsetzen so entstellt, daß ich ihn kaum wiedererkannte. Dann sah er mich. Im Arm hielt er Kodi, meinen Bären, das Geschenk des Zaren.

Er sagte alles in einem einzigen Satz: »Mehr konnten wir nicht retten!« Und er gab mir Kodi.

Schluchzend stand ich im Schneeregen und hielt Kodi eng an mich gepreßt. Die arme Lilla war ebenfalls ohnmächtig geworden und lag auf einer Bank neben einer nach Teer riechenden Taurolle. Denn Vater war ja nicht nur ohne Mama, Olga und Rudi, sondern auch ohne Juri und Alexej zurückgekehrt.

Das nächste, was ich weiß, ist, daß Galina mich und Kodi mit tränenüberströmtem Gesicht umschlungen hielt und mich zu trösten versuchte. Doch ich begriff nicht, was sie sagte.

Verzweifelt versuchte ich mich ihrer Umarmung zu entwinden, als sich zwei Seeleute Igors annahmen. Dann ertönte eine Schiffssirene, und die Leinen wurden losgeworfen. Schließlich gelang es mir, mich von Galina loszureißen. Blind vor Tränen und Schmerz, stolperte ich zur gegenüberliegenden Seite des Schiffes, wo ich den Blicken der anderen nicht mehr ausgesetzt war. Dort weinte ich bittere Tränen über den verlorenen Bruder und die Mutter.

Galina trat schließlich zu mir, und diesmal wehrte ich mich nicht gegen ihre Umarmung, denn ich begriff, daß es ihr ebenso ergehen mußte wie mir. Außerdem war ihr Körper warm und tröstlich. Wie von weitem hörte ich das Stampfen von Schiffsmaschinen, Kommandorufe in einer fremden Sprache mit kehligen Lauten und Trossen, die ins Wasser klatschten, als das Schiff ablegte, um Kronstadt zu verlassen.

Während ich das schneller werdende Vibrieren der Schiffsmaschine unter meinen Füßen spürte, führte mich Galina zu der Stelle zurück, wo man die Gangway eingeholt hatte, so daß wir einen letzten Blick auf unsere Heimat werfen konnten.

Dort stand Vater. Man hatte ihn zwar an Bord schleppen müssen, doch seine Beinverletzung war offenbar harmloser, als man angenommen hatte. Galina und ich schluchzten heftig.

Vaters Gesicht war eine grimmige Maske, doch auch seine Augen waren feucht, und die vertraute Zurechtweisung »Soldaten weinen nicht«, die ich von ihm erwartet hatte, blieb aus. Statt dessen legte er den einen Arm um Galina, den anderen um mich und murmelte: »Ja, weint, Kinder. Weint euch euren Schmerz von der Seele.«

Seit damals sind viele Jahre vergangen. Erst als ich mit der Aufzeichnung dieser Familiengeschichte begann, erfuhr ich, auf welche Weise meine Mutter tatsächlich ums Leben gekommen war. Einzelheiten entnahm ich einem Zeitungsbericht, den Igor zwei Jahre nach den schrecklichen Geschehnissen, also 1921, geschrieben hatte. Ich entdeckte den Bericht allerdings erst in den vierziger Jahren.

Zu dieser Tragödie hätte es niemals zu kommen brauchen. Schließlich hatten wir uns ja alle als einfache Bauern verkleidet. Als Alexej Igor erreichte, um ihm zu sagen, daß Vater uns an der Pier abliefern und dann zurückkehren wolle, um Mama zu holen, wäre normalerweise in dem Menschengewühl niemand auf sie aufmerksam geworden – hätte es der fatale Zufall nicht anders gewollt.

Da Vaters Wagen plötzlich verschwunden war, hatte Juri Mamas Wagen erst mal angehalten, war vom Kutschbock gesprungen und hatte das Pferd am Halfter gepackt, um für den Fall sicherzugehen, daß es vor irgend etwas scheute.

Plötzlich blieb eine Kutsche neben ihnen stehen. Es war zwar eine Kutsche von verhältnismäßig bescheidenem Aussehen, doch noch immer vornehm genug, um den Mob zu reizen. Sie wurde von zwei Pferden gezogen und hatte zudem Vorhänge, die den Blick ins Innere versperrten.

Einer der beiden Männer auf dem Kutschbock sprang hinunter, um den Wagenschlag zu öffnen. Igor erkannte sofort, daß es sich nur um die Diener einer wohlhabenden Persönlichkeit handeln konnte, so miserabel war ihr Versuch, sich zu verkleiden und zu verstellen.

Igor mahnte sofort Mama, Rudi und Olga, sich unter der Plane ruhig zu verhalten, denn er ahnte, daß unter diesen Umständen ein Zusammenprall unvermeidlich war. Das Verhalten des Dieners mußte man als aufreizend bezeichnen, es war praktisch nur als Provokation des Pöbels zu verstehen. Prompt trat ein großer, kräftiger Mann an den Kutschbock, packte den dort sitzenden Diener beim Fuß und zerrte ihn auf die Straße. In diesem Augenblick beging der andere Diener einen unverzeihlichen Fehler: Er zog ein Messer, sprang auf den Angreifer zu und stach ihn nieder.

Blut spritzte, und das war das Zeichen, auf das der Mob nur gewartet hatte. Mit einem einzigen wütenden Aufschrei fiel die Menge über den Mann her und trampelte ihn zu Tode.

All das geschah dicht neben dem Wagen meiner Mutter, doch Juri und Igor, zwei zerlumpte Bauern, blieben vom Mob unbeachtet. Die Aufmerksamkeit der Menge konzentrierte sich auf die Kutsche, deren Vorhänge jetzt zur Seite gerissen wurden.

»Die Szene, die dahinter bisher vor den neugierigen Blikken der Umstehenden geschützt gewesen war und sich uns jetzt darbot, ließ das Blut in unseren Adern gerinnen«, schrieb Igor später. Im Innern der Kutsche saß eine Frau, begleitet von zwei Zofen. Daran und an ihren Kleidern war unschwer zu erkennen, daß sie eine Dame von Stand sein mußte. Ihr Rock und ihre Dessous waren über die Schenkel nach oben geschoben und entblößten einen blutüberströmten Unterleib. Es dauerte ein paar schreckliche Sekunden, bis mir klarwurde, daß die Kutschfahrt bei ihr eine Frühgeburt ausgelöst hatte. Die beiden Zofen versuchten verzweifelt, ihre Herrin zu säubern, während sich diese stöhnend auf den Polstern wand. Schließlich schrie eine der Zofen die Umstehenden an, der Dame aus der Enge der Kutsche zu helfen, was auch geschah. Wimmernd sank die Frau auf das Pflaster. Die Zofe bettete das offenbar totgeborene Kind auf ein Kissen, überdeckte es mit einem Tuch und legte es neben die beiden anderen Toten, den Diener und den Erstochenen. Einen Moment schien es, als wolle der Mob die Dame verschonen, obwohl sie offensichtlich der verhaßten Oberschicht angehörte. Doch das war ein Irrtum. Einer der Umstehenden zerrte den Erstochenen an dessen Haar in die Höhe und schrie: »Sie ist schuld an seinem Tod! Tod der Aristokratie!« Und dann fiel er über die unglückliche Mutter her und stach blindwütig auf sie ein.

In diesem Augenblick schrie Alexej Juri zu: »Weg hier!

Nichts wie weg!« Der alte Juri geriet in Panik und riß so heftig am Zaumzeug des Pferdes, daß es scheute und sich aufbäumte. Der Wagen ruckte dabei an, und Rudi stürzte rückwärts auf die Straße. Den schmutzigen, zerlumpten Jungen beachtete niemand. Dafür kletterte einer der Umstehenden plötzlich von hinten auf Mamas Wagen und riß die Plane beiseite.

»He, seht mal her, Genossen! Wen haben wir denn da?« schrie er.

»Sie ist hochschwanger«, erklärte Tante Olga atemlos vor Schreck angesichts der begehrlichen Blicke des Mannes. Sie hatte zwar den Aufruhr gehört, der draußen herrschte, hatte jedoch keine Ahnung, was dort passiert war.

»Die meine ich auch nicht!« hörte Igor den Mann rufen. »Die ist schwanger!« Und mit einem Blick auf Olga fügte er hinzu: »Aber dir mache ich ein gutes Bolschewiken-Balg, wenn du sauber genug bist. Ich habe keine Lust, mir den Tripper zu holen.«

Olga und Mutter sahen unter all dem Schmutz und den Lumpen so echt aus, daß Igor die Worte des Mannes eher für einen Scherz als für eine Drohung hielt. Doch in diesem Augenblick begann Mutter heftig zu stöhnen.

»Helft mir! Sie muß vom Wagen!« erklärte Olga energisch. Und dann hörte Igor mit Entsetzen, wie Juri rief: »Ich komme schon, Fürstin!«

»Fürstin!« Aus dem Mund des Mannes, der eine rote Scherpe um die Taille trug, klang das wie ein Schimpfwort aus der Gosse. Er riß Mutter und Tante Olga schweigend die Röcke vom Leib. Die beiden Frauen versuchten schreiend, ihre Seidenunterwäsche zu bedecken. Dann packte der Kerl zwei Kissen, gegen die Mama sich gelehnt hatte, und warf sie in die Menge.

»Schaut her, Genossen!« johlte er. »Wir haben eine Fürstin und ihre Freundin aufgegabelt!«

Damit zerrten sie Mutter aus dem Wagen. Als Igor sich ihnen entgegenwarf, traf Juri ein Keulenschlag von hinten, der den armen Alten augenblicklich tötete. Alexej war verschwunden. Mutter warf man, nur mit dem Unterrock bekleidet, zu Boden. Als Rudi versuchte, mit den Fäusten seine Mutter zu verteidigen, schlug man auch ihn nieder. Igor wurde mit einem Säbelhieb niedergestreckt, der ihn an der Schulter schwer verletzte.

Olga kletterte, wütend um sich schlagend, vom Wagen und schrie: »Die Wehen haben eingesetzt! Laßt sie in Ruhe!« Doch Igor hörte, wie der Mann, der sie entdeckt hatte, erwiderte: »Nicht so hastig, mein schönes Täubchen. Ich hab' doch versprochen, dir einen Bastard zu machen – ein Kind der Revolution!« Damit packte er Olga und trug sie in Richtung eines der Lagerhäuser. »Es dauert nicht lange«, versprach er johlend. Olga wehrte sich beißend und kratzend, doch er hob sie einfach an der Taille hoch und rief der Menge lachend zu: »Zehn Minuten! Dann könnt ihr sie umbringen, wenn ihr wollt!«

Igor, der schwer verletzt war und stark blutete, versuchte noch immer verzweifelt, Mutter zu schützen. Im letzten Moment sah er noch, wie sich die Tür des Lagerhauses hinter Olga und ihrem Peiniger schloß. Dann ging alles sehr schnell.

Ein halbes Dutzend Männer und Frauen stürzten sich auf ihn und Mama. Juri war tot, Rudi war irgendwo in der Menge abgedrängt worden.

Igor traf ein harter Fußtritt am Kopf, der ihm beinahe das Bewußtsein raubte, während eine geifernde Frau mit einem roten Kopftuch unserer Mutter ein Fleischermesser in die Brust stach. Das letzte, was Igor dann noch sah, war, daß sich Rudi mit einem Aufschrei schützend über seine Mutter werfen wollte, vorher Igor den Teddybären Kodi in den Arm drückte und schluchzend das Gesicht der Toten küßte.

Neben Mama liegend, wurde Igor schließlich bewußtlos. Er war blutüberströmt, und möglicherweise hielt ihn der

Mob ebenfalls für tot, denn als er allmählich ins Bewußtsein zurückkehrte, hatte sich die Menge zerstreut. Am anderen Ende des Platzes schien etwas Neues ihre Aufmerksamkeit erregt zu haben.

Rudi war spurlos verschwunden, und auch Olga war nicht wieder aufgetaucht. Die Kutschpferde und unser Zugpferd hatte man ausgespannt und als willkommene Beute fortgeführt.

Aber wo war mein Vater geblieben? Er hatte ja versprochen, zurückzukehren. Allerdings war das schreckliche Geschehen nur eine Angelegenheit von wenigen Minuten gewesen. Igor blieb nichts anderes übrig, als ihn zu suchen. Er fand ihn schließlich am Anfang des schmalen Durchgangs, der zur Pier der »Lysberg« führte.

Wie Igor später erfuhr, hatte mein Vater die blutige Szene um unseren Wagen von weitem gesehen und versucht, Mama zu Hilfe zu eilen. Er war jedoch in einen Kampf verwickelt worden, hatte einen Bolschewiken niedergeschlagen und war von dessen Genossen am Schenkel verletzt worden.

Als Igor ihn endlich entdeckte, versuchte er mühsam, aufzustehen. Auch Igor vermochte sich kaum auf den Füßen zu halten, und so taumelten sie, sich gegenseitig stützend, zur »Lysberg«.

Dort erlebten wir dann alle, wie sie mit schmerzverzerrten Gesichtern die Gangway zu erklimmen versuchten. Es waren ihre ersten zögernden und schwankenden Schritte auf dem Weg in ein neues Leben.

Hinter sich ließen sie das alte Dasein zurück. Was ihnen blieb, waren die Erinnerungen an die Heimat, an ein riesiges Reich von unendlichen Weiten, das von China bis zur Ostsee reichte und in dem über hundert Völkerschaften lebten. Und vor allem blieben ihnen die Erinnerungen an die schöne Mama, die alles verkörperte, was sie mit der Revolution verloren hatten. So sollte sie ihre letzte Ruhestätte nicht auf dem Friedhof der Aristokraten von Zarskoje Selo, sondern in einem unbekannten Grab in Kronstadt finden.

3

Drei Tage lang kämpfte sich unser kleiner Frachter bei heftigen Stürmen durch schwere See. Das Schiff stampfte und schlingerte zeitweise so stark, daß ich über meiner Seekrankheit beinahe den Schicksalsschlag vergaß, der uns alle so schwer getroffen hatte.

Ich bewohnte eine winzige Kabine zusammen mit Igor Trepow, der mich am zweiten Tag schließlich zwang, an Deck zu gehen, wo ich mich prompt über die Reling hinweg übergab. Wenigstens pumpte ich dadurch wieder frische Luft in meine Lungen. Als es mir etwas besserging, bemerkte ich meinen Vater, der auf dem Achterdeck mit schleppenden Schritten auf und ab ging.

Schließlich trat er zu mir, legte die Hand auf meine Schulter und sagte: »Kopf hoch, Nicki! Du, Galina und ich – wir haben ein ganz neues Leben vor uns.«

Der Ton, in dem er dies sagte, trieb mir die Tränen in die Augen. Blind vor Kummer und Schmerz, begann ich hemmungslos zu schluchzen. Mein Vater hatte sich längst wieder abgewandt. Ich fühlte mich von allen allein gelassen. Selbst Galina war nirgends zu sehen. Was ich damals nicht wußte, war, daß auch sie von der Seekrankheit arg gebeutelt wurde und ihre Kabine nicht mehr verließ.

Am dritten Morgen beruhigte sich die aufgewühlte See, und irgendwann deutete ein Seemann zu einem dunklen Streifen an der Kimm und erklärte: »Dort liegt Rönne.«

Ich dachte, wir hätten unser Ziel erreicht und würden von Rönne aus direkt mit dem Zug in die Schweiz weiterreisen, wo Vater ein paar Tage in seinem Haus bei Nyon verbringen wollte. Aber das entpuppte sich als Trugschluß. Rönne war die Hauptstadt der kleinen dänischen Insel Bornholm, wo wir im Hafen neben einem riesigen Dampfer vertäuten.

»Damit reisen wir heute abend weiter«, erklärte Igor mir. »O nein!« entfuhr es unwillkürlich Galina, die sich gerade etwas erholt hatte. »Bitte, nicht noch eine Nacht auf einem Schiff!«

»Keine Angst«, entgegnete Igor lächelnd. »Diesmal reisen wir mit einem echten Überseedampfer. Der liegt so ruhig im Wasser, daß du nicht mal merkst, daß du an Bord eines Schiffes bist.«

Vater erklärte uns, daß Bornholm ein beliebtes Touristenziel sei und daher eine ständige Schiffsverbindung mit Kopenhagen existiere. Eins der beiden ständig auf dieser Linie verkehrenden Passagierschiffe sollten wir noch an diesem Abend besteigen.

»Es sind vier Betten für uns reserviert«, sagte er. »Ihr werdet also gut schlafen.«

Für die uns verbleibenden Stunden auf Bornholm mieteten wir uns in dem Hotel »Dams« ein, wo man offenbar über Vaters Rang und Herkunft informiert war und uns mit Kaffee, Marzipankonfekt und einem üppigen kalten Abendessen verwöhnte, das hauptsächlich aus Heringshappen und anderen Spezialitäten auf hauchdünnem, knusprigem Brot bestand.

Kurz vor sieben Uhr abends gingen wir an Bord des Passagierdampfers nach Kopenhagen, und ich erinnere mich nur noch vage daran, meinen Pyjama angezogen zu haben. Dann fiel ich in einen tiefen, traumlosen Schlaf, bis es laut an die Kabinentür klopfte, Galina hereintrat und verkündete: »Wir sind da, Nicki. Zeit zum Aufstehen.«

Ich war so hungrig, daß ich mir nur flüchtig das Gesicht wusch und dann in den Speisesaal hinaufging, wo ich vier mit Zuckerguß überzogene Stücke eines Kuchens hinunterschlang und drei Tassen starken Kaffee trank.

Kaum war die Gangway ausgefahren, erschien ein junger Marineoffizier an Bord, der nach Vater fragte und sich als Kapitän zur See Sven Jensen vorstellte, die Hacken zusammenschlug und erklärte: »Seine Majestät, der dänische König, schickt mich, Fürst Korolew. Ich stehe zu Ihrer Verfügung.«

»Danke, sehr freundlich von Ihnen«, erwiderte Vater militärisch knapp.

Ein paar Schaulustige hatten sich bereits versammelt, die den imposanten Mann mit dem weißen Bart und dem eindrucksvollen Schnauzbart neugierig musterten.

Der Kapitän nahm an unserem Tisch Platz. »Es ist alles vorbereitet, Hoheit. Bedauerlicherweise befinden sich Ihre königlichen Hoheiten gerade auf Jütland. Aber wir haben Zimmer für Sie im ›Angleterre‹ reservieren lassen. Sie sind«, er hüstelte, »selbstverständlich Gäste des Königshauses.«

»Sehr freundlich«, erwiderte mein Vater.

Galina und ich folgten gespannt der Unterhaltung. »Unser Gesandter in Sankt Petersburg hat uns mitgeteilt, daß Sie und Ihr Sohn nach Genf weiterzureisen wünschen, während sich das Fräulein Tochter«, er warf Galina einen flüchtigen Seitenblick zu, »zusammen mit Graf Trepow und der Zofe nach Paris begibt.«

»Ganz richtig.« Vater nickte.

»Sie können alle zusammen Dänemark mit demselben Zug verlassen. In Brüssel müssen Sie allerdings umsteigen. Der Zug fährt weiter nach Paris, aber Ihr Sohn und Sie, Hoheit, müssen die Schweizer Bahn nach Genf nehmen. Leider ist der Umweg über Frankreich unvermeidlich, da die wichtigsten deutschen Bahnverbindungen noch immer schwer beschädigt sind.«

Später führte uns der sympathische Marineoffizier zu einer eleganten Limousine und fuhr uns in die schöne dänische Hauptstadt mit ihren grünen Kupferdächern.

»Da ist Ihr Hotel«, erklärte er uns schließlich. »Und dort«, er deutete zu einer Statue, »gegenüber einem unserer alten königlichen Denkmäler liegt die königlich-dänische Oper. Ihr Ballett ist berühmt.«

Galina reckte den Kopf. »Ja, es hat einen hervorragenden Ruf«, bestätigte sie.

»Mögen Sie Ballett?«

»Ich habe an der Kaiserlichen Ballettschule in St. Petersburg studiert. Was wird denn heute abend gegeben?«

»›Schwanensee‹.«

»Oh! Das würde ich gern mal wieder sehen.«

»Das können Sie. Wenn es wirklich Ihr Wunsch ist, mein Fräulein.« Der junge Kapitän war sich offenbar etwas unsicher, ob Galinas Herkunft und Stand die Bezeichnung »Fräulein« erlaubten. Als er die Hotelpagen fortschickte, da wir kaum Gepäck hatten, sagte er zu Vater: »Seine königliche Hoheit dachte, es würde Sie vielleicht langweilen, die ganze Zeit im Hotel zu verbringen, deshalb ...«

»Sogar verdammt langweilen«, unterbrach Vater, der dem Gespräch über Ballett überhaupt nicht zugehört hatte. »Wann geht unser Zug?«

»Erst morgen abend, Hoheit.«

»So ein Pech. Nun, das ist wohl nicht zu ändern.«

»Seine königliche Hoheit hat die Königsloge in der Oper für Sie reservieren lassen. Wenn Sie also Lust haben ...«

»Oh, Papa! Das wäre wunderbar. Wir könnten wenigstens für ein paar Stunden alles vergessen. Dürfen wir?«

Vater sah Galina mit ausdrucksloser Miene an.

»Bitte, Papa!«

Ich war natürlich überhaupt nicht erpicht auf einen Opernbesuch. Mein Bett war mir lieber. Da konnte ich mich wenigstens ungestört meinem Kummer wegen Mama und Rudi hingeben.

Vater murmelte: »Mal sehen. Ich bin eigentlich nicht in Stimmung.«

Igor interessierte sich nicht für Ballettdarbietungen, aber, wie er mir gestanden hatte, dafür um so mehr für hübsche Mädchen. Die dänische Hauptstadt hatte offenbar eine erstaunliche Anzahl an jungen, lachenden Blondinen mit einem aufreizenden Zwinkern in den Augen zu bieten.

Ich beobachtete, wie sich der Kapitän offenbar zu einer Entscheidung durchrang, denn plötzlich sagte er wie beiläufig zu Vater: »Ich stehe Ihnen und Ihrer Familie wie gesagt ganz zur Verfügung, Fürst Korolew. Erweisen Sie mir daher die Ehre, Ihre Tochter in die Oper begleiten zu dürfen. Ich kann verstehen, daß Sie müde und abgespannt sind.«

»Gute Idee«, sagte Vater prompt. »Ich liebe Ballett, aber – nun, Sie verstehen sicher meine Situation. Wenn es Ihnen wirklich nichts ausmacht ...«

»Selbstverständlich verstehe ich, Hoheit«, erwiderte Kapitän Jensen fast ein bißchen zu eifrig.

»Sehr freundlich von Ihnen, Kapitän.« Und mit einem strengen Blick fügte er hinzu: »Sind Sie verheiratet?«

Sven Jensen wurde tatsächlich rot. »Nein, Hoheit.«

»Dann benehmen Sie sich anständig! Die junge Dame hier wird eines Tages eine berühmte Primaballerina. Ich habe doch Ihr Wort, junger Mann?«

»Papa!« Diesmal wurde Galina rot. »So was sagt man doch nicht.«

»Sie haben selbstverständlich mein Wort, Fürst Korolew«, entgegnete der Däne steif.

»Na, bestens. Graf Trepow ist ebenfalls ein Freund des Balletts. Er wird sich euch sicher gern anschließen.«

»Erfreut, Hoheit«, erwiderte Kapitän Jensen ein wenig konsterniert, bis er Igors Blick auffing, der deutlich sagte: »Das meinst nur du!«

Nach dem Frühstück am darauffolgenden Morgen unternahmen Galina und ich einen Spaziergang, während Kapitän Jensen meinem Vater zur Verfügung stand. Der Schnee war fast geschmolzen, aber es wehte ein frischer, kühler

Wind. Vom Hotel »Angleterre« aus wandten wir uns nach rechts und wanderten durch enge Gassen und über gemütliche Plätze in das Zentrum der Stadt.

Galina wirkte entspannt und brachte sogar ein Lächeln zustande.

»Na, wie war's? Hat sich's gelohnt?« erkundigte ich mich. »Nichts Aufregendes«, erwiderte sie, als wir an den Schaufenstern der königlich-dänischen Porzellanmanufaktur entlangschlenderten. »Ist er nicht hübsch?« fragte Galina und deutete auf einen Teller in den üblichen Blautönen.

»Finde ich nicht«, entgegnete ich mürrisch, denn ich hatte das Gefühl, Galina wolle etwas vor mir verbergen.

Doch schließlich konnte sie das Geheimnis nicht länger für sich behalten. »Weißt du, wen ich so gegen Mitternacht gesehen habe?«

»Nein. Sag schon!«

»Igor«, flüsterte sie. »Er ist mit einem Mädchen im Lift zu seiner Etage hinaufgefahren.«

»Glaubst du …?« fragte ich mit der Weisheit des Zwölfjährigen.

»Er wäre ein Idiot, wenn nicht«, entgegnete sie ebenso vage.

»Galina! Wie kannst du nur so was sagen?«

»Diese Skandinavierinnen sind sehr freizügig. Das hat Sven mir erzählt.«

»Sven? Was ist denn das für ein verrückter Name? Und wer ist dieser Sven überhaupt?«

Galina sah besonders hübsch aus, wenn sie rot wurde. »Der junge Marineoffizier natürlich«, gab sie zu. »Kapitän Jensen.«

»Aha! Hat Sven vielleicht Igor mit dem Mädchen ebenfalls in den Lift steigen sehen?«

Galina nickte, ohne nachzudenken.

»Und was hattest du gegen Mitternacht in Begleitung dieses Sven zu suchen?«

Ihre Röte vertiefte sich.

»Du brauchst es mir gar nicht erst zu sagen«, fuhr ich herablassend fort. »Du hast gewartet, bis die Luft rein war, damit du diesen Sven ebenfalls mit raufnehmen konntest.«

»Werde nicht frech, Nicki! Nach allem, was passiert ist! Wie kannst du nur so was denken?« Sie umarmte mich. »Er – er ist sehr lieb, aber sei nicht albern. Er weiß, wie unglücklich ich bin. Nur – im Hotel gibt es eine kleine Bar mit Tanzfläche, und wir haben zwei Gläser dänischen Likör getrunken. Und das Ballett? Ich habe kaum hingesehen. Ich war todunglücklich. Ich bin deshalb so bald als möglich ins Bett gegangen.« Sie sah mir in die Augen. »Allein.«

»Ehrenwort?« fragte ich.

Galina blieb plötzlich stehen. »Warum? Ja, sicher.« Dann las sie wohl die Sorge in meinen Augen. »Ehrenwort. Aber warum interessiert dich das?«

Diesmal wurde ich rot. Und sie wiederholte: »Warum?« Ich zögerte. Doch schließlich brach es aus mir heraus: »Wir sind jetzt allein. Und du – du bist so hübsch. Ich weiß über diese Dinge Bescheid und ...«

Galina gab mir einen stürmischen Kuß. »So was Liebes hat selten jemand zu mir gesagt«, murmelte sie leise.

Nach einer schrecklich langen und ermüdenden Zugfahrt erreichten wir schließlich Brüssel. Dort verließen Vater und ich den Zug. Igor, Galina und Lilla fuhren allein weiter nach Paris, wo sie sich in unserem Haus am Place de Furstenberg niederlassen sollten. Ich beobachtete, wie Vater Igor Geld übergab und sagte: »Das dürfte genügen, bis ich nach Paris komme.«

»Wann wird das sein?« fragte Igor.

»Ungefähr in einer Woche.« Vater zuckte mit den Schultern. »Die Schweizer sind so verdammt umständlich.«

Trotz meiner Jugend wußte ich bereits, daß sich Vater ungern festlegte. Ich schloß aus seiner Antwort, daß wir auch länger als eine Woche unterwegs sein könnten. Als wir schließlich im Schweizer Nachtzug im Speisewagen saßen und zu Abend aßen, fragte ich neugierig: »Warum fahren wir in die Schweiz, Papa? Ich meine, warum nimmst du ausgerechnet mich mit? Hätte ich nicht mit Igor und Galina nach Paris reisen können?« Vater hatte in Kopenhagen eine Kiste Zigarren als Geschenk des Königs erhalten und zündete sich jetzt eine davon an. Er zögerte noch einen Moment und strich sich über seinen weißen Bart, bevor er antwortete: »Nun, wir fahren immerhin in das Haus, in dem du geboren bist, Nicki.«

»Aber warum ist Galina nicht dabei? Sie ist doch meine Schwester.«

»Halbschwester«, verbesserte mein Vater mich geistesabwesend und fügte dann hinzu: »Also gut. Ich erkläre es dir. Ich möchte dort Geld abheben. Wir brauchen es.«

»Und dazu brauchst du mich?« fragte ich instinktiv.

Vater rauchte lange Zeit schweigend, bis er endlich antwortete: »Nicki, das ist vielleicht jetzt ein Schock für dich, aber später, wenn du erwachsen bist und begreifst, was ich getan habe, wirst du deinem alten Vater noch einmal sehr dankbar sein.«

Plötzlich erfaßte mich eine unerklärliche Angst.

»Nicki«, fuhr Vater fort und beobachtete mich prüfend. »Ich versuche, einen Schweizer Paß für dich zu erhalten.«

»Was? Einen Schweizer Paß? Aber Papa!« Ich sprang auf und stampfte wütend mit dem Fuß auf. »Ich bin Russe! Der Sohn eines russischen Aristokraten!«

»Setz dich!« befahl Vater leise, aber bestimmt, als die anderen Fahrgäste auf uns aufmerksam zu werden begannen.

»Entschuldige, Papa«, sagte ich hastig, da ich erkannte, daß die Zeichen auf Sturm standen. Tränen liefen mir über die Wangen. »Aber …«

»Genug damit!« Doch Vaters Blick verriet diesmal etwas mehr Mitgefühl. »Ich weiß ja, was du erlitten hast«, murmelte er schließlich.

»Aber Mutter ist eine russische Prinzessin gewesen.« Ich konnte die Tränen nicht vermeiden. »Und du ...«

»Ja, ich weiß.« Vater seufzte. »Aber wenn ich sterbe, wirst du meinen Adelstitel erben, Nicki. Du bleibst im Herzen also immer ein Russe. Wir alle sind stolz darauf, russischer Herkunft zu sein.«

»Ich will schnell erwachsen werden, zurückkehren und gegen die Bolschewiken kämpfen«, sagte ich.

»Vergiß nicht, Nicki«, entgegnete Vater sanft, »ein Paß ist das wichtigste Dokument, das ein Mann besitzt. Das wichtigste. Igor hat keinen Paß. Galina ebenfalls nicht, geschweige denn Lilla.«

»Aber warum?« fragte ich. »Igor und Galina haben keine Pässe und können trotzdem herumreisen. Irgendwelche Papiere müssen sie haben. Sie wohnen von jetzt an doch in Paris, oder?«

»Ich nehme an, daß sie früher oder später französische Pässe empfangen. Aber ich möchte nicht, daß du die französische Staatsangehörigkeit erhältst. Falls es wieder Krieg gibt, mußt du möglicherweise als französischer Soldat gegen Russen kämpfen.«

»Da würde ich mich weigern.«

»Und landest prompt im Gefängnis«, entgegnete Vater lakonisch. »Im übrigen, sobald wir uns eingelebt haben, wirst du Paris lieben lernen, mein Junge. Nur was Paßangelegenheiten betrifft, traue ich den Franzosen nicht. Bestimmt könntest du die französische Staatsbürgerschaft erwerben, aber dann wirst du irgendwann eingezogen und nach Afrika oder Indochina geschickt. Außerdem gibt es eine Menge französischer Kommunisten, die die Bolschewiken bewundern. Was tust du also, wenn die Kommunisten in Frankreich mal an die Macht gelangen? Ich weiß, das ist für dich schwer zu verstehen, aber glaub mir, ein Schweizer Paß ist das beste für dich. Und wenn du ihn erst mal besitzt, kann ihn dir keiner mehr nehmen.«

»Aber dann bin ich doch plötzlich kein Russe mehr!« Allein der Gedanke war beängstigend. Schließlich war ich sehr stolz darauf, Schüler der berühmten Schule in Zarskoje Selo gewesen zu sein.

»Nicki, ich sollte dir vielleicht sagen, daß der schreckliche Bürgerkrieg in Rußland noch lange dauern kann«, erklärte mein Vater. »Tausende von uns sind bereits über ganz Europa verstreut.«

»Aber wer wird sich um mich kümmern?«

»Wie? Wie meinst du das?«

»Na, wenn ich allein in der Schweiz leben muß.«

Vater lächelte. Die Spannung zwischen uns hatte sich gelegt. »Nein, du wirst in Paris leben und dort zur Schule gehen«, versprach er. »Wir lassen dich doch nicht allein.«

Damit fuhr mir Vater liebevoll durchs Haar, und ich war fürs erste beruhigt.

Seit 1914, meinem siebten Lebensjahr, waren wir nicht mehr in der Schweiz gewesen, so daß meine Erinnerungen an die Villa mit dem herrlichen Park am See ziemlich verblaßt waren. Erst als wir Nyon erreicht hatten, wurde mir die Umgebung vertrauter. Nyon war eine kleine Stadt am See, mit einem Hafen, in dem einige Jachten lagen, einer Hauptstraße mit Läden, einer Häuserzeile und Platanen.

Nach ein paar hundert Metern auf der Straße von Genf nach Lausanne, wo Bäume den Blick auf den See versperrten, bremste unser Fahrer an einer Ecke plötzlich ab. Ich sah ein einfaches weißes Holzschild mit der Aufschrift VILLA MONIQUE. Da kehrte die Erinnerung zurück. Das war unser Haus. Vater hatte es als »Villa Monique« gekauft und den Namen belassen.

Als wir schließlich die Auffahrt entlang und auf das langgestreckte, graue Gebäude über dem See zufuhren, fiel mir noch etwas ein: die Blumen.

Vater hatte, was Blumen betraf, einen Tick: Er liebte die

Vielfalt von Blüten so sehr, daß er jedesmal, wenn wir im Juli für einen Monat in die Schweiz gereist waren, ein Dutzend Gärtner anstellte, die jeden Montag und Donnerstag die Zusammensetzung der Blumenbeete und -rabatten änderten.

Es war eine Marotte meines Vaters, denn wir hatten vier große Blumenbeete von über zehn Metern Länge. Montags blühten dort dann Geranien und Petunien, am Donnerstag Chrysanthemen, Löwenmäulchen oder Astern. Und das änderte sich wöchentlich.

Mama hat diese Liebhaberei Vaters stets belächelt. »Warum nicht, wenn's ihm Spaß macht? Die Leute haben auf diese Weise Arbeit, und er bringt Geld in Umlauf.« Und sie fügte hinzu: »Auf der Bank nutzt das Geld niemandem was.«

Für ein Kind, das stets dazu angehalten worden war, jede Münze, die es übrig hatte, in die Sparbüchse zu stecken, war das eine verblüffende Äußerung. Denn was konnte sicherer sein, als Geld auf einer St. Petersburger Bank zu haben? Dachte ich wenigstens damals.

Eines Tages im Jahr 1914 jedoch entdeckte ich durch Zufall während unseres Aufenthalts in der Villa Monique das Geheimnis der ständig wechselnden Blumenpracht. Das entlegenste Ende unseres Gartens wurde zum Nachbargrundstück von einem hohen Holzzaun getrennt, in den eine stets verschlossene Tür eingelassen war.

Eines Tages fand ich diese Tür offen. Nachdem ich mich hastig vergewissert hatte, daß niemand mich beobachtete, schlüpfte ich durch das Gatter – und dort, auf der anderen Seite, empfing mich ein großes Feld, auf dem sich eine erstaunliche Blütenpracht ausgebreitet hatte.

Mir fiel sofort auf, daß das »unser Garten« war. In einer Ecke stand ein großes Gewächshaus mit angrenzenden Schuppen. Alle Blumen, die hier untergebracht waren, standen in Töpfen. Darauf wäre ich nie verfallen. Das Geheimnis war gelüftet. In der ersten Morgendämmerung gingen also täglich Gärtner daran, die Blumen in den Töpfen eines Beetes gegen neue auszutauschen. Welch eine wunderbare Idee!

Damals war sogar die Presse auf den »Spleen« meines Vaters aufmerksam geworden, und es erschienen mehrere Artikel in den Lokalblättern über unsere ungewöhnliche Blumenpracht. Die Reportage in der »Tribune de Genève« jedoch rief bei Vater nicht nur Stolz und Freude hervor, denn der Autor behauptete, die Idee meines Vaters sei keineswegs neu.

»Ursprünglich stammt diese Art der spektakulären Gartengestaltung von einem anderen Vertreter der russischen Aristokratie, der während der letzten Hälfte des neunzehnten Jahrhunderts regelmäßig Gast an der französischen Riviera war«, schrieb der Autor damals. »Fürst Korolew mag die Zusammensetzung seiner Beete zweimal wöchentlich ändern, doch Fürst Tscherkassky ging noch weiter. Er beschäftigte in seiner Winterresidenz über Cannes 48 Gärtner und ließ die Beete täglich ändern.«

Jetzt plötzlich waren die Erinnerungen an diese jährlichen Aufenthalte in unserem Schweizer Refugium wieder wach geworden, als der Wagen vor dem Eingang der Villa Monique hielt und das ältere Schweizer Ehepaar, das sich während der Revolutionsjahre um das Haus gekümmert hatte, uns freudig begrüßte.

Ich lief sofort zur Frontseite der Villa, wo die Wiesen und vier große Blumenbeete den Blick auf den See freigaben. Für einen Augenblick waren die Jahre seit unserem letzten Besuch hier mit all dem schrecklichen Geschehen ausgelöscht, und ich wollte nur noch sehen, welche Blumen diesmal gepflanzt waren.

Doch die Beete waren leer. Es war noch Winter, und die Hänge der französischen Alpen auf der gegenüberliegenden Seite des Sees waren schneebedeckt.

Das Haus selbst wirkte völlig unverändert. Madame Verbier, unsere Haushälterin, drückte mich herzlich an ihren üppigen Busen und flüsterte unter Tränen: »Mon pauvre.« Dann hielt sie mich auf Armeslänge von sich und erklärte energisch: »Du bist zu mager, Nicki. Ich werde dich ein bißchen aufpäppeln. Und damit fangen wir gleich an. Hier ist ein Stück Schokolade!«

Zu Süßigkeiten sagte ich nie nein, und mit einem höflichen »Merci bien« brach ich mir das erste Stück herrlicher Schweizer Schokolade seit Jahren ab.

An jenem ersten Abend in unserem Schweizer Haus gingen wir früh zu Bett. Vater und ich hatten vor dem warmen Kaminfeuer im Salon gesessen. Madame Verbier hatte mich mit einer großen Tasse heißer Schokolade verwöhnt, während Vater eine Flasche Champagner leerte.

In diesen Stunden voller wehmütiger Erinnerungen, in denen die Auswirkungen dessen, was geschehen war, für mich noch gar nicht recht faßbar waren, erfuhr ich von meinem Vater eine Art liebevoller Zuneigung, die er mir gegenüber sonst nie gezeigt hatte.

Bisher war er eine Respektsperson gewesen, die uns Kindern recht ferngestanden hatte. Sein majestätisches Auftreten hatte ihn uns stets entrückt.

An jenem Abend jedoch war das anders. Es war, als verbinde uns stummer Kummer, und als es Zeit für mich war, zu Bett zu gehen, sagte er beinahe zärtlich: »Leg dich schlafen, Nicki! Du mußt nach der langen Reise sehr müde sein.« Und während er mir liebevoll durchs Haar fuhr, fügte er hinzu: »Morgen statten wir unseren Anwälten in Lausanne einen Besuch ab. Es ist deine Geburtsstadt, weißt du? Und laß dir wegen dieser Paßgeschichte keine grauen Haare wachsen! Wir kaufen dir in der Rue St. François noch ein paar Pralinen, bevor wir zum ›Maître‹ gehen.«

Mit einem tiefen Seufzer stellte mein Vater sein Glas ab.

»Ich weiß, wie du dich fühlst, mein Junge. Für einen Zwölfjährigen ist das eine grausame Art, erwachsen zu werden. Du bist jetzt ein Mann, Nicki, und wir haben nur noch uns.«

»Gute Nacht, Papa«, murmelte ich und konnte nur mühsam die Tränen zurückhalten, als ich die feucht glänzenden Augen des Vaters sah. Als ich mein Schlafzimmer betrat, begann ich zu weinen. Ich schlief mit dem Gedanken ein, daß sich Vater an diesem Abend wohl auch in den Schlaf weinen würde.

Unser Schweizer Anwalt hieß Monsieur Dubois. Vier steile Treppen führten in seine Kanzlei hinauf. Angst beschlich mich, als wir sie, auf das Geländer aus poliertem Holz gestützt, hinaufstiegen.

Monsieur Dubois war eine eindrucksvolle Erscheinung, aber keineswegs furchteinflößend. Der etwas untersetzte Mann trug einen Cut mit Seidenaufschlägen, geknüpfte Stiefeletten und eine gestreifte Hose. An seinen steifen Manschetten glänzten goldene Manschettenknöpfe, und in seiner Krawatte steckte eine Perlennadel. Er hatte einen Spitzbart, und im rechten Auge klemmte ein Monokel an einem Samtband. Die Hand, die er Vater zur Begrüßung entgegenstreckte, war weich, feist und weiß.

»Seien Sie mir willkommen, Hoheit!« Dann wandte er sich an mich. »Und Sie ebenfalls, junger Herr.«

Es fiel mir auf, wie genau er seine Formalitäten dosierte. Seine Anrede wurde unserem Stand gerecht, ohne aufdringlich höflich zu sein.

»Darf ich Ihnen nach dem steilen Aufstieg in mein Reich einen stärkenden Kognak anbieten? Und vielleicht eine Tasse Schokolade für Herrn Nicholas?«

»Das nehme ich gern an«, erwiderte mein Vater und lüftete die Schwänze seines Gehrocks, bevor er sich in den Ledersessel vor Monsieur Dubois' großem Schreibtisch setzte. Kurz darauf brachte eine ältere Sekretärin mit aufgestecktem grauen Haar auf einem Silbertablett Kognak in einem großen Kognakschwenker mit eingraviertem Wappen und eine Tasse dampfend heißer Schokolade.

»Halten wir uns nicht mit langen Erklärungen auf«, begann Vater und schwenkte sanft die braune Flüssigkeit im Glas.

»Recht so!« Monsieur Dubois lehnte sich hinter dem Schreibtisch in seinem Stuhl zurück und legte die Fingerspitzen gegeneinander. »Sie möchten also für den jungen Herrn Nicholas, geboren in der Schweiz, ansonsten wohnhaft in Rußland und erklärter Erbe Ihres Titels und Ihrer Besitztümer in Nyon und Paris, die Schweizer Staatsbürgerschaft beantragen.«

Vater nickte. »Bei wem müssen Sie deswegen vorstellig werden?«

»Im vorliegenden Fall beim Bürgermeister von Nyon. Er ist für Neuzugänge in seiner Gemeinde zuständig. Gleichzeitig ist er Vorsitzender des entsprechenden Ausschusses, der solche Anträge prüft, die vom Bürgermeister mit entsprechender Empfehlung an den Rat weitergeleitet werden.«

»Was vermutlich lange dauern wird«, bemerkte Vater und strich sich über seinen Schnauzbart. Sein Siegelring glitzerte.

Monsieur Dubois lächelte flüchtig. »Der Rechtsvorgang, verehrter Fürst ...«

»Ganz recht. Wie lange?«

»Wir müssen uns in Geduld üben, Hoheit. Der Ausschuß entscheidet lediglich, welche Anträge an den nächsthöheren Ausschuß weitergeleitet werden – eine Institution des Kantons Vaud, zu dem der Distrikt Nyon gehört.«

»Das ist mir durchaus klar. Und ich nehme an, daß mich die Zeit dieser gewissenhaften Herren, die Schreibereien, die Eintragung ins Register, das Siegel und die Übergabe der Urkunde eine Stange Geld kosten werden.«

Monsieur Dubois neigte kaum merklich den Kopf, als sei das ein zwar zu bedenkender, aber im großen und ganzen doch nebensächlicher Aspekt der Angelegenheit.

»Es handelt sich hier um eine öffentliche Urkunde, Hoheit. Die staatlich festgesetzte Gebühr für ihre Ausfertigung beträgt zwanzigtausend Schweizer Franken.«

Die Höhe der Summe jagte mir einen großen Schrecken ein. Doch Vater wischte sich ungerührt einen Fussel vom Ärmel seines Gehrocks.

»Ihre Dienste inbegriffen, Monsieur Dubois?«

Monsieur Dubois seufzte bedauernd. »Du meine Güte, nein! Die Vorbereitung der zahlreichen Dokumente, die Gebühren für Beglaubigungen – das alles fällt in meinen Zuständigkeitsbereich.«

»Zweifellos«, bemerkte Vater etwas gereizt. »Und was habe ich an Sie zu bezahlen?«

»Fünftausend Franken.«

»Das ist reine Halsabschneiderei«, sagte Vater grimmig.

Da Monsieur Dubois nur hilflos mit den Schultern zuckte, blieb uns nichts anderes übrig, als aufzustehen. Der Anwalt und Notar half meinem Vater höflich in den pelzverbrämten Mantel. »Es dürfte keine Schwierigkeiten geben. Sobald alles erledigt ist, melde ich mich.«

Wir blieben drei weitere Tage in der Schweiz. Die meiste Zeit verbrachte ich allein. Mein Vater hatte häufig bei seiner Bank zu tun. Am dritten Tag fuhr uns ein Taxi zum Bahnhof von Genf.

Am darauffolgenden Morgen standen wir auf einem lauten, belebten Bahnsteig unter den gläsernen Arkaden des Gare de Lyon in Paris, wo unser neues Leben beginnen sollte.

TEIL ZWEI

1919–1939

4

Trotz meiner Jugend – und ich hatte bisher noch kein ästhetisches Empfinden für Baulichkeiten entwickelt, obwohl Zarskoje Selo in meiner Erinnerung das Schönste war, das ich kannte – verliebte ich mich sofort in das Haus am Place de Furstenberg, unserem Wohnsitz in Paris. Es lag an einem kleinen hübschen Platz, dessen Seiten von Forsythienbüschen gesäumt waren, zwischen denen schöne Gaslaternen standen, die allabendlich mit langen Stangen angezündet wurden.

Als das Taxi anhielt, sah ich zuerst nur eine schlichte, gelbe Eingangstür, die sich kaum von den anderen Haustüren am Platz unterschied.

Als ich Vater ansah, deutete dieser zur anderen Ecke des Platzes und erklärte: »Dort drüben, das war das Atelier von Delacroix.«

Ich muß ziemlich verständnislos dreingeschaut haben, denn Vater fuhr fort: »Du kennst den berühmten Maler nicht? Mein Gott, es wird Zeit, daß du eine französische Schule besuchst. Den Franzosen sind ihre Künstler heilig, merk dir das!«

Vater öffnete die nicht sehr saubere gelbe Tür, die zu meiner Überraschung nicht verschlossen war. Allerdings führte sie nicht unmittelbar in das Haus, sondern auf einen gewölbeartigen Durchgang, an dessen Ende ich einen Springbrunnen im Tageslicht glänzen sah.

Das Plätschern des Wassers verschluckte unsere Schritte, und plötzlich standen wir in einem kleinen romantischen Innenhof mit einer Concierge-Loge und einer Flügeltür mit bunten Glasscheiben, hinter der ich eine breite Holztreppe erkannte.

»Ist das unser Haus?« fragte ich atemlos.

»Ja. Ganz allein unseres.« Vater lächelte amüsiert. »Gefällt es dir?«

»Ja, sehr!« Ich atmete tief aus.

Und in diesem Augenblick sah ich hinter den Türscheiben wehende Röcke über den breiten Treppenaufgang hinuntergleiten. Die Tür flog auf, und vor uns stand Galina. »Herzlich willkommen, ihr Weltenbummler!« Sie umarmte mich, gab Vater einen Kuß und wandte sich dann wieder mir zu: »Das Haus ist ein kleines Himmelreich, Nicki.«

Es dauerte nicht lange, bis ich begriff, was Galina damit gemeint hatte. Unser Haus, das Galina und ich gemeinsam erforschten, war viele Jahre zuvor von Vater erworben und erst allmählich eingerichtet und möbliert worden.

Von der Atmosphäre her war es russisch wie unser Zuhause außerhalb von St. Petersburg, mit einem leicht französischen Einschlag, so daß es wie die ideale Synthese dieser beiden Welten wirkte – unser zukünftiges französisches Zuhause, gefüllt mit Erinnerungen an die russische Vergangenheit.

In der Wirklichkeit drückte sich das durch den Samowar aus, die zahlreichen Ikonen und vielen Sepiafotos, darunter eins mit der Widmung des Zaren und der Zarin, das auf einem schönen, alten französischen Tisch stand. Alles das befand sich in einem gemütlichen Salon mit einem tiefen, bequemen Sofa, auf dessen Kissen der russische Adler, das Wahrzeichen des Zaren, prangte. Davor stand eine Kopie jenes Fußschemels, den meine Mutter so sehr geliebt hatte. In ihn war eine kleine Spieluhr eingebaut, ein teures, jedoch bei der Aristokratie Rußlands sehr beliebtes kleines Möbelstück.

In Vaters Arbeitszimmer fanden sich noch mehr Fotos, diesmal von den Zwiebeltürmen russischer Kirchen, Schneelandschaften, dem Garderegiment des Zaren in seinen schweren Uniformen vor dem Winterpalais und hochdekorierten Militärs. Außerdem stand dort eine silberne Zigarettendose, gefüllt mit besonderen russischen Zigaretten, die zur Hälfte aus leeren Papphröhrchen und zur anderen Hälfte aus mit Safran imprägniertem und mit Tabak gefülltem Papier bestanden.

»Ich dachte, Papa freut sich, wenn ich sie ihm auffülle«, erklärte mir Galina. »Ich habe einen russischen Emigranten entdeckt, der einen Tabakwarenladen betreibt.«

In Mamas ehemaligem Zimmer standen noch drei Schachteln in den zaristischen Farben Blau und Gold, die früher stets mit handgemachten Pralinen gefüllt gewesen waren, jetzt jedoch als Handschuhschachteln benutzt wurden. Auch hier fanden sich zahllose Fotografien, Ikonen, Kerzen und auf einem Ecktisch eine Sammlung von dreißig ausgesuchten und unersetzlichen »trouvailles« von Fabergé. Trouvaillen sind bei Sammlern »glückliche Funde« wertvoller Kostbarkeiten.

Mein Zimmer enthielt außer Kodi nichts, was mich an meine alte Welt erinnerte. In Galinas Raum war das einzige Erinnerungsstück ein großes Foto.

»Wer ist denn das?« erkundigte ich mich und zeigte auf das Männerporträt.

»Marius Petipa«, erwiderte sie. »Er war Anfang dieses Jahrhunderts der bedeutendste Ballettmeister der russischen Schule. Übrigens ein Franzose, der nie ein Wort Russisch gelernt hat.«

Meine Liebe zu unserem Haus am Place de Furstenberg war kein kurzer Rausch. Es wurde für uns zu einem neuen Zuhause, eine Tatsache, die uns das Leben in Frankreich natürlich erleichterte. Im Verlauf der Jahre wuchs und vertiefte sich auch die Zuneigung zu Paris, ganz besonders zu dem Teil auf der Rive Gauche.

Natürlich mußte ich bald eine Schule besuchen, und mein Vater hatte für mich die amerikanische Schule bei Passy ausgewählt, wo ich während der Woche als Internatsschüler lebte. Die Wochenenden verbrachte ich regelmäßig zu Hause.

Der Bezirk auf dem linken Seineufer war eine Welt für sich. Hier lebten zahlreiche Emigranten russischer Abkunft, die ihre Heimat ebenfalls auf der Flucht vor der Revolution verlassen hatten. Sie verdienten ihren Lebensunterhalt auf unterschiedlichste Art und Weise.

Oft stand ich morgens früher auf als alle anderen im Haus, um die frischen, meist noch heißen und herrlich duftenden Baguettes zu holen. Auf dem Heimweg konnte ich meist nicht widerstehen, von der köstlichen Kruste zu naschen.

Direkt hinter unserem Haus befand sich ein großer Wochenmarkt am Ende der Rue de Seine. Die Gemüsestände ergaben ein herrlich buntes Bild: Tomaten, Paprika, Pflaumen, Spargel aus Cavaillon, Salatköpfe. Und hinter den Gemüseständen die Hallen der Metzger und Bäcker, alles tadellos sauber und appetitlich.

Die Krönung dieses Markts allerdings waren die Blumenstände mit ihrer schier unerschöpflichen Blütenpracht. Ich konnte dort Stunden verbringen, auch ohne etwas zu kaufen.

Manchmal sah ich einem Maler zu, der seine Staffelei zwischen den Ständen der Buchhändler am Seineufer aufgestellt hatte, bevor ich dann durch die Rue des St. Pères bis zum berühmten Restaurant »Deux Magots« am Boulevard St. Germain zurückschlenderte.

Oft erkannte ich hinter den Fenstern der kleinen Restaurants oder Cafés Vater im Gespräch mit Freunden und schaute auch hinein, um kurz guten Tag zu sagen. Bei diesen Gelegenheiten lernte ich Leute wie Ernest Hemingway und Gertrude Stein kennen. Mein Vater schien einfach alles und jeden zu kennen.

Doch einige Male, als ich hoffte, im »Deux Magots« von Papa zu einer Tasse Kaffee eingeladen zu werden, handelte ich mir eine Abfuhr ein – so auch an einem Nachmittag. Ich muß damals fünfzehn gewesen sein, also drei Jahre nach unserer Flucht aus Rußland, als ich die Glastür zum »Deux Magots« aufstieß.

Ich blieb jedoch wie erstarrt auf der Schwelle stehen und trat umgehend den Rückzug an.

Vater saß mit einem sehr hübschen, aber etwas gewöhnlich wirkenden Mädchen an einem Ecktisch, und selbst mir war damals klar, daß die beiden mehr als nur eine flüchtige Bekanntschaft verband.

»Das muß Evelyn gewesen sein«, erklärte Galina lakonisch, als ich ihr von meinem Erlebnis berichtete. »Ich habe die beiden schon oft zusammen gesehen.«

»Wird er sie heiraten?« fragte ich entsetzt.

»Großer Gott, nein!« Galina gab sich mittlerweile sehr erwachsen. »Das ist doch eine Halbweltdame, aber hübsch, das muß man ihr lassen. Armer Papa. Bei hübschen Mädchen kann er einfach nicht nein sagen.«

»Galina!« entfuhr es mir erschrocken. »Willst du damit sagen ...?«

»Natürlich, was denn sonst? Und mit Igor ist es das gleiche. Er ist sogar noch schlimmer.« Sie kaute mit ihren schönen weißen Zähnen auf einem Bleistift herum und lachte. »Vermutlich, weil er jünger ist. Ich bitte dich, Nicki, schau mich nicht so entrüstet an. Alle Männer tun das, verstehst du?«

»Selbst wenn sie verheiratet sind?«

»Dann sind sie um so schlimmer. Was bringt man dir in der Schule eigentlich bei? So naiv kann doch keiner sein.«

Ich schwieg, um mich nicht noch weiter bloßzustellen. »Papa hat zwei Schwächen«, fuhr Galina plötzlich ernst fort. »Glücksspiele und Frauen. Ich weiß nicht, was schlimmer ist. Aber offenbar hat er genug Geld für die Casinos. Jedenfalls reist er häufig nach Monte Carlo. Leid tut mir eigentlich nur Igor.«

»Wieso? Dem geht's doch ganz gut.«

»Armer Igor. Er hat nur so viel Geld, wie Papa ihm gibt.«

»Aber wenn er zu Hause ißt, und Vater – na, der hat doch genug …«

»Es sind die Mädchen, begreifst du nicht?« unterbrach mich Galina beinahe ungeduldig.

»Diese verflixten Weiber kleben an ihm wie die Kletten, vor allem die verheirateten. Im Grunde kann er es sich gar nicht leisten, mit ihnen auszugehen. Also muß er warten, bis sie ihn einladen, dann kostet's ihn wenigstens nichts.«

»Und sonst?«

»Sonst lebt er von Borschtsch und Boeuf Stroganoff oder, was Lilla ihm sonst noch kocht. Um Geld zu sparen, geht er den ganzen Weg von den Tuilerien bis zum Ritz zu Fuß und wieder zurück.«

»Du meinst, nachdem …«

»Ganz richtig, kleiner Bruder, *danach.*« Sie sah auf die Uhr. »Du liebe Zeit, ich muß mich beeilen. Sonst komme ich zu spät in die Ballettschule.«

Galina trainierte während jener Zeit bereits unermüdlich, und fast jedes zweite Wort lautete bei ihr »plié«, »glissé« und »jeté«, alles Dinge, von denen ich nichts verstand. Selbst zu Hause betrieb sie Spitzentraining und hatte Vater sogar überredet, einen riesigen Spiegel in ihrem Zimmer anbringen zu lassen.

Und Galina hatte Erfolg. Nach ihrer Ausbildung an der Ballettschule des Zaren in St. Petersburg bestand sie mühelos die Aufnahmeprüfung an der berühmten Ballettschule der Pariser Oper. Vater kannte natürlich einen der wichtigsten Männer an dieser Schule, Sergej Diaghilew, einen russischen Ballett-Impresario, der bereits vor dem Krieg nach Monte Carlo gegangen war und dort andere russische Emigranten wie Chagall, die Gontscharowa, Strawinsky und später Nijinsky kennengelernt hatte.

Bei Kriegsende war Diaghilew in ernste finanzielle Schwierigkeiten geraten. Er hatte eine kleine Gruppe von Tänzern zusammengehalten, und zwar dank der Prinzessin Ed-Monde de Polignac, die amerikanischer war, als ihr Name verriet. Sie war die Erbin des Singer-Nähmaschinen-Imperiums und eine große Freundin des Balletts. In den frühen zwanziger Jahren war Diaghilew dann auch mit seiner Truppe in Paris, wo er stets während der Sommerspielzeit auftrat, die im April begann. Vaters erste Begegnung mit Diaghilew fand in Monte Carlo statt und war alles andere als vielversprechend, denn sie hatten einen schrecklichen Krach. Vater hatte offenbar im Casino gewonnen und sich in eine hübsche zwanzigjährige Tänzerin namens Lisette verliebt.

Sie gehörte nur zur Truppe und war keine Solotänzerin, doch Vater beschrieb sie als schlank und biegsam, mit den längsten Beinen der Welt. Vater hatte Lisette in einer Suite in einem kleinen Hotel untergebracht, wo sie sich offenbar blendend amüsierten, bis er eines Tages in der großen Halle des Hotel de Paris laut seinen Namen rufen hörte: »Fürst Korolew!«

Vater nahm an, daß es ein alter Freund sei, doch statt dessen fand er sich plötzlich einem bulligen Mann gegenüber, der sich arrogant vorstellte: »Ich bin Diaghilew!«

Der Name sagte Vater nichts. »Wer bitte?« engegnete er.

»Sergej Diaghilew. Der Leiter des russischen Balletts.«

»Verzeihung, selbstverständlich«, entschuldigte sich Vater. »Natürlich weiß ich jetzt, wer Sie sind. Der Tänzer. Gratuliere. Ich sehe Sie mir fast jeden Abend an.«

»Das dachte ich mir«, bemerkte Diaghilew. »Und dann verbringen Sie den Rest der Nacht mit einer meiner Tänzerinnen. Im Bett, versteht sich.«

»Oh, Sie meinen Lisette?«

»Ganz richtig. Und ich wäre Ihnen dankbar, wenn Sie in Zukunft darauf verzichten würden.«

»Und warum, wenn ich fragen darf?« Vater wurde ärgerlich.

»Weil«, fuhr Diaghilew eiskalt fort, »Tänzerinnen schmal und mager sein müssen und doch hart arbeiten. Ihre Kräfte sind daher begrenzt. Wenn Sie nun auch noch täglich mit einer meiner Tänzerinnen schlafen, dann ist sie am nächsten Tag für die Arbeit nicht zu gebrauchen.«

»Na, das ist ja wohl die Höhe!« schnaubte mein Vater. »Sie wollen mir vorschreiben, wie ich mein Liebesleben gestalten soll – Sie, ein bekannter ›tapette‹?« Vater benutzte das französische Wort für »Homosexueller«. »Sie wissen doch gar nicht, wie's normal ist.«

»Werden Sie nicht unverschämt!« Diaghilew hätte Vater beinahe mit dem Handschuh ins Gesicht geschlagen. Allerdings konnte es sich Diaghilew wohl nicht leisten, einen bekannten Freund des Zaren öffentlich zu beleidigen.

»Ich habe schon zu viele Tänzerinnen an lüsterne Greise verloren«, fügte Diaghilew hinzu. »Außerdem ist die Liebe mit Frauen doch morbid.«

»Mir scheint, Sie sprechen da von Dingen, von denen Sie nichts verstehen«, höhnte mein Vater. »Aber eines sollen Sie wissen: Ich habe mit Lisette ebensoviel Spaß wie Sie mit Ihren ›tapettes‹, aber ich bin jetzt über fünfzig – und einmal pro Nacht genügt mir.«

Vater konnte sich immer wieder aufs neue über diese Geschichte amüsieren. Auch Diaghilew ist damals angeblich in schallendes Gelächter ausgebrochen, und später sind die beiden gute Freunde geworden.

Vater schätzte ihn als Künstler und steckte sogar Geld in seine Truppe, allerdings unter der Bedingung, daß Diaghilew Galina eine Chance gab, falls sie es wert sein sollte. Als Galina Diaghilew schließlich vortanzte, engagierte dieser sie vom Fleck weg.

Es muß wohl im Jahr 1922 gewesen sein, als sich Diaghilew Galinas annahm. Damals begann ihre Karriere als Tänzerin. Weil ich meine Schwester bewunderte und stolz auf sie war, begann auch mich das Ballett zu faszinieren. Dabei spielte vermutlich auch eine Rolle, daß ich durch Galina jederzeit für mich und meine Schulfreunde oder Freundinnen Freikarten erhalten konnte.

In der Schule war ich eine Niete. Der Direktor hatte mich zu hoch eingestuft, so daß ich ständig darum kämpfen mußte, überhaupt mitzukommen – was mir eigentlich nie gelang. Ich war zu alt, um mich mit Fächern zurechtzufinden, von denen ich noch nie etwas gehört hatte. Französische Geschichte war für mich ein Buch mit sieben Siegeln. Ebenso erging es mir mit Algebra.

In Literatur und französischer Grammatik war ich der Beste, weil wir diese Dinge in Rußland intensiv und ausführlich behandelt hatten. So sammelte ich genug Pluspunkte, um nicht durchzufallen. Vermutlich beließ man mich auch schon deshalb an der Schule, weil ich mittlerweile einen Schweizer Paß hatte.

Ich dachte, wir hätten in unserem wunderschönen Haus in Paris, das wie ein Stück russischen Lebens für uns war, zu einem glücklichen und normalen Leben zurückgefunden. Igor jedoch, der ständig knapp bei Kasse war, litt häufig unter starkem Heimweh. Dies allerdings war die Situation, bevor Galina in unserem glücklichen Dasein die erste einer ganzen Reihe von Bomben zum Platzen brachte.

Ich war siebzehn und kurz vor meinem achtzehnten Geburtstag, als Galina eines Tages im Jahr 1925 mit düsterer Miene heimkehrte, sich eine Zigarette anzündete und mit tonloser Stimme verkündete: »Ich heirate.«

Ich starrte meine Schwester entsetzt an, und da sie so unglücklich aussah, fragte ich unwillkürlich: »Kriegst du ein Kind?«

Sie lachte humorlos. »Nein, das würde mir gerade noch fehlen.«

»Warum dann? Und vor allem wen? Du siehst nicht gerade aus, als wärst du begeistert.«

»Bin ich auch nicht. Du kennst ihn – es ist der Tänzer Jean-Pierre Blondel.«

»Blondel?« Ich hatte Blondel mehrmals getroffen, wenn Galina Kollegen vom Ballett mit nach Hause gebracht hatte. Blondel gehörte zum Ballettkorps an der Oper. Er war ein Mann mit schmalen Hüften, muskulösen Beinen und blondem Haar, das er verhältnismäßig lang trug. Ein gutaussehender Bursche.

»Aber Galina«, sagte ich atemlos. »Ausgerechnet Jean-Pierre? Ich dachte immer, er sei …«

»Ein ›tapette‹? Ist er auch«, sagte sie erbittert. »Und augenblicklich ist er rasend in Sergej verliebt.«

»In Diaghilew?«

Galina nickte.

»Aber wenn das stimmt, Galina – warum … Du kannst doch keinen Homosexuellen heiraten. Du nicht, Schwesterherz. Du bist da Hals über Kopf in was reingeraten.«

»Irrtum. Ich habe mir das reiflich überlegt.«

»Das mußt du mir schon genauer erklären.«

Galina seufzte und trank einen Schluck Tee mit Zitrone. »Das ist eine lange Geschichte. Aber keine Liebesgeschichte, obwohl ich Jean-Pierre sehr gern mag. Nicki, du hast ja keine Ahnung, wie satt ich es habe, mich ständig bei der Präfektur melden und meine Papiere vorweisen zu müssen. Wenn ich eine arme Russin ohne Arbeitserlaubnis wäre, die heimlich arbeitet, dann wäre alles viel unkomplizierter. Aber ich bin jetzt dreiundzwanzig und muß ständig mit der Angst leben, daß meine Arbeitserlaubnis irgendwann nicht verlängert wird. Außerdem habe ich keinen Paß. Ich bin staatenlos. Ich müßte zu den Beamten viel freundlicher sein, als ich es bin – nur wenn ich es dazu kommen lasse, helfen sie mir.«

»Aber ein Schwuler!« entfuhr es mir unwillkürlich.

»Ich weiß. Jean-Pierres Vater war rasend vor Wut, als er entdeckte, was mit seinem Sohn los ist. Er ist ein angesehener Anwalt und hat Jean-Pierre gedroht, ihn zu enterben, wenn er nicht heiratet. Darüber hinaus hat er dem Mädchen, das Jean-Pierre heiratet, eine Mitgift von hunderttausend Francs versprochen. Jean-Pierre hat es mir erzählt, und ich habe ihm gesagt, ich sei dazu bereit. Hunderttausend Francs! Das ist ein Vermögen«, erklärte sie trotzig. »Und Jean-Pierre ist ein netter Mann. Außerdem wären damit alle meine Probleme auf einen Schlag gelöst.«

Ich war deprimiert und zündete mir eine Gauloise an, um mich zu beruhigen.

»Ich verstehe deine Reaktion«, sagte Galina seufzend. »Aber damit ist uns beiden geholfen. Ich werde vermögend und französische Staatsbürgerin, und Jean-Pierre wird offiziell ein ganz normaler Ehemann.« Sie zögerte. »Nicki, wir werden schon nächste Woche standesamtlich heiraten. Danach ist die Sommerspielzeit in Paris zu Ende, und Sergej hat mich gebeten, im September nach Monte Carlo mitzukommen, um den Winter über dort zu arbeiten.«

»Oh, Galina, was soll ich nur ohne dich anfangen?«

»Du wirst es überleben«, sagte sie mit einem traurigen Lächeln.

»Und Diaghilew kann nach Lust und Laune über seinen Spielknaben verfügen«, erklärte ich wütend.

Und so geschah es. Galina heiratete in aller Stille. Sie behielt ihren Namen als Künstlernamen und wurde offiziell Madame Blondel. Vater nahm es gelassen hin. Natürlich hing er an ihr, doch da er wußte, daß er sie in Monte Carlo häufig sehen würde, fand er diese neue Entwicklung kaum tragisch.

»Wenigstens verdirbt sie sich auf diese Weise nicht die Karriere mit einem Haufen Kinder«, sagte er zu mir achselzukkend. »Außerdem kann sie sich jederzeit scheiden lassen.«

Eine Woche später, nachdem Galina nach Monte Carlo abgereist war, ließ mir Vater durch Lilla ausrichten, daß er mich sprechen wolle. Es war Viertel nach neun Uhr. Seit ich mich erinnern konnte, begann sein Tag damit, daß er sich um neun eine halbe Flasche eisgekühlten Champagner ans Bett servieren ließ.

»Ich trinke nur ›Laurent-Perrier‹«, pflegte er zu sagen. »Ich finde nichts dabei, diesen merkwürdigen Leuten, die Sektquirle benutzen, billigere Marken servieren zu lassen«, fuhr er verächtlich fort, »aber für einen Kenner gibt es nur Laurent-Perrier.« Herrlich moussierenden Champagner mit Sektquirlen in eine lasche Brühe zu verwandeln, galt bei ihm als Todsünde.

Als Galina zum erstenmal hörte, daß Vater jeden Morgen im Bett Champagner trinke, protestierte sie: »Aber das kann doch unmöglich gesund sein!«

»Unsinn, Töchterchen«, widersprach mein Vater. »Denk doch nur mal an all das Zeug, das wir essen!« Und damit deutete er auf eine Schüssel mit Kaviar. »Sieh dir bloß das hier an. Das Ergebnis der Kopulation von zwei Fischen. Aber es schmeckt. Reich mal den Kaviar rüber, Kleines. Ich habe Hunger.«

Als ich an jenem Morgen an Papas Schlafzimmertür klopfte, fiel mir Galinas Bemerkung wieder ein.

»Du wolltest mit mir sprechen, Papa«, sagte ich höflich.

»So? Ach ja. Iß mit mir heute in der Brasserie Lipp zu Mittag! Du magst doch Bier? Ich meine, ihr trinkt es doch sicher in der Schule, wie?«

»Wenn ich genug Geld habe.« Ich lächelte. »Ja, warum?«

»Ich esse gern bei Lipp, aber Wein gibt's dort nicht. Das Essen ist allerdings ausgezeichnet.«

Nachdem wir den ersten Schluck Bier aus den großen Gläsern getrunken hatten, die bei Lipp üblicherweise serviert wurden, begann Vater: »Nicki, morgen wirst du achtzehn Jahre alt, also ein Mann. Tut mir leid, daß du das Abitur nicht geschafft hast.« Ich hatte kaum erwartet, den französischen Schulabschluß zu bestehen. »Es scheint eine Ewigkeit her zu sein, seit wir Rußland verlassen haben.« Er seufzte. »Aber wir haben uns gut eingelebt, und ich bin stolz auf dich.«

Ich wußte, daß Vater gern in der Brasserie Lipp aß, hatte ihm dabei jedoch noch nie Gesellschaft geleistet, weil ich dann meistens im Internat war. Obwohl mir die eindrucksvolle Persönlichkeit des Vaters noch immer großen Respekt einflößte, war ich doch überrascht, mit wieviel Zuvorkommenheit er dort bedient wurde. Alle Gäste schienen meinen Vater zu kennen. Aber das konnte kaum der Grund für seine ungewöhnliche Milde mir gegenüber an diesem Tag sein.

»Ich habe drei Möglichkeiten, dir deinen Geburtstag so angenehm wie möglich zu gestalten«, erklärte er. »Erstens ...«

Ich wurde rot vor Aufregung.

»Hoffentlich freust du dich, Nicki. Ich habe dich in der Schule abgemeldet. Du verschwendest dort nur deine Zeit.«

Ich starrte meinen Vater ungläubig an. In der Schule hatte ich mich nie wohl gefühlt. Plötzlich sollte ich von allem erlöst sein! Trotz aller Freude warnte mich eine innere Stimme zur Vorsicht. Mein Vater war nicht der Mann, der mir meine schulischen Pflichten erließ, nur weil ich keinen Spaß daran hatte. Es mußte einen triftigeren Grund für eine solche Entscheidung geben. Den allerdings erfuhr ich erst am darauffolgenden Tag.

»Und was sind die beiden anderen Überraschungen?« fragte ich, nachdem ich mein Pfeffersteak und ein Stück Brie als Abschluß gegessen hatte. Wir tranken Mokka, und Vater hatte sich dazu einen großen »Fine« bestellt.

Vater dachte noch einen Augenblick nach, rührte bedächtig in seinem Kaffee und fragte dann vorsichtig: »Du wirst morgen achtzehn, Nicki. Hast du eigentlich schon mal mit einer Frau geschlafen?«

Ich wurde dunkelrot. »Vater, bitte!« Ich war überzeugt, daß sämtliche Gäste der Brasserie unsere Unterhaltung verfolgt hätten. Ich glaubte hinter mir sogar jemanden kichern zu hören.

»Stell dich nicht so an!« entgegnete Vater gereizt. »In Frankreich und besonders in Paris ist es üblich, daß man einen jungen Mann in die Künste des Liebens einführt«, fügte er barsch hinzu. »Sei bloß nicht so fürchterlich prüde!«

»Ich bin verlegen«, murmelte ich. »Das ist alles.«

»Ja, jetzt, da du jung bist ...« Schwang da so etwas wie Neid in seiner Stimme mit? »Aber früher in Rußland, wenn ein Junge achtzehn wurde, hat man sich unter den jungen Arbeiterinnen auf dem Gut umgesehen, ein gesundes, junges Mädchen ausgesucht und die Rechte des Feudalherren in Anspruch genommen. Keine großartige Angelegenheit«, fügte er hastig hinzu. »Die Zeiten haben sich geändert. Aber heute nacht kannst du eine wesentlich aufregendere Prüfung bestehen als bei diesem langweiligen Abitur. Du kannst dich amüsieren, natürlich, aber gleichzeitig kriegst du einen Grundkurs in der Kunst der Liebe, mein Junge. In dieser Beziehung ist auf die Franzosen Verlaß.«

»Ich will das nicht.«

»Du willst doch wohl nicht wie Galinas Mann werden, oder?«

»Nein, Papa!« wehrte ich hastig ab, als ich merkte, daß seine gute Laune zu bröckeln begann. »Aber so wie du das schilderst, klingt alles so sachlich, fast geschäftsmäßig.«

»Das ist es auch!« Vater lachte laut auf. »Auf dieser Welt erhält man nichts umsonst.« Und vertraulich flüsterte er mir zu: »Ich sage dir was: Die teuersten Mädchen sind jene, die keine Entschädigung erwarten, besonders wenn man sie heiratet.«

Als Vater die Rechnung bezahlt hatte, fügte er hinzu: »Du gehst jetzt nach Hause. Ich habe eine Verabredung in der Stadt. Gegen acht Uhr heute abend hole ich dich ab. Dann trinken wir zuerst was im Ritz zusammen.« Damit ging er in Richtung Quai d'Orsay davon, ein Mann Ende Fünfzig, eine aufrechte, eindrucksvolle Gestalt.

Während ich mich auf den Heimweg begab, befiel mich beim Gedanken an den bevorstehenden Abend eine seltsame Erregung. Und zwar nicht, weil ich, wie Vater das ausgedrückt hatte, einen »Grundkurs« in Sachen Liebe absolvieren sollte, sondern weil ich wie jeder normale Junge erpicht darauf war, endlich das »Richtige« zu erleben.

Punkt acht Uhr holte Vater mich ab. »Zieh deinen grauen Flanellanzug an«, hatte er mir geraten. Er trug ebenfalls Grau und sah sehr elegant aus, als wir mit einem Taxi in die Rue Cambon fuhren, wo das Ritz eine zweite, intimere Bar betrieb. Der Barkeeper war Frank, ein Freund von Pferderennen, der stets glaubte, den besten und heißesten Gewinntip zu haben.

»Bon soir, Monsieur le Prince!« begrüßte er uns, und ich sah, wie sich uns die Köpfe zuwandten.

»Einen Laurent-Perrier wie üblich, Monsieur?«

Vater nickte. »'n Abend, Frank.« Damit setzten wir uns an einen Tisch in einer Nische. Ein Ober brachte Gläser und einen Sektkübel mit der Flasche Champagner, die er lautlos öffnete.

Nachdem wir die Flasche geleert hatten – mein Vater trank das meiste, da ich Angst hatte, mich zu betrinken, nahmen wir ein Taxi zu einer Adresse, die ich nicht verstand, die jedoch irgendwo am Boulevard Malesherbes lag. Nachdem Vater das Taxi bezahlt hatte, kramte er in seiner Jackettasche, zog einen Geldschein heraus und gab ihn mir.

»Hier, steck das erst mal ein«, sagte er. »Aber keine Angst. Es ist kein Bordell, sondern ein ›maison de rendezvous‹. Dazwischen liegen Welten! Ich arrangiere das Nötige, und wenn die Dame dir gefällt, dann hinterläßt du ihr das als eine Art Trinkgeld. Alles andere ist bezahlt.«

»Danke, Papa.« Mehr fiel mir dazu nicht ein. Ich trat vor die Tür und klingelte.

Ein Dienstmädchen im züchtigen schwarzen Kleid mit weißem Häubchen und Schürze öffnete und wiederholte die

Begrüßung des Barkeepers Frank: »Bon soir, Monsieur le Prince.« Und zu mir gewandt: »Bon soir, Monsieur.«

Vater ging wortlos in einen Salon voraus und setzte sich. Sofort erschien eine ältere Dame, die Vater als Madame Lefarge vorstellte. Sie lächelte. »Augenblick, Messieurs.«

Daraufhin betraten zwei hübsche junge Frauen in seidenen Kimonos den Raum. Beide riefen entzückt »Dimitri!«, als sie meinen Vater sahen, und diesmal war es an meinem Vater, rot zu werden.

»Und Sie sind sicher Dimitris Sohn?« fuhr eine der beiden Damen fort. Sie hatte dickes schwarzes Haar, das ihr in Wellen über die Schultern fiel. »Ich heiße Hélène.«

»Ich bin Nicki«, murmelte ich. Ihre schwarze Haarpracht war faszinierend. Weil ich nicht wußte, was ich sagen sollte, entfuhr es mir unwillkürlich: »Es ist ziemlich heiß für die Jahreszeit, nicht wahr?«

»Ja, richtig«, erwiderte sie ernst. »Es könnte ein Gewitter geben.«

Damit war merkwürdigerweise das Eis gebrochen. Vater hatte alles gehört und zog eine Grimasse. »Gewitter? Und was das für ein Gewitter geben wird!« Alle im Zimmer lachten schallend.

Ich muß gestehen, Hélène hat mir tatsächlich eine Lektion erteilt. Ihr großer Vorzug dabei war, daß sie sanft und einfühlsam war und mir auf diese Weise meine heimlichen Ängste nahm. Als wir in ihrem Schlafzimmer allein waren, schlüpfte sie aus ihrem seidenen Kimono. Darunter war sie nackt, und mein Blick blieb unwillkürlich an dem dunklen Dreieck zwischen ihren Schenkeln hängen, das nie gekannte Verlockungen versprach.

Als ich hastig, viel zu hastig, das Jackett ablegte, half sie mir geschickt, mich weiter auszuziehen. Ich merkte kaum, daß ich bald selbst nackt war, so fasziniert war ich von ihren schlanken, langen Beinen und den schön geformten Schenkeln.

»Diesmal achte nicht auf mich«, flüsterte sie. »Laß dich einfach gehen – nicht verkrampfen. Komm jetzt. Gefällt dir das?« Sie deutete auf das dunkle Dreieck. »Streichle es. Nein, hier. Und jetzt ...«

Ich schaffte es gerade noch, in sie einzudringen, spürte die nie gekannte Hitze, stieß tiefer, und im nächsten Augenblick war alles vorbei.

»Keine Sorge«, flüsterte sie. »Beim nächsten Mal wird's viel, viel aufregender. Warte ein paar Minuten und entspann dich.«

Beim nächsten Mal, dachte ich ungläubig. Als ich tief atmend auf dem Laken lag, begann sie mich sanft zu streicheln.

Während ich immer erregter wurde, sagte sie leise: »Streichle mich. Wenn du möchtest. Nein, nicht da. Höher.« Und mit sanfter Bestimmtheit lenkte sie meine suchenden Finger weiter nach oben, bis ich fühlte, daß sich etwas verändert hatte. »Hier! Spürst du's?«

Ich nickte stumm.

»Da mußt du mich berühren. Aber ganz leicht und vorsichtig«, murmelte sie. »Du hast dir wohl nie überlegt, daß Frauen genauso erregt sein wollen wie Männer, was?«

Ich hatte tatsächlich nie darüber nachgedacht, und in der neuen Vertrautheit, die zwischen uns entstanden war, gab ich das auch zu.

»Was tue ich jetzt?« fragte sie zärtlich und beugte sich über mich.

»Du – erregst mich sehr.«

»Natürlich. Indem ich dich streichle. Du hast ein ziemlich großes Ding, es ist wunderschön, aber wir armen Mädchen haben nur ein kleines.« Sie lächelte strahlend und entblößte dabei ihre weißen Zähne. »Das ist doch irgendwie nicht fair, oder? Aber wenn du das hier sanft berührst, dann gerät jedes Mädchen in Ekstase. Tu's jetzt bei mir, dann bin ich glücklich, und ich verspreche dir, wenn du kommst, dann ist das nicht nur wunderbar für mich, sondern noch zehnmal aufregender für dich. Besonders jetzt, weil's länger dauert.«

Und es war wunderbar. Ich erlebte eine völlig neue sexuelle Lust, von deren Existenz ich bislang nichts geahnt hatte. Ich berührte sie, fand die richtige Stelle, als meine Finger durch ihr feuchtes Haar tasteten, und sie flüsterte: »Laß deinen Finger einfach dort.«

Als ich mich sanft bewegte und wünschte, es würde nie vorbei sein, begann sie sich plötzlich rhythmisch zu bewegen. Ich fand ihren Takt, und als ich fühlte, daß ich mich nicht länger zurückhalten konnte, sagte sie atemlos: »Jetzt, jetzt!«

Als ich meinen Höhepunkt erreichte, war auch sie soweit. Wärme überflutete mich in Wogen, und diesmal lag sie befriedigt und erschöpft in meinen Armen.

Später, als wir auf der Suche nach einem Taxi den Boulevard Malesherbes hinunterschlenderten, verhielt sich Vater sehr korrekt. Er sprach kaum ein Wort, bis ich endlich zögernd herausbrachte: »Danke, Papa.«

»Ich hoffe, es war die Sache wert, mein Junge«, erwiderte er nach einer Pause.

Erneut verstrichen einige Minuten, bis ich wagte, die Frage zu stellen, die mich schon die ganze Zeit über beschäftigte: »Papa, sind diese Mädchen auch sicher?«

In diesem Augenblick sah Vater ein Taxi, winkte es heran und sagte lachend: »Sicher? Madama Lefarge duldet keine Prostituierten in ihrem Etablissement. Das weiß ich. Es ist ein respektables Haus. Die beiden Mädchen waren glücklich verheiratete Frauen.«

»Verheiratet?« murmelte ich atemlos. Zuerst fühlte ich Abscheu, dann befiel mich die Angst vor einem gehörnten Ehemann, der Genugtuung von mir forderte.

»Ja. Sehr glücklich, nehme ich doch an. Du brauchst gar nicht so entsetzt dreinzuschauen.«

»Aber diese Frauen – diese Hélène. Sie muß sich doch schämen, ihrem Mann das anzutun.«

»Er weiß ja nichts davon«, entgegnete Vater amüsiert. »Es wird Zeit, daß du mit den Tatsachen des Lebens vertraut wirst, mein Junge. Ich nehme an, die Ehemänner der beiden sind Reisende, kleine Vertreter, die oft unterwegs sind. Was, glaubst du, tut Hélènes Mann, wenn er allein in Lyon oder Bordeaux ist? Natürlich das gleiche wie sie. Alle Männer lieben die Abwechslung. Bei Frauen ist das nicht viel anders. Es gibt da nur einen amüsanten Unterschied: Männer müssen für derartige Seitensprünge bezahlen. Diskrete Frauen werden dafür bezahlt, und ich sehe nicht ein, warum sich ein hübsches Geschöpf wie Hélène nicht hin und wieder ein paar tausend Francs verdienen soll. Und Madame Lefarge ist sehr streng. Bei ihr verkehrt nur ausgesuchtes Publikum. Sie führt ein respektables Haus.«

»Respektabel!« Ich konnte mir ein Lachen nicht verkneifen. »In diesem Zusammenhang ein ungewöhnliches Wort.«

Zu Hause stellte ich eine gewisse Veränderung im Verhalten meines Vaters mir gegenüber fest. Es war beinahe, als hätte ich eine besondere Prüfung bei ihm bestanden. Er brach eine frische, eisgekühlte Flasche Wodka an und reichte mir ein Glas.

Wir tranken es nach alter Sitte in einem Schluck leer, und er sagte: »Trink noch einen!« Er schenkte es geschickt randvoll, ohne auch nur einen Tropfen zu verschütten. »Nach all der harten Arbeit hast du dir das verdient.« Und nach einem Schluck Wodka fügte er hinzu: »Du hast dich bestimmt schon gefragt, wie wohl mein drittes Geschenk aussieht, hm?«

Ich nickte. Das zweite Glas Wodka hatte mich ruhig und entspannt werden lassen.

»Arbeit«, erklärte Vater. »Bist du in letzter Zeit mal im Internationalen Russischen Zentrum gewesen?«

»Nein, seit Monaten nicht mehr«, gestand ich. »Außerdem

bin ich doch jetzt Schweizer Staatsbürger. Ich weiß nicht, ob ich dort überhaupt noch willkommen bin.«

»Was soll diese dumme Bemerkung?« entgegnete mein Vater gereizt.

»Entschuldige«, murmelte ich zerknirscht.

»Du solltest dich dort wieder sehen lassen. Schließlich hängen dort an vier großen Wänden Bilder und Beschreibungen der Leute, die Angehörige und Freunde in Frankreich suchen. Die Liste der Namen ist lang. Wer weiß, vielleicht entdeckst du eines Tages das Bild von jemandem, den du kennst. Du solltest mal hingehen.«

»Tust du denn das?« entfuhr es mir unwillkürlich.

Vater zündete sich umständlich eine Zigarre an. »Einmal pro Woche. Jeden Montag. Ich gehe hin, sage guten Tag und sehe nach, ob nicht rein zufällig ... Ja, Nicki, ich weiß, was du denkst. Die Hoffnung, auf Spuren aus der Vergangenheit zu stoßen, ist gleich Null – und doch.«

»Ich gehe hin, Papa«, versprach ich. »Regelmäßig, bestimmt.«

Vater zögerte, griff nach einem der Gänseleberbrötchen, die Lilla für uns bereitgestellt hatte, und sagte dann geschäftsmäßig: »Weißt du eigentlich, wer das russische Zentrum leitet?«

»Na, die Russen, nehme ich an.«

Er schüttelte den Kopf. »Nein, mein Sohn. Die Russen haben dafür keinen roten Heller übrig. Das Zentrum wird vom Roten Kreuz in Genf geleitet, und zwar mit Hilfe von unbezahlten Kräften, die das aus purer Nächstenliebe tun.«

»Das Rote Kreuz?« wiederholte ich erstaunt.

Vaters Zigarre glühte.

»Begonnen hat alles damit, daß viele Russen, die keine Möglichkeit fanden, ihre Heimat zu verlassen, jemanden im Ausland suchten, an den sie sich wenden konnten. Deshalb haben sie an das Rote Kreuz in Genf geschrieben, das sich um Familienzusammenführung und Ausreiseprobleme kümmert. Es hat überall Organisationen und schickt die Post an die zuständigen Stellen in aller Welt – nach Paris, London, Rom, New York. Eine großartige Sache.«

Gedankenlos unterdrückte ich ein Gähnen, nicht, weil ich mich langweilte, sondern weil ich einen anstrengenden Abend hinter mir hatte. »Verzeih, Papa«, entschuldigte ich mich, denn wir waren schließlich gut erzogen.

»Geh zu Bett, Nicki«, sagte Vater. »Ich rauche nur noch diese Zigarre zu Ende.«

»Und diese Arbeitsstelle, willst du mir nicht mehr darüber erzählen?«

»Bist du nicht zu müde?«

Ich schüttelte den Kopf.

Vater zog bedächtig an der Zigarre und betrachtete dann nachdenklich das glühende Ende. »Ich habe dir eine Chance verschafft, die einem nur einmal im Leben geboten wird. Und zwar die Lehrstelle beim Roten Kreuz mit dem Ziel, wenn du dich bewährst, als Leiter die russische Sektion in Paris zu übernehmen.«

»Beim Roten Kreuz?« entfuhr es mir unwillkürlich. »Aber es ist doch nicht Krieg.«

»Noch nicht, mein Lieber. Das kann sich bald ändern. Sobald die Deutschen wieder neue Kräfte gesammelt haben, werden sie alles dransetzen, es den Franzosen heimzuzahlen. Und natürlich auch den Russen. Deshalb möchte ich, daß du mit der Schule aufhörst. Es ist eine großartige Chance.«

»Aber was soll ich dort tun? Bitte, Papa, zwing mich nicht, eine langweilige Arbeit zu übernehmen – nur wegen eines Zwillingsbruders, von dem wir nicht wissen, ob er tot oder lebendig ist. Verzeih! So habe ich das nicht gemeint«, sagte ich hastig, als ich den Schmerz in seinen Augen las. »Du weißt, daß wir alle hoffen …«

»Da du arbeiten mußt, mein Junge, kann es dir doch egal sein, ob du etwas Nützliches und Hilfreiches tust. Und warum sollte das unbedingt langweilig sein? Deine Situation ist völlig unkompliziert. Ich habe das bei meinem letzten Aufenthalt ausführlich besprochen. Der Leiter dieser Stelle muß Schweizer Staatsangehöriger sein. Der Mann, der das Zentrum zur Zeit leitet, steht kurz vor der Pensionierung. Bist du erst mal in die Aufgaben eingeführt, wirst du die ideale Besetzung sein. Versuch mal einen Schweizer zu finden, der in Rußland aufgewachsen ist.«

»Aber ich weiß überhaupt nicht, was ich dort tun muß, und kenne niemanden.«

»Du lernst es und wirst dafür auch noch bezahlt. So schlecht kann das also gar nicht sein. Außerdem ist bereits alles beschlossene Sache«, erklärte Vater. »Deine Hauptaufgabe wird sein, die Anträge auf Hilfe zu sichten und auf ihre Echtheit hin zu überprüfen. Und, Nicki – wer weiß. Du wirst über das Schicksal von Tausenden verlorener Seelen entscheiden.«

Da ich wußte, daß Vater mir nie verziehen hätte, wenn ich nicht wenigstens den guten Willen gezeigt hätte, es zu versuchen, stimmte ich zu. Insgeheim war ich mir darüber klar, daß ich mich jederzeit nach etwas anderem umsehen konnte, wenn mich die Sache nicht befriedigte.

Doch entgegen all meinen Befürchtungen war es eine interessante und faszinierende Arbeit, die mich erwartete. Und was ich erst im Lauf der Zeit spürte – sie führte mich zu meinen Wurzeln zurück, nämlich nach Rußland.

Sechs Jahre im Leben eines heranwachsenden Jungen können entscheidend sein, denn in dieser ganzen Zeit hatten meine Freunde versucht, mich Rußland zu entfremden und in einen Franzosen zu verwandeln.

Selbst Vater war mittlerweile eher ein Internationalist, und das russischste an ihm schien sein Name zu sein. War es nicht auch typisch französisch gewesen, wie er mich der charmanten Hélène anvertraut hatte?

Meine Tätigkeit in der Rue du Bac ließ mich meine Heimat

Rußland neu entdecken. Dort, in den vier Büroräumen an der Ecke zur Pont Royal mit Blick auf die Seine, drehte sich alles nur um dieses Land.

Das Hauptbüro der russischen Sektion des Roten Kreuzes in Paris lag in einem schönen alten Eckhaus, das jedoch wenig moderne Annehmlichkeiten hatte. Auf gewisse Weise war das wohl der Grund, warum sich die russischen Flüchtlinge bei uns gleich zu Hause fühlten. Glänzendes Chrom und Glas hätten diese Leute nur abgeschreckt.

Statt dessen bestand die Einrichtung des größten Raumes aus mehreren bequemen Sofas und Sesseln, und es lagen russische Zeitungen und Zeitschriften aus. Auf einem kleinen Beistelltisch stand ein Samowar, der ständig von unseren Helfern gefüllt wurde. In einem anderen Zimmer hing ein schwarzes Brett, an dem man Fotos und Zettel mit Wünschen anheften konnte.

Das Erstaunlichste war allerdings die Erfolgsquote unserer Arbeit. Bei vielen von unseren Schützlingen genügte es, alle unsere Kontakte auszuschöpfen, die aufgrund der vielen Menschen, die sich bei uns meldeten, immer zahlreicher wurden. Von Rudi oder Olga jedoch hörten wir selbst dann nie etwas.

Als der Leiter unseres Büros pensioniert wurde, ersetzte ihn für ein Jahr ein Schweizer, ein sympathischer Mann aus Genf namens François Savin. Er war nur wenige Jahre älter als ich, sprach allerdings kein Russisch, haßte Arbeit und gestand mir schon am ersten Tag bei einem gemeinsamen Mittagessen, daß er lediglich die Chance ergriffen habe, eine Weile in Paris zu leben.

Der Altersunterschied zwischen uns fiel nicht ins Gewicht, denn zu diesem Zeitpunkt beherrschte ich die Grundregeln unserer Arbeit der Vermißtensuche und erledigte den Großteil unserer Aufgaben selbst.

François entpuppte sich als ein Mann mit viel Sinn für die Freuden des Lebens, von denen Paris ja nicht gerade wenige zu bieten hatte. Wir waren bald per du, und ich wurde gern sein Fremdenführer, wobei wir uns mit Kunstgalerien erst gar nicht aufhielten.

Trotz allem verstand es François, das Vergnügen mit dem Nützlichen geradezu genial zu verbinden. Ich merkte meistens gar nicht, wieviel ich bei ihm lernte.

Einen besseren Freund konnte ich mir nicht wünschen. Er war wohlhabend und großzügig, erwarb sich mit seiner sorglosen, liebenswerten Art überall Zuneigung und war bald in das ganz besondere Publikum, das in den Vierteln auf dem linken Seineufer verkehrte, integriert. Eines seiner Laster war das Rauchen, und ich entdeckte plötzlich, daß ich fast aus Sympathie ebenfalls angefangen hatte, ein Kettenraucher zu werden.

François war stets zu allen Schandtaten bereit. Er war groß und muskulös, jedoch nicht so ein Kraftprotz wie der Schriftsteller Hemingway, den ich ja bereits durch meinen Vater kannte. Eines Tages, als wir im »Rotonde« auf ihn trafen, sah Hemingway plötzlich auf die Uhr. »Verdammt, jetzt komme ich zu spät zum Boxen.« Hemingway pflegte täglich ein paar Runden zu trainieren.

»Falls Sie mal einen Sparringspartner suchen ...«, sagte François prompt.

»Sind Sie sicher, daß Sie das durchhalten?« fragte Hemingway amüsiert.

Doch François ließ sich davon nicht einschüchtern, und schließlich verabredeten sie sich. Die beiden boxten ein paar Runden. Dabei stellte sich heraus, daß François Studentenmeister in Bern gewesen war. Obwohl Hemingway größer war und die längere Reichweite hatte, war François doch ein so guter Sparringspartner, daß Hemingway ihn einlud, öfter mit ihm zu trainieren.

Was das Publikum auf der Rive Gauche in jenen herrlichen, aufregenden zwanziger Jahren verband, war die Tatsache, daß sich alle irgendwie durchs Leben boxen mußten.

Selbst die Gontscharowa, die emigrierte russische Malerin, konnte ihre Leinwände, Pinsel und Farben selten bezahlen. Trotzdem sahen wir sie oft im »Deux Magots« bei einer Tasse Kaffee sitzen. Allerdings war sie dafür bekannt, Stunden dabei ausharren zu können. Es blieb ihr auch nichts anderes übrig, denn zwei Portionen Kaffee überstiegen schlicht ihre Verhältnisse. Doch wann immer François ihr begegnete, lud er die schmale, fast zerbrechliche Dame zum Essen ein.

Er schien einfach jeden zu kennen. Eines Tages erschien er zu spät im Büro. Seine Hände und sogar die Manschetten seines Hemds waren schmutzverschmiert.

»Was, um Himmels willen ...«, begann ich.

»Ich habe Fernand Leger«, der Maler hatte damals ein Atelier am linken Seineufer, »versprochen, ihm zu helfen, seinen Ofen mit Torfbriketts einzuheizen.« Und er fuhr fort: »Das ist übrigens nur sein Atelier. Weißt du, wo er wohnt?« Ich schüttelte den Kopf, obwohl ich dem kompromißlosen Verfechter des Kubismus schon begegnet war.

»Er stammt aus der Normandie«, fuhr François fort. »Aber als ich ihn fragte, woher genau, hat er geantwortet: ›Auf halbem Weg zwischen Camembert und Pont L'Evêque.‹« Es waren glückliche Zeiten, damals im Rive Gauche, als soziale Unterschiede nicht zu existieren schienen und es für jeden und zu jeder Tages- und Nachtzeit Tee und Kaffee in unserem schönen Haus am Place de Furstenberg gab und ich in meiner Freizeit schnell um die Ecke in den englischen Buchladen »Shakespeare & Company« gehen und in Neuerscheinungen blättern konnte. Die weißen und roten Blüten der Kastanien signalisierten das Ende des Winters, und wenn ihre Blütenblätter wie Schnee durch die Straßen trieben, wußten wir, daß ein neuer Sommer geboren war und der Kaffee wieder im Freien getrunken werden konnte.

Gegen Ende des zweiten Jahres beim Roten Kreuz, es war 1927, beantragte ich einen Monat Urlaub. Ich war fast zwanzig, hatte mich gut eingearbeitet, und mein Vater war über meinen Erfolg so glücklich, daß er Igor und mich einlud, ihn Anfang September nach Monte Carlo zu begleiten.

»Ich will Igor die Chance geben, ein bißchen Geld zu verdienen«, erklärte er lächelnd, als ich mich für die Einladung bedankte. »Und du kannst natürlich jeden Abend ins Ballett gehen und deine Schwester bewundern.«

5

Monte Carlo war ein Traum. Der Charme der alten Welt hielt alle gefangen. Es war, als reise man aus dem Heute in das Gestern. Wir trafen dort mit dem »train bleu« am frühen Morgen ein, wo Galina uns in dem kleinen, braun-goldenen Bahnhof erwartete, der wie aus einem Spielzeugladen wirkte.

Galina war mittlerweile fünfundzwanzig und eine junge Frau geworden. Sie sah bezaubernd aus, sogar ihre Augen erstrahlten in neuem Glanz, als habe speziell unsere Ankunft sie zum Leuchten gebracht. Galina und ich waren seit jeher gute Freunde gewesen, die trotz der herzlichen Zuneigung, die uns verband, stets zu Neckereien aufgelegt waren.

So konnte ich mir nach der innigen Begrüßung die ironische Frage nicht verkneifen: »Und wie geht's deinem Mann?«

»Bestens. Wir tanzen in ›Romeo und Julia‹ das ›soliste secondo‹ zusammen. Es ist für uns beide ein riesiger Schritt nach vorn. Nächste Woche ist Premiere. Ich habe Karten für euch. Die beiden letzten!« Sie drückte meine Hand.

»Und – was macht die Liebe?« erkundigte ich mich augenzwinkernd.

»Liebe? Was ist das?« entgegnete sie lächelnd. »Jean-Pierre muß für meinen Unterhalt sorgen, und wir haben ein perfektes Arrangement gefunden. Er lebt bei Diag, die beiden haben ein Haus zusammen, und Jean-Pierre oder Sergej finanzieren mir ein kleines Appartement in der Avenue de Belgique, nur einen Steinwurf von der Oper entfernt.«

»Aber so kann's doch nicht ewig weitergehen«, protestierte ich, als wir im Taxi zum Hôtel de Paris fuhren.

»Warum denn nicht? Laß dich überraschen! Wir tanzen den Pas de deux zusammen. Jean-Pierre ist ein großartiger Tänzer, einer, der alles gibt.«

Galina hatte bereits bei unserem Telefongespräch vorgeschlagen, daß ich bei ihr wohnen solle. Ihre Wohnung hatte zwei Schlafzimmer. Als sich Vater und Igor daher am Empfang in die Gästeliste eingetragen und ihr Gepäck abgegeben hatten, gingen Galina und ich mit meinem Gepäck die etwas abschüssige Straße an den üppigen Gärten mit ihren dekorativen Palmen hinunter zu dem Haus, in dem sich ihr Appartement befand. Es war im dritten Stock mit Blick auf das türkisblaue Meer und das Kasino, das wie ein Zuckerbäckerwerk in der Sonne unter uns schimmerte.

»Es ist schon seltsam«, meinte Galina, während sie Kaffeewasser aufsetzte, »und ich erwarte auch nicht, daß du es verstehst, Nicki. Aber tanzen ist etwas ganz Besonderes. Wenn Jean-Pierre beim ›Pas de deux‹ mit mir tanzt, dann legt er alle Gefühle hinein, deren er fähig ist, und zwar bis zu einem Grad … Für ihn muß es fast ein Orgasmus sein. Es ist kaum zu glauben, aber Jean-Pierre ist beinahe sexbesessen.«

»Wegen Diaghilew?«

»Diaghilew? Das bezweifle ich. Ich glaube nicht mal, daß sie miteinander schlafen. Vielleicht täusche ich mich, ich habe mit Jean-Pierre nie darüber gesprochen. Aber wenn mein Mann mit mir tanzt – wie er mit mir tanzt -, denke ich, es ist eigentlich sehr traurig, aber ich vermute, daß sie mehr oder weniger miteinander spielen.«

»Welche Verschwendung.«

»Ach nein! Diaghilew hat andere Zerstreuungen. Er mag

egozentrisch und gelegentlich auch widerlich sein, aber Jean-Pierre hat dadurch Zeit, sich ganz auf den Tanz zu konzentrieren. Und nächste Woche erhalten wir Star-Gagen. Wenn wir Erfolg haben, treten wir im nächsten Sommer in Paris auf. Du wirst sehen, bevor du dich umsiehst, bin ich Primaballerina.«

Ich setzte meine Kaffeetasse ab. »Ich freue mich sehr für dich, Schwesterherz. Fühlst du dich denn nach diesen Auftritten auch so ausgelaugt wie offenbar Jean-Pierre?«

Sie nickte. »Ja, besonders wenn die Rolle schwierig ist. Aber ich erhole mich meist schneller als er. Das Wichtigste ist, daß wir wirklich gute Freunde sind, auch wenn wir uns nicht lieben. Und wir tanzen sehr gut zusammen und respektieren das Talent des anderen.«

Ich packte in dem kleinen Gästezimmer gerade meinen Koffer aus, während wir dieses Gespräch führten.

»Aber er hat einen Liebhaber, während du ...« Ich brach wieder ab.

»Ach das!« Sie vollführte eine wegwerfende Handbewegung. »Du brauchst dich um mich nicht zu sorgen. Tänzerinnen sind bei den Männern sehr beliebt, Bruderherz«, fügte sie mit neckischem Augenzwinkern hinzu. »In dieser Beziehung mangelt es mir nicht an Gelegenheiten. Aber ich bin wählerisch und sehr vorsichtig bei der Auswahl meiner Liebhaber, und ich passe gut auf, mich nicht zu verlieben. Und was ist mit dir?«

»Oh, mir geht's ausgezeichnet«, log ich und dachte an die wenigen Mädchen, mit denen ich gelegentlich geschlafen hatte – unter anderem auch mit der langweiligen freiwilligen Helferin bei unserer Dienststelle, einer Achtzehnjährigen, die penetrant behauptet hatte, sich in mich verliebt zu haben. Die dunkelhaarige, verheiratete Hélène hatte mich doch reichlich verwöhnt.

»Ich habe nämlich ein Mädchen für dich«, erklärte Galina unumwunden praktisch. »Eine Freundin, die ich hier kennengelernt habe. Sie ist Amerikanerin, heißt Brig und ist ungefähr in meinem Alter. Aber da du nicht gerade wie der schüchterne Typ wirkst, dürfte der Altersunterschied keine Rolle spielen. Außerdem ist sie steinreich. Ihr Vater stammt aus Chicago, und als sie sich in einen Mann verliebt hatte, der ihrem Vater nicht paßte, schickte er sie einfach nach Europa. Aber sei vorsichtig, Bruderherz. Ich möchte nicht, daß ein netter junger Mann wie du nur wegen Geld heiratet.«

»Versprochen.«

In Galinas kleiner Wohnung erinnerte kaum noch etwas an ihre russische Herkunft – außer einer schönen Ikone und ein paar russischen Drucken. Sonst war überall deutlich zu spüren, wie französisch sie in ihrer Lebensart geworden war. Außer der Ikone hing nur noch ein anderes Bild in ihrem Schlafzimmer. Es war nicht groß, zeigte jedoch große Farbtupfer in faszinierenden Schattierungen, die wie Blüten von grünen Stengeln gehalten wurden. Aus der Ferne erkannte ich, daß tatsächlich ein herrlicher Blumenstrauß dargestellt war.

»Das ist ja ein wunderschönes Bild«, sagte ich. »Woher hast du es?«

»Es ist ein Geschenk – vom Künstler persönlich«, fügte sie lächelnd hinzu. »Für geleistete Dienste.«

»Galina! Ich möchte nicht, daß du so redest«, fuhr ich ärgerlich auf. »Das ist doch ekelhaft.«

»So war's nicht gemeint. Das Bild ist für ihn nichts wert. Obwohl wir nur eine Nacht zusammen verbracht haben, habe ich ihm vielleicht etwas bedeutet. Erkennst du nicht, von welchem Künstler das Werk stammt? Aber Nicki, Kultur scheint nicht gerade deine starke Seite zu sein.«

Ich trat näher an das Bild und las die kleine Signatur mit dem schwungvollen Strich darunter. Sie lautete nur »Picasso«.

Zwei Tage später, in der herrlichen Herbstsonne, die auf unseren winzigen Balkon schien, unter und um uns die üppigen Gärten, lernte ich Galinas Freundin Brig kennen.

»Es ist die Abkürzung für Brigitte«, erklärte sie im breiten Amerikanisch des mittleren Westens, »und irgendwie ist es dabei geblieben.«

Brig war nicht unbedingt schön, doch so amüsant und ausgelassen, daß sie uns alle mit ihrem Wesen ansteckte, obwohl es Augenblicke gab, in denen ich mich fragte, ob sich unter der heiteren Schale nicht ein harter Kern verberge. Denn sie hatte einen strengen Zug um den Mund, der sich für jeden sichtbar vertiefte, sobald sie ärgerlich war. Im russischen Zentrum des Roten Kreuzes hatte ich gelernt, Fremde schon nach kurzer Zeit einzuschätzen, und ich vermutete, daß sie möglicherweise auch jene weniger amüsanten Charakterzüge geerbt hatte, durch die ihr Vater zum Millionär geworden war.

Doch dies waren Gedanken eher flüchtiger Natur, die schnell verdrängt waren. Brig hatte die erstaunliche Angewohnheit, niemals Geld bei sich zu haben. Sie ging nur dorthin, wo man sie kannte, und sobald die Rechnung präsentiert wurde, erklärte sie verdutzten Barkeepern oder Obern: »Schreiben Sie's an, Joe.« Zuerst war mir dieser mysteriöse Joe ein Rätsel, bis Brig das Geheimnis lüftete.

»Ja, wer, zum Teufel, ist dieser Joe?« sagte sie, und ihr Blick verdüsterte sich. »Er ist der Dreckskerl, der sich weigerte, mich zu heiraten, nachdem mein Vater mit einem anderen Burschen nicht einverstanden gewesen war.« Doch auch dieses Geständnis wurde von einem Lachen begleitet.

Am zweiten Abend in Monte Carlo verabredeten wir uns in der Bar des »Hôtel de Paris«, denn Galina hatte Vorstellung. Mit rührend charmanter Offenheit legte Brig ihre juwelengeschmückte Hand auf meinen Arm und erklärte mir: »Ich weiß von Galina, daß ihr Jungs vom Roten Kreuz nicht gerade üppig verdient. Also sei nicht böse, aber ich möchte, daß du heute abend mein Gast bist, ja?« Als ich unangenehm berührt schwieg, bestellte sie Champagner und fuhr fort: »Sei kein Frosch, Nicki. Verdirb mir nicht den Abend. Das ist altmodischer Kram. Was bedeutet schon Geld?«

»Es gehört sich nicht, ich will es auch nicht, aber ich tu's trotzdem«, erwiderte ich schließlich lächelnd. »Aber nur, weil ich morgen zwanzig werde. Ich bin nämlich im September am neunten Tag des neunten Monats geboren.«

»Na, wenn das kein gutes Omen ist! Die Neun ist meine Glückszahl. Hier, nimm das! Du mußt es unbedingt auf die Neun setzen. Komm jetzt!«

»Nein, das kann ich unmöglich annehmen«, wehrte ich entsetzt ab. Brig hatte mir eine Tausend-Francs-Note zugesteckt.

»Du sollst mir doch nicht den Abend verderben!«

Damit gingen wir ins Kasino hinüber und sofort zu den »Salles Privés«, wo mich am Eingang ein livrierter Diener in samtenen Kniehosen skeptisch musterte. Brig steckte ihm eine Banknote zu und erklärte lächelnd: »Das ist mein Freund Joe.«

Der Türsteher verbeugte sich und ließ mich ein. Brig tauschte meinen Geldschein in Chips um und sagte: »Jetzt oder nie! Setz alles auf eine Karte. Vergiß nicht, daß du der Sohn eines Fürsten bist – und nicht der eines Schlachters wie mein Alter zu Hause in Chicago.«

»Aber doch nicht alles!« protestierte ich und setzte dann doch die tausend Francs auf die Zahl Neun. Es war eben doch nicht mein Geld, und so verfolgte ich den Lauf der kleinen silbernen Kugel verhältnismäßig ruhig. Sie begann zu klickern und blieb schließlich auf der Neun liegen.

»Du hast gewonnen, Nicki!« rief Brig und gab mir vor allen Spielern und Croupiers einen Kuß. Ich erhielt riesige Chips im Wert von fast vierzigtausend Francs. Als ich in Richtung Bar davonging, hörte ich hinter mir eine aufgeregte Stimme: »Monsieur, Monsieur! C'est à vous encore. Vous avez gagné encore.«

Ich konnte es kaum fassen. Nie im Leben hatte ich gespielt und wußte daher auch nicht, daß die Chips, die man ursprünglich gesetzt hat, liegen bleiben, bis man sie selbst entfernt, auch wenn ein Gewinn bereits ausgezahlt worden ist. Ich hatte meinen Einsatz liegen gelassen, und die Neun hatte noch einmal gewonnen. Damit hatte ich meine Gewinne verdoppelt.

»Also gut«, lenkte Brig schließlich ein, nachdem ich darauf bestanden hatte, ihr wenigstens den ursprünglichen Einsatz zurückzuzahlen. »Und du darfst mir ein Glas Champagner spendieren. Nur eins. Danach geht der Abend auf meine Rechnung.«

»Aber das ist nicht fair!«

»Dummer Junge. Ich mag dich. Für dich würde ich zehnmal soviel Geld in den Wind schießen. Aber jetzt entschuldige mich einen Augenblick. Ich muß mein Make-up auffrischen.«

Ich war so aufgeregt, daß ich sofort in den großen Saal hinüberging, um an der Kasse mein Geld abzuholen. Von dieser Summe würde ich keinen Sou verspielen. In meinem ganzen Leben hatte ich noch nie so viel Geld besessen und war entschlossen, es auch zu behalten.

Später, nachdem wir uns in der kleinen Bar getroffen hatten und ich ihr ein Glas Champagner bestellte, sagte sie mit dem für sie so typischen Lächeln: »Mich langweilt dieses Kasino tödlich. Außerdem möchte ich nicht erleben, wie du das ganze schöne Geld verlierst. Wir feiern mit einer Flasche Dom Perignon in meiner Suite. Dort können wir auch essen. Es ist gemütlicher.«

Ich fragte mich, was sie wohl noch mit mir vorhatte. Und ich hatte nichts dagegen.

»In Ordnung«, erwiderte ich gutgelaunt.

»Weißt du eigentlich, daß es eine Unterführung zurück zum Hotel gibt? Eine sehr bequeme Einrichtung, wenn man den Zimmerschlüssel immer dabeihat. Auf diese Weise muß man nicht zur Rezeption. Kapiert?«

»Ich denke schon.«

Ich hatte von dieser Untergrund-Verbindung nichts geahnt. Als wir den Keller des Hotels erreicht hatten, bestiegen wir den Lift.

»Vierter Stock, Joe«, sagte Brig energisch, und ich wußte, was von mir erwartet wurde.

Erst als wir Brigs Luxus-Suite betraten, wurde mir klar, daß sie »Formen« für überflüssig hielt.

»Wir nehmen ein Bad«, erklärte sie unumwunden. »Hast du's je im Bad gemacht?«

Ich schüttelte den Kopf.

»Dann wird's Zeit. Zu dieser Suite gehört eine riesige Badewanne. Los, sei nicht so langsam.« Sie hatte die Hähne aufgedreht, und das Wasser rauschte mit Hochdruck bereits in die Wanne, während sie ihre Kleider ablegte und nackt und breitbeinig dastand.

Doch nach einer Weile griffen wir nach den Handtüchern, denn im Wasser funktionierte es nicht.

»Auf den Knien geht's wirklich schwer«, gab sie schließlich zu. »Aber ich wollte es schon immer mal probieren. Dann ziehen wir also um ins Bett – mit Champagner im Bett ist angesagt.«

Alles in allem war der Abend ein Erlebnis. Ich hatte nie mit einer Frau den Luxus eines riesigen Doppelbettes mit Seidenbettwäsche, gedämpfter Beleuchtung und Daunenkissen geteilt. Es war herrlich! Allein das Gefühl der Seide auf der Haut war die Erfahrung wert.

Obwohl ich keine tieferen Gefühle für Brig hegte, schien sie auf ihre Kosten zu kommen, denn sie sagte: »Das mag ich an euch Jungs aus Europa. Ihr versteht es, auf ein Mädchen zu warten. Bei Amerikanern geht's immer nach dem Motto: ›Peng-peng – danke, Ma'am!‹ Und wenn sie dann die Hose wieder angezogen haben, bist du frustriert und mußt den Rest allein zu Ende bringen. Aber, Nicki, für dein Alter bist du ziemlich gut. Du hast Stehvermögen. Du bist großartig. Wie hast du das alles nur gelernt?«

»Ich hab' Unterricht genommen«, antwortete ich mit gespieltem Ernst.

»In Sex?«

»Ganz richtig. Der Unterricht hat mir Spaß bereitet.«

Sie war verblüfft und glaubte offenbar, ich wollte sie verulken. Die Wahrheit war in diesem Fall wohl so ungewöhnlich, daß Brig sie mir nicht abnahm. Als sie ihre Sprache wiedergefunden hatte, sagte sie in recht passablem Französisch: »Merci, Monsieur, pour votre patience. Es war großartig. Wir müssen das wiederholen – nach dem Abendessen.«

Wir zogen nur das Notwendigste an, als der Ober den kalten Hummer servierte. Dann kehrten wir ins Bett zurück, bis ich den ersten zögernden Versuch unternahm, aufzustehen.

»He! Was hast du denn vor, Joe? Verzeih, Nicki! Du bleibst! Es ist nur der halbe Spaß, wenn man hinterher nicht zusammen einschläft. Das ist doch erst der Himmel auf Erden. Hältst du mich für so hartherzig, daß ich dich nach alledem einfach in die nächtliche Kälte rausschicke? Ich schlafe auf der rechten Seite. Und wenn du nachts noch mal Appetit verspüren solltest, keine Hemmungen. Nur versuch bitte, mich nicht aufzuwecken.«

»Aber später?«

»Vergiß es. Wir bezahlen für diese Suite ein Vermögen. Ich habe schon ein ausgiebiges Frühstück für zwei Personen bestellt, und zwar das für Schwerarbeiter. Vom Orangensaft bis zu Speck und Eiern alles inbegriffen.«

»Aber was sagen die nur, wenn sie mich hier sehen?« Ich setzte mich mit einem Ruck auf.

»Ich hab's für halb zehn Uhr bestellt. In Ordnung? Hinter dem Badezimmer gibt's noch ein kleines Gästezimmer. Dorthin kannst du dich zurückziehen, wenn's dir lieber ist. Allerdings erst morgen früh, mein Lieber. Du läßt mich nicht mitten in der Nacht allein. Ich brauche dich.«

»Wie Gnädigste meinen«, murmelte ich, um auf ihren Ton einzugehen. Ein Spaß war es allemal. Der Luxus, der mich hier umgab, gefiel mir, und die seidenen Laken riefen dunkel Erinnerungen an meine Mutter in mir wach, in deren Bett ich nach nächtlichen Angstträumen oft geflüchtet war.

Am darauffolgenden Tag holte Brig mich zum Mittagessen ab. Sie bestand darauf, mich einzuladen, und legte ein schmales Päckchen vor mich auf den Tisch. Nachdem wir den ersten Schluck Champagner getrunken hatten, erklärte sie: »Das ist ein kleines Geschenk für einen aufregenden jungen Mann, für einen, der seine Hausaufgaben gut erledigt hat.«

»Aber ich kann doch nicht ...«

»Öffne es schon. Es ist was fürs Leben.«

»Das sollst du nicht, Brig«, wehrte ich ab.

Ich zerrte am Geschenkband und dem bunten Papier. Darunter erschien eine Samtschachtel, in der die schönste Uhr lag, die ich je gesehen hatte. Es war eine solide goldene Cartier-Uhr mit den berühmten schwarzen römischen Ziffern auf weißem Grund und einem schwarzen Lederband mit dem typischen Schnappverschluß in der Form eines D's.

»Brig, Schätzchen – ich kann unmöglich ...«

»Natürlich kannst du. Stell dich nicht an. Das alles bezahlt sowieso mein Vater.«

»Na gut. Tausend Dank. Aber ich hoffe, ich kann mich nach dem Essen heute abend angemessen erkenntlich zeigen.«

»Das wollen wir doch hoffen, Liebster. Aufs nächste Mal!« Sie prostete mir zu.

Doch zu diesem nächsten Mal kam es nicht. Nie mehr. Es passierte nämlich etwas sehr Erstaunliches: Obwohl ich mir damit schmeicheln konnte, die Dame in jeder Beziehung befriedigt zu haben, traf sie an jenem Nachmittag einen anderen Freund und hielt ihre abendliche Verabredung mit mir nicht ein. Und noch schlimmer: Noch vor Ende unseres Urlaubs schleppte Brig einen Mann mit auf das amerikanische

Konsulat in Nizza und wurde nach kurzer und nüchterner Zeremonie dort Gräfin Trepow.

Wir waren alle wie vom Donner gerührt. Galina wollte es zuerst nicht glauben. »Quatsch. Dem Blödsinn bereite ich gleich ein Ende!«

Doch es war nichts mehr zu ändern. Brig war offenbar entschlossen, das zu werden, was die Amerikaner eine »Dollarprinzessin« nennen.

Igor erklärte dazu nur lakonisch: »Ich habe kein Geld. Sie ist bereit, mir eine ordentliche Apanage zu bezahlen. Wir haben bei einem Notar einen guten Ehevertrag abgeschlossen. Und Brig ist ein feiner Kumpel, angenehm und umgänglich.« Brig bestand dann auf einer traditionellen russischen Hochzeitsfeier. Vielleicht war es unfair von mir, so über sie zu denken, doch Galina sprach meinen Verdacht ganz offen aus: »Es ist ihre einzige Chance, mal in den Schlagzeilen genannt zu werden, und das läßt sie sich nicht entgehen.«

Wie ich später von Vater erfuhr, übernahm Brig sämtliche Kosten und überließ es Vater, alles zu arrangieren. Papa war in diesen Dingen ein wahrer Meister, besonders, wenn andere bezahlten. Es wurde eine überaus teure Angelegenheit. Brig wollte, daß sich die ganze Welt für ihre Hochzeit interessierte, und so lud Vater als erstes ein halbes Dutzend Reporter aus Paris fürs Wochenende nach Nizza ein, bei freier Kost und Logis, versteht sich.

Die Nachricht von der bevorstehenden Hochzeit eines »russischen Grafen« mit einer »amerikanischen Millionärserbin«, wie es im »Nice-Matin« stand, trieb halb Nizza zur russischorthodoxen Kirche in der Stadt.

Als die Braut, ganz in weißen Satin gekleidet, eintraf, stürmten junge Mädchen, die unbedingt einen Blick auf den »gutaussehenden jungen Graf Trepow« erhaschen wollten, fast die Kirche. Bis zum Kircheneingang war ein roter Läufer ausgelegt. Vater hatte irgendwo Dutzende von künstlichen Ebereschen in Töpfen aufgetrieben, deren rote Beeren in

Rußland das ewige Leben symbolisieren und die ich so oft in der Kapelle der Zarin gesehen hatte.

Das Kircheninnere war wunderschön. An den weiß gekalkten Wänden schimmerten unzählige Ikonen und Kerzen, dazwischen bildeten riesige Palmwedel mit ihrem saftigen Grün einen faszinierenden Kontrast.

Brautjungfern gibt es bei der russischen orthodoxen Hochzeitszeremonie nicht, und der Gottesdienst wurde nur in Russisch abgehalten. Der bärtige Pope in seinem goldenen Ornat umkreiste zweimal den Altar. Dabei folgten ihm sechs Ministranten, die man kurzerhand aus der Ballett-Truppe rekrutiert hatte. Sie hielten jeweils eine Krone über Braut und Bräutigam, wie es die Sitte vorschrieb.

Die ganze Sache war ziemlich ermüdend, da es in einer orthodoxen Kirche ja keinerlei Sitzgelegenheiten gibt, und die Zeremonie dauerte eine gute Stunde. Es war ein schönes Bild, wie das Brautpaar zum Schluß vor dem Altar niederkniete und den Eheschwur sprach.

Nachdem alles vorüber war, trat ich mit den anderen vor, um die Braut zu küssen und ihr alles Gute zu wünschen. Warum hätte ich mich dem auch entziehen sollen? Ich war in keiner Weise eifersüchtig. Mir war längst klar, daß Brig eine Frau war, die sich immer das nahm, was sie vom Leben erwartete. Sie hatte mit Igor einen Vertrag geschlossen.

Erneut fiel mir der harte Zug um ihren Mund auf. Wenn dieser deutlicher wurde, standen die Zeichen auf Sturm. Ich fragte mich daher, wie lange sie und Igor glücklich bleiben würden. Eins schien mir dabei jedoch sicher zu sein: Brig würde bei einer Scheidung nicht auf ihren neuerworbenen Adelstitel als Gräfin verzichten. Gleichzeitig überlegte ich, wie lange Igor wohl auf andere Frauen verzichten würde, sobald ihn die eigene einmal langweilte.

Das einzige, was mich allerdings irritierte, war die Tatsache, daß Brig sich mir gegenüber völlig ausschwieg. Es war, als seien wir uns nie begegnet und hätten nie eine Nacht miteinander verbracht. Sie achtete peinlich genau darauf, nie mit mir allein zu sein. Aber das war alles nicht mehr wichtig. Der echte Gewinner war ja ich geblieben: Ich hatte achtzigtausend Pfund erworben und meine Unabhängigkeit behalten.

Als es Zeit für mich wurde, nach Paris und an meinen Arbeitsplatz zurückzukehren, beschlossen Igor und seine Frau, noch in Monte Carlo zu bleiben. Das gleiche galt für Vater, und so fuhr ich allein, aber mit gefüllten Taschen im »train bleu« nach Paris.

Die Zeit, die ich in Monte Carlo verbracht hatte, war so erlebnisreich und aufregend gewesen, daß ich noch wie benommen war. Wäre es nach mir gegangen, die Erinnerungen daran hätten mir für ein ganzes Jahr genügt, doch es sollten noch größere Überraschungen auf mich warten. Der »train bleu« traf am Morgen in Paris ein. Ich brachte mein Gepäck daher zuerst ins Haus am Place de Furstenberg, sagte Lilla guten Tag und ging dann zu Fuß in mein Büro in der Rue du Bac, um nachzusehen, was sich während meiner Abwesenheit ereignet hatte. Da dies nicht gerade viel war, aß ich ein Sandwich, sah mir einen Film im Kino an, trank noch ein Glas Wein in einem Restaurant und kehrte dann kurz vor Einbruch der Dunkelheit nach Hause zurück.

Ich schlenderte durch den Durchgang in den Innenhof, wo neben dem Springbrunnen vor der Eingangstür, die abends stets geschlossen wurde, eine Frau und ein Kind standen. Das Mädchen hielt die Hand der Dame fest umklammert, und ich glaubte flüchtig, blonde Locken zu erkennen, doch in der Dämmerung war das nicht genau festzustellen.

Dann drang eine Stimme an mein Ohr, die mir unbewußt einen Stich versetzte: »Du erkennst mich wohl nicht mehr, Nicki?«

Im ersten Augenblick begriff ich tatsächlich nichts, sagte mir nicht mal jene besondere Stimme aus der Vergangenheit etwas, die uns so oft zum Lachen gebracht hatte.

Verwirrt, unfähig zu glauben, was ich nur verschwommen erkannte, und völlig durcheinander angesichts der Anwesenheit eines sieben- oder achtjährigen Mädchens, schrie ich unwillkürlich: »Tante Olga! O liebste Tante Olga! Wo bist du nur so lange gewesen?« Ich sank in ihre Arme und brach in Tränen aus. »Wir haben nicht mehr geglaubt, dich je wiederzusehen!«

»Mir geht's genauso«, antwortete sie unter Küssen. »Wie geht es deinem Vater? Willst du uns nicht ins Haus lassen?« Als ich mich an ihr vorbeidrängte, um die Tür aufzuschließen, hörte ich, wie Tante Olga dem kleinen Mädchen zuflüsterte: »Willst du deinem Onkel Nicki nicht guten Tag sagen?«

»Onkel?«

»Ja, was ist daran so komisch?« Tante Olga lachte fröhlich, als ich sie ins Haus schob. »Das ist doch meine Tochter Tascha.«

6

Ein seltsames Gefühl beschlich mich, als ich in den Augen des Kindes Olgas Fröhlichkeit wiederentdeckte. Sie hatte schöne lange Wimpern, die Schatten auf ihre hohen Wangenknochen warfen, und schien durch die neue Umgebung in keiner Weise eingeschüchtert oder deprimiert, im Gegenteil. Das Mädchen strahlte unbändige Lebensfreude aus, was ihr farbenfrohes Kleid mit der Reihe von roten Knöpfen auf dem enganliegenden Oberteil und die grüne Kappe auf der blonden Lockenpracht noch unterstrichen.

So etwas wie Melancholie schien nur sekundenweise aufzuflackern, und merkwürdigerweise hatte ich vom ersten Augenblick an das Gefühl, daß sie bei mir Schutz und Freundschaft suchte. In ihren Augen schimmerte eine Sehnsucht nach Liebe, die mich angesichts der liebevollen Mutter überraschte. Tascha war zweifellos ein ungewöhnlich schönes Kind.

»Diese verflixte Treppe hatte ich schon fast vergessen«, erklärte Olga schwer atmend, während sie uns die zwei Stockwerke nach oben folgte. »Ich bin vor dem Krieg zum letztenmal hier gewesen. Es wird Zeit, daß Dimitri einen Lift einbauen läßt. Ist doch blödsinnig, sich in seinem Alter noch so anzustrengen.«

Ohne die Hand des Mädchens loszulassen, blieb ich stehen. »Er hat auch schon daran gedacht, einen Lift zu installieren, Tante Olga. Und manchmal geht ihm schon ein wenig die Puste aus. Aber es hat keinen Zweck, wir müßten die schönen Treppen rausreißen lassen.«

»Aber warum wohnt ihr im zweiten Stock, wenn Dimitri doch das ganze Haus gehört?« Die Jahre hatten Tante Olga offenbar etwas mürrisch werden lassen. Aber war das ein Wunder? Sie mußte sich doch erinnern, daß das Parterre immer als Stauraum für Unmengen von Gepäck genutzt worden war, mit denen wir stets reisten. Im ersten Stock befanden sich die Schlafzimmer, weil sie Vater den Blick über die abendlichen Dächer von Paris boten, den er so liebte.

»Jedenfalls wird's in meinem Alter immer beschwerlicher«, murmelte Olga.

»Uns stört das nicht, was, Tascha?«

»Nein. Du bist sehr stark«, sagte sie ganz ernst.

Da Tascha nicht von meiner Hand lassen wollte, konnte ich meinen Schlüssel nicht aus der Tasche ziehen und mußte daher Olga bitten, nach Lilla zu läuten.

Als es soweit war, wünschte ich, ich hätte es nicht getan.

Lilla öffnete die Tür und sah Tante Olga. Sie stieß einen markerschütternden Schrei aus, begann zu schwanken, wurde kreideweiß und ächzte auf russisch: »Die Auferstehung der Toten!« Dann fiel sie in Ohnmacht.

Tascha begann zu weinen. Ich kniete nieder und versuchte sie zu beruhigen.

»Hilf du Lilla«, bat ich Olga, als ich Tascha die Tränen abwischte. »Ich laufe in Papas Schlafzimmer. Vielleicht finde ich ein Fläschchen Riechsalz.«

Wenige Minuten später hielt ich die dunkelblaue Flasche unter Lillas Nase. Ich hatte das Riechsalz im Medizinschränkchen im Badezimmer entdeckt. Lilla regte sich, begann zu hüsteln, schlug die Augen auf, sah Olga und begann zu wimmern.

»Reiß dich zusammen!« wies ich sie streng zurecht. »Veranstalte jetzt kein Theater.«

»Verzeihung, Nicki.« Sie stand mühsam auf. »Aber mir war, als sähe ich Gespenster.«

»Das ist kein Gespenst, sondern die Gräfin Arenskij«, erklärte ich. »Und das ist ihre Tochter Tascha.«

»O Gräfin, mein Gott!« Lilla schluchzte und küßte Tante Olga die Hände. »Ich kann's nicht glauben. Sie wiederzusehen – das ist ein Wunder. Darf ich Ihnen eine Suppe oder Tee bringen?«

»Nein, danke.« Tante Olga nahm Lilla lächelnd in die Arme.

Dabei betrachtete ich Olga zum ersten Male genauer. Man sah ihr die acht Jahre an, die sie älter geworden war. Ihr Gesicht war deutlich vom Schmerz gezeichnet. Sie mußte sehr gelitten haben, und ich fragte mich bedrückt, wie es ihr wohl in den vergangenen Jahren und vor allem in jenen ersten Monaten ergangen sein mochte.

»Sie sind wieder da, Gräfin«, sagte Lilla noch immer unter Schluchzen und versuchte, ihre Beherrschung wiederzugewinnen. »Es ist einfach wunderbar – und dieses süße Baby ...«

»Ich bin kein Baby mehr«, erklärte Tascha würdevoll.

»Ja, natürlich nicht«, beruhigte Lilla sie sofort. Plötzlich begann sie unwillkürlich, das alte russische Wiegenlied zu singen, das uns als Kinder schon immer so fasziniert hatte.

Doch dann war der Zauber gebrochen, und Lilla war wieder die praktische Haushälterin. »Und Ihr Mann, Gräfin?«

»Er ist tot«, erwiderte Olga so schroff, daß ich erschrak. Dann dachte ich, daß er erst vor kurzem verstorben sein konnte.

Schließlich gingen wir in den schönen, großen Salon des Hauses. Tante Olga sah sich selbstsicher, gefaßt und ohne ein äußeres Zeichen von Trauer um. Dann nickte sie wohlwollend und sagte zu mir: »Es hat sich nichts verändert, Nicki. Dadurch ist das Heimkommen besonders schön. Es ist fast, als habe es diese schrecklichen acht Jahre nie gegeben, als sei ich immer hier gewesen.«

Ihre Miene hellte sich auf. »Aber wo sind die anderen? Wo sind dein Vater, Galina und Igor?«

Ich erzählte ihr, daß Galina mit einem Tänzer verheiratet sei und bereits große Rollen in Monte Carlo tanze. Näher ging ich darauf jedoch nicht ein. Dann berichtete ich, daß sich Vater ebenfalls in Monte Carlo aufhalte, Igor dort gerade eine amerikanische Millionärin geheiratet habe und seine Flitterwochen verbringe.

»Und du, Nicki? Du bist so erwachsen geworden.«

»Was hast du nach den Jahren erwartet, Tante Olga?«

»Ja, ich weiß. Aber du bist so groß.« Sie seufzte. »Acht Jahre sind eine Ewigkeit. Wie alt bist du jetzt?«

»Zwanzig.«

»Mein Gott! Schön für dich, aber ich fühle mich uralt.«

»Und Tascha? Wie alt ist Tascha?«

»Acht.« Nach einer Pause fiel ihr Blick auf den alten Samowar. »Der gibt mir das Gefühl, fast wieder in Rußland zu sein!« rief sie begeistert. »Darf ich eine Tasse Tee haben?«

»Natürlich. Und ich bitte Lilla, ein paar ›Blinis‹ oder sonst was für Tascha zu bringen.« Nach kurzem Zögern fuhr ich fort: »Bitte halte mich nicht für unhöflich, aber ich muß noch schnell was Dringendes erledigen.«

Es war wirklich dringend. Ich mußte unbedingt Vater Bescheid geben. Es dauerte eine gute halbe Stunde, bis ich endlich die Verbindung nach Monte Carlo erhielt, doch schließlich hörte ich seine Stimme. Sie klang gereizt. »Was ist denn los?«

»Vater, ich habe erstaunliche Neuigkeiten.«

»Jetzt erzähl mir bloß nicht, daß du auch heiraten willst«, entgegnete er prompt.

»Nein, Papa. Aber – setz dich erst mal!« Ich überlegte meine Worte gut. »Eine Freundin aus Rußland ist in Paris. Eine ehemalige Hausgenossin.«

Vater wußte sofort, wer gemeint war.

»Olga Arenskij. Das kann doch wohl nicht sein!«

»Doch, Papa. Sie sitzt im Salon und trinkt mit ihrer Tochter bei uns Tee.«

»Mit ihrer Tochter?«

»Ja. Ihr Mann ist allerdings tot.«

Diesmal glaubte ich am anderen Ende einen erleichterten Seufzer zu hören, doch ich konnte mich irren.

Vater traf eine schnelle Entscheidung.

»Ich versuche, den ›train bleu‹ noch zu erwischen. Er fährt in einer Stunde. Die Concierge kann mir die Fahrkarte besorgen. Ich bin morgen früh bei euch.«

Nie hatte es ein ähnliches Wiedersehen gegeben. Die Tränen des Glücks und der Trauer flossen reichlich. Vater umarmte Tante Olga immer wieder und hielt sie schließlich auf Armeslänge von sich, als betrachte er einen neuen Besitz. Dann rief er Lilla zu: »Champagner!«

»So früh am Morgen?« erkundigte sich Olga.

»Das muß jetzt sein«, entgegnete er und entkorkte eine Flasche Laurent-Perrier.

»Gib Tascha zur Feier des Tages auch einen Schluck«, schlug Tante Olga vor.

»Ist sie dazu nicht noch ein bißchen zu jung?«

»Ich wette, du fingst schon damit an, bevor du acht Jahre alt warst, du alter Sünder.«

»Tascha darf bei mir ein Schlückchen trinken«, sagte ich und winkte sie zu mir.

Das Mädchen nippte vorsichtig an meinem Glas. »Hm, schmeckt gut, aber die Bläschen steigen mir in die Nase!« Sie lachte.

»Bezauberndes Kind«, hörte ich Vater zu Olga sagen. »Dieses herrliche blonde Haar.« Er seufzte und fügte leise hinzu: »Es erinnert mich an das Haar von ...«

»Laß das, Dimitri! Quäl dich nicht mit der Vergangenheit! Nicki hat mir gestern abend erzählt, was passierte, bevor ihr das Schiff erreichen konntet. Sie ist ... Nun, es ist acht Jahre her, und wir leben jetzt und heute.«

»Natürlich. Ich bin ein alter Narr. Aber als ich ihr Haar im Sonnenlicht gesehen habe – es ist das gleiche.« Er seufzte tief, und als Tascha über Hunger klagte, lachte auch Vater. »Sie sind doch immer hungrig!« Und zu mir gewandt fügte er hinzu: »Bring Tascha in die Küche, Nicki! Lilla soll ihr was zu essen und zu trinken bereiten. Und wenn du zurück bist, kann Tante Olga uns erzählen, wie es ihr ergangen ist.« Vielleicht war es der Champagner am frühen Morgen, jedenfalls versuchte ich mir bei meiner Rückkehr in den Salon vorzustellen, wie ich Rußland in jenen letzten Stunden damals erlebt hatte, doch im Lauf der Jahre waren meine Erinnerungen verwischt und ungenau geworden. Die Alpträume, von denen ich als Junge jede Nacht verfolgt worden war, hatten sich mit der Realität untrennbar verbunden.

Der Schmerz in Olgas dunklen Augen rief jetzt alles wieder in mir wach. Ich sah meine Qual von damals in den feinen Linien ihres Gesichts, die sich in den Mundwinkeln besonders tief eingegraben hatten. Das einst so sorglose frohe Lachen schien nur noch ein Traum zu sein. Ich erschauerte so offensichtlich, daß Olga mich ansah und fragte: »Nicki, ist dir kalt?«

»Nein, nicht wirklich. Es sind nur die Schatten der Vergangenheit. Die Erinnerung ...«

»Ja, die Erinnerung«, fiel sie mir ins Wort. »Die überfällt uns alle von Zeit zu Zeit.« Sie sah Vater an, und es lag etwas in ihrem Blick, das ich nicht deuten konnte. Es überraschte mich nur, etwas wie Vorwurf darin zu erkennen, so, als ließe man einen Teil der Vergangenheit lieber ruhen.

Vater stand aufrecht und breitbeinig neben der Daguerreotypie des Zaren, die Hände hinter dem Rücken verschränkt, leicht auf den Fußspitzen hin und her wippend.

»Erzähl von dir, Olga«, forderte er sie mit einer Jovialität auf, die ich sofort als falsch erkannte, als habe Olgas feindseliger Blick Schuldgefühle in ihm geweckt, die er verdrängen wollte. »Erzähl uns deine Geschichte. Jedenfalls bist du sehr viel magerer geworden.«

»Ich habe damals zwanzig Kilo verloren, aber inzwischen ist es mir gelungen, wieder etwas mehr zuzusetzen.« Olga zögerte, als wolle sie erst Ordnung in ihre Gedanken bringen.

»Ja, also hört, wie ich dem Grauen entronnen bin«, begann sie schließlich stockend. »Damals auf der Straße am Hafen war neben uns eine Kutsche geplündert und eine Dame ermordet worden. Dann entdeckte man uns und zerrte die Prinzessin aus dem Wagen. Als ich helfen wollte, packte mich ein Mann von hinten, schrie Du gehörst mir!« warf mich einfach über die Schulter und schleppte mich zu einem der Lagerhäuser. Zum Glück mischte sich ein anderer Mann ein. Ich rief noch nach Rudi, aber der war wie vom Erdboden verschwunden. Ich sah ihn nie wieder.«

Sie hielt einen Augenblick nachdenklich inne. Vater schenkte ihr Champagner nach, und sie trank dankbar einen Schluck.

»Die beiden Kerle hatten es auf mich abgesehen, und da der eine sich weigerte, mich freizugeben, fingen sie an, sich darum zu prügeln, wer mich als erster vergewaltigen durfte.

Eine delikate Angelegenheit, findet ihr nicht? Im Lagerhaus war es bis auf das wenige Licht, das vom Mond durch die Ritzen fiel, stockfinster. Ich schlich mich lautlos von den kämpfenden Männern weg und suchte, völlig verängstigt, Schutz hinter ein paar großen Kisten. Die eine vermeintliche Kiste entpuppte sich jedoch als eine aufgeklappte Falltür, die in den darunterliegenden Keller führte. Das begriff ich aber erst, als ich plötzlich keinen Boden mehr unter den Füßen hatte und in die Tiefe stürzte. Glücklicherweise hatte ich genug Geistesgegenwart, nach der Kante der Öffnung zu greifen. Dann berührten meine Füße die eisernen Tritte einer Leiter. Ich war zu Tode erschrocken, und jeder Knochen im Leib tat mir weh. Trotzdem gelang es mir, die Falltür über mir zuzuziehen, obwohl ich annahm, daß meine Vergewaltigung damit nur aufgeschoben, aber nicht aufgehoben war. Doch allein die Tatsache, einen Aufschub erreicht zu haben, gab mir Mut.«

Ich hatte Tante Olga atemlos zugehört. Sie war immer eine brillante Erzählerin gewesen. Ich erinnerte mich noch gut, wie sie mich schon damals in unserem Kinderzimmer mit ihren Geschichten in ihren Bann gezogen hatte.

In diesem Fall jedoch war ihr nicht wie in jenen glücklichen Zeiten ein schöner Prinz in blanker Rüstung zur Hilfe geeilt. Eine andere, sehr nüchterne Tatsache ermöglichte ihr die Flucht: Einer der kämpfenden Männer stürzte rückwärts so heftig mit dem Kopf gegen die eisenbeschlagene Ecke einer Kiste, daß er sofort tot war. Sein Gegner machte sich entsetzt aus dem Staub, um der Rache der Genossen oder Freunde des Toten zu entgehen.

»Das Böse hat also das Böse besiegt«, bemerkte Vater, »und du warst frei.«

Olga lachte humorlos. »Mein lieber Dimitri, das wäre zu schön, um wahr zu sein. Es dauerte eine Weile, bis mir klarwurde, daß die beiden Kerle ihren Kampf um mich beendet hatten. Erst da wagte ich, die Leiter hinaufzuklettern und die Falltür etwas anzulüften. Ich hätte vor Schreck fast laut aufgeschrien, als ich spürte, daß dickliches Blut auf mich heruntertropfte. Der Tote lag nur eine Handbreit von der Öffnung entfernt, und als ich die furchtbare Kopfwunde sah, war ich wie von Sinnen vor Entsetzen.

Ich brauchte lange, bis ich mich beruhigt hatte und merkte, daß es draußen auf der Straße ruhiger geworden war. Die Horden der Revolution waren wohl weitergezogen. Als ich schließlich das Lagerhaus verließ, war alles wie gewöhnlich. In meinen schmutzigen, zerrissenen Kleidern erregte ich keinerlei Aufmerksamkeit.«

»Und was dann?« fragte ich gespannt.

»Nur Geduld, junger Mann«, sagte Olga amüsiert.

»War von uns niemand mehr zu sehen?« wollte ich wissen.

Olga schüttelte den Kopf. »Ich irrte wie von Sinnen umher. Es war niemand mehr da. Plötzlich fiel mir ein, daß du und Igor die anderen vielleicht gerettet hättet, während ich mich in diesem verdammten Lagerhaus befand.«

Olga hatte sich direkt an Vater gewandt. »Du hattest mir doch gesagt, ich solle durch den Durchgang zum Kai laufen, falls wir irgendwie getrennt werden sollten. Ich hatte also die Vorstellung, ihr könntet bereits sicher an Bord des Schiffes sein. So lief ich die Gasse hinunter zur Pier, und dort empfing mich ein Bild, so schrecklich, daß es mich bis an mein Lebensende verfolgen wird: Das Schiff hatte bereits abgelegt. Ich schrie und winkte. Aber ihr konntet mich längst weder sehen noch hören. Da wurde ich ohnmächtig.«

Was danach geschah, war schnell erzählt. Als Tante Olga wieder zu sich kam, versuchte sie in ihrer Verzweiflung, wenigstens unsere Spur zurückzuverfolgen, die an den beiden Hotels der Stadt, dem Buffet und dem Commercial vorbeigeführt hatte. Sie hatte kein Geld und ging daher in das Buffet, um sich dort um eine Stelle zu bewerben. Sie war zu allem bereit, nur um ein Bett und etwas zu essen zu erhalten.

Die betrunkene alte Hexe am Empfang gewährte Olga dann tatsächlich Unterkunft und einen Teller Bohnen.

»Um mich kurz zu fassen«, fuhr Olga wörtlich fort. »Es stellte sich heraus, daß die Frau am Empfang nicht nur eine Angestellte, sondern die Besitzerin des Hotels war. Und sie behielt mich als eine Art Mädchen für alles.«

Die »Madame« fand offenbar bald heraus, wie geschickt Olga mit Nadel und Faden war, Bettwäsche flicken und mit lästigen Gästen umgehen konnte. Auf diese Weise wurde sie für ein Jahr praktisch neben der Besitzerin Leiterin des Hotels.

»Ein ganzes Jahr lang.« Vater strich sich über den Schnauzbart. »Und dann?«

»Dann, mein lieber Dimitri, fiel ich auf die Füße, wie man so schön sagt. Ich sparte jeden Rubel und gab schließlich eine Annonce als Uniformschneiderin auf. Die Bolschewiken lieben es, sich flotte Uniformen schneidern zu lassen. Aber die meisten Schneider waren untergetaucht oder geflohen. Ich hatte also gute Chancen. Die Arbeit für die Kommissare brachte es mit sich, daß ich auch deren Ehefrauen oder Geliebte kennenlernte. Obwohl diese Damen die Art der Kleidung der sogenannten Parasiten verabscheuen, lieben sie Serge und schwere Wollstoffe. Im jetzigen Petrograd entdeckte ich schließlich eine Firma, die mir qualitativ gute Stoffe beschaffen konnte – und ich verliebte mich Hals über Kopf in den Chef. Er war Witwer und hatte eine Tochter. Tascha ist also nur meine Adoptivtochter, und ich habe sie von Anfang an geliebt. Der Vater sah blendend aus, aber er ist ganz plötzlich an einem Herzleiden gestorben, und ich stand allein mit dem Kind wieder völlig mittellos da. Ja, und dann fand ich«, sie blinzelte meinem Vater zu, »einen guten Mann, einen Beschützer, der sich um uns kümmerte.« Sie senkte die Stimme und sah zu Tascha hinüber, die in einer Ecke saß und ein Bilderbuch anschaute.

»Aha.« Vater nickte mißbilligend. »Ich weiß nur zu gut, was du meinst ...«

»Ja, das solltest du, gerade du«, murmelte Tante Olga ärgerlich und löste damit ein Rätsel, für das ich nie eine Erklärung gefunden hatte. Jetzt begriff ich, warum Tante Olga bei uns gelebt hatte. Sie war Vaters Geliebte gewesen! Natürlich, das mußte es gewesen sein. Das erklärte alles. Und ich nahm an, daß meine Mutter das gewußt hatte. Die Affäre mußte vor meiner Geburt stattgefunden haben, und Mama hatte die Situation akzeptiert, da die beiden Frauen von jeher enge Freundinnen gewesen waren.

Der Rest von Olgas Geschichte war schnell erzählt. Olga gelang es durch ihre Verbindungen zu hochrangigen Politkommissaren, ein schwunghaftes Geschäft aufzubauen, und sie sparte alles, was sie nicht zum Leben brauchte. Schließlich hatte sie genug einflußreiche Freunde, um eine Reise nach Paris arrangieren zu können.

Es überraschte mich nicht, wie wir uns alle mit Tante Olga und Tascha in unserem großen Zuhause arrangierten. Igor kehrte für ein paar Tage aus Monte Carlo zurück, wurde von Tante Olga überschwenglich begrüßt, während Brig sichtlich beeindruckt war, eine weitere »Gräfin« in ihrer Verwandtschaft zu finden. Wir alle vermißten Galina, die noch immer in Monte Carlo auftrat und uns mitgeteilt hatte, daß sie voraussichtlich erst nach der Winterspielzeit nach Paris zurückkehren könne.

Die warmen goldenen Herbsttage waren bald vorbei, und es begann ein kalter, lebensfeindlicher Winter. Die Blätter waren von den Bäumen gefallen und hatten schwarze Skelette zurückgelassen. Nach Monte Carlo war es wirklich unangenehm kalt. Wenn der Regen eintönig auf Paris niederprasselte, versanken die Dächer der hohen Gebäude an der Rue Jacob in der nassen Dunkelheit.

Irgendwie jedoch nahm die Anwesenheit von Tante Olga der unangenehmen Jahreszeit etwas von ihrer Melancholie. An den trockenen Sonntagen spazierten sie, Tascha und ich, meist die Rue de Seine hinunter, um den Schiffsverkehr auf dem Fluß zu beobachten.

Seit September war ich natürlich nicht mehr in Monte Carlo gewesen, doch nach dem Winter und vor dem Osterfest des darauffolgenden Jahres – im April 1928 – sagte Vater schließlich eines Tages: »Olga hat, seit sie hier ist, Galina noch kein einziges Mal gesehen. Die Spielzeit in Monte ist bald vorbei. Ich rufe Galina an und frage sie, ob sie uns zu Ostern besuchen kann. Allerdings ohne ihren blödsinnigen Ehemann.«

Und wir hatten Glück. Zwischen dem Ende der Spielzeit in Monte Carlo und vor Beginn der Proben für die Sommersaison in Paris hatte die Truppe einen Monat Ferien. Jean-Pierre war froh, mit Diaghilew in Monte Carlo bleiben zu können, während Galina nach Paris vorausreiste. Damit waren alle zufriedengestellt, denn Ostern ist das höchste russische Fest, das in vielen Beziehungen wichtiger genommen wird als Weihnachten.

Galina schien eine Glückssträhne zu haben. Diaghilew hatte sie in die Obhut seines Choreographen George Balanchine gegeben, um die großen Rollen des klassischen Balletts einzustudieren.

Mitten in der Ostern vorausgehenden Fastenzeit traf Galina schließlich in Paris ein.

In unserem Haus wurde die Fastenzeit insofern eingehalten, als es mittwochs und freitags fleischlose Kost gab, die hauptsächlich aus Gemüse, Buchweizen, Brot und Obst bestand. All das sollte uns auf das Wunder der Auferstehung vorbereiten.

Lilla war streng religiös, hielt sich an alle Fastengebote, ernährte sich wochenlang nur von Gemüse und Brot und war in den letzten Fastentagen fast ausschließlich damit beschäftigt, Unmengen von Eiern zu kochen, die wir bemalen sollten.

Die übrige Zeit verbrachte sie mit Beten und strafte uns mit bösen Blicken, wenn wir Schinken, kaltes Huhn oder Kaviar in die Küche schmuggelten. Da die religiöse Überzeugung es Lilla sogar verbot, diese Gerichte für uns zuzubereiten, fiel Olga diese Aufgabe zu, was nicht schwierig war, da sie die Gerichte nur auf Platten anzurichten brauchte.

Wenn ich nicht viel zu tun hatte, spendierte ich Tascha im »Deux Magots« Kuchen und Saft. Dort trafen wir oft Hemingway, der in einer Ecke eifrig an einem Manuskript schrieb, jedoch stets froh um die Ablenkung schien, sobald er uns entdeckte. Er klappte dann meistens sein Heft zu und setzte sich zu uns.

Er nahm Tascha einmal auf seinen Schoß und sagte zu ihr: »Wenn ich jünger und du älter wärst, würden wir heiraten.«

»Danke, Monsieur«, erwiderte sie artig, zeigte jedoch eine sorgenvolle Miene. »Aber ich habe versprochen, Onkel Nikki zu heiraten.«

»Auch in Ordnung. Man kann sie eben nicht alle haben. Hier, Nicki. Das ist für dich.« Damit überreichte er mir in einer Tüte des englischen Buchladens »Shakespeare & Company« ein Buch mit dem Titel »This Side of Paradise«. Ich hatte es bei »Shakespeare« bereits gesehen, wo ich Stammkunde war, denn seit den Jahren in der amerikanischen Schule sprach ich Englisch ebenso fließend wie Französisch.

»Ein Freund hat es geschrieben«, erklärte Hemingway. »Warte. Ich schreibe dir eine Widmung hinein.« Damit nahm er einen Stift aus der Tasche, schrieb etwas auf die erste Seite des Buches und gab es mir zurück.

Ich bedankte mich und las etwas verständnislos den Satz, der dort stand: »Für Fürst Nicki, einen weiteren Vertreter der verlorenen Generation, von E. H.«

»Das ist wirklich nett von Ihnen«, murmelte ich. »Ich habe Mister Fitzgeralds Bücher schon bei ›Shakespeare‹ in der Auslage gesehen.«

»Scottie hat gerade großen Erfolg. Ein ausgezeichneter Autor – und Amerikaner«, fügte er beinahe trotzig hinzu.

Er mußte meinen verwirrten Blick richtig gedeutet haben, denn er fügte hinzu: »Lies das Buch, und du wirst die Widmung begreifen. Übrigens, erinnerst du dich an die Stein? Natürlich. Sie hat mich auf das Buch hingewiesen. Es beschreibt nämlich das Leben der Nachkriegsgeneration, der sogenannten ›verlorenen Generation‹. Und du gehörst dazu. Alles klar, Nicki?«

»Ich denke schon«, erwiderte ich, war mir dessen jedoch keineswegs sicher. Ich wollte eigentlich nicht zu einer verlorenen Generation gehören.

»Sind auch Bilder drin?« erkundigte sich Tascha naiv, die ihr Croissant gegessen und das Glas Saft längst ausgetrunken hatte.

»Nein, tut mir leid. Aber wir gehen gleich los und kaufen dir die neueste Folge von ›Tintin‹.«

»Oh, Tintin ist toll. Liest du's mir vor?«

»Wir gehen jetzt nach Hause und malen Ostereier an«, erklärte ich energisch. »Sag Mister Hemingway auf Wiedersehen! Und dann müssen wir uns sputen, sonst ist deine Mutter böse.«

Tascha gab Hemingway einen Kuß. Der Schriftsteller betrachtete sie einen Augenblick nachdenklich und sagte dann: »Halte dich an deinen Onkel Nicki, Tascha! Ihr beide solltet ein Paar werden. Ihr müßt nur noch ein bißchen warten – die Jahre vergehen schnell.«

Ich lachte. »Danke für das Buch!« Damit verabschiedeten wir uns.

Alle Eier mußten mit Naturfarben bemalt werden. Manche erzielten nur dekorative Muster, auf anderen waren ganze Szenen und Landschaften zu sehen. Taschas Eier waren fast alle rot, und Rot war die traditionelle Osterfarbe. Auch Freunde, die ein besonderes Talent auf diesem Gebiet hatten, malten Eier für uns. Einige trugen das Wappen von Vaters Regiment, und im russischen Zentrum entstanden etliche Eier mit dem Wappen meiner Schule in Zarskoje Selo. Tante Olga, die mittlerweile bei uns den Haushalt führte, bemalte Eier mit Spitzenmustern.

Mein Vater bestand darauf, daß die traditionellen Osterriten strikt eingehalten wurden. Gegen elf Uhr am Ostersamstagabend gingen wir daher alle zur russischen orthodoxen Kirche, wo der Pope mit seinen Begleitern, den sogenannten Akolythen, eintraf.

»Ist das der liebe Gott?« flüsterte Tascha, die in der zahlreich versammelten Gemeinde beinahe unterging.

Ich nahm sie fester bei der Hand und antwortete leise: »Fast.«

Der Pope sah in seinem rotgoldenen Ornat wirklich eindrucksvoll aus. Langsam führte er die Prozession der Gläubigen, gefolgt von den kirchlichen Würdenträgern, einmal außen ganz um die Kirche herum. Die meisten von uns hatten eine Ikone in der Hand. Als die Uhr Mitternacht schlug, klang es wie ein Aufschrei aus allen Kehlen auf russisch: »Christus ist auferstanden!« Der Pope führte die Prozession nun in die von Hunderten von Kerzen strahlend erleuchtete Kirche und intonierte erneut: »Christus ist auferstanden!« Diesmal antworteten wir: »Ja, wahrhaftig, Christus ist auferstanden.«

Der armen Tascha wurde es während der langen Zeremonie langweilig, und sie trat ungeduldig von einem Bein auf das andere, bis sie plötzlich gegen mich sank und eingeschlafen war. Als der Gottesdienst vorüber war, trug ich sie nach Hause. Sie wachte erst wieder auf, als wir traditionsgemäß die Fastenzeit beendeten.

An jedem Osterfest bog sich der Tisch beinahe unter der Last der Gerichte. Selbst auf den großen russischen Gütern hatten die Bauern stets Sonntag und Montag frei, und auch in der Küche war kein Dienstpersonal erlaubt. So mußten sämtliche kalten Gerichte bis zum Dienstag ausreichen. Es konnte also nichts gekocht werden, und alle Nahrungsmittel und Getränke standen auf unserem großen Eßtisch bereit. Es gab tiefe Glasschüsseln mit Kaviar auf Eis, Platten mit geräuchertem Stör und Zwiebelringen, eine große Sauciere mit Smitane-Sauce, eine Terrine mit Borschtsch, ein kaltes Gericht aus Stör, Buchweizen und hartgekochten Eiern in Brotteig und natürlich die bemalten Eier, Champagner sowie eisgekühlten Wodka.

»Ich esse mehr als zu Weihnachten«, sagte Tante Olga seufzend, die trotzdem gertenschlank blieb.

»Darf ich noch Stör haben?« bat Tascha.

»Natürlich.« Ich legte ihr auf. »Das ist eines der besten russischen Gerichte, die ich kenne.«

»Mama, warum haben wir in Rußland nie Stör gegessen?« wollte Tascha plötzlich wissen.

»Ah!« Tante Olga seufzte tief und traurig.

»Du kriegst noch ein Stück, damit du das nachholen kannst«, sagte ich lachend und gab Tascha einen Kuß.

Tante Olga, die mich beobachtete, fuhr mich scharf an: »Verwöhn das Kind gefälligst nicht so!«

»Wie bitte? Ich?« Ich war perplex über diese Reaktion.

»Ich will Onkel Nicki einen Kuß geben«, jammerte Tascha mit herabgezogenen Mundwinkeln.

»Hier wird mir zuviel geküßt«, sagte Tante Olga empört. »Und zieh gefälligst keine Schnute!«

Die Auseinandersetzung dauerte nur wenige Minuten und war längst vergessen, als Tante Olga sagte: »Zeit, schlafen zu gehen, Kleines.«

Tante Olgas Ausbruch hatte mich zwar seltsam berührt, doch ich schenkte ihm weiter keine Bedeutung. Tante Olga neigte normalerweise nicht zu solch rüdem Ton. Ich schob ihre Gereiztheit daher auf die Müdigkeit nach den anstrengenden Ostervorbereitungen, und sie entschuldigte sich später bei mir.

»Verzeih, Nicki«, sagte sie lächelnd, nachdem sie Tascha

ins Bett gebracht hatte. »Ich bin ziemlich erschöpft. Und ich hatte in den letzten Jahren mit so vielen schrecklichen Leuten zu tun, daß ich diese Küsserei nicht mehr sehen kann.«

»Das Wichtigste ist, daß du jetzt wieder bei uns bist«, erwiderte ich ebenfalls lächelnd. Trotzdem blieb im Unterbewußtsein etwas zurück.

Arme Tascha. Sie war ständig in Schwierigkeiten. Nicht, daß sie einfach »unartig« gewesen wäre. Sie war einfach ein wildes Kind. Nie wollte sie andere mit ihren Streichen und Unartigkeiten verletzen und handelte sich doch immer wieder Verweise im Lyzeum ein. Eines Tages hatte sie das Pech, dabei erwischt zu werden, wie sie mit Ernest Hemingway im »Deux Magots« Kaffee trank. Tante Olga entdeckte ihre Tochter durchs Fenster und stürmte wütend in das Restaurant.

»Was, zum Teufel, hast du hier zu suchen, mein Fräulein?« fragte sie scharf. »Du solltest doch in der Schule sein. Komm sofort mit!«

Tascha blieb ruhig, das war eine ihrer hervorstechendsten Eigenschaften. Panik kannte sie nicht. »Tut mir leid, Mama«, erwiderte sie mit Schalk in den Augen, »ich dachte, ich könnte mehr von Mister Hemingway lernen als von den Nonnen.« Sie sagte das mit so unschuldigem Ernst, daß man ihr einfach nicht böse sein konnte.

Es ist seltsam, wie sich das Leben eines Menschen manchmal ganz unerwartet ändern kann. Wir waren alle vom Schicksal gebeutelt worden, doch Tante Olga hatte es wohl trotz unseres tragischen Verlustes von Mama und Rudi am schlimmsten getroffen. So waren wir alle froh, daß sie bei uns zusammen mit Tascha ihre Ruhe gefunden hatte.

Doch in jenem Jahr sollte sich ihr Leben wieder völlig ändern, und daran war der Zufall schuld. Damals sahen wir Igor und Brig verhältnismäßig häufig, da Brig zwar ein wunderschönes Haus in der Rue St. Dominique gekauft hatte, das aber dringend der Renovierung bedurfte. So besuchten sie uns oft.

»Eines Tages wird unser Haus fertig sein«, erklärte Brig. »Aber bis dahin kommen wir am liebsten zu euch, wenn wir es in unserer Suite im Ritz nicht mehr aushalten.«

Diesmal trug sie ein ganz erstaunliches Kleid, da sie und Igor nur kurz auf einen Drink bei uns waren, bevor sie auf einen Ball gingen.

»Es ist von Chanel«, sagte Brig.

Obwohl es mir schwerfällt, Kleider zu beschreiben, faszinierte mich von Anfang an daran die Kombination aus kniekurz, wie man es damals trug, und knöchellang. Das eigentliche Kleid war aus blaßblauem Georgette und endete knapp über den Knien, doch von der Taille ab hingen darüber längere, dunkelblaue Teile in der Form von Blütenblättern. Es erinnerte somit an eine Blume. Und die freien Knie paßten genau zum sogenannten Jazzage, dem Jazz-Zeitalter, das wir damals gerade erlebten.

Dann passierte das Mißgeschick: Vater schenkte Champagner aus, drehte sich um, stolperte und wäre beinahe gestürzt. Er konnte sich im letzten Augenblick an der Tischkante aufrecht halten. Dabei ertönte ein häßliches »Ratsch«.

Das Geräusch kam von Brigs Rock. Sie saß in einem Sessel, Vater war daraufgetreten und hatte zwei »Blütenblätter« aus dem Rockbund gerissen. Brig stieß einen Schrei aus.

»Oh, mein Gott! Das verdammte Kleid ist ruiniert!« Vater war so betroffen, daß er beinahe die Flasche fallen ließ.

»So was passiert mir sonst nie«, beeilte er sich zu versichern. »Ich kann dir gar nicht sagen, wie sehr …«

»Wir müssen die Einladung absagen«, jammerte Brig.

»Können wir nicht mit dem Wagen ins Hotel zurückfahren, und du ziehst dich um?« schlug Igor vor, der einen Delahaye gekauft hatte, weil man ihn nachts sicher und ohne Schwierigkeiten am Place Vendôme parken konnte.

»Ihr Männer begreift wie immer gar nichts.« Brig hatte

Tränen in den Augen. »Das ist das neueste Modell von Chanel! Exklusiver geht's gar nicht! Es sollte eine Sensation sein – und war's auch gewesen. Jetzt muß ich es reparieren lassen, und heute abend findet der letzte Ball der Saison statt. Nein, Vater«, erklärte sie, sie nannte meinen Vater stets so, »dich trifft keine Schuld. Ich hätte besser aufpassen müssen. Aber der Oberrock sieht so hübsch aus, daß ich ihn weit ausgebreitet habe ...«

»Bereite dir deswegen keine Sorgen«, unterbrach Tante Olga, und wir sahen sie alle überrascht an.

»Keine Sorgen? Na, du bist gut!«

»Ich kriege das schon wieder hin.«

Brigs Mund verzog sich hart und mißbilligend. »Das hier ist zufällig ein Modellkleid«, entgegnete sie kratzbürstig. »Ich kann mir nicht vorstellen ...«

»Meine liebe Brig«, unterbrach Olga noch einmal und sehr nachsichtig. »Ich habe jahrelang für die Bolschewiken genäht. Warum gibst du mir nicht die Chance, die soziale Leiter eine Sprosse weiter nach oben zu steigen? Ich habe Nadel und Faden.«

»Sie hat mir in stundenlanger Arbeit ein Trainingskleid genäht«, sagte Galina, die an diesem Abend keine Vorstellung hatte. »Ich bin sicher, daß sie es kann.«

»Selbst wenn du's könntest«, Brig blieb skeptisch, »wo sollen wir heute abend die passende blaue Nähseide herkriegen?«

»Oben in meinem Nähzimmer«, erklärte Olga ungerührt. »Dort habe ich jede Farbschattierung, die man kaufen kann.«

»Wirklich?« Neuerwachte Hoffnung brachte wieder etwas Farbe in Brigs bleiches Gesicht.

»Na klar, wir versuchen es.« Olga musterte das Kleid mit geschultem Blick. »Die beiden Blütenblätter werden hinterher sicher eine Idee kürzer sein als die anderen, aber wenn wir einen winzigen Saum nähen, merkt das niemand.«

Und es merkte niemand. Ich habe nicht gesehen, was Olga in ihrem Schlafzimmer eigentlich mit Brigs Kleid angestellt hat, aber als Brig wieder unten erschien und sich glücklich im Kreis drehte, war es, als sei nie etwas mit ihrem Kleid geschehen. Am darauffolgenden Tag brachten fast alle Zeitungen Fotos von Brig auf dem Ball und lobten ihr Kleid als die »femininste Kreation« des Jahres.

Das war der Anfang einer Erfolgsgeschichte, die zwei Jahre brauchte, um sich voll zu entfalten. Brig hatte das so beeindruckt, daß sie Olga bat, ihr zu helfen, Kleider zu ändern, und stellte sie Freundinnen vor. Auch diese nahmen schließlich Olgas Dienste in Anspruch.

Das ging so weiter, bis eines Tages, ungefähr ein Jahr später, Olga zu Brig sagte: »Ich würde gern ein Kleid für dich entwerfen und nähen. Ein Abendkleid. Kurz und elegant, und wenn's dir nicht gefällt, brauchst du mir nur das Material zu bezahlen. Ich kann es sicher anderweitig verkaufen. Gibst du mir die Chance?«

Brig war wiederum skeptisch, ließ sich jedoch überreden. »Großartig, Brig«, bedankte sich Olga. »Du wirst sehen, ich weiß, was du willst und was dir steht, bevor du dir darüber klarwirst. Und ich verspreche dir, daß du in meinem Kleid sensationell aussiehst!«

»Na gut«, sagte Brig. »Meine Maße hast du ja. Mal sehen, was dir einfällt.«

Am 19. August 1929 starb Diaghilew in einem Hotel in Venedig. Vater begleitete Galina zur Beerdigung, und selbst er, der einiges gesehen hatte, war von dem Trauerzug der Gondeln beeindruckt, der bis zur Insel von San Michele reichte, wo Diaghilew seine letzte Ruhe fand.

Kaum war der Meister tot, begann eine häßliche Auseinandersetzung zwischen seinem Sekretär Boris Kotchno und seinem Protegé Sergej Lifar um das künstlerische Erbe des großen Ballett-Impresarios.

»Es war widerlich«, erzählte Galina. »Selbst Jean-Pierre ist dieser Meinung.« Sie zuckte mit den Schultern. »Aber sie sind eben alle gleich.«

Mir lief ein Schauer über den Rücken. Trotz ihres wachsenden Erfolgs sorgte ich mich um sie.

7

Das wichtigste gesellschaftliche Ereignis dieser Saison in Paris und das erste Fest im Winter des Jahres 1930 war der Ball am »Columbus Day«, also am 13. Oktober in der amerikanischen Botschaft. Seit Wochen brachten die Klatschspalten der Zeitungen nichts anderes als Geschichten und Anekdoten der zu erwartenden prominenten Gäste. Sie nannten die dem Jazz-Zeitalter angemessene Band des Abends und beschrieben den großen Baldachin, der am Rand des Rasenstücks zwischen dem imposanten weißen Botschaftsgebäude an der Ecke der Avenue Gabriel und der Rue Boissy d'Anglais in der Nähe des Hotels Crillon aufgestellt werden sollte.

Vater empfing eine Einladung, und zwar nicht nur als Präsident der russischen Kolonie in Paris, sondern auch, weil er ein guter Freund des amerikanischen Botschafters war. Er hatte es irgendwie geschafft, durch seine Verbindungen auch mir eine Einladungskarte zu besorgen. Jedenfalls sollte es mein erster großer Ball sein, und ich erhielt eine weiße Krawatte und einen Cut, wofür mein Vater großzügig bezahlte.

Die anderen Gäste aus unserer Familie waren Graf Igor Trepow, die Gräfin Brig Trepow und die Gräfin Olga Arenskij. Die Damen hatten schon fast ein halbes Jahr vorher damit begonnen, in aller Heimlichkeit in Mamas ehemaligem Schlafzimmer die Garderobe für diesen Abend zu planen und zu nähen.

Beide Damen waren davon überzeugt, daß Olga das »Kleid des Jahres« kreieren würde, doch niemand durfte es sehen. Galina nahm an den Anfangsvorbereitungen teil, war jedoch schon Wochen vor dem Ball wieder nach Monte Carlo gereist, wo die Winterspielzeit der Oper begann.

Als der Abend des großen Ereignisses schließlich da war, fuhren Vater, Igor und ich mit dem Taxi zur amerikanischen Botschaft. Die geheimnisvolle Abend-Création von Olga war ins Ritz gebracht worden, wo Brig und Igor noch immer sehr luxuriös wohnten, und Igor hatte sich uns angeschlossen, da die beiden Damen mit Brigs Wagen und Chauffeur pünktlich um halb zehn Uhr vor dem Botschaftsgebäude sein wollten. Dort sollten Vater und Igor sie am Fuß des Treppenaufgangs erwarten, um sie in den Ballsaal zu geleiten.

Die Fassade des Botschaftsgebäudes war von elektrischen Fackeln hell erleuchtet, das Sternenbanner und die Trikolore wehten von Scheinwerfern angestrahlt über dem Eingangsportal. Die Marines, eine Einheit, aus der sich traditionsgemäß sämtliche Wachmannschaften amerikanischer Botschaften rekrutierten, standen Spalier, während die Gäste ins Gebäude defilierten.

Allen Gästen war nahegelegt worden, unbedingt vor Eintreffen des Ehrengastes um elf Uhr dazusein. Dieser Ehrengast war kein Geringerer als Raimond Poincaré, so daß ich kaum Gelegenheit hatte, mir Brigs Kleid genauer anzusehen, da die beiden Damen mit einiger Verspätung und nur fünf Minuten vor dem 1929 zurückgetretenen französischen Ministerpräsidenten eintrafen. Poincaré fuhr mit einer Wagenkolonne aus Panhard-Limousinen, begleitet von amerikanischer Militärpolizei auf ihren großen Indian-Motorrädern, vor. Flics in Capes drängten ärgerlich Passanten zurück, die sich zu nahe an die Wagenkolonne heranwagten.

Nach einem eindrucksvollen Trommelwirbel intonierte die Kapelle die Marseillaise und anschließend die amerikanische Nationalhymne. Der Botschafter und seine Frau traten vor, um Poincaré zu begrüßen. Beifall brauste auf. Poincaré, der die französische Währung stabilisiert hatte, war in Frankreich sehr populär. Mit seiner strikten Repressionspolitik gegenüber den Deutschen hatte er auch in Amerika Sympathien gewonnen.

»Die politische Stimmung erinnert an die Entente cordiale«, flüsterte Olga. »Aber das Gerede von Freiheit, Gleichheit und Brüderlichkeit amüsiert mich offengestanden. Die französischen Damen mit all ihren Juwelen sehen aus wie Fürstinnen am früheren Zarenhof. Gleichheit, daß ich nicht lache!«

Die Roben der meisten weiblichen Gäste fanden kaum Beachtung, denn alle Blicke hingen wie hypnotisiert an Brigs neuem faszinierenden Kleid, über dem sie ein Cape trug.

Dieses Kleid war tatsächlich eine Sensation. Selbst mir, der ich nicht viel von diesen Dingen verstehe, verschlug es den Atem. Es war aus Goldbrokat, mit Brillanten und korallenroten Perlen besetzt, schulterfrei und knapp über dem Knie endend. Der Schnitt war so raffiniert, daß Brig schmaler und graziler wirkte als sonst.

Und es war gewagt. Olga hatte deshalb dazu ein grünes, golddurchwirktes Cape mit einem großen Pelzkragen entworfen.

Brig war sich ihrer Wirkung durchaus bewußt. Majestätisch schritt sie durch den ganzen Raum. Der schwarze Pelzkragen war so groß, daß er beinahe ihr blondes Haar verdeckte. Allerdings hatte sie das Cape offen gelassen, so daß das Kleid von Anfang an gut zu sehen war.

»Es ist ein Traum«, murmelte Igor stolz. »Das faszinierendste Kleid, das ich je gesehen habe.«

Kurz nach Mitternacht, nach Champagner und einem leichten Abendessen, konnte sich Brig erst mal von der Bewunderung ihrer Freunde erholen. Die Gäste wurden in den

Konzertraum der Botschaft geführt, wo man eine Revue inszeniert hatte. Und was für eine Revue!

Die Angehörigen der amerikanischen Botschaft hatten sich diesmal bei den Vorbereitungen selbst übertroffen. Künstler, deren Namen auf den Leuchtreklamen der Folies-Bergère, dem Hot Club de France und dem Moulin Rouge zu sehen waren, gaben hier vor ausgesuchtem Publikum eine großartige Vorstellung. Es traten auf: der Jazz-Sänger »Hutch«, Josephine Baker, das schwarze Mädchen aus den Slums von St. Louis, die für ihre gewagten Tänze berühmt geworden war, die Mistinguette, deren Beine für eine Million Francs versichert waren, und Maurice Chevalier, dessen Charme bereits Legende war.

Leider konnte ich nicht das ganze Programm sehen, da Igor plötzlich einen Schwindelanfall erlitt und beinahe ohnmächtig geworden wäre. Niemand außer denen, die an unserem Tisch in der Nähe des Ausgangs saßen, merkte etwas. Er sah bleich und angestrengt aus, und wir mußten ihn hinausbringen.

Brig begleitete uns.

»Verdammt! Ausgerechnet jetzt!« Sie war wütend. »Gleich ist Chevalier dran!«

»Mein Gott, er ist doch krank«, entgegnete ich gereizt.

»Diese Schwindelanfälle kriegt er ständig.« Sie stampfte mit dem Fuß auf. »Aber er weigert sich, zum Arzt zu gehen.«

»Er muß nach Hause«, entschied ich. Igor erkannte uns kaum. Und ich fügte hinzu: »Sieh dir ruhig weiter die Vorstellung an, Brig. Ich nehme deinen Wagen und bringe Igor ins Bett, rufe einen Arzt und bin in einer halben Stunde wieder da.«

»Würdest du das wirklich tun? Du bist ein Engel!«

»Der Meinung bist du schon mal gewesen«, entgegnete ich spöttisch.

»Die Bemerkung ist geschmacklos.« Die Linien um ihren Mund wurden hart. »Aber diesmal sei dir verziehen. Vielen

Dank für deine Hilfe.« Damit verschwand sie lautlos im Konzertsaal.

Igor erholte sich wieder etwas, und bevor ich ihn ins Bett gebracht hatte, war das Schwindelgefühl vorbei.

»Wir müssen mal zusammen essen«, sagte er etwas undeutlich.

Ich wartete, bis er eingeschlafen war, rief den Hotelarzt an und kehrte dann zur amerikanischen Botschaft zurück. Die Vorstellung war zu diesem Zeitpunkt bereits beendet, und im Ballsaal wurde getanzt.

»Das war wirklich lieb von dir«, bedankte sich Brig erneut. »Als Belohnung darfst du den nächsten Tanz mit mir tanzen. Magst du schnellen Foxtrott?«

Ich nickte. Wir tanzten, und ich sah überall die neidischen Blicke der Damen, die auf Brigs Kleid ruhten. Es war ein seltsames Gefühl.

»Hoffentlich ist mit Igor alles in Ordnung«, bemerkte ich. »Du hast gesagt, daß er das öfter hat?«

»Ja, aber es ist nie was Ernstes. Nur so eine Art Schwindelgefühl, ohne Nachwirkungen. Ich werde den Winter über mit ihm verreisen.«

Und dann, gegen Ende des Abends, geschah schließlich das Erstaunliche:

Unter den Gästen war ein Amerikaner, den man Brig vorgestellt hatte, und als er sie fragte, welches Modehaus ihr Kleid entworfen habe, erwiderte Brig lächelnd: »Die Dame ist hier. Warten Sie, ich bringe sie zu Ihnen.«

Sie fand schließlich Olga, die mit mir und Vater gerade Champagner trank, und erklärte ihr, daß ein gewisser Mister Gordon Selfridge sie gern kennenlernen würde.

»Ihm gehört ein großes Kaufhaus in der Oxford Street in London«, fügte sie hinzu. »Vielleicht möchte er Kopien deiner Modelle verkaufen. Überstürze nichts, Olga!«

»Selfridge?« Vater lachte leise. »Den kenne ich. Er ist ein großartiger Spieler.«

»Er ist zu diesem Ball aus Biarritz angereist«, erklärte Brig. »Und er ist Amerikaner.«

»Ist er in Begleitung von zwei Frauen hier?«

»Ja, mir sind zwei hübsche Mädchen aufgefallen.«

»Seine beiden Geliebten«, sagte Vater und setzte beinahe neidisch hinzu: »Zwei!«

Vater erzählte uns daraufhin, daß Selfridge mit einem tanzenden Geschwisterpaar liiert sei, den sogenannten Dolly-Sisters, mit denen er eine »Affäre zu dritt« habe. Trotzdem fand er nebenher noch genügend Zeit, sein Kaufhausimperium zu regieren, das das größte in Großbritannien war.

Als Brig die Vorstellung arrangierte, sagte Selfridge höflich: »Entzückt, Sie kennenzulernen, Gräfin. Darf ich Sie den Dolly-Sisters vorstellen? Meine Freundinnen.« So lernten Brig und Olga die Zwillinge ungarischer Herkunft kennen, die von dem berühmten Ziegfeld entdeckt worden waren.

»Würdet ihr mich und die Gräfin einen Augenblick entschuldigen?« bat Selfridge Brig und die Dolly-Sisters. »Ich habe da eine Idee, die Sie interessieren könnte, Gräfin. Aber, trinken wir erst mal was zusammen.«

Selfridge ging mit Olga zu einer der zahlreichen Bars und reichte ihr ein Glas Champagner.

»Ihre Modelle sollen phantastisch sein«, begann er. »Und das Kleid, das ich gesehen habe, ist einfach umwerfend. Jede der Dolly-Sisters möchte eins haben. Könnten Sie ihren Wunsch erfüllen?«

Zögernd schüttelte Olga den Kopf. »Abgesehen davon, daß ich das zeitlich nicht schaffen würde, habe ich der Gräfin Trepow versprochen, daß dieses Kleid ein Einzel-Modell bleiben wird.«

»Hm, das muß ich natürlich akzeptieren«, sagte Selfridge nachdenklich. »Lassen Sie mich trotzdem etwas vorschlagen«, fuhr er fort. »Warum etablieren Sie sich nicht im Modegeschäft und gründen einen Salon, oder wie man das hier nennt?«

»Dazu fehlt mir leider das Geld.«

»Aber das ist kein Problem. Ich finanziere das. Das heißt, ich strecke Ihnen das Geld vor, damit Sie Personal einstellen können – alles, was Sie brauchen. Ich habe in Immobilien investiert und kann Ihnen ein hübsches Ladengeschäft zur Verfügung stellen, und zwar in der Avenue Montaigne, gleich bei den Champs-Élysées. Miete verlange ich so lange nicht, wie Sie brauchen, um sich zu etablieren. Danach bezahlen Sie. Der Gewinn gehört Ihnen, wenn Sie Erfolg haben. Unter einer Bedingung.«

Olga traute ihren Ohren kaum, als der weißhaarige Mann Dinge sagte, die sie sich in ihren kühnsten Träumen nicht auszumalen gewagt hätte. Zuerst blieb sie skeptisch und fragte nervös, welche Bedingung das denn sei.

»Sie entwerfen die Modelle, und Ihr Atelier fertigt sie an. Anschließend schicken Sie die Schnitte an unser Geschäft in London, damit dort Kopien hergestellt werden können. In Paris arbeiten Sie exklusiv. Und wir in London haben die Mode, die die Franzosen …« Er suchte nach dem französischen Ausdruck.

»Meinen Sie ›Prêt-à-porter‹?«

»Ganz richtig. Auf diese Weise fertigen Sie Modellkleider für Paris an, und wir in London haben eine tolle neue Kollektion. Das würde sich doch verkaufen, meinen Sie nicht?«

»Ja, warum auch nicht?« Trotzdem vermochte Olga an ihr Glück noch nicht recht zu glauben.

»Aber wir konzentrieren uns nicht auf dieses Genre.« Selfridge deutete auf das sündhaft teure Kleid von Brig. »Ich bin überzeugt, daß Sie genügend aufregende einfache Tageskleider und schlichte Abendgarderobe für unsere Kundinnen entwerfen können. Ist das ein Vorschlag?«

»Ja, das kann man wohl sagen. Einverstanden, Mister Selfridge. Wann fangen wir an?«

»Morgen früh? Ich wohne im ›Lotti‹ in der Rue Castiglione. Wir treffen uns dort um elf Uhr, sehen uns das Haus an und besprechen alles Weitere.«

Am darauffolgenden Tag besichtigten sie die Räumlichkeiten für das zukünftige Atelier, die Olgas kühnste Vorstellungen übertrafen.

»Das Haus ist ein Traum«, sagte Olga atemlos. »Wir könnten den Trakt für die Mannequins hier einrichten. Und dann ...«

»Ja, ja«, wehrte Selfridge ab. »Das überlasse ich alles Ihnen. Ich bin ein vielbeschäftigter Mann.«

»Wie soll ich das Atelier nur nennen?« überlegte Olga.

»Ja, wie wohl?« meinte Selfridge. »Jedenfalls nicht Selfridge & Co. Einfach nur Selfridge. Und Sie machen das gleiche. Sie haben bereits auf Empfehlung der Gräfin Trepow für Dutzende von Kunden gearbeitet. Arbeiten Sie einfach weiter unter dem Namen ›Olga‹.«

8

Brig begab sich mit Igor tatsächlich auf eine ausgedehnte Ferienreise, und ich sah die beiden erst Anfang 1932 wieder. Der Grund war einerseits natürlich Igors Krankheit, andererseits jedoch auch die Tatsache, daß Brig es in der Suite im Ritz nicht mehr aushielt. So entschied sie, es würde ihnen beiden guttun, eine ausgedehnte Schiffsreise in jene Teile der Welt zu unternehmen, die sie noch nicht kannten.

Sie fuhren zuerst nach Singapur, von dort aus weiter nach Bali und schließlich nach Australien. Von Australien traten sie bequem per Schiff die Heimreise in dem angenehmen Bewußtsein an, daß die Renovierungsarbeiten am Haus in der Rue St. Dominique in den Händen des teuersten Innenarchitekten Frankreichs lag.

Die einzige Sorge war, daß Igor eine zwar nicht unbedingt gefährliche, aber doch unangenehme Krankheit hatte. In einem Brief an mich schrieb er: »Es ist ärgerlich, aber ich leide offenbar an Herzrhythmusstörungen. Eine langweilige Geschichte. Ich mußte Tennis und sonstigen Sport für immer aufgeben und nehme Tabletten, die einer Thrombosegefahr vorbeugen sollen. Alkohol und Tabak darf ich nur noch in Maßen genießen.«

Ich hatte Igors Beschwerden gegenüber einem befreundeten Arzt erwähnt, und der wiegelte ab: »Keine Sorge. Daran leiden viele und merken es nicht mal. Wenn sich dein Freund an die Vorschriften hält, kann nichts passieren.«

Während der Abwesenheit von Brig und Igor arbeitete ich härter denn je, denn der Emigrantenstrom aus Rußland nahm stetig zu. Olga war inzwischen mit der Einrichtung und dem Aufbau ihres Ateliers beschäftigt. Aber sie und Selfridge hatten bereits damit gerechnet, daß es Jahre dauern würde, bis sie ihre erste Kollektion vorstellen konnte.

Das Haus mußte völlig umgebaut werden. Um Olga wenigstens etwas moralische Hilfestellung zu geben, besuchte ich sie dort sooft wie möglich, meistens zusammen mit Tascha, aus der mittlerweile ein schlaksiger, entzückender Teenager mit goldblondem schulterlangen Haar und großen, weit auseinanderstehenden grauen Augen geworden war.

Das Haus, in dem sich Olga etablieren wollte, war ursprünglich das Stadthaus einer wohlhabenden Familie mit großer Dienerschaft gewesen. Es hatte daher zahlreiche Schlafzimmer, so daß eine völlig neue Raumaufteilung nötig war.

»Eine ›Couturière‹ braucht Räumlichkeiten, die so praktisch und übersichtlich sind wie ein Nähkasten«, erklärte Olga.

Im Inneren waren die Renovierungsarbeiten über die gröbsten Vorbereitungen noch nicht hinausgediehen, und Olga führte mich durch all den Schutt zu einer wunderschönen Treppe, über die man in den großen Salon im ersten Stock gelangte.

»Hier«, sie vollführte eine ausladende Geste, »werde ich meine Stoffe auslegen. Aber nicht in Regalen gestapelt wie Bücher, sondern frei im Raum drapiert, damit sich ihre Wirkung voll entfaltet. Das wird ein geschickter Dekorateur für mich übernehmen, der in den Galeries Lafayette arbeitet. Er hat viel Gefühl für die Unterschiede von Chiffon und Georgette, Tüll und Musselin, und wie man sie mit Taft, Gabardine, Moiré, Samt und Wolle in Kontrast bringt. Außerdem behauptet er, daß man auch viel mit einem neuen Material anfangen kann, das sich Rayon nennt.«

»Olga«, protestierte ich. »Mir schwirrt der Kopf!«

»Kann ich mir denken. Ihr Männer kennt doch nur Serge und Flanell. Aber wir brauchen Abwechslung – und Fröhlichkeit.«

Natürlich hatte sie recht. Und diejenigen, die auf diesem Gebiet tonangebend waren, die Designer, Maler und Unterhaltungskünstler, griffen gierig nach allem, was man später mit dem Jazz-Zeitalter in Verbindung brachte. Glänzendes Chrom, fächerförmige Beleuchtungskörper, ungewöhnlich gebeizte Holzmöbel in geometrischen Formen, alles das sah man jetzt in Kinos und Geschäften. Erté, der Sohn des russischen Admirals de Tirtoff, beeinflußte von New York aus Paris, wohin ihn märchenhafte Geldsummen gelockt hatten. Die ungewöhnliche Kombination von klaren Linien und Sinnlichkeit, die typisch für seine Kleider- und Theaterentwürfe war, wurde auch richtungsweisend für diese Periode des Art déco.

Olga jedoch, sonst dem Modernen durchaus aufgeschlossen, wollte keine Stilmittel des Art déco in ihrem Atelier.

»Das ist nichts für mich«, erklärte sie beinahe arrogant. »In dieser Beziehung bin ich konservativ. Traditionalismus und ein bißchen Palastatmosphäre wie vor der Revolution. Das ist eher mein Stil.«

Rückblickend muß ich sagen, daß Olga genau zum richtigen Zeitpunkt anfing, eine aktive Rolle in der Modebranche zu spielen. Die späten zwanziger und frühen dreißiger Jahre waren eine Periode des Umbruchs, die hauptsächlich durch die Negierung all dessen gekennzeichnet war, was die sogenannte verlorene Generation mit den Vorkriegsjahren verband. Freiheit und Freizügigkeit waren jetzt die Schlagworte, sowohl was die Mode als auch alles andere betraf.

Studenten flanierten in grellroten Jacken und Sandalen, das Haar mit Brillantine aus der Stirn gekämmt, über die Boulevards. Die dazugehörigen Mädchen bevorzugten kniehohe Kosakenstiefel, wie man sie vom russischen Ballett her kannte. Die Baskenmütze, ursprünglich nur von baskischen Bauern getragen, wurde zur beliebten Kopfbedeckung bei Parisern mittleren Alters und verdrängte teilweise den steifen Hut.

Die Straßenmaler vom Place Vendôme oder vom Seineufer hatten, was Lebensart und Kleidung betraf, schon immer ihre eigenen Gesetzmäßigkeiten gehabt. Jetzt allerdings waren ihre Schleifenkrawatten und legeren Hosen aus jenem neuen Material aus Nimes, dem »Serge du Nimes«, kurz »denim« genannt, sogar bei den bürgerlichen Angestellten aus den Büros in der Nähe der Börse modern.

Vater allerdings fand vor allem die Frauenmode mit ihren männlichen Linien und den kurzen Haarschnitten abscheulich.

Olga zuckte zu seinen Ausbrüchen nur mit den Schultern. »Die Mode war von jeher starken Veränderungen unterworfen, Dimitri. Konventionen werden heute nicht mehr so ernst genommen wie früher. Daran hast du dich nur noch nicht gewöhnt.«

»Ich möchte die Figur einer Frau sehen können«, protestierte Vater.

»Das weiß ich nur zu gut, mein lieber Dimitri«, entgegnete Olga sarkastisch.

Während die Einrichtung von Olgas Atelier auf Hochtouren lief, bereitete Tascha der Mutter erneut Kummer.

Eines Tages fand ich Olga in Tränen aufgelöst.

»Tascha?« fragte ich unwillkürlich.

Sie nickte ärgerlich. »Ich habe sie in ihr Zimmer gesperrt. Weißt du, was sie getan hat? Sie hat eine Anzeige von jungen Friseurlehrlingen gelesen, die bezahlte Modelle für ihre Frisuren suchen.«

»Und?«

»Sie haben ihr Haar abgeschnitten! Ihr wundervolles blondes Haar!«

»O nein! Das kann doch nicht wahr sein!« entfuhr es mir entsetzt.

»Diesmal werde ich sie bestrafen«, erklärte Tante Olga energisch. Und als ich mich in Richtung von Taschas Zimmer wandte, schrie sie mich an: »Nein, du mischst dich da jetzt nicht ein! Du verwöhnst sie nur! Sie läuft sowieso immer zu dir, wenn sie irgendwelche Probleme hat.«

»Schon gut. Keine Angst.« Trotzdem erschien mir Olgas Haltung reichlich grausam. Taschas Haar würde schließlich wieder wachsen. Das Mädchen hatte nur wieder mal etwas ausprobiert. Das Leben war für sie ein Experiment.

Es war einige Jahre her, daß ich erlebt hatte, wie Olga Tascha eine schallende Ohrfeige versetzt hatte. Damals hatte sie Tascha dabei überrascht, wie sie in Tante Olgas ehemaligem Schlafzimmer mit einem Vergrößerungsspiegel und einer Pinzette in der Hand versucht hatte, ihre Augenbrauen radikal auszuzupfen.

»Aber du tust es doch auch«, hatte sich Tascha gewehrt. »Ich will eben anders sein als die anderen. Das einzige Mädchen der Welt ohne Augenbrauen.«

Taschas Kapricen entbehrten jeder Böswilligkeit, und es war kaum möglich, ihr ernsthaft böse zu sein. Ich jedenfalls konnte es nicht, und Tascha hatte das natürlich von Anfang an gespürt – lange, bevor ich den Grund begriff. Sie wurde lediglich von dem brennenden Wunsch beherrscht, ihren eigenen Lebensstil jenseits aller Konventionen zu finden.

An dem Tag, da Olga endlich soweit war, sich ihr zukünftiges Personal auszuwählen, besuchte ich mit Tascha das Atelier, dessen Inneneinrichtung vor der Vollendung stand. Der große Salon war zu einer Art Spiegelsaal geworden. Die etwa zwanzig Frauen im Alter von unter zwanzig bis fünfzig hatten sich hier versammelt, um nacheinander von Olga befragt zu werden. Die jüngsten waren in Begleitung ihrer Mütter oder ihres Vormunds erschienen, die sich Vorteile versprachen, indem sie ihre Schützlinge als Lehrlinge in einem neuen Haute-Couture-Atelier verpflichteten.

Tascha betrachtete alles mit großen Augen, als ich sie den breiten Treppenaufgang hinauf und an den Lieferanten der großen Stoffhäuser vorbeiführte, die in festes Packpapier gewickelte Stoffballen hinauf und hinunter trugen. Olga saß in ihrem privaten Refugium, wo sie bereits dabei war, mit den Bewerberinnen zu sprechen, so daß ich Zeit hatte, Tascha ungestört das obere Stockwerk zu zeigen, wo es noch stark nach frischer Farbe roch und noch immer Holzspäne auf dem Fußboden lagen.

»Hier sieht's überhaupt nicht aus, als könnten schöne Kleider entstehen«, erklärte sie und schubste mit der Schuhspitze Holzspäne vor sich her. »Alles ist noch ziemlich unordentlich.«

»Das wird sich ändern«, versicherte ich ihr. »Oder besser gesagt, es wird dann eine andere Unordnung herrschen.«

Plötzlich ertönte hinter uns eine vertraute Stimme. »Hallo, ist da jemand?«

Wir drehten uns um. Es war Igor.

»Mein Gott! Wir haben uns so lange nicht gesehen!«

»Ich weiß. Die Weltenbummler sind zurück.« Er umarmte mich.

»Du hast zugenommen. Was ist mit der Gesundheit?«

»Danke der Nachfrage. Gut, solange ich mich schone.«

»Seit wann seid ihr wieder da?«

»Seit einem Monat. Tut mir leid, daß wir uns noch nicht gemeldet haben, aber der Umzug! Das Haus ist endlich fertig. Aber du kennst Brig.« Er zuckte mit den Schultern. »Sie ist eine schreckliche Perfektionistin. Wann ist die Eröffnung, Olga?«

»Nach Ostern. Ich schicke euch eine Einladung.«

»Na, das wollen wir doch hoffen. Schließlich hat alles mit deinem aufregenden Kleid angefangen, und immerhin war's Brig, die dich deinem Gönner vorgestellt hat.«

»Ah, dieser Selfridge!« Olga reckte die Arme in die Höhe. »Dem Himmel sei Dank für ihn, die Dolly-Sisters und all die anderen.«

Am darauffolgenden Nachmittag ging ich zu Fuß zu Igor, und von da an aß ich fast regelmäßig bei Brig und Igor zu Abend.

Das Haus der beiden war wirklich phantastisch geworden. Im Bewußtsein, die Frau eines echten russischen Adeligen zu sein, hatte Brig zahllose russische Antiquitäten zusammengetragen, die im damaligen Paris reichlich zu finden waren, da die armen Emigranten sich oft nur durch den Verkauf eines Erbstücks über Wasser halten konnten. Sie hatte zusätzlich viele Bilder zeitgenössischer russischer Maler erworben, und sogar die Diener, Butler, Chauffeure und Zimmermädchen waren russischer Herkunft. Es war für mich oft ein amüsantes Schauspiel, bei unseren Abendmahlzeiten zu beobachten, wie Igor Kornilow zuzwinkerte, der ebenfalls ein Graf war, jetzt jedoch als Butler arbeitete und seine Sache ausgezeichnet bewältigte.

Am Ostermontag, nach ihrer Rückkehr 1932, lud mich Igor zu einem russischen Mittagessen im Restaurant »Kosaken« ein, dem besten russischen Restaurant in Paris. Ich hatte damals angenommen, mit Igor allein zu sein, war aber überrascht, als gut ein Dutzend Männer, die mir irgendwie bekannt erschienen, an unserem Tisch saßen.

»Das ist mein kleiner Geheimclub«, erklärte Igor und hob ein Glas eisgekühlten Wodkas. Als ich mich gesetzt hatte, flüsterte er mir zu: »Das sind alles Brigs Hausangestellte. Ostern ist es ihnen doch traditionell nicht erlaubt, zu arbeiten, aber die russischen Restaurants, die ja schließlich auch viele nichtrussische Gäste haben, sind geöffnet. Da bei uns zu Hause praktisch alles dicht ist, dachte ich, wir könnten hier feiern. Graf Kornilow, den Butler, kennst du natürlich. Neben ihm sitzt Brigs Chauffeur.«

Im »Kosaken« spielte stets ein kleines Balalaika-Orchester, dessen Mitglieder die traditionellen Kosakenkostüme trugen. Sie spielten die alten, melancholischen und mitreißenden Weisen aus ihrer Heimat, die uns Emigranten stets zu Tränen rührten und uns plötzlich vergessen ließen, daß wir in Frankreich waren.

Das Essen war ausgezeichnet. Die schier endlose Zahl der Gänge wurde von Wodka und Champagner begleitet, so daß sich bald alle Titel und sozialen Unterschiede verwischten. Nach einem lustigen Wortgefecht brach Kornilow in schallendes Gelächter aus. »Ich hab' einen besseren Job als Sie, Igor! Ich kriege drei Tage oder drei Abende pro Woche frei – und 'ne Menge Geld!«

»Meine Einkünfte sind auch nicht so schlecht«, protestierte Igor.

»Ja! Aber Sie müssen dafür ein paar Pflichten erledigen.«

»Sie doch auch. Anders zwar, aber der Job ist mindestens ebenso hart!« Igor verzog den Mund zu einem Grinsen.

Das Schönste an diesem Mittagessen, das bis weit in den Nachmittag hinein dauerte, war, daß wir alle wie durch ein Wunder dem Paris, in dem wir lebten, entrückt waren und uns plötzlich wieder als ein Teil jenes Rußlands verstanden, das wir fast vergessen zu haben schienen. Wronsky zum Beispiel, der Chauffeur, war in Rußland ein wohlhabender

Mann gewesen. Leider war es ihm nicht gelungen, sein Vermögen ins Ausland zu transferieren. Im Lauf der Jahre hatte er sämtliche Wertgegenstände – außer seinem Siegelring –, die sich noch in seinem Besitz befunden hatten, verkaufen müssen.

Doch seinem typisch russischen Temperament war keine Spur von Bitterkeit anzumerken, als er uns lachend erzählte: »Ich habe sogar ein wunderschönes Fabergé-Ei verkauft. Es ist mein ganzer Stolz und meine Freude gewesen. Aber wenn Sie wollen, können Sie's jederzeit bewundern.«

»Wieso das? Ich denke, Sie haben es verkauft?«

»Ja, aber an Igors Frau. Es steht in seinem Wohnzimmer«, erwiderte er gutgelaunt.

Wie Wronsky mußten sich viele im Exil in völlig veränderten finanziellen Verhältnissen zurechtfinden. So erkannte ich zum Beispiel in einem Gärtner in der Rue St. Dominique einen ehemaligen Lehrer aus dem berühmten Lyzeum von Zarskoje Selo wieder. Diese Männer – manche aus altem Adel und andere einfache Bürger – waren häufig ehemalige Freunde von Igor, der ihnen auf diese Weise half, sich in Frankreich durchs Leben zu schlagen.

Das Restaurant »Kosaken« lag hinter der Avenue Gabriel, parallel zu den Champs-Élysées. Als von Igor die Rechnung bezahlt worden war und wir uns von den anderen verabschiedet hatten, sagte er zu mir: »Wir gehen die Avenue Matignon rauf bis zum ›Travellers‹ und trinken noch ein Bier. Wodka zum Essen ist herrlich, aber man wird schrecklich durstig.« Es war ein herrlicher Sonnentag. Wir schlenderten an den Schaufenstern von Markos, dem Kunsthändler, vorbei, der eine Auswahl der Ladenhüter des »Salon d'Hiver« im »Musée des Beaux Arts« ausstellte. Die Auslagen des Pelzmodehauses »Jacqueline« auf der gegenüberliegenden Seite waren für uns keine Versuchung.

Igor wirkte plötzlich deprimiert. »Hast du was?« erkundigte ich mich.

»Nein, eigentlich nicht«, wehrte er ab. »Aber könntest du mir einen kleinen Gefallen tun?«

»Wenn es sich nicht um Geld handelt – jederzeit.«

»Nein, mit Geld hat's nichts zu tun.« Damit zog er einen Briefumschlag aus der Innentasche seines Jacketts. »Es geht darum. Ich dachte, du könntest das für mich aufbewahren.«

»Selbstverständlich.« Ich nahm es ihm aus der Hand. »Darf ich fragen, was drin ist?«

Er schüttelte den Kopf und lachte dann plötzlich erleichtert auf. Ich sah ihn verwundert an.

»Ach was, warum sollst du's nicht wissen? Ich hab' mich verliebt, hoffnungslos verliebt. Ich kann das Mädchen wegen Brig natürlich nur gelegentlich treffen, deshalb habe ich diese Fotos. Wir lieben uns sehr.«

»Aber Igor«, sagte ich vorwurfsvoll. »Du kannst es dir nicht leisten, verliebt zu sein.«

»Doch, das kann ich, solange ich mich nicht erwischen lasse. Nicki, es ist mir zum ersten Male im Leben ernst damit. Ich vergöttere dieses Mädchen oder vielmehr diese junge Frau. Sie ist lieb und sanft, alles das, was Brig nicht ist. Ich weiß, das sollte ich nicht sagen, aber du verstehst mich schon. Und wenn Brig je etwas davon erfährt, bringt sie mich um.«

»Unsinn! Sie würde dir eine Szene machen. Mehr nicht. Aber wegen ein paar Fotos?« Ich sah ihn verdutzt an.

»Ich habe die Bilder selbst aufgenommen«, gestand er. »Es sind alles – Aktaufnahmen.«

»Igor, du bist ein Idiot«, entfuhr es mir unwillkürlich. Seltsamerweise sah ich plötzlich wieder die schwarzhaarige nackte Hélène während der von Papa finanzierten Liebeslektion vor mir. »Mein Gott, kannst du dich denn nicht auch ohne Fotos erinnern, wie sie aussieht?«

»Doch, schon«, gab er zu.

»Kannst du die Fotos nicht in deinem Schreibtisch einschließen?«

»Darum geht es gar nicht. Wenn ich sie bei mir trage, wie jetzt zum Beispiel, und es passiert mir was ...«

»Was sollte dir passieren?« unterbrach ich ihn prompt.

»Ganz im Ernst, Nicki«, entgegnete Igor. »Ich habe da einen Schuß vor den Bug erhalten. Jedenfalls hat es genügt, um mir Angst einzujagen.«

»Inwiefern?«

»Ich war vor kurzem im Kino, und plötzlich, ohne jede Vorwarnung, konnte ich nicht mehr richtig sehen. Mein linkes Auge funktionierte nicht mehr. Ich war so erschrocken, daß ich das Filmtheater noch während der Vorstellung verließ. Zu Hause war's noch immer nicht besser. Ich rief deshalb meinen Arzt im American Hospital an. Er beruhigte mich und riet mir, zwei Aspirintabletten zu nehmen. Mein Blut wäre zu dick, und das Aspirin würde es schnell verdünnen. Ich befolgte seine Anweisungen. Offenbar hatte ich irgendwo ein kleines Blutgerinnsel.«

»Ein Blutgerinnsel?« sagte ich atemlos. »Aber das klingt wie ein Schlaganfall.«

Igor versicherte mir, daß es so schlimm nicht sei und vermutlich auch nie wieder passieren würde.

»Trotzdem hat es mir natürlich zuerst einen ganz schönen Schock versetzt. Deshalb bitte ich dich auch, die Fotos für mich aufzubewahren. Für alle Fälle. Bei dir kann ich sie mir jederzeit wieder holen. Hast du wirklich nichts dagegen?«

Ich schüttelte den Kopf.

»Natürlich nicht. Aber bitte, paß gut auf dich auf! Solche Eskapaden gehen an die Substanz.«

Es hatte mich nicht überrascht, auf diese Weise zu erfahren, daß es, abgesehen von der blendenden finanziellen Situation, mit Brig und Igor nicht zum besten stand. Es war immer wieder erstaunlich, festzustellen, wie sich Altersunterschiede verwischten. Als ich zwölf gewesen war, war Igor neunzehn und hatte für mich zu den Erwachsenen gezählt. Mittlerweile fühlte ich mich schon beinahe gleichaltrig.

In den vergangenen Jahren waren seine jungenhaft gutgeschnittenen Züge reifer geworden, und er strahlte Charme und eine gewisse Erfahrung aus, die Frauen offenbar besonders reizvoll fanden. Der Titel Graf paßte blendend zu ihm. Er war für das luxuriöse Leben geboren, das seine Frau ihm bieten konnte, während Brig wiederum das Adelsprädikat reizte, das sie durch ihn erworben hatte.

Das alles klang nach einer idealen Kombination, und das wäre es vermutlich auch gewesen, hätte Igor der Versuchung widerstanden, sich auf Affären einzulassen. Aber die Frauen machten es dem großen blonden Russen mit dem großen Charme auch wirklich sehr leicht. Ich bat ihn einmal, mir den Grund für seine Unwiderstehlichkeit zu verraten.

»Oh, ich frage sie einfach«, erklärte er schlicht. »Und die meisten sagen ja. Du solltest es mal versuchen. Du wirst überrascht sein, wie viele Frauen des Ehealltags überdrüssig sind und alles für eine Nacht mit einem anderen Mann tun. Und verheiratet zu sein, ist dabei für einen Mann kein Nachteil. Auf diese Weise gibt's keine weiteren Verpflichtungen.« Dabei lachte er gutgelaunt.

Mir erschien diese Einstellung reichlich zynisch, denn ich hatte sehr romantische Vorstellungen von der Liebe. Liebe und Sex gehörten für mich zusammen, und Sex ohne Liebe hielt ich eher für eine Turnübung. Igor dachte in diesem Punkt wohl anders.

Allerdings durfte er sich bei diesen Eskapaden tatsächlich nicht erwischen lassen, denn Brig, die Tochter eines Selfmade-Millionärs und Fleischfabrikanten aus Chicago, war der Boß, der dieses Leben perfekt organisierte. Doch wenn Igors Anwesenheit bei einem Diner, einem Mittagessen, einer Cocktailparty oder einem großen Ball nötig war, dann konnte man sich unbedingt auf ihn verlassen.

9

Der Zeitpunkt für Olgas großes Einweihungsfest im neuen Mode-Atelier rückte näher, und eines Tages, es war 1935, Wochen vor dem eigentlichen Termin, bat sie mich, sie zu einer Adresse in Clichy außerhalb von Paris zu bringen. Offenbar wollte sie sich dort zusätzlichen Rat bei einem erfahrenen Schneider holen, und Vater erklärte sich bereit, mir dazu seinen supermodernen Renault neuester Bauart zu leihen.

Wir fanden die Adresse ohne Schwierigkeiten. Nachdem ich Olga abgesetzt hatte, mußte ich den Boulevard Malesherbes zurückfahren. Irgendwo auf halbem Weg zwischen den grauen Fassaden der gleichförmigen Mietshäuser erkannte ich plötzlich das Haus, zu dem mich Vater vor Jahren anläßlich meines achtzehnten Geburtstages gebracht hatte. Ich weiß nicht, warum ich es mir gemerkt hatte, vielleicht, weil Hélène doch nachhaltige Erinnerungen bei mir hinterlassen hatte und ich mich noch manchmal fragte, was wohl aus ihr geworden sei.

Einer plötzlichen Eingebung folgend, parkte ich den Wagen, stieg die Treppen in den zweiten Stock hinauf und drückte mit klopfendem Herzen auf den Klingelknopf.

Ein Mädchen öffnete, und ich sagte instinktiv: »Ich möchte bitte Madame Lefarge sprechen.«

Ich wußte selbst nicht, woher ich mich nach all den Jahren noch an den Namen erinnerte. Er mußte sich irgendwie in meinem Unterbewußtsein festgesetzt haben.

Madame Lefarge trat ein, musterte mich beinahe mißtrauisch und sagte: »Womit kann ich dienen, Monsieur? Ich glaube nicht ...«

»Sie erinnern sich wohl nicht mehr an mich?« Ich lächelte. »Ich bin der Sohn von Fürst Dimitri.«

»Ach, du liebe Zeit! Ich werde alt. Natürlich! Aber Sie haben sich sehr verändert, Monsieur. Wie nett, Sie wiederzusehen. Kann ich Ihnen irgendwie helfen?«

Ich zögerte und hatte plötzlich Angst vor der eigenen Courage. »Ich habe mich nur gefragt ...«, platzte ich schließlich heraus und suchte nach Worten, »das Mädchen Hélène – ist sie ...«

Madame Lefarges Honigkuchenlächeln war mit einem Schlag wie weggeblasen. Ihr Mund bildete nur noch eine dünne Linie.

»Hélène verkehrt nicht mehr bei mir«, erwiderte sie schroff.

»Oh, das tut mir leid.«

»Aber wenn Monsieur andere Wünsche haben?« Das Lächeln kehrte zurück.

»Nein, nein«, wehrte ich hastig ab. »Es war nur so eine Frage.«

»Tut mir leid, Monsieur«, entgegnete sie frostig. »Sie ist nicht mehr bei mir.«

»Ich dachte nur ... Sie erweckte einen sehr glücklichen Eindruck – und ...«

»Elle est une putain!« schimpfte Madame Lefarge plötzlich wütend los. »Sie hat sich unverzeihlich schlecht benommen.«

Mit meinen nostalgischen Gefühlen war es schlagartig vorbei. Ich fand Madame Lefarge nur noch widerwärtig.

»Entschuldigen Sie«, murmelte ich. »Ich muß gehen.«

»Monsieur, sie ist eine böse Frau!« keifte Madame Lefarge. »Jetzt ist sie auf der Straße – geschieht ihr recht.«

Beinahe hätte ich laut aufgelacht. Offenbar war Madame Lefarges Etablissement doch nichts anderes als ein Bordell. Die üblichen Streitereien und Eifersüchteleien schienen jedenfalls die gleichen zu sein.

»Verzeihen Sie die Störung, Madame Lefarge.« Ich griff nach meinem Hut. »Ich darf mich verabschieden.«

»Auf bald, hoffe ich«, murmelte sie mit heuchlerischem Lächeln.

Die Begegnung mit Madame Lefarge beendete keineswegs das Kapitel Hélène, denn ungefähr einen Monat später traf ich sie ganz zufällig persönlich.

Ich hatte mich mit Olga und Tascha im Jardin du Luxembourg verabredet, um mit den beiden irgendwo Tee zu trinken, und fürchtete bereits, mich verspätet zu haben. Tante Olga nahm sich selten einen Nachmittag frei und haßte genau wie Papa Unpünktlichkeit. Als ich daher über den Platz vor dem Odeon-Theater eilte, sah ich Olga bereits vor dem Palais stehen. Ich rief ihnen etwas zu, Tascha sah mich und winkte zurück.

Was ich daher nicht sah, war die junge Frau vor mir, und ich hätte sie beinahe umgerannt. Ich konnte sie gerade noch auffangen, doch einige Bücher, ein Päckchen und der Inhalt einer Handtasche fielen klappernd auf den Bürgersteig. Ich murmelte eine Entschuldigung und bückte mich, um alles wieder aufzusammeln.

Die junge Frau tat es mir gleich, Ärger in der Stimme, doch dann trafen sich unsere Blicke, und sie sagte lachend: »Ich verzeihe Ihnen. Das war sicher keine Absicht.«

Ich sah eine dunkelhaarige junge Frau vor mir. Obwohl ihre Haarpracht das Gesicht zum Teil verdeckte, erkannte ich sie sofort wieder.

»Sie sind Hélène!«

Sie sah auf, strich sich das Haar aus der Stirn und fragte: »Woher wissen Sie das? Wer sind Sie?«

»Nicki Korolew.«

»Natürlich! Jetzt entsinne ich mich.« Sie lächelte und entgegnete neckend: »Und ich erinnere mich an den Anlaß. Wie steht's mit den Hausaufgaben?«

»Hausaufgaben?« wiederholte ich verwirrt.

»Natürlich. Ich hoffe, das, was ich dich lehrte, war nicht umsonst.«

»Dein Unterricht war bisher der beste.«

Mit einem zögernden Lächeln entgegnete sie: »Möchtest

du einen Auffrischungskurs? Aber ich bin ein teurer Lehrmeister.«

»Wie teuer?« fragte ich mehr aus Jux.

»Fünfundzwanzigtausend«, erwiderte sie geschäftsmäßig. Bei der damaligen Inflation war das gar nicht so viel. Aber ...

»Ich muß leider gehen.« Ich deutete zu Tante Olga und Tascha, die bereits ungeduldig winkten. »Aber ich würde dich gern wiedersehen.«

»Ich dich auch.«

»Wo?«

»Hier.« Sie deutete zu dem Theater. »Oder lieber dort drüben im Café. Im ›Relais St. Jacques‹. Morgen um vier bin ich dort.«

»Geht's auch um fünf?«

»Gut. – Was für ein hübsches Mädchen«, fügte sie hinzu. »Ist sie deine ...?«

»Du liebe Zeit, nein! Sie ist meine Nichte Tascha!« Ich lachte.

»Gut. Bis morgen.«

Ich lief über die Straße. Tante Olga hatte zwar gesehen, daß ich der jungen Frau geholfen hatte, ihre Sachen aufzusammeln, doch zum Glück hatte sie nicht hören können, was wir miteinander gesprochen hatten.

Pünktlich um fünf Uhr am darauffolgenden Nachmittag setzte ich mich im St. Jacques an einen Tisch und bestellte ein Glas Rotwein. Kurz darauf trat Hélène durch die Tür, winkte mir zu, setzte sich und bat: »Für mich einen Kaffee. Und ein Sandwich, wenn's dir recht ist. Ich bin halb verhungert.« Sie lächelte. »Ich habe den ganzen Tag noch nichts gegessen.«

»Natürlich.« Ich bestellte ihr ein belegtes Baguette, das Hélène so hungrig verschlang, daß ich den Verdacht hatte, sie könne nicht genügend Geld haben, um sich etwas zu essen zu kaufen.

Plötzlich erschien mir die ganze Situation absurd. Ich begriff, daß ich gar nicht die Absicht gehabt hatte, mit ihr zu schlafen, schon gar nicht für 25 000 Francs. Aber wenn ich ihre Zeit zu lange mit Reden in Anspruch nahm, würde sie mir das sowieso in Rechnung stellen.

Nein. Ich verwarf den Gedanken sofort wieder. Sie sah nicht dürftig aus. Im Gegenteil. Sie trug ein schwarzes, weiß abgesetztes Kleid mit weißem Gürtel und schwarze Seidenstrümpfe. Ihr Teint war blaß und schön wie damals.

»Na, wie geht's dir so?« Ich hatte plötzlich Angst, es könne mühsam werden, mit ihr ein Gespräch zu führen, doch sie reagierte ganz offen mit einem Lächeln.

»Könnte besser sein«, gab sie zu. »Aber das ist meine Schuld. Ich bin zu wählerisch. Ich nehme nur Männer, die mir gefallen. Der Straßenstrich ist nicht mein Fall. Ich habe einen kleinen, aber feinen Kundenkreis. Männer wie – wie du.« Sie lachte erneut. »Aber keine Angst. Ich will dich nicht verführen. Es ist einfach schön, alte Freunde wiederzusehen.«

»Mir geht's genauso«, erwiderte ich scheu.

»Und was ist mit dir? Bist du inzwischen verheiratet? Du trägst keinen Ring.«

Ich schüttelte den Kopf. »Keine Zeit.«

»Verliebt?«

Ich schüttelte erneut den Kopf.

»Schade!« Ihr Lachen und ihre Offenheit waren irgendwie anziehend. »Verliebte Männer sind gut fürs Geschäft. Und die verheirateten sind sowieso das tägliche Brot.«

»Bereite dir wegen mir keine Sorgen!« Ich bestellte Wein nach, und Hélène nahm sich noch eins von den hartgekochten Eiern, die in jeder Pariser Bar auf den Tischen stehen.

Während ich sie betrachtete, wie sie ihr Ei schälte, wurde mir endgültig klar, daß ich Hélène unterhaltsam und hübsch fand, aber was Sex betraf, nicht an ihr interessiert war.

Als habe sie meine Gedanken erraten, legte sie die Hand

auf meinen Arm und sagte: »Wenn du keine Lust hast, mit mir ins Bett zu gehen – auch gut. Vielleicht ein andermal. Aber jetzt«, sie zuckte mit den Schultern, »wir sollten mal miteinander ins Kino gehen.«

So ergab sich zwischen uns eine unverbindliche, unbeschwerte Freundschaft. Hélène rief mich gelegentlich im Büro an, und wir verabredeten uns zum Kino oder zu einem gemeinsamen Essen. Einmal fuhren wir mit dem Renault meines Vaters in den Wald von Fontainebleau zu einem Picknick. Und bei dieser Gelegenheit liebten wir uns – an einem Bachufer mitten im Wald, und es war ein exquisites Erlebnis. Aber zu diesem Zeitpunkt war Hélène eine Freundin, keine Luxus-Kokette. Und das war der entscheidende Unterschied.

Damit waren wir Vertraute geworden, und ich erfuhr mehr über ihr Zerwürfnis mit Madame Lefarge, die sich wahrlich als Blutsaugerin entpuppt haben mußte.

»Aber meine Rache ist ihr sicher.« Hélène lachte vergnügt. »Keine grausame Rache, verstehst du? Nur ein bißchen Genugtuung.«

Sie erzählte mir, daß sie genug Geld habe, um die Miete des Hauses am Boulevard Malesherbes abzulösen, das Madame Lefarge aus gesundheitlichen Gründen aufgeben müsse. »Dann habe ich mein eigenes Etablissement, und Madame wird Gift und Galle spucken, wenn sie erfährt, daß ihre ehemalige Angestellte die neue Chefin ist.«

Ich freute mich mit ihr, und wir trennten uns an jenem Nachmittag in gegenseitiger Zuneigung. Hélène hatte mir die Telefonnummer des Hauses am Boulevard Malesherbes gegeben. »Für den Notfall«, hatte sie neckend gesagt.

Ich traf mich damals noch mit anderen Frauen, die ich durch die einfache Tatsache kennengelernt hatte, daß viele Leute mich hartnäckig mit »Prinz« Nicki anredeten. Es war dumm, aber es störte mich nicht mal. Denn in jener verrückten Welt der Cafés und Bars waren die Damen der gehobeneren Kreise viel leichter zu haben. Wenn ich schöne Mädchen – oder besser, junge Frauen – auf großen Bällen traf, dann war der Ausgang des Abends vorauszusehen.

Die freizügigsten waren dabei die Amerikanerinnen, die meist die gleiche blinde Vergnügungssucht zeigten wie Brig vor ihrer Ehe.

Und natürlich war Paris das ideale Pflaster für aufregende Abenteuer. Jede Stadt hat ihre Besonderheiten, und für die Amerikaner war Paris ein Synonym für das Vergnügen schlechthin, das sich für sie in der lockeren Atmosphäre von Montmartre und St. Germain, in den Luxus-Läden der Rue de Rivoli und der Rue St. Honoré und sogar in den Geschäftsvierteln um die Börse ausdrückte. Diese Mischung aus dem Duft der Gauloises und Gitanes in der Metro, dem Halbwelt-Lächeln der Grisetten, die von der Arbeit zu Baguette und Brie nach Hause in ihre Dachwohnungen eilten, und den Kindergruppen, die mit ernsten Gesichtern widerwillig in von Kastanien beschattete Kirchen geführt wurden, das alles war für den Touristen Paris.

Es war Teil des unendlich bunten und vielschichtigen Lebens in dieser Metropole, und sobald die Touristen das bewußt in sich aufgenommen hatten, glaubten sie, das Paradies der Freizügigkeit gefunden zu haben. Vor allem die Frauen, die immer gehört hatten, die Franzosen seien die besten Liebhaber, waren nur auf Lustgewinn aus.

Daß die Wirklichkeit oft anders aussah, brauchte niemanden zu kümmern.

Gelegentlich lud ich meine Bekanntschaften, vorausgesetzt, sie waren attraktiv genug, zu mir nach Hause ein, denn ich wußte, daß die russisch-französische Atmosphäre bei uns sie beeindrucken mußte. Eine besondere Attraktion war auch mein Vater, der, mittlerweile in den Sechzigern, noch immer ein stattlicher und äußerst charmanter Mann war. Je älter er allerdings wurde, desto häufiger sprach er von dem, was er »den Fortbestand der Linie« nannte.

»Wird Zeit, daß du heiratest und uns einen Erben bescherst«, erklärte er wieder mal mit peinlicher Offenheit, während wir vor dem Essen ein Glas Champagner tranken. An jenem Abend hatte ich eine gewisse Melanie Duprez aus New Orleans mitgebracht. »Warum heiraten Sie meinen Sohn nicht?« wandte sich mein Vater an sie. »Er ist ein netter Junge.« Und mit einem Lächeln setzte er hinzu: »Ganz wie der Vater. Und Sie wären dann eine echte russische Fürstin, meine Liebe.«

»Papa! Hör bitte auf!« Ich hatte mich längst an Vaters Peinlichkeiten gewöhnt.

»Nein, ich höre überhaupt nicht auf! Ist dir klar, was los ist, seit Deutschland einen Reichskanzler Hitler hat? Wenn wir den nicht in die Schranken weisen, gibt's bald Krieg.«

»Also, das Angebot ehrt mich, Fürst«, erwiderte Melanie mit ihrem breiten Südstaaten-Akzent. Von Hitler hatte sie vermutlich noch nie etwas gehört. »Ich würd's auch sofort annehmen, aber vermutlich hätte Mister Duprez was dagegen.«

»Unsinn. Ihren Vater können Sie ruhig mir überlassen.«

»Mister Duprez ist nicht mein Vater«, erklärte Melanie mit zuckersüßem Lächeln, »sondern mein Mann.«

»Ihr Mann?« Vater war perplex. »Aber ich dachte, ihr beiden ...«

»Sind wir auch, tun wir auch.« Melanie konnte sich nur mühsam das Lachen verkneifen. »Aber bei uns in Amerika heißt es: Sobald du den großen Teich überquert hast, zählt nicht mehr, was du tust. Der Himmel mag wissen, was unsere Jungs während des letzten Krieges in Frankreich getrieben haben. Jetzt sind unsere Männer damit beschäftigt, Dollars zu verdienen. Und wir Frauen müssen selbst zusehen, wie wir uns amüsieren. Wie gesagt, sonst hätte ich das Angebot gern angenommen, Fürst.« Sie drehte das Champagnerglas in der Hand.

»Danke, Melanie«, sagte ich, denn trotz des saloppen Tons hatte Ernst in ihren Worten gelegen. Längst hatte ich vermutet, daß Melanie gern eine Prinzessin geworden wäre. Der Himmel hatte mich vor einer zweiten Brig bewahrt.

An jenem Abend aß auch Tante Olga mit uns zu Abend. Sie war wegen der Umbauarbeiten an ihrem Atelier und der aufreibenden Arbeit an ihrer ersten Kollektion ganz in das Haus an der Avenue Montaigne gezogen, wo sie sich eine kleine, bezaubernde Dachwohnung eingerichtet hatte.

»Ich wohne direkt über dem Atelier«, erklärte sie Melanie lächelnd. »Leider fahre ich nicht Auto. Und zweimal täglich mit dem Bus, das hielte ich nicht aus.«

»Aber Sie haben eine Tochter?« fragte Melanie.

»Ja, Tascha ist jetzt sechzehn. Und sie lebt hier. Sie besucht das Lyzeum gleich um die Ecke. Solange ich im Atelier bin, kann ich mich nicht um sie kümmern. Heute abend ist sie mit einer Freundin im Kino.« Dann wechselte Olga das Thema: »Nächste Woche habe ich meine offizielle Eröffnungsfeier. Darf ich Sie einladen?«

»Aber natürlich! Gern.«

»Ich nehme dich mit«, bot ich an. »Tascha kommt auch mit mir. Dann können wir gleich alle zusammen hingehen.«

Olga hatte mir schon vorher ihre Gästeliste gezeigt.

»Alles, was Rang und Namen hat«, lautete ihr stolzer Kommentar dazu.

Und ich betrachtete überrascht die Namen. »Ist Chanel auch eine ›couturière‹?«

»Selbstverständlich. Ebenso wie Captain Molyneux, Monsieur Patou, Monsieur Worth und Signor Schiaparelli. Außerdem habe ich noch ein paar junge Engländer gebeten: Norman Hartnell und Digby Morton. Die beiden wollen Ateliers in London eröffnen. Man lädt die Konkurrenz ein, Nicki. Denn wenn man das nicht tut, würde es so aussehen, als habe man nichts herzuzeigen, und dann blüht der

Tratsch. So werden sie alle erscheinen, meinen Champagner trinken, meinen Kaviar essen, meinen Salon bewundern, mir übertrieben zu allem Glück wünschen und mit dem Gedanken wieder nach Hause gehen, in Zukunft auf der Hut sein zu müssen. Aber so ist das nun mal in der Welt der Haute Couture.«

Olga hatte mich um meine Mithilfe bei den Vorbereitungen und später bei der Bewirtung der Gäste gebeten, so daß ich schon vor zehn Uhr in der Avenue Montaigne eintraf – der Empfang sollte um elf Uhr stattfinden –, wo ich bereits Boris traf, einen russischen Emigranten, der sich wie so viele eine neue Existenz aufbauen mußte. Olga hatte ihn als »Majordomus« engagiert. Er bewachte in seiner eleganten Uniform aus graublauem Tuch mit einem dekorativen »O« am Revers den Eingang.

»Die Gräfin ist bereits hier und bittet Sie, sich im Salon zu bedienen. Dort steht der Champagner«, erklärte er mit einer leichten, würdevollen Verbeugung. »Die Weinkellner sind leider noch nicht da.«

Bis auf die Weinkellner jedoch schienen, abgesehen von den Gästen, tatsächlich alle anwesend zu sein. Ich wußte in dem allgemeinen Trubel kaum wohin. Grisetten und Lehrlinge arrangierten vergoldete Stühle in Gruppen, Küchenchefs legten am üppigen kalten Buffet letzte Hand an, das wirklich von einem Meister geschaffen schien. In der Mitte war der glasierte Kopf eines Wildschweins aufgebaut, und darum herum standen Kristallschüsseln mit Kaviar und Leberpastete sowie vergoldete Platten mit Lachs, Parmaschinken, Fasanenbrust und Wachteleiern.

»Wie ich sehe, hast du auf dem Ball der amerikanischen Botschaft einiges abgeschaut«, sagte ich zu Olga, als sie an mir vorbeihastete, um mit einer Gruppe Frauen mit sorgenvollen Mienen zu reden, die abseits der anderen in einer Ecke des Salons warteten.

»Meine externen Mitarbeiter«, erklärte sie.

»Externe Mitarbeiter?« wiederholte ich verständnislos.

»Ja, sie arbeiten nicht hier im Haus, wie das Attribut ›extern‹ schon sagt«, erwiderte sie nachsichtig wie zu einem Kind. »Sie sind die erfahrensten und spezialisiertesten Mitarbeiterinnen, holen sich die komplizierten Arbeiten hier ab und erledigen sie bei sich zu Hause. Sie arbeiten auf freiberuflicher Basis, was theoretisch bedeutet, daß sie für jeden tätig werden, der auf ihre Honorarforderungen eingeht. In der Praxis allerdings ziehen sie es meistens vor, exklusiv für ein Modehaus zu arbeiten. Diese sechs Damen dort drüben sind hier, um mir viel Glück zu wünschen, denn mein Erfolg ist natürlich auch ihr Gewinn.«

Allmählich legte sich das hektische Treiben, und die meisten Vorbereitungen waren getroffen. Auf diese Weise hatte ich endlich Gelegenheit, Olga zu sagen, wie sehr mir die beiden Aquarien mit tropischen Fischen gefielen, die rechts und links vom Treppenaufgang aufgestellt waren.

»Meine Innenarchitektin, Syrie Maugham – übrigens die Frau des Schriftstellers, der in letzter Zeit so bekannt geworden ist –, hat mich dazu überredet. Sie behauptet, Aquarien hätten einen beruhigenden Einfluß auf die menschliche Psyche. Sie argumentierte damit, daß das angesichts meiner Preise nur von Vorteil sein könne. Ich bin zwar nach wie vor der Ansicht, daß ich nur Kunden möchte, die nicht auf den Preis schauen, aber man soll's nicht übertreiben. Ah! Da sind die Weinkellner! Jetzt sind wir komplett.«

Unter den ersten Gästen, die eintrafen, war die Schauspielerin Gertrude Lawrence in Begleitung ihres Couturiers Captain Molyneux. Danach sah ich durch die geöffnete Eingangstür unaufhörlich Autos vorfahren: Citroëns, Renaults, Panhards, den Isotta-Fraschini des Ehepaars Schiaparelli sowie zahllose Taxis mit Reportern, Fotografen, Einkäufern und leitenden Angestellten der exklusiven Boutiquen und großen Kaufhäuser wie Bon Marché, Galéries Lafayette und Liberty.

Dann schließlich entstieg einer Limousine, deren Karosserie dem Muster von Weidengeflecht nachempfunden war, eine elegante Frau mit modischem Schmollmund und einem mit Federn verzierten Glockenhut.

»Die Marquise del Falaise del Coudray«, verkündete Boris.

»Es ist mir eine Ehre«, murmelte ich. Die Dame kannte ich von irgendwoher.

Sie lächelte charmant. »Braucht es nicht zu sein, Süßer. Sie können mich jederzeit für ein paar Francs im Kino sehen. Aber da heiße ich Gloria Swanson.«

Und so ging es bis in den Nachmittag hinein. Wenn auch die Damen Arden und Rubinstein, die Kosmetikköniginnen, nicht erschienen waren, so hing doch der schwere Duft ihrer Parfüms und Kosmetika überall in der Luft. Gutaussehende junge Männer in Einreihern mit doppelt geknöpften Westen, kostbaren Uhrenketten und Stiefeletten schlängelten sich lässig durch die Menge oder sprachen geistreich über Mode und die neuen Trends. Die Damen – einige Matronen, deren Gesichter unter der Schminkeschicht zu wahren Masken erstarrt schienen – nahmen mit scharfen Blicken jedes Detail der präsentierten Kollektion in sich auf und gratulierten Olga in wohlgesetzten Worten zu ihrer Originalität.

»Ich lasse mich dadurch nicht täuschen, Nicki«, gestand sie mir später. »Gordon Selfridge, der übrigens begeistert davon ist, wie ich sein Geld angelegt habe, hat mich vor den Krallen der Tigerinnen schon gewarnt. Es stimmt, die Mode ist ein halsbrecherisches Gewerbe.«

Melanie war so begeistert, daß sie sofort zwei Kleider in Auftrag gab.

»Sie sind einfach göttlich«, schwärmte sie. »Ich werde die Sensation von New Orleans sein.«

Und es war nicht nur Olgas Kollektion, sondern auch die Gesellschaft so vieler Berühmtheiten, die Melanie in Hochstimmung versetzte.

Tascha genoß die Situation mindestens ebenso wie Melanie, besonders als ich die beiden noch zum Mittagessen bei »Fouquet« einlud, das nur um die Ecke von Olgas Atelier lag. Wir fanden einen Tisch draußen an den Champs-Élysées.

»Ich bin mit euch hierhergegangen, weil ich sowieso den ganzen Tag noch in Olgas Atelier verbringen muß und ich eine kleine Verschnaufpause brauche«, erklärte ich. »Mich langweilen diese Empfänge tödlich. Ich hoffe doch, ihr kommt nachher wieder mit, oder?«

Tascha nickte sofort artig. »Natürlich, wenn du gehst, gehe ich auch.«

»Die Kleine ist nicht nur schön, sondern auch artig und pflichtbewußt«, bemerkte Melanie lachend. »Oder ist sie einfach nur gern in deiner Nähe, Nicki?«

»Finden Sie wirklich, daß ich schön bin?« Tascha war im Lauf der Jahre fast unbemerkt zu einem aufregenden Teenager geworden, mit überlangen Beinen, großen, geheimnisvollen grauen Augen und hohen Backenknochen, die ihre russische Herkunft verrieten. Ihre Begeisterungsfähigkeit und bedingungslose Lebensfreude verliehen ihr jetzt an der Schwelle zur Frau tatsächlich Schönheit. Mit das Anziehendste für mich war die widerspenstige Mähne goldblonden Haars, das inzwischen längst wieder nachgewachsen war, ihr bis über die Schultern reichte und mich so sehr an Mama erinnerte, daß es manchmal beinahe körperlich weh tat.

»Gefällt Ihnen mein Kleid?« fragte sie nun Melanie. Sie trug ein Kleid aus längsverarbeitetem blau-gelb gestreiften Material, in dem sie noch schmaler wirkte als sonst.

»Olga hat es für mich entworfen«, erzählte sie, bevor Melanie antworten konnte. »Damit ich bei dem Empfang anständig aussehe, hat sie gemeint.«

»Sie Glückliche.« Melanie zerbröselte ein Croissant.

»Ich glaube, ich sollte jetzt lieber ins Atelier zurückgehen.« Tascha seufzte. »Vielleicht braucht Mama mich. Bitte entschuldigt mich, ja?« Als Melanie nickte, wandte sie sich an mich: »Du kommst doch nachher auch, oder?«

»Natürlich.«

»Ich muß mich jetzt beeilen. Laß mich nicht zu lange warten«, mahnte Tascha mich lachend und stand auf. »Allein unter so vielen Menschen – das bin ich nicht gewohnt.« Sie beugte sich über den Tisch, küßte mich auf den Mund, schüttelte Melanie die Hand und ging.

»Du hast recht«, murmelte ich, als wir allein waren. »Sie ist wirklich ein entzückendes Geschöpf geworden.« Ich stellte die Kaffeetasse ab.

»Sicher.« Und ohne jede Bosheit fügte sie hinzu: »Ich kann durchaus verstehen, daß ich für dich nur ein Surrogat bin.«

»Ein was?«

»Ein Surrogat.«

»Ich kann das Wort nicht mal buchstabieren«, erwiderte ich lachend. »Was bedeutet es?«

»So was wie ›Ersatz‹.«

Ich spürte, wie ich etwas rot wurde. »Ihr Frauen redet manchmal ziemlich viel Unsinn.«

»Unsinn? Mein lieber Nicki, das Mädchen ist rasend in dich verliebt – schon gut, schrei nicht gleich los! Vielleicht ist es ja nur kindliche Schwärmerei. Trotzdem ist sie verrückt nach dir. Das sieht doch ein Blinder.«

»Wenn überhaupt, ist es Schwärmerei«, entgegnete ich lachend. »Ich bin schließlich der einzige Mann, der sich um sie kümmert. Der gute alte Onkel Nicki. Sie wird da rauswachsen wie aus einem alten Kleidungsstück.«

»Das möchte ich bezweifeln. Aber das ist nicht der Punkt. Ich bin eben nur das Surrogat.«

»Schon wieder dieses Wort.«

»Und das bedeutet, daß du in dieses Fohlen verliebt bist.«

»Ich? Sei nicht albern!«

»Ich bin nicht albern. Vielleicht ist es dir nur selbst noch nie klargeworden, daß du sie liebst. Aber ein Außenstehender braucht euch nur zu beobachten, um zu wissen, was los ist.«

»Na denn, gehen wir.« Ich bezahlte die Rechnung, nahm Melanies Arm und fragte: »Wie, um Himmels willen, bist du nur auf diese Idee verfallen? Und überhaupt, wenn ich Tascha wirklich liebte, warum sollte ich dann mit dir schlafen?«

»Das ist die berühmte ›Surrogat‹-Geschichte. Für mich spielt das keine Rolle, Nicki. Du bist der beste Liebhaber, den ich je hatte. Und ich genieße jede Minute. Du bist so erfahren!«

Ich mußte unwillkürlich lachen.

»Und dann soll ich mich ausgerechnet in ein Schulmädchen verknallen?«

»Nicki, laß dir eines sagen«, Melanie nahm meinen Arm, »ich liebe meinen Mann. Er ist der Größte. Er arbeitet wie der Teufel, einfach bewundernswert. Aber was die Kunst des Liebens betrifft, das steht auf einem anderen Blatt. Er ist ein Morgenmensch, ich bin's nicht. Ich tu's, weil ich ihn liebe, und das muß mir genügen. Mehr ist für mich nicht drin. Hier dagegen – ich tue niemandem weh, und ich freue mich, ihn wiederzusehen. Aber was wir tun – man lebt nur einmal. Warum soll ich's also nicht genießen? Ich liebe einen netten Burschen, der mich sexuell nur mäßig befriedigt. Wenn er mal nachmittags Zeit hätte! Aber vermutlich ist er viel zu beschäftigt, für mich Geld zu verdienen. Man kann eben nicht alles haben.«

»Eine interessante Lebensphilosophie.«

»Natürlich. Ich hab's auf die harte Art und Weise lernen müssen. Aber was dich und Tascha betrifft, das ist etwas ganz anderes. Ich komme irgendwann zurück und hoffe sehr, dich dann wiedersehen zu können. Vorausgesetzt, du bist dann nicht schon mit deiner schönen Tascha verheiratet.«

»Keine Chance.«

Der Gedanke allein erschien mir absurd. Tascha war nichts weiter als ein kleines Schulmädchen. Trotzdem war mir klar, daß ich lange verdrängt hatte, was ich sah: daß sich nämlich aus dem niedlichen Mädchen eine kleine Schönheit entwickelt hatte, deren fröhliche und natürliche Sinnlichkeit für mich schon unterschwellig zu spüren gewesen war. Es war, als sei diese Seite ihres Wesens allein mir vorbehalten, als teilten wir ein Geheimnis miteinander – nicht weil wir etwas getan hatten, sondern weil wir beide wußten, daß wir es tun wollten.

Das Problem war, daß ich darüber nicht sprechen konnte. Es gab nichts an Tascha, gegen das ich mich zu wehren vermochte. Sie brauchte mich nur anzusehen, schmal und schön, wie sie war, mit festen, jungen Brüsten und leicht geöffnetem, einladendem Mund – und schon hatte sie gewonnen. Mit ihren sechzehn Jahren wirkte sie schon wie eine junge Frau.

Und natürlich wurde mein erst latent vorhandenes Verlangen noch durch die Tatsache verstärkt, daß wir unter einem Dach wohnten. Eines Tages hörte ich im Badezimmer, das zwischen unseren beiden Zimmern lag, ein Geräusch und öffnete unwillkürlich die Tür. Tascha stand nackt im ablaufenden Badewasser der Wanne und trocknete sich ab, die Beine etwas gespreizt, den Blick auf mich gerichtet.

Sie unterdrückte einen erschreckten Aufschrei und fuhr dann lächelnd fort, sich weiter den Rücken zu frottieren, ohne auch nur den geringsten Versuch zu unternehmen, ihre Blößen zu bedecken, während meine Blicke über ihre schönen langen Beine nach oben glitten.

»Entschuldige«, murmelte ich, als ich die Tür wieder schloß. Meine Erregung war so groß, daß ich in mein Schlafzimmer hinüber lief und zuschloß.

Tascha erwähnte später den Vorfall mit keinem Wort, doch sie hatte den Instinkt derer, die sich der wahren Liebe bewußt sind. Sie wußte, daß mich kein Zufall zum Badezimmer geführt hatte. Es war Absicht gewesen.

Die Frage war nur, warum ich es getan hatte. Ich war kein Voyeur. Und doch hatte ich den geheimen Wunsch gehegt, Tascha so zu sehen – als brauchte ich etwas, an das ich mich erinnern konnte, ein Bild, von dem ich zehren durfte, bis sie ein paar Jahre älter war.

Ich erinnere mich noch, daß ich an jenem Abend sehr nachdenklich an einem letzten Glas Wein vor dem Schlafengehen nippte, bis ich mir endlich eingestand, was ich schon lange ahnte: Ich war verliebt, verdammt noch mal! Verliebt in die eigene Nichte.

Als ich dann nach dem Gespräch mit Melanie in das Modeatelier zurückkehrte, um Tante Olga weiter zur Seite zu stehen, ruhte mein Blick lange und eingehend auf Tascha. Ja, sie war schön. Wunderschön. Melanie hatte recht. Und Tascha war nicht nur ein schönes Spielzeug. Ich durfte sie auf keinen Fall ermutigen.

All diese Gedanken, die sich um Tascha und Melanie rankten, waren jedoch augenblicklich vergessen, als eine völlig unerwartete Nachricht eintraf.

Ich war gegen halb fünf Uhr nachmittags schließlich zu unserem Bürogebäude vom Roten Kreuz zurückgekehrt. Kaum hatte ich den Schlüssel im Schloß herumgedreht, um das Portal zu öffnen, flog oben auf dem Treppenabsatz eine Tür auf, und eine unserer freiwilligen Helferinnen, eine Engländerin namens Dolly, beugte sich über das Treppengeländer und rief: »Schnell, kommen Sie, Nicki! Beeilen Sie sich!«

»Was gibt's denn?« Zuerst dachte ich, einer der Angestellten sei etwas passiert. »Was, zum Teufel …«

»Wir haben das Foto von Ihrem Zwillingsbruder«, sagte Dolly atemlos. Natürlich wußte auch sie inzwischen über Rudi Bescheid. »Wir erhielten es gerade mit anderen Unterlagen aus Genf.«

10

Einen Augenblick glaubte ich, mein Herz müsse aufhören zu schlagen. Haltsuchend griff ich automatisch nach dem Treppengeländer und starrte nur ungläubig zu Dolly hinauf.

»Er ist es. Ganz bestimmt«, rief sie aufgeregt.

Kaum hatte ich mich wieder einigermaßen gefaßt, stürmte ich die Treppe hinauf in die Büroräume im ersten Stock. Noch immer war ich versucht, das Ganze als eine Verwechslung abzutun, doch ich mußte Dolly Abbitte leisten.

»Hier!« Sie deutete auf einen Zeitungsausschnitt mit Foto. Meine Hände begannen zu zittern. Das Foto zeigte zwei Männer in schäbiger Arbeitskleidung und auf Pickel gestützt, die überrascht direkt in die Kamera blickten. Der eine war ein vierschrötiger Mann mit kurzgeschorenem Haar. Der andere war – Rudi. Daran bestand für mich nun kein Zweifel mehr. Ein hagerer, ausgemergelter Rudi, aber nichtsdestoweniger unverkennbar mein Bruder, auch wenn er wesentlich älter aussah als ich.

Zu meinem großen Kummer war das Bild so aus der Zeitung ausgeschnitten worden, daß weder Datum noch Titel des Blatts ersichtlich waren. Auf der Rückseite war lediglich der Ausschnitt einer Annonce zu erkennen. Rudi lebte! Das war im Augenblick das Wichtigste.

Die mit dem Foto verbundene Bitte um Nachforschungen allerdings betraf den vierschrötigen Mann auf dem Bild, einen gewissen Georg Krauss, der seine Mutter suchte, von der er zuletzt vor Jahren aus einem Durchgangslager gehört hatte. Das alles war nicht gerade hilfreich.

Rudi!

Mit weichen Knien setzte ich mich erst mal und betrachtete immer wieder das Foto. Dann versuchte ich, nacheinander vergeblich Vater und Tante Olga zu erreichen. Beide waren offenbar nicht zu Hause.

Dolly reichte mir schließlich die Nachricht, die dem Foto

beigefügt war. Sie lautete: »Georg Krauss, hier auf einem Bild mit einem Freund, grüßt seine Mutter, wo auch immer sie Zuflucht gefunden haben mag. Es geht ihm gut.«

Der arme Rudi war also nur ein »Freund«. Ich fragte mich, ob er je erfahren hatte, daß Krauss das Foto an das Rote Kreuz in Genf geschickt hatte. Vielleicht war alles nur Zufall: daß das Foto überhaupt außer Landes geschmuggelt werden konnte, daß Rudi darauf ebenfalls abgebildet war und daß es ausgerechnet auf meinem Schreibtisch landete. Die Frage allerdings war, was wir tun konnten. Und darauf wußte ich vorerst noch keine Antwort.

Die dicke Arbeitskleidung der Männer auf dem Bild weckte in mir die Erinnerung an ein schreckliches Wort: Sibirien. Ich verdrängte den Gedanken jedoch, bevor ich ihn noch zu Ende gedacht hatte.

Bevor ich die üblichen Verbindungen unserer Zentrale in Genf einschaltete, wollte ich endlich mit jemandem aus der Familie sprechen. Es war mittlerweile sechs Uhr, und schließlich rief ich Galina in Monte Carlo an. Um diese Zeit war sie meistens zu Hause.

Selbst durchs Telefon war die Erregung zu hören, die sie erfaßte, als ich ihr alles erzählt hatte.

»O Nicki! Das ist ja großartig! Ich freue mich so, auch für dich. Das ist jetzt der erste Schritt. Du wirst ihn finden. Ich weiß es. Das ist die schönste Nachricht seit Jahren.«

Wir sprachen noch eine Weile darüber, wie ich das Problem dienstlich angehen könne, dann wechselte Galina das Thema.

»Wie war Olgas Einweihungsfeier?«

»Großartig. Ein absoluter Erfolg.«

»Ich habe ihr ein Telegramm geschickt. Telefonisch konnte ich sie nicht erreichen.«

»Sie hatte das Telefon einfach ausgehängt.«

»Das erklärt alles. Und jetzt halt die Luft an, Bruderherz.

Ich habe auch eine Neuigkeit für dich. Nicht so aufregend wie die mit Rudi, aber ...«

»Na, sag's schon«, drängte ich lachend.

»Es ist jetzt wohl ziemlich sicher, daß ich die Chance erhalte, einen führenden Part zu tanzen.«

»Du erzählst Witze!«

»Nein.«

»Und welchen Part?«

»Die Klara.«

»Aus dem ›Nußknacker‹?«

»Ja. Es ist eine wunderbare Rolle. Jean-Pierre ist mein Partner.«

»Ihr beide scheint ein richtiges Team zu werden.«

»So was Ähnliches, Nicki. Für mich wird das, was ich schon als kleines Mädchen geträumt habe, endlich Wirklichkeit. Ich werde eine echte Primaballerina.«

»Ich bin mächtig stolz auf dich, Galina. Und wann ist die Premiere?«

»In der nächsten Spielzeit in Monte Carlo. Wir geben vermutlich zehnmal den ›Nußknacker‹. Und dann natürlich im Sommer in Paris. Ich kann's kaum erwarten. Aber wir sehen uns schon vorher. Ich gehe wie auf Wolken. Wir haben eine Glückssträhne.«

Auf dem Nachhauseweg ging ich am »Michel« vorbei, einem unprätentiösen, aber ausgezeichneten Restaurant. Dort saß an einem Tisch am Fenster mein Vater mit einem kaum zwanzigjährigen Mädchen und war offenbar dabei, all seine Verführungskünste zu mobilisieren.

Da ich die Nachricht von Rudi nicht länger für mich behalten wollte, ging ich hinein. Zum Abendessen war es noch zu früh, doch die beiden tranken Champagner, und Vater flüsterte dem Mädchen süße Nichtigkeiten ins Ohr.

Als ich durch die Tür trat, sah er auf. Ich wartete ab, wie er reagieren würde. In letzter Zeit neigte er dazu, mit seinen Freundinnen anzugeben, die jünger als seine Tochter waren. Es schien seine Art zu sein, mit dem Alter fertig zu werden.

»Ah!« rief er, »die Konkurrenz! Na, was gibt's, junger Mann?« Bevor ich antworten konnte, wandte er sich an das Mädchen und sagte lächelnd: »Dieser Bursche ist mein Sohn Nicki. Der Junge scheint selbst keine hübschen Mädchen auftreiben zu können und verfolgt mich deshalb, um mir meine auszuspannen. Nicki, das ist Katerina.«

Vaters Begleiterin lächelte scheu.

»Hübsch, was?« fragte Vater großspurig.

»Ich kann dir zu deinem guten Geschmack nur gratulieren, Papa«, erwiderte ich höflich. »Sie ist bezaubernd.«

Katerina wurde ein wenig rot.

»Nur nicht übertreiben, mein Junge. Gerate mir ja nicht in die Quere!« Und zu Katerina gewandt fuhr er fort: »Er ist zu jung für dich, Liebes. Viel zu jung. Also, was willst du, Nikki? Geld?«

»Nein.« Ich wußte nicht recht, wie ich Vater unter diesen Umständen die Neuigkeit beibringen sollte. »Vater, bitte reg dich jetzt nicht auf, aber ...«

»Was soll das Theater? Was ist denn so aufregend?«

»Hör zu! Es gibt einen Hinweis, ein Zeitungsfoto«, redete ich einfach drauflos. »Er ist es – es ist Rudi.«

Vater wurde kalkweiß und griff mit einer Hand haltsuchend nach der Tischkante.

»Rudi«, brachte er schließlich atemlos heraus. »Unser Rudi?« Er sah Katerina an. »Rudi ist mein verlorener Sohn – Nickis Zwillingsbruder.« Und dann folgten die Fragen: »Ein Foto? Welches Foto? Und woher?«

Ich hatte plötzlich einen Kloß im Hals und trank einen Schluck Champagner. Dann erzählte ich, was mich am Nachmittag im Büro erwartet hatte. Vater schüttelte immer wieder den Kopf. »Das ist nicht zu fassen! Ich kann es noch gar nicht begreifen. Es ist ein Wunder!«

»Möchtest du, daß ich gehe, Dimitri?« erkundigte sich Katerina vorsichtig. »Ich kann es verstehen, wenn ...«

»Nein, nein! Ich bin nur einfach überwältigt. Du sollst unsere Freude teilen.« Der Ober brachte eine frische Flasche Champagner. »Auf Rudi! Gott beschütze ihn, wo immer er auch sein mag.« Vater leerte sein Glas in einem Zug. Dann starrte er mit leerem Blick endlos lange aus dem Fenster, bis er plötzlich das Gesicht in den Händen verbarg und lautlos zu weinen begann.

Das Mädchen Katerina und mich schien er vergessen zu haben. »Ich glaube, Sie gehen jetzt doch besser nach Hause«, flüsterte ich. »Vermutlich trinkt er jetzt so viel Champagner, daß er sich nicht mehr an Ihren Namen erinnern kann.« Katerina nickte und verließ lautlos das Restaurant.

Kurz darauf hob Vater den Kopf, zog sein seidenes Taschentuch aus der Jackettasche, wischte sich die Tränen ab und putzte sich geräuschvoll die Nase.

Der einzige, mit dem ich jetzt noch alles besprechen konnte und wollte, war Igor, obwohl sich unser Verhältnis seit seiner Rückkehr von der Weltreise mit Brig etwas verändert hatte. Er hatte sich in Brigs neuem Haus gut eingelebt. Seit seinem Geständnis bezüglich des Mädchens, dessen Fotos ich für ihn aufbewahrte, war er mir gegenüber immer verschlossener geworden. Ich hatte manchmal das Gefühl, daß er jetzt eine Art Doppelleben führte: das des perfekten Gastgebers, das für ihn so etwas wie ein Job war, und ein uns allen verborgenes, ganz privates Leben.

Ich rief ihn an, und seine ehrliche Freude angesichts der Neuigkeit von Rudi versöhnte mich ein wenig mit seinem sonstigen Verhalten.

»Papa betrinkt sich in irgendeinem Bistro. Er wollte erst einmal allein sein«, schloß ich.

»Ich komme«, erklärte Igor kurzerhand.

Sobald er bei mir war, berichtete ich ihm ausführlich, was ich wußte. »Und das ist nicht viel«, gestand ich. »Aber es ist immerhin ein Anfang.«

Es tat mir gut, zu beobachten, daß auch Igor vor Glück und Freude ganz aufgekratzt war. Den Igor von früher, so wie ich ihn aus Zarskoje Selo noch kannte, hatte ich schon fast vergessen. Mittlerweile war er der Herr eines freizügigen Hauses, denn Brig gab noch immer phantastische Feste, zu denen ich gelegentlich als unverheirateter Tischherr gebeten wurde. Auch Vater und Galina waren gerngesehene Gäste. Der eine wegen seines Titels, die andere wegen ihres Rufs als künftige Ballettgröße, von der selbst Balanchine nur Gutes zu sagen wußte.

Was hinter den Kulissen zwischen Brig und Igor vorging, war nur zu ahnen, denn beide spielten ihre Rollen perfekt.

Jetzt, da Vater und Tascha ausgegangen und Igor und ich allein in unserem Haus am Place de Furstenberg waren, seufzte Igor plötzlich entspannt und ließ sich in einen der wertvollen Sessel fallen. »Ah, hier ist doch mein richtiges Zuhause. Hätte ich doch nie geheiratet!«

»Was ist mit deiner Freundin?«

»Sie liebt mich noch immer, aber ich sehe sie kaum. Schließlich wohnt sie in Avallon, zweihundert Kilometer von hier. Wir können uns nur zweimal im Monat treffen.« Er seufzte erneut. »Wenn Brig fort ist, kann ich zu ihr, solange ihr Mann arbeitet. Und sobald ihr Mann verreist ist, kann ich sie nach Paris holen.«

»Klingt sehr kompliziert und«, ich zögerte, bevor ich hinzusetzte, »deprimierend. Und es sieht dir so gar nicht ähnlich. Dir ist doch noch keine Frau unter die Haut gegangen.«

»Früher war das anders. Frauen haben mich immer fasziniert, aber bis jetzt bin ich nie wirklich verliebt gewesen. Ich vermisse sie sehr. Manchmal bin ich der Verzweiflung nahe. Deshalb möchte ich dich bitten, mir meine Fotos zurückzugeben.«

»Natürlich kannst du sie jederzeit haben«, erwiderte ich. Damit ging ich zu meinem Schreibtisch, schloß eine Schublade auf, nahm den Umschlag heraus und gab ihn Igor.

»Aber was ist, wenn dir etwas zustößt? Wenn du ohnmächtig wirst? Versprich mir, die Fotos sicher zu verwahren.«

Kurz nachdem Igor gegangen war, kehrte Tascha zurück. Sie hatte sich mit einer Freundin im Kino »Katharina die Große« mit Elisabeth Bergner angesehen.

»Weißt du, was passiert ist?« empfing ich sie euphorisch. »Rudi lebt. Ich habe sein Foto in einer Zeitung gesehen. Er sieht müde und älter aus, aber er lebt.«

Tascha gab mir einen Kuß. »Das ist ja wunderbar, Nicki.« Die Anrede »Onkel« ließ sie längst weg. »Wann kommt er?« Ich mußte ihr erklären, daß wir trotz allem nicht wußten, ob wir ihn je wiedersehen würden. Dazu hatten wir noch zu wenig Anhaltspunkte.

»Armer Nicki. Ich weiß, wie sehr du deinen Zwillingsbruder liebst.« Und wie um mich zu trösten, fügte sie hinzu: »Er wird eines Tages bei uns sein. Da bin ich sicher.«

»Ich weiß nicht, das kann ich einfach nicht glauben«, erwiderte ich. »Es klingt alles so unwahrscheinlich.«

»Du Ärmster«, murmelte sie, doch ich hatte irgendwie das Gefühl, sie sei erleichtert. Sie setzte sich mir zu Füßen und sagte plötzlich: »Wenn er bei uns ist, dann liebst du Rudi doch nicht mehr als mich, oder?«

»Meine Liebe zu Rudi – das ist eine ganz andere Art von Liebe«, entfuhr es mir unwillkürlich, und ich strich ihr übers Haar. Das Schlimme war, daß ich es ganz ernst damit meinte.

»Gut«, erklärte sie, und damit schien für sie das Thema erledigt zu sein. In den darauffolgenden Tagen sprach merkwürdigerweise niemand mehr von Rudi. Es war, als erwarteten wir stündlich seine Rückkehr.

Ich hatte beim Roten Kreuz mittlerweile alle Hebel in Bewegung gesetzt, und mein Chef in Genf, Philippe Peter, hatte versprochen, dem Zeitungsausschnitt nachzugehen. Es galt also vorerst, zu warten.

Galina kehrte im Frühjahr aus Monte Carlo zurück, um bereits während der laufenden Sommerspielzeit in Paris mit den Proben zum »Nußknacker« zu beginnen.

Das hektische Leben jener Jahre erleichterte es uns, die Gedanken an Rudi zu verdrängen. Um uns herum passierte so viel. Es schienen bereits Jahre vergangen zu sein, seit Lindbergh den Atlantik überquert hatte, D. H. Lawrence' »Lady Chatterley's Lover« bei Shakespeare & Co. in wenigen Tagen ausverkauft gewesen war und unser Freund Hemingway den Bestseller »A Farewell to Arms« herausgebracht hatte. Auf dem Gebiet der Politik ging es etwas ernster zu. Man diskutierte die Zulassung der neuen Sowjetunion – unserer Todfeinde – zum Völkerbund. Und Hitler hatte in Deutschland bis auf die Nationalsozialisten sämtliche politischen Parteien verboten, während Spanien vor dem Bürgerkrieg stand.

»Eigentlich sind es schlechte Zeiten für gute Geschäfte«, erklärte Olga. »Trotzdem geht's uns besser, als wir annehmen durften.« Tatsächlich florierte Olgas Modeatelier, denn in Zeiten politischer Spannungen wurde meistens nach dem Motto »jetzt oder nie« gelebt und Geld ausgegeben.

Unser aller Aufmerksamkeit jedoch konzentrierte sich in jenen Tagen auf Galina und deren Zukunft. Galina war nie schöner gewesen. Sie stand in der Hochblüte ihrer tänzerischen Karriere, verfügte über eine langjährige Erfahrung und war doch jung genug, um alle physischen Voraussetzungen für eine gefeierte Primaballerina zu erfüllen.

Dann wurde die Premiere für den »Nußknacker« in der Oper von Monte Carlo für den 16. Dezember festgesetzt.

»Das ist an meinem Geburtstag«, erklärte Tascha sofort. »Ich werde achtzehn.«

»Eine junge Dame«, bemerkte mein Vater.

»Man hat uns Star-Gagen versprochen«, sagte Galina glücklich. »O Papa, ihr müßt alle die Premiere erleben. Kannst du das arrangieren?«

»Selbstverständlich kommen wir. Und die anderen wohl auch zu der einen oder anderen Probe«, fügte er hastig hinzu. »Ich habe möglicherweise hier zu tun.«

»Du bist ein Schatz, Papa!« Galina gab ihm einen Kuß.

»Gehst du mit mir zu den Proben?« flüsterte Tascha mir zu.

»Wohin du willst.«

»Ich sehe nicht ein, warum Papa allein geküßt werden soll. Hier ist einer für dich.«

Damit drückte sie mir einen festen und innigen Kuß auf die Lippen, wobei ihr Mund leicht geöffnet war. »Du bist lieb, Nicki.« Sie drückte meinen Arm.

Vater war mit zunehmendem Alter nachsichtiger und verständnisvoller geworden, obwohl seine plötzlichen Wutausbrüche noch immer bei allen gefürchtet waren. Aber wenn alles harmonisch war, brauchte man ihn nicht zweimal zu bitten. Allmählich allerdings begann ich mich zu fragen, woher er all das Geld für diesen aufwendigen Lebensstil nahm. Im Grunde jedoch ging mich das nichts an. Er schien über unerschöpfliche Reserven in der Schweiz zu verfügen.

»Ich finde, so was muß angemessen gefeiert werden«, erklärte Vater. »Wir haben schließlich einen doppelten Anlaß.«

»Doppelten?« Igor war erschienen und hatte gerade noch den letzten Satz gehört. Er sah schlecht aus mit seiner grauen, ungesunden Gesichtsfarbe.

»Na, Galinas Premiere und Taschas Geburtstag, beides am 16. Dezember. Du hast doch wohl Taschas Geburtstag nicht vergessen? Du mußt uns unbedingt begleiten, Igor! – Brig natürlich auch.«

»Begleiten? Wohin?«

»Nach Monte Carlo. Dort findet die Premiere von Galinas ›Nußknackersuite‹ statt. Wir fahren deshalb alle für zwei

Wochen nach Monte.« Und mit großzügiger Geste fügte er hinzu: »Keine Sorge. Es geht alles auf meine Kosten. Ich lade euch ein.«

»Tut mir leid«, Igor zögerte, »ich bin nicht sicher, ob ich mit kann.«

»Unsinn«, wehrte Vater ab. »Warum, zum Teufel, denn nicht?«

»Der Arzt hat mir geraten, nicht zu verreisen.«

»Unsinn! Woher willst du heute schon wissen, wie du dich im Dezember fühlst?«

Igors Teilnahme an unseren Festivitäten blieb an jenem Abend noch offen. Später erzählte er mir, seine Schwindelanfälle hätten sich so gehäuft, daß der Arzt ihn unter ständiger Beobachtung haben wollte.

»Dann solltest du diese Fotos an einem sicheren Ort deponieren«, erinnerte ich ihn prompt. »Trag sie bloß nicht in der Tasche mit dir herum!«

Igor nickte geistesabwesend.

Olga konnte erst in der zweiten Hälfte unseres Monte-Carlo-Aufenthalts zu uns stoßen.

»Ich kann das Weihnachtsgeschäft nicht einfach in den Wind schießen«, erklärte sie. »Aber bis zum 14. bin ich bei euch. Auf diese Weise versäume ich weder die Premiere noch Taschas Geburtstag.«

Vater ging sofort daran, unsere Zugfahrt und die Hotels zu arrangieren. Das Hôtel de Paris war um die Weihnachtszeit bereits so ausgebucht, daß Vater gerade noch eine kleine Suite für sich erhielt und Tascha und mich in zwei Einzelzimmern im Metropole, dem Lieblingshotel der Briten, unterbringen mußte. Das Metropole lag für uns geradezu ideal gegenüber dem rückwärtigen Ende des Kasino-Parks, so daß es weder zur Oper, wo Galina probte, noch zum Kasino, in dem sich Vater erfahrungsgemäß hauptsächlich aufhalten würde, weit war.

Ich schmiedete bereits Pläne, wie ich mit Tascha all diese

hübschen kleinen Bistros ausprobieren oder zu Fuß zum altmodischen Bahnhof hinuntergehen und mit ihr per Zug zum Essen nach Nizza fahren würde. Die »Promenade des Anglais« von Nizza, wo auch im Winter stets die Sonne schien, war immer ein Erlebnis.

Allein die Vorfreude auf diese Dezembertage ließ die Monate bis dahin wie im Flug vergehen.

11

Als wir schließlich zusammen mit Vater in Monte Carlo eintrafen, arbeitete Galina härter denn je. Vormittags fanden Proben unter dem strengen Regiment von Balanchines Ballettmeister, dem Engländer Horley-Bentinck, genannt Adolphe, statt, abends war Vorstellung in der Oper.

Ich besuchte entgegen meiner ursprünglichen Absicht einige der vormittäglichen Proben allein, da mich die nicht sehr nervenstarke Galina um »moralische Unterstützung« gebeten hatte.

So lernte ich den Ballettmeister Adolphe und auch den äußerst charmanten Balanchine persönlich kennen. Letzterer zeigte mir sogar einige Kostüme für die Premiere.

Auf diese Weise war mir die vormittägliche Probenatmosphäre schon einigermaßen vertraut, als ich zusammen mit Tascha die erste von drei angesetzten Kostümproben besuchte. Ich hatte diese erste Probe für unseren Besuch gewählt, da das Theater verhältnismäßig leer sein würde, während in den folgenden Proben meist die geladenen Gäste der Truppe das Parkett bevölkerten.

Tascha und ich nahmen ungefähr in der Mitte des Parketts Platz. Nur wenige Reihen vor uns ließen sich schließlich Balanchine, Kotschnow und der Ballettmeister Adolphe nieder. Die Ränge blieben gähnend leer.

Als die Lichter langsam ausgingen, die Ouvertüre einsetzte und sich schließlich der Vorhang hob, tastete Tascha suchend nach meiner Hand, hielt sie fest, wandte mir ihr Gesicht zu und küßte mich – mit leicht geöffneten Lippen, als sei dies das Natürlichste der Welt.

Dieser Kuß, so unerwartet er erfolgte, war doch zwischen uns eine so selbstverständliche Geste, daß ich im ersten Augenblick gar nicht mit Abwehr reagierte. Die Spitzen unserer Zungen berührten sich zart, und ich war sicher, daß Tascha nie zuvor einen Mann so geküßt hatte.

»Sei ein braves Mädchen«, flüsterte ich schließlich energisch, nachdem ich mich etwas gefangen hatte. »Das geht hier nicht.«

»Hat's dir nicht gefallen?« fragte sie leise zurück.

»Das ist nicht der Punkt. Benimm dich jetzt!«

In diesem Moment zischte Kotschnow, der sich zu uns umgedreht hatte, ein strenges: »Psst!« Auf der Bühne hatte die Probe begonnen.

»Siehst du?« flüsterte ich.

Eine kurze Zeit sahen wir zu, was auf der Bühne geschah, wobei ich offenbar konzentrierter bei der Sache war als Tascha. Ich glaubte daher, sie habe sich Kotschnows deutliche Warnung erst mal zu Herzen genommen. Daß dies ein Irrtum war, merkte ich erst, als sie lautlos zwei Knöpfe ihrer Bluse öffnete und meine Hand, die sie noch immer fest umklammert hielt, sanft in die Öffnung schob.

Das Gefühl ihrer kühlen, nackten Haut unter meiner Handfläche bescherte mir eine Woge der Erregung. In den folgenden Minuten geschah zunächst gar nichts. Dann preßte sie meine rechte Hand hart gegen ihre Brüste. Sie trug keinen BH. Ich versuchte, meine Hand wegzuziehen, doch ihr Griff ließ nicht locker. Eine Weile verharrten wir so, dann glitt sie plötzlich mit ihrem ganzen Körper nach vorn.

»Nicht! Laß das«, flüsterte ich. »Bitte!«

»Magst du es nicht?«

»Natürlich mag ich es. Das ist ja das Problem.«

»Liebst du mich?«

»Ja, liebste Tascha.« Die Musik war unterdessen zum Glück sehr laut. »Ich wage es kaum zu sagen, aber ich liebe dich. Trotzdem, hör damit auf!« Und diesmal küßte ich sie und strich ihr liebevoll über die Wange.

Unsere geflüsterte Unterhaltung blieb ungehört, denn Balanchine unterbrach die Proben von Zeit zu Zeit, worauf längere Diskussionen mit der Truppe folgten.

»In vier Tagen sehen wir das Ballett sowieso, und zwar komplett«, bemerkte ich.

»Keine Sorge«, erwiderte Tascha. »Ich sage Galina, daß alles ganz phantastisch sei, auch wenn ich nichts gesehen habe.«

»Du bist ein ungezogenes Mädchen.«

»In vier Tagen bin ich eine ungezogene Frau.«

Zwei Tage später traf Tante Olga mit dem »train bleu« ein, und wir waren alle am Bahnhof, um sie zu begrüßen; natürlich einschließlich Tascha, die sich tadellos benahm und stets höflich »Ja, Mama« und »Nein, Mama« sagte. Am nächsten Abend, an Taschas Geburtstag also, zogen wir alle unsere Festkleidung zu Galinas erstem Auftritt als Primaballerina in der Oper an.

Der Portier an der Bühnentür war ein betagter, erfahrener Mann, gewohnt, sich gegen trickreiche Don Juans durchzusetzen, die versuchten, sich den Zugang zur Garderobe ihres Stars zu erschleichen. Galina jedoch hatte ihn offenbar auf meinen Besuch vorbereitet.

»Ah, Monsieur! Mademoiselle bittet Sie, einen Augenblick Geduld zu haben. Die Garderobiere ist gerade bei ihr. Sie ruft mich an, sobald sie fertig ist.« Er deutete auf eine Sprechanlage auf einem kleinen Tischchen. »Setzen Sie sich bitte! Ihre Blumen sind wunderschön. Mademoiselles Garderobe sieht bereits aus wie ein tropischer Garten.« Er zwinkerte mir mit Verschwörermiene zu. »Ich weiß Bescheid. Die Sträuße sind alle hier vorbeigetragen worden.« Dann schien er zu spüren, daß ich mindestens ebenso nervös war wie Galina selbst, verschränkte die Arme über seinem Bauch und versuchte mich mit seinen Geschichten abzulenken.

Sein Lieblingsthema war natürlich die Oper.

»Oh, Monsieur! Die Premieren, die ich hier erlebt habe! Die Pawlowa, Paderewski, Schaliapin, Karsawina, Kreisler – alle sind sie hier aufgetreten, und jene, die noch leben, kommen auch heute noch. Heute abend ist wieder mal ein solches Galaereignis – für Mademoiselle, für Sie, ihren Bruder, und für seine Hoheit den Fürsten Korolew, ihren Vater. Er wird selbstverständlich bei unserem Fürst in der Fürstenloge sitzen, genau wie Sie, Monsieur.«

So plauderte der alte Herr weiter von seinen Erinnerungen, bis endlich ein Pfeifton aus dem Sprechgerät drang. Galina war bereit.

Galinas Garderobe versank tatsächlich in einem Meer von Blumen. Die gelben Rosen, die ich mitgebracht hatte, gingen darin unter. »Lieb von dir, Nicki. Alle sind so lieb zu mir. Ich bin einfach überwältigt.«

Ihr hautenges Kostüm für die erste Szene saß perfekt. Galina mußte nur noch ihre Schwellenangst vor dem ersten Auftritt überwinden. Ich gab ihr einen liebevollen geschwisterlichen Kuß und wünschte ihr viel Glück, bevor ich den Rückweg durch den Bühneneingang und zum Vordereingang der Oper antrat, wo das Publikum bereits in Scharen eintraf, da alle Platz genommen haben mußten, bevor Fürst Louis von Monaco fünf Minuten vor Vorstellungsbeginn seine Loge betrat.

Aufgrund unserer Herkunft waren Vater und ich die offiziellen Gäste des monegassischen Fürsten in dessen Loge. Das Protokoll schrieb vor, daß wir seine Ankunft vor der Logentür erwarten mußten, so daß seine Hoheit als erster die Loge betreten konnte. Er traf pünktlich ein. Eine Trompetenfanfare erklang. Prinz Rainer, der Enkel, begleitete ihn. Vater sah in seinem Frack und mit glitzernder Ordensbrust sehr imposant aus. Nachdem wir uns offiziell begrüßt hatten, betraten wir die Loge. Das Publikum erhob sich.

Das strahlend erleuchtete Opernhaus mit seinen roten Plüschsesseln, dem vergoldeten Stuck, den riesigen Lüstern und den barocken Deckengemälden sah plötzlich ganz anders aus, als während der vormittäglichen Proben. Im Zuschauerraum glitzerten Juwelen und Orden. Unter den Gästen befanden sich Sir Basil Zaharoff, der Rüstungskönig, der Großherzog von Lichtenstein, Gordon Selfridge, den Olga zum Kommen überredet hatte, Somerset Maugham und die Autorin von »Scarlet Pimpernel«, Baroneß Orczy. Die Prominenz gab sich also ein Stelldichein.

Als sich nach der Ouvertüre der Vorhang hob, ging ein Raunen durch die Zuschauermenge, dem spontaner, rauschender Beifall folgte. Balanchine war dabei, eine völlig neue Ära des Balletts einzuläuten. Selten war die Eröffnungsszene des »Nußknackers« so glänzend, bunt und märchenhaft gewesen.

Der Spielzeugladen von Klaras Onkel Drosselmeyer und dessen Werkstatt waren durch einen halbdurchsichtigen Vorhang noch hinter dem Weihnachtszimmer mit seinem strahlend geschmückten Weihnachtsbaum zu sehen. Vor dieser Kulisse erwachten die Spielsachen zum Leben, und der Harlekin, die Columbine und der Mohr begannen ihren berühmten Tanz.

Galinas erster Auftritt als Klara in ihrem »Pas de seule« bewegte das Publikum zu spontanem Szenenapplaus. Und Galina war die ideale Verkörperung dieser Kind-Fee. Während die Handlung ihren Fortlauf nahm, rauschte wiederholt Beifall auf. Der Chinesische Tanz, der Arabische Tanz mit seinen flatternden Schleiern, der Walzer der Schneeflocken, in dem Klara und ihr Prinz bis ins Königreich der Süßigkeiten gelangten, und schließlich der temperamentvolle russische Tanz, das alles waren absolute Höhepunkte. Trotz meiner verständlichen Voreingenommenheit war nicht zu übersehen, daß das Publikum Galina von Anfang an ins Herz geschlossen hatte. Sie tanzte wirklich hinreißend und mit einer Hingabe, wie ich sie nie zuvor bei ihr erlebt hatte.

In die Szene, in der die Bienen ihren ekstatischen Tanz um den Bau ihrer Königin aufführen, fiel der Schlußvorhang. Frenetischer Beifall brauste auf. Teile des Publikums sprangen von ihren Sitzen, als sich Galina mit strahlendem Lächeln zuerst vor unserer Loge verbeugte und dann die Arme ausbreitete, um mit einer alle umfassenden Geste den Zuschauern zu danken.

Operndiener trugen die riesigen Blumenkörbe auf die Bühne, die ich bereits in der Garderobe meiner Schwester gesehen hatte, so daß Galina bald beinahe in einem Meer von Blüten versank. Die Truppe erhielt acht Vorhänge, ohne daß der Beifall an Intensität verloren hätte.

Danach folgten eine kurze Ansprache von René Blum, dem Operndirektor, der dem Fürstenhaus für die Anwesenheit dankte, und durch Balanchine und Kotschnow eine Hommage an das Werk Sergej Diaghilews, dem Erneuerer des Modernen Balletts.

Natürlich hatten wenige Privilegierte Zutritt zu den Star-Garderoben, und vor dem Bühnenausgang warteten Schlangen von Autogrammjägern. Galina war völlig erschöpft und ausgelaugt, wußte jedoch, was sie ihrem Publikum schuldig war.

Ich umarmte sie. »Galina, das ist ein Riesenerfolg!«

»Ist es nicht wunderbar?«

Wir unterhielten uns noch in ihrer Garderobe, als plötzlich der alte Portier erschien und mich am Ärmel zupfte. »Monsieur, Telefon für Sie. Aus Paris.«

»Das muß ein Irrtum sein.« Ich schüttelte den Kopf. »Der Anruf gilt sicher Mademoiselle Galina.«

»Nein, Monsieur. Die Dame verlangt ausdrücklich Sie, Nicki Korolew.«

Die Dame? Gereizt ging ich in den Korridor hinaus und griff nach dem Telefonhörer. »Ja, wer ist da?« meldete ich mich reichlich barsch.

»Ich bin's, Brig.« Ich erkannte sofort Brigs schrille, manchmal aggressiv amerikanische Stimme.

»Ein Glück, daß ich wenigstens dich erreiche, Nicki!« Sie klang völlig aufgelöst.

Ich nahm noch immer an, daß sie versuchen wollte, Galina zu gratulieren. »Kann ich irgendwie helfen, soll ich ihr etwas ausrichten?«

»Ob du helfen kannst? Mein Gott, hast du eine Ahnung!« schrie sie mir fast ins Ohr. »Es geht um Igor! Er hat einen Schlaganfall gehabt.« Ihre Stimme klang erstickt. »Er ist gelähmt – und kann nicht mal mehr sprechen.«

12

Welch schreckliches Ende eines Abends, der so großartig begonnen hatte! Wie betäubt kehrte ich in die Garderobe zurück, wo alle glücklich durcheinander redeten und Gläser klirrten. Und ich wagte niemandem zu erzählen, was ich eben erfahren hatte.

Ich konnte Galina den Triumph unmöglich verderben. Sie hatte es endlich geschafft. Ich spürte instinktiv, daß sie damit den Anfang zu einer großen Karriere gesetzt hatte, und sie würde vermutlich das Glücksgefühl des Erfolgs nie mehr so genießen und auskosten können.

Die Nachricht von Igor dagegen war niederschmetternd. Dabei hatte ich mir Minuten zuvor noch auszumalen versucht, wie wohl der zweite Höhepunkt des Abends, das späte Diner, ausfallen würde, das Vater Galina zu Ehren und wegen Taschas Geburtstag geben wollte. Jetzt hatte sich ein Schatten über Galinas und Taschas großen Tag gelegt. Und ich wußte, daß Tascha gehofft hatte, unsere Beziehung würde sich in dieser Nacht vertiefen. Ich war jedoch entschlossen, ihren und meinen geheimen Wünschen zu widerstehen. Trotzdem wollte ich ihr den Geburtstag genausowenig verderben wie Galina den Erfolg.

Was sollte ich also tun? Einen Augenblick stand ich bewegungslos in der winzigen, stickigen Garderobe mit den zahllosen Bühnenkostümen an einer Stange im Hintergrund, dem Geruch nach Schminke und dem mit kleinen Lämpchen beleuchteten Spiegel, an dem sich Galina allabendlich schminkte. Alles hier bereitete mir Raumangst.

Noch schlimmer: Jede Entscheidung, die ich in den nächsten Minuten würde treffen müssen, war bestimmt von dem Gedanken an Igor und all den schrecklichen Dingen, die ich mir in diesem Zusammenhang ausmalte. Meine Beziehung zu Igor war stets besonders eng gewesen, wie konnte ich da das wahre Ausmaß dessen, was mit Igor geschehen war, vor der Familie und unseren engsten Freunden verbergen?

Mir war übel, und ich gab dem Ober ein Zeichen. Nachdem ich ein Glas Champagner geleert hatte, griff ich automatisch nach dem nächsten.

Plötzlich stand Tascha vor mir, die in ihrem eleganten Modellkleid von Olga viel älter aussah. »Was ist los mit dir, Nicki? Du bist so bleich. Alles in Ordnung?«

»Nichts ist in Ordnung«, entgegnete ich beinahe schroff. »Ich fühle mich miserabel.«

»Was ist denn los, Liebling?«

»Ich bin nicht dein Liebling – weder in der Öffentlichkeit noch privat.« Und als sich ihre Augen mit Tränen füllten, fügte ich hastig hinzu: »Tut mir leid, Tascha. Aber ich habe gerade eine sehr schlechte Nachricht erhalten.«

»Kann ich irgendwie helfen?«

Ich schüttelte traurig den Kopf. »Am besten läßt du mich in Ruhe«, murmelte ich. »Bitte, geh! Geh und unterhalte dich mit den anderen!«

Als sich Tascha wieder der Gruppe junger Männer zuwandte, die die bezaubernde junge Dame schon die ganze Zeit umschwirrte, fing ich Vaters Blick auf. Ich nickte wie zum Zeichen, und er trat sofort auf mich zu.

»Wieso schüttest du Champagner wie Wasser in dich rein?« begann er vorwurfsvoll. »Aber ich kann jetzt selbst was brauchen. Ich habe Pech beim Spiel gehabt. Und was für ein Pech! Ist was los?«

Ich nickte. Vaters Spielerglück war stets sehr wechselhaft. Ich kannte diese Stimmungen. Allerdings hatte ich es mir zur Regel werden lassen, ihn nie von mir aus zu fragen. Er mußte schon selbst davon anfangen.

»Können wir einen Augenblick nach draußen gehen?« fragte ich.

Vater ging wortlos zum Bühnenausgang, und als Galina uns sah, rief sie uns zu: »He, ihr beiden! Wohin wollt ihr?«

»Ein bißchen Luft schnappen«, erwiderte ich. »Wir sind gleich zurück.«

»Also, was gibt's?« wollte Vater wissen, als wir draußen vor der Tür standen und tief einatmeten.

»Es geht um Igor«, begann ich ohne Umschweife. »Er hat einen Schlaganfall gehabt. Brig hat mich gerade angerufen.«

»Großer Gott!« entfuhr es Vater atemlos. »Ist – ist es schlimm?«

»Er ist gelähmt.«

»Armer Teufel.«

»Ich weiß nicht, soll ich Galina bitten, die Feier abzusagen, und dann die Familie informieren?«

»Nein! Auf gar keinen Fall.« Vater war stets ein Mann schneller Entschlüsse gewesen. »Das ist Galinas Tag – und Taschas. Wir wollen es ihnen nicht verderben. Aber ich bin froh, daß du mich eingeweiht hast.«

Damit ging er in die Garderobe zurück, klatschte in die Hände und rief: »Vorwärts, Kinder! Zeit, was zu essen!« Ich beobachtete stolz und bewundernd, wie er Galina und Tascha galant am Arm nahm. Schließlich wußte ich, was er hinter der heiteren Fassade empfinden mußte.

Wir alle gingen zu Fuß ins Hôtel de Paris hinüber, wo uns Vater in den großen Speisesaal im ersten Stock führte, von dessen Fenstern aus man einen herrlichen Blick auf Park und Kasino hatte. Dort war eine phantastische Tafel für uns gedeckt. Viele der Gäste saßen bereits auf den ihnen zugedachten Plätzen.

Fast alle waren in der Ballettvorstellung gewesen und erhoben sich nun, als Galina an Vaters Arm den Saal betrat. Spontan wurde Beifall geklatscht. Galina und Vater verneigten sich leicht, und Galina schien im siebten Himmel zu schweben, besonders als sich Somerset Maugham erhob, auf Galina zuging, ihr die Hand küßte und laut verkündete: »Laßt uns auf Galina anstoßen! Nie habe ich Tanz schöner und formvollendeter erlebt als heute abend.«

Gegen ein Uhr morgens schließlich brachen wir alle auf. Galina sah müde und erschöpft aus. Obwohl sich ein so dunkler Schatten auf diesen Abend gelegt hatte, war es ein wunderbares Fest gewesen.

Am darauffolgenden Morgen sagte Vater schließlich der Familie, was geschehen war, und ich rief Brig an, um Einzelheiten zu erfahren. Dabei stellte sich heraus, daß Igor auf einem Spaziergang mit Brig über die Champs-Élysées plötzlich zusammengebrochen war.

Man hatte sofort einen Krankenwagen gerufen, und Brig hatte dafür gesorgt, daß Igor in das American Hospital gebracht wurde. Igor war seitdem vollständig gelähmt und konnte nicht sprechen.

»Ich fahre heute abend mit dem ›train bleu‹ nach Paris zurück und gehe sofort zu ihm ins Krankenhaus«, versprach ich Brig. »Falls du mich brauchst, ich bleibe heute in der Nähe des Hotels. Du kannst mich also jederzeit erreichen.«

Abgesehen von Igors Gesundheitszustand bereiteten mir natürlich noch jene Fotos Sorgen, die Igor bei unserer letzten Begegnung von mir zurückgefordert hatte. Ich konnte nur hoffen, daß er sie an einem sicheren Ort verwahrte. Jedenfalls mußte ich sie finden, bevor sie anderen in die Hände fielen.

Am nächsten Tag fuhr ich vom Bahnhof aus direkt zum Krankenhaus. Was mich dort erwartete, war schrecklich. Igor war nur sieben Jahre älter als ich, aber ihn bleich und hilflos in der sterilen, kalten Atmosphäre eines Krankenzimmers liegen zu sehen, war ein beklemmendes Erlebnis. Seine Mundwinkel hingen herunter, und als ich die leblose Hand auf der Bettdecke drückte, spürte ich keinerlei Reaktion.

Plötzlich jedoch schlug er die Augen auf. Ich beugte mich über ihn, und dann glaubte ich, ein Leuchten darin zu erkennen, als er mich sah.

»Schwester, er hat mich erkannt«, sagte ich atemlos. »Holen Sie den Arzt!« Der Arzt war ein großer, grauhaariger Mann in gestärktem weißen Mantel.

»Ich weiß, daß er nicht sprechen kann«, begann ich. »Aber er hat mich sofort erkannt. Und ich glaube, er versteht mich.«

»Ja, selbstverständlich«, erwiderte der Arzt. »Er kann uns hören. Jedenfalls sind seine Augenlider noch beweglich, und wir haben ihn gebeten, uns damit Zeichen zu geben.«

»Wie stehen seine Chancen, Doktor?« wollte ich wissen und nahm den Arzt beiseite.

»Leider nicht gut, aber Wunder passieren immer wieder. Wenigstens ist sein Denkvermögen intakt. Er erhält die beste Pflege, dafür hat die Gräfin gesorgt. Sonst sollten Sie versuchen, einen Modus zu finden, sich mit ihm zu unterhalten. Geistige Anregung ist wichtig.«

»Ich tue mein Bestes. Allerdings – da ist noch eine etwas delikate Angelegenheit, Doktor«, fuhr ich fort. »Was ist mit den Kleidungsstücken des Grafen, mit dem Inhalt seiner Taschen passiert?«

»Wir haben alle Sachen in einem Schrank deponiert. Drüben im Schwesternzimmer.«

»Er muß eine Brieftasche mit Briefen bei sich gehabt haben«, erklärte ich der Einfachheit halber. »Es sind sehr persönliche Briefe. Ich hatte sie eine Zeitlang für ihn in Verwahrung, und ich möchte nicht, daß sie in falsche Hände geraten. Deshalb würde ich sie gern wieder an mich nehmen.«

»Damit seine Frau sie nicht entdeckt?« fragte der Arzt prompt. Er vergrub die Hände tiefer in den Taschen seines weißen Mantels.

»So ist es, Doktor.«

»Ich verstehe.« Der Arzt seufzte. »So was passiert hier häufiger. Meine Sorge gilt allein dem Patienten. Er darf jetzt auf keinen Fall beunruhigt werden. Wenn wir die Briefe finden und sie ihm zeigen, kann das eventuell seinen Zustand schon erheblich verbessern. Also, sehen wir mal nach.«

»Sehr freundlich von Ihnen, Doktor.«

Der Arzt öffnete einen Schrank in einem der Dienstzimmer. Ich erkannte sofort Igors Kamelhaarmantel und das graue Jackett.

In den Taschen steckten die üblichen männlichen Utensilien: Schlüssel, Kleingeld, Banknoten. Die Brusttasche des Jacketts allerdings war leer. Nicht mal ein Scheckheft war zu finden.

Igor mochte alles vergessen haben, doch das Scheckheft hatte er stets bei sich getragen. Nur diesmal offenbar nicht.

»Danke, Doktor«, murmelte ich. »Ich verstehe nur nicht, daß die Brusttasche völlig leer gewesen sein soll.«

»Das ist nicht meine Angelegenheit«, wehrte der Arzt ab. »Trotzdem werde ich mich diskret beim Personal erkundigen. Möglicherweise hat er die Briefe nicht bei sich getragen.«

»Ja, richtig. Trotzdem beunruhigt mich das.« Vorerst allerdings konnte ich nichts unternehmen. Ich mußte abwarten. Nachdem ich versucht hatte, Igor ein wenig aufzuheitern, verließ ich das Krankenhaus. Auf dem Nachhauseweg kaufte ich sämtliche großen Tageszeitungen, um nachzusehen, ob sie bereits die Kritik über Galinas »Nußknacker« enthielten. Auch wenn Galina für Pariser Verhältnisse noch eine Unbekannte war, so mußte doch der Choreograph Balanchine für die wichtigen Tageszeitungen von Interesse sein. Was ich dann schließlich las, war nur positiv. Die Kritiken waren ausgezeichnet. In sämtlichen Zeitungen wie im »Figaro« und in »Le Monde« sprach man einhellig von »Galina«, dem neuen Star am Balletthimmel.

Ich erzählte Galina am Telefon davon und versprach, sämtliche Zeitungen nach Monte Carlo zu schicken.

»In ein paar Tagen müßtest du sie haben, Galina. Bessere Kritiken kannst du dir nicht wünschen.«

»Wie geht es Igor?«

Ich berichtete ihr von der deprimierenden Begegnung im Krankenhaus.

»Armer Igor.« Galina war geknickt. »Aber hier ist jemand, der dich gern sprechen möchte.« Sie gab offenbar den Telefonhörer weiter, denn im nächsten Moment ertönte am anderen Ende Taschas Stimme: »Nicki, Liebling«, begann sie.

»Hör mit dem Unsinn auf«, entgegnete ich lachend. »Nur weil du ein paar Tage älter bist ...«

»Ich bin jetzt achtzehn«, protestierte sie. »Ich will dich wiedersehen.«

»Ich dich natürlich auch«, erwiderte ich leichthin. »Aber keinen Unsinn mehr, verstanden?«

Das Problem war, daß ich nicht ehrlich war. Ich sehnte mich nach diesem »Unsinn«. Ich wollte sie küssen, und doch konnte ich die Tatsache ihrer Jugend nicht verdrängen.

Noch fiel der Altersunterschied zwischen uns nicht ins Gewicht. Doch später? Ich war ein Dutzend Jahre älter als Tascha. Aber wie auch immer meine Gefühle für Tascha sein mochten, Tante Olga war mit Sicherheit nicht begeistert, wenn ich eine Affäre mit ihrer Stieftochter anfing. Falls wir uns wieder öfter sahen, dann würden wir früher oder später miteinander im Bett landen. Daran bestand kein Zweifel. Tascha war nicht zu zähmen, das wußte ich. Ein »Nein« meinerseits würde sie nicht hinnehmen.

Für mich gab es bei diesem Problem nur eine echte, aufrichtige Lösung: Wir mußten abwarten, ob wir in zwei Jahren noch das gleiche füreinander empfanden, vorausgesetzt, es war uns diese Zeit der Besinnung vergönnt. Alle redeten von Krieg. Es gab so vieles, das unser Leben ändern konnte. Das Kriegsgeschrei des »Duce« in Italien und von Hitler war unüberhörbar geworden. Ganz zu schweigen von Stalins Machenschaften in Rußland. Zukunftspläne zu schmieden schien damals völlig sinnlos zu sein.

Als ich nach dem Gespräch mit Tascha den Hörer auf die Gabel legte, wurde mir klar, daß es mittlerweile fast zwanzig Jahre her war, seit wir im Planwagen durch jene lauten, schmutzigen, übelriechenden Straßen gefahren waren und nur wenigen von uns die Flucht gelungen war. Ich war jetzt dreißig. Es war so viel geschehen. Wir alle wurden älter. Tante Olga mußte an die Fünfzig sein, und Vater ging auf die Siebzig zu, was, wie er mir heimlich versicherte, seiner männlichen Vitalität kaum Abbruch täte.

Die drängende Frage dieser Zeit jedoch war, wohin wir trieben, was uns wohl noch bevorstand. Meine Vorgesetzten vom Roten Kreuz in Genf, die uns häufig in Paris besuchten, behaupteten immer wieder, daß ein Krieg unvermeidlich sei.

Vater kehrte gut eine Woche nach mir vorzeitig aus Monte Carlo nach Paris zurück. Am Vortag hatten die Ärzte im American Hospital nach Abschluß ihrer Untersuchungen festgestellt, daß Igors Zustand als »stabil« zu bezeichnen sei.

»Er kann jetzt genausogut bei sich zu Hause versorgt werden. Ja, wir halten es sogar für besser und wünschenswert, daß er in seine vertraute Umgebung zurückkehrt«, hatte der behandelnde Arzt gesagt.

Igor war daher mit dem Krankenwagen zurück in die Rue St. Dominique gebracht worden, wo drei von Brig engagierte Krankenschwestern Tag und Nacht seine Pflege übernehmen sollten.

Am Abend, bevor Vater den »train bleu« nach Paris bestieg, rief Olga an und warnte mich.

»Sei vorsichtig mit ihm«, bat sie. »Er ist zwar nicht krank, Nicki, aber psychisch doch ziemlich angeschlagen.«

»Wegen Igor?«

»Nein, obwohl das natürlich auch eine Rolle spielt. Es – es geht deinem Vater nicht besonders.«

»Was, zum Teufel, soll das heißen?« wollte ich wissen.

»Er mußte im Kasino schwere Verluste hinnehmen.«

»Ach so! Ja, ich verstehe. Ich werde ihn schonen«, versprach ich halb lachend, denn ich wußte ja, wie deprimiert Vater sein konnte, wenn er im Kasino nicht nur gewann.

»Er wird's überleben«, fügte Tante Olga sarkastisch hinzu, während im Hintergrund eine andere Stimme etwas sagte. »Das war Tascha«, erklärte sie gereizt. »Sie schickt dir ›ihre Liebe‹. Oder was eine Achtzehnjährige so Liebe nennt.«

Das ist mehr, als du ahnst, dachte ich bei dem Gedanken an den einladenden Blick in ihren Augen, als ich die Badezimmertür geöffnet hatte.

Als Vater schließlich mit dem Zug in Paris eintraf, war ich bereits im Büro, doch als ich zum Mittagessen nach Hause zurückkehrte, war er da. Für einen Mann, der viel Wert auf sein Äußeres legte, sah er erschreckend schlecht aus.

»Du siehst furchtbar aus, Vater«, begrüßte ich ihn. Ich hatte in den vergangenen Jahren mehr Selbstbewußtsein meinem Vater gegenüber entwickelt und war zu ihm offener, als ich das früher je gewagt hätte.

»Es ist wegen Igor«, murmelte er mit brüchiger Stimme. »Sein Zustand ist schlimmer, als ich es erwartet hatte.«

»Ja, und er gehört von jeher zur Familie«, sagte ich.

»Arme Brig, es muß schrecklich für sie sein.«

In diesem Punkt war ich mir nicht sicher. Der Grad ihres Schmerzes hing meines Erachtens davon ab, wieviel sie von Igors heimlicher Geliebten wußte. Dann jedoch erkundigte ich mich in Erinnerung an Olgas Anruf vom Vorabend: »Sonst hast du nichts auf dem Herzen?«

»Sollte ich denn?« entgegnete er im gewohnt barschen Ton. Sein Schnauzbart bebte.

»Nicht unbedingt«, erwiderte ich leichthin. »Aber wir haben in Monte Carlo mehr als gut gelebt. Und du«, ich zögerte nur einen Augenblick, »du hast viel gespielt. Besonders Baccarat. Ich habe dich nicht viel gewinnen sehen.«

»Dann hast du nicht lange genug zugeschaut«, erklärte Vater übellaunig und befahl Lilla, eisgekühlten Wodka zu servieren. »Nicki, es geht dich zwar nichts an, aber ich muß zugeben, daß ich diesmal kein Glück hatte.«

»Hast du viel verloren?«

Er zögerte. »Viel – das ist noch eine Untertreibung«, murmelte er bitter. »Ich habe in meinem ganzen Leben noch nie so schlechte Karten gehabt. Einfach katastrophal. Und ich bin da in eine Runde mit verdammt hohen Einsätzen geraten.« Seine Backen röteten sich, als er beschloß, sich mir anzuvertrauen: »Es hat keinen Sinn, drum herum zu reden. Es hat mich übel erwischt.«

»So schlimm war es?« Und halb scherzend fügte ich hinzu: »Sind wir bankrott?«

»Nicht ganz«, erwiderte er mit düsterer Miene. »Es wird dir nicht gefallen, Nick, aber ich brauchte dringend Bargeld.«

»Und wie hast du es dir verschafft?«

»Ich – ich gestehe es ungern, aber das Wasser stand mir bis zum Hals, und ich mußte die Villa Monique verkaufen.«

»Vater!« entfuhr es mir atemlos. »Du machst Witze. Das kann nicht sein! Die Villa Monique in der Schweiz! Mein Gott, bist du verrückt geworden?« Vor Wut und Mitleid verschlug es mir einen Augenblick die Sprache. »All die herrlichen Blumen«, murmelte ich schließlich zusammenhanglos.

»Ja, leider, mein Sohn. Aber wir haben die Villa seit dem Tod deiner Mutter kaum noch genutzt, und das ist zwanzig Jahre her. Außerdem brauchte ich Bargeld. Sonst hätten sie mich mit Schimpf und Schande aus dem Kasino gejagt.«

»Ich weiß, daß das Haus die meiste Zeit leerstand«, sagte ich. »Aber es war eine Kapitalanlage von unschätzbarem Wert. Und bei all dem Gerede von Krieg wäre es in der neutralen Schweiz ein Stück vom Paradies gewesen.«

»Hoffen wir eben, daß es keinen Krieg gibt«, wehrte Vater ab. »Und hör auf, mir ein schlechtes Gewissen einzureden!« Vaters Geständnis war tatsächlich ein Schock für mich. Daß er das herrliche Haus wegen seiner Spielleidenschaft verhökert hatte, wollte mir nur schwer in den Sinn.

»Hättest du dir die Summe nicht von deiner Schweizer Bank leihen können?« fragte ich.

Er schüttelte den Kopf. »Mein Aktienvermögen ist unsere Existenzgrundlage. Das konnte ich unmöglich angreifen. Und die Kreditzinsen sind in der Schweiz so mörderisch, daß sie unser Einkommen glatt aufgefressen hätten. Der Verkauf der Villa war die einfachste Lösung. Mein Gott!« entfuhr es ihm plötzlich. »Wenn ich ihr nur nicht das Smaragdkollier anvertraut hätte! Das Erbstück wäre so viel wert gewesen, daß wir ein Dutzend Schweizer Villen hätten kaufen können.«

»Aber es ist nun mal verloren«, entgegnete ich erbittert. »Wir haben keine Smaragde mehr. Mein Gott, Vater, wie konntest du nur?«

»Hör auf zu jammern!« Er war plötzlich wütend. »Was ich mit meinem Geld tue, geht niemanden was an.«

»So, wie du es zum Fenster rauswirfst, reicht es sowieso nicht mehr lange!« brüllte ich.

»Was willst du damit sagen?«

»Was soll's, Vater? Machen wir uns nichts vor. Wieviel hast du wirklich verloren? Sag mir gefälligst die Wahrheit – und versuch nichts zu beschönigen!«

Plötzlich wirkte Vater wirklich alt und sehr niedergeschlagen. Ich legte die Hand auf seinen Arm. »Schon gut«, sagte ich in versöhnlicherem Ton. »Tut mir leid, daß ich so heftig geworden bin. Es ist ja nicht das Ende der Welt. Trinken wir noch einen Wodka.«

Wir tranken jeder unser Glas mit einem Schluck aus. Die scharfe Flüssigkeit brannte in meiner Kehle.

»Wieviel?« fragte ich.

»Zehn Millionen Francs«, antwortete er so leise, daß ich Mühe hatte, ihn zu verstehen.

»Zehn Millionen«, sagte ich entsetzt. »Papa, wie konntest du nur?«

Es dauerte eine Weile, bis er mir die ganze Geschichte erzählte. Ganz offenbar war er in die Fänge des berüchtigten Griechischen Syndikats geraten. Das waren fünf Berufsspieler, die sich 1919 zusammengetan hatten und seitdem die Spiele mit den höchsten Einsätzen in Deauville, Cannes und Monte Carlo beherrschten. Ihr Vermögen belief sich mittlerweile auf eine astronomische Summe, was ihnen am Spieltisch ihren Gegnern gegenüber einen unschätzbaren Vorteil verschaffte, da sie selbst Pechsträhnen durchstehen konnten, die sonst nur die reichsten Männer der Welt wie André Citroën, Aga Khan, König Farûk von Ägypten oder Baron Henri de Rothschild auszusitzen vermochten.

Vaters sozialer Status hatte ihm natürlicherweise Zugang zu diesen Kreisen verschafft. Diesmal allerdings hatte ihn diese Gesellschaft so ziemlich ausgeplündert.

13

Während des Frühjahrs und Frühsommers 1938 registrierte ich kaum die niederschmetternden Ereignisse, die ihre düsteren Schatten in jenem schicksalsschweren Jahr bereits vorauswarfen, denn da waren Igor und mein depressiver Vater, um die ich mich kümmern mußte. Davon abgesehen, begann ich mehr und mehr über unsere finanzielle Lage nachzudenken.

Seltsamerweise schien jedoch die Schönheit der Jahreszeit die Bedenken und dunklen Vorahnungen der meisten Menschen erst mal zu verdrängen. Nie hatten sich die Tuilerien und der Jardin du Luxembourg in prächtigerem Frühlingskleid gezeigt, nie hatten die Kastanien üppiger geblüht. Reichtum und Luxus hatten die Angst vertrieben. Die Gegenwart von Tascha ließ auch mich die düsteren Gedanken vergessen, denn sie war schöner denn je. Ich wußte, daß alles weitere jetzt nur noch eine Frage der Zeit war.

Die Seine sah aus wie ein Bild von Monet. Selbst Vater betrachtete die Mädchen und jungen Frauen in ihren Sommerkleidern von seinem Tisch vor dem »Deux Magots« aus, strich sich über den Schnauzbart und bemerkte: »Es liegt Liebe in der Luft.«

Die Zeitungen kündigten den Staatsbesuch von König Georg VI. von Großbritannien an – einem Vetter meines ermordeten Patenonkels, des Zaren. Er sollte zusammen mit seiner Frau Frankreich besuchen. Versailles und alle Sehenswürdigkeiten der Hauptstadt erstrahlten in festlichem Glanz und schienen eine neue »Entente cordiale« zu besiegeln. Von Krieg redete plötzlich niemand mehr.

Nur Vater warnte gelegentlich vor allzu großem Optimismus.

»Dieser wahnsinnige Hitler bereitet mir Angst, Nicki. Er wartet nur darauf, mit seinen Stiefeln ganz Europa niedertrampeln zu können. Jetzt versucht er, sich das Sudetenland einzuverleiben, das zur Tschechoslowakei gehört.«

»Glaubst du, er wird in die Tschechei einmarschieren?«

»Ja, davon bin ich überzeugt. Und das Schlimmste ist, daß Frankreich, Großbritannien und Rußland einen Beistandspakt mit der Tschechoslowakei haben. Wenn das Land angegriffen wird, müssen sie Deutschland den Krieg erklären.«

Während ich von einem unserer Fenster auf den Place de Furstenberg mit seinen blühenden Forsythienbüschen hinuntersah, konnte ich mir ein Frankreich im Kriegszustand überhaupt nicht vorstellen. Der glanzvolle Staatsbesuch des britischen Königspaares hatte uns allen Sand in die Augen gestreut.

Kurz darauf jedoch wurde ich recht unsanft auf den Boden der Tatsachen zurückgeführt, und zwar von einem besonders unangenehmen Zeitgenossen, dem ich bisher noch nie begegnet war.

Ich war am Samstag ins Büro gegangen, nicht um zu arbeiten, sondern um mich nach einem besonders frustrierenden Besuch bei Igor etwas zu erholen. Igors Zustand hatte sich in keiner Weise gebessert, und ich wollte meinem Vater aus dem Weg gehen, der ohne sein geliebtes Glücksspiel depressiv und gelangweilt zu Hause herumsaß. Ich hatte ein wenig an der Seine spazierengehen wollen, doch als es etwas zu regnen begann, hatte ich automatisch den Weg zum Büro eingeschlagen, wo ich am Wochenende natürlich allein sein konnte.

Ich sah gerade die Post an meinem Schreibtisch im ersten Stock durch, als die Türglocke ertönte.

»Monsieur Korolew«, sagte eine Stimme in die Sprechanlage.

»Ja? Was kann ich für Sie tun?«

»Ich möchte gern kurz mit Ihnen sprechen.«

In der Annahme, es handle sich um einen russischen Emigranten, der Hilfe oder einen Rat brauche, drückte ich auf den Türöffner und wartete. Auf der Treppe klangen Schritte näher.

»Monsieur Korolew?« erkundigte sich der Besucher mit sanfter Stimme.

Ich musterte ihn schweigend. Er war mir sofort unsympathisch. Der schlaffe Händedruck, der harte Zug um den dünnlippigen Mund im hageren Gesicht, das alles ließ mich ihm gegenüber automatisch eine abwehrende Haltung einnehmen.

Er übergab mir seine Visitenkarte, und ich zog überrascht die Augenbrauen hoch. Die Karte wies ihn als Inspektor André Verron von der Pariser Polizei aus.

»Ich bin Mitglied einer neuen Abteilung bei der Sûreté, die sich hauptsächlich um unerwünschte russische Emigranten kümmert«, erklärte er.

»So, tatsächlich?« Ich war im ersten Augenblick perplex. »Dann sind wir natürliche Verbündete, Monsieur«, erwiderte ich diplomatisch. »Falls wir auf russische Spione stoßen sollten, die von den Herren im Kreml eingeschleust wurden, sind Sie der erste, den ich davon informiere.«

»Nett von Ihnen.« Ich war mir nicht sicher, ob das ironisch gemeint war. »Aber wir kennen die Namen aller Spione.«

»Wie schön für Sie«, erwiderte ich unsicher. Worauf wollte der Mann hinaus?

»Ja, immerhin haben wir ihnen Decknamen und Deckadressen verschafft«, fügte er lächelnd hinzu. »Ich glaube kaum, daß wir es auf dieselben Leute abgesehen haben.«

»Ich weiß nicht ganz, was Sie damit sagen wollen.«

Inspektor Verron musterte mich aus zusammengekniffenen Augen. »Ich bin gerade von einer Reise in die Sowjetunion zurückgekehrt und dort als Mitglied der Französischen Kommunistischen Partei Gast des Zentralkomitees gewesen.«

»Oh«, entfuhr es mir ehrlich verblüfft. »Tut mir leid.«

»Das muß Ihnen in keiner Weise leid tun, Monsieur – oder sollte ich lieber Fürst Korolew sagen?«

»Bleiben wir ruhig bei Monsieur! Wir in der Schweiz kennen keine Adelsprädikate. Ich hatte keine Ahnung, daß Kommunisten in leitenden Positionen bei der Pariser Polizei sitzen.«

Verron lächelte humorlos. »So, überrascht Sie das? Man hat mich zu Studienzwecken in die Sowjetunion geschickt. Die Kommunisten werden schließlich bald in Frankreich die Macht übernehmen. Und da gibt es viel zu tun.«

»Und womit wollen Sie anfangen?«

»Wir werden alle Russen ausweisen, deren Papiere nicht in Ordnung sind. Allein in Paris dürften das Hunderte sein. Monsieur Stalin wird sie persönlich empfangen.«

»Nun, wir haben hier niemanden, auf den diese Beschreibung zutrifft, Inspektor. Guten Tag!«

»Ich kann mir vorstellen, daß Ihnen das nicht gefällt. Dürfte ich trotzdem mal einen Blick auf Ihr berühmtes Schwarzes Brett mit den Fotos werfen?«

»Warum?«

»Nun, vielleicht erkenne ich jemanden«, erwiderte er schulterzuckend.

»Haben Sie einen Durchsuchungsbefehl?«

»Nein. Ich hatte gehofft ...«

»Dann haben Sie sich getäuscht«, entgegnete ich schroff. »Das Rote Kreuz ist eine unabhängige Organisation.«

»Ich kann mir jederzeit einen Durchsuchungsbefehl besorgen.«

»Dann tun Sie das. Auf Wiedersehen, Inspektor.«

»Einen Moment noch, Korolew.«

»Für Sie bin ich immer noch Monsieur Korolew«, sagte ich wütend.

»Spucken Sie lieber keine so großen Töne, mein Lieber. Es könnte Ihnen noch mal leid tun!«

»Reden Sie keinen Unsinn! Wie können Sie wagen, einem Schweizer Staatsbürger zu drohen? Das ist unerhört!«

»Sie mögen vielleicht einen Schweizer Paß haben«, sagte Verron höhnisch. »Aber viele Ihrer Freunde können das nicht von sich behaupten. Und wenn es Krieg gibt – und das dauert nicht mehr lange –, dann sehe ich schwarz für Männer wie ...«, er warf einen Blick auf eine Art Liste, »wie den sogenannten Graf Kornilow, Graf Trepow und Graf Sergej Mensky.«

»Wie die meisten Kommunisten sind Sie äußerst geschmacklos«, entgegnete ich wütend. »Ihr Graf Trepow ist ein Krüppel. Graf Mensky arbeitet im Hotel Meurice, und Graf Kornilow arbeitet härter als Sie – als Butler.«

»Und was ist mit Ihren Papieren? Oder was ist mit Ihrem Vater? Er war ein enger Freund des Zaren. Mir scheint, er ist der einzige Freund des Zaren, den man – noch – nicht erschossen hat.«

»Verschwinden Sie, bevor ich Sie eigenhändig rauswerfe!« drohte ich.

Als ich einen Schritt vortrat, wich er sofort zurück.

»Auf bald, Monsieur«, erklärte er sarkastisch. »Und keine Sorge. Wir sehen uns wieder.«

»Hoffentlich nicht«, zischte ich. »Raus!«

Ohne ein weiteres Wort verließ er mein Büro. Zurück blieb ein undefinierbares Gefühl der Angst und Bedrohung.

An jenem Tag fand eine seltsame Verquickung von Ereignissen statt. Natürlich konnte der unangenehme Inspektor Verron, der es auf Igor abgesehen zu haben schien, nicht wissen, daß ich nach jenem besonders deprimierenden Besuch bei Igor zu einem Entschluß gelangt war. Wir hatten im Lauf der Wochen gewisse Kommunikationsmöglichkeiten gefunden, die hauptsächlich darauf beruhten, daß ich Fragen stellte und Igor diese durch Augenzwinkern mit ja oder nein beantwortete. Brig jedenfalls schien die Nacktfotos nicht entdeckt zu haben, und ich hatte mir daher vorgenommen, Kontakt zu Igors heimlicher Geliebten aufzunehmen. Daß Igor etwas bedrückte, das nur indirekt mit seinem Zustand zu tun hatte, war mir längst klargeworden.

Da ich jedoch von seiner Geliebten nur wußte, daß sie in

Avallon lebte, hatte ich mit Hilfe unseres Frage- und Antwortspiels mehr herauszufinden versucht. Und es war gelungen. Ich wußte seit jenem Vormittag, daß sie sich postlagernd schrieben, und zwar über das Postamt in der Rue des Saints Pères, das Igors Haus am nächsten lag.

Um die Post dort für Igor abholen zu können, brauchte ich nur noch eine notariell beglaubigte Vollmacht des behandelnden Arztes vom American Hospital.

Am darauffolgenden Montag schickte ich daher eine unserer Helferinnen ins Krankenhaus, um die entsprechende Vollmacht abzuholen. Mit dieser wiederum ging ich anschließend zum Postamt. Es war tatsächlich ein Brief da, ein Brief in blauem Umschlag.

Ich wußte, daß Brig an jenem Abend zum Essen eingeladen war, und beschloß, Igor ein wenig Gesellschaft zu leisten.

»Du bist ein Engel«, sagte Brig erleichtert. Ich fragte mich, ob sie bei diesem Prädikat bleiben würde, wenn sie von dem Brief wüßte, den ich bei mir trug.

Besonders wohl war mir allerdings nicht in meiner Haut, als ich vor Igor den Brief öffnete, ohne den Inhalt auch nur zu ahnen.

»Soll ich ihn dir vorlesen?« fragte ich.

Igor zwinkerte einmal, was ja bedeutete. Er strahlte. Ich riß das Kuvert auf.

Der Inhalt war kurz und lautete: »Warum schreibst Du nicht, Geliebter? Du bereitest mir die schlimmsten Qualen. Nach Deinen Schwüren ewiger Liebe solltest Du wenigstens den Mut finden, mir einen Abschiedsbrief zu schreiben, falls das Deine Absicht ist. Ich habe als gute Katholikin gesündigt. Ich habe Dir all meine Liebe gegeben. Oder bist Du vielleicht krank geworden? Bitte, schreib. Dein Schweigen ist grausam. Es bricht mir das Herz.«

Die Unterschrift bestand aus einem gezeichneten Herzen. Das war alles.

Entsetzt sah ich, wie psychischer Schmerz plötzlich Igors Züge entstellt zu haben schien. Seine Augen glänzten vor Tränen, die zu vergießen ihm verwehrt war.

»Offenbar hat sie keine Ahnung, was passiert ist, Igor«, erklärte ich absichtlich emotionslos. »Ich schreibe ihr an deiner Stelle. Einverstanden?«

Er blinzelte erneut einmal.

Ich warf einen kurzen Blick auf den Absender. »Es genügt vermutlich, wenn ich den Brief an Madame D'Arcy, postlagernd Avallon, richte, oder?«

Igor blinzelte wieder.

»Ich setze den Brief jetzt auf und übertrage ihn morgen auf das Briefpapier vom Roten Kreuz. Auf diese Weise kann sie mich jederzeit anrufen, falls sie das möchte.« Damit nahm ich meinen Füllfederhalter aus der Tasche und begann:

»Sehr geehrte Madame D'Arcy, Igor ist schwer erkrankt und nicht in der Lage, Kontakt zu Ihnen aufzunehmen. Ich bin ein guter Freund und schreibe an seiner Stelle, damit Sie wenigstens Bescheid wissen. Falls Sie möchten, wenden Sie sich vertrauensvoll an mich. Ich helfe gern, so gut ich kann. Igor bittet mich, Sie von ganzem Herzen zu grüßen.«

Ich las Igor die Zeilen vor, und er war einverstanden.

14

Wir Russen sind bekannt für unsere Gefühlsausbrüche, ob nun Wut, Glück oder Melancholie die Ursache sein mag. Doch nie habe ich mit jemandem einen Streit wie jenen mit Tante Olga erlebt, als diese mich überraschte, wie ich Tascha leidenschaftlich küßte.

Es war Hochsommer. Von der unbekannten Madame D'-Arcy hatte ich noch keine Antwort erhalten, und Igor wurde täglich deprimierter.

Paris war wie jedes Jahr zu dieser Zeit fast menschenleer. Alle befanden sich zum Urlaub am Meer, und fast alle Lebensmittelgeschäfte oder Wäschereien hatten geschlossen. Paris glich einer Geisterstadt. Tascha, die noch immer das Lyceum besuchte, würde in wenigen Monaten ihren neunzehnten Geburtstag feiern und war dann fast genauso alt wie damals Mama, als sie meinen Vater geheiratet hatte. Allgemein herrschte die Meinung vor, daß es sich nur noch um Wochen handeln konnte, bis sich Deutschland und Frankreich miteinander im Krieg befanden.

In jenem Sommer stieg die Spannung ins Unerträgliche. Die politische Ungewißheit, Vaters Übellaunigkeit angesichts seiner prekären finanziellen Lage, Igors tragisches Schicksal, das alles setzte mir zu.

Wir mußten plötzlich mit jedem Centime rechnen. Natürlich waren wir nicht arm, aber das Haus in der Schweiz war jahrelang vermietet gewesen und hatte, wie ich erst jetzt erfuhr, eine stattliche Summe eingebracht, mit der Vater seine Spielleidenschaft und seine Frauengeschichten finanziert hatte. Damit war es nun vorbei. Hinzu kam, daß Vaters Aktienvermögen, mit dem er unseren Lebensunterhalt bestritt, durch den drohenden Krieg ebenfalls ein Unsicherheitsfaktor wurde.

Wir waren also alle gereizt und nervös, und als ich an jenem Abend aus dem Büro nach Hause zurückkehrte, fand ich eine Nachricht von Lilla vor, die seit Tagen kränkelte. Der Arzt hatte ihr ein paar Tage im Krankenhaus verordnet, wo sie gründlich untersucht werden sollte. Vater, so wußte ich, traf sich mit Kornilow, dem Butler der Trepows, der seinen freien Tag hatte. Und Tascha war offenbar ausgegangen.

Ich hatte es mir im Salon im dritten Stock bequem gemacht, dessen russische Atmosphäre ich sehr liebte, und ging kurz in die Küche, um eine kühle Flasche Perrier zu holen und einen Scotch zu mixen. Auf dem Rückweg in den

Salon hörte ich, wie sich der Schlüssel im Schloß drehte. Tascha erschien.

»Ah, du kommst gerade rechtzeitig, um mit mir essen zu gehen«, begrüßte ich sie. »Ich lade dich ein. Wir sind allein, bis Papa zurück ist.«

»Spar dir lieber dein Geld! Wir sind doch pleite.« Tascha lachte. Das war inzwischen bei uns eine stehende Redensart. »Ich koche uns was.«

»Du wirst nichts dergleichen tun! Du bist viel zu hübsch, um dich in der Küche abzurackern.«

»Dir fallen doch immer die nettesten Komplimente ein«, sagte Tascha leise.

Und sie sah bezaubernd aus, bezaubernd und sehr begehrenswert. Mit jedem Monat wurde sie reifer, weiblicher. Ihr schönes slawisches Gesicht, das goldblonde Haar, die langen Beine, das zauberhafte Lächeln ihres einladenden Mundes und die abenteuerlustig glitzernden Augen, das alles ließ mich vergessen, daß sie noch ein halbes Kind war.

»Ich bereite uns was ganz Einfaches«, fuhr sie fort. »Blinis. Ich weiß, daß wir noch saure Sahne und Lachskaviar haben. In Ordnung?«

»Unsinn«, wehrte ich ab. »Wir gehen in unser kleines Restaurant in der Rue Jacob. Ich weiß, daß es auch im August geöffnet ist. Wir essen ›Steak au poivre‹.« Ich wußte, daß Tascha das pikante Gericht mit der dicken Sahnesauce liebte.

»Einverstanden.« Sie schlang lachend die Arme um meinen Hals. »Du hast gewonnen und bist ein Engel.«

»Genau wie du«, erwiderte ich heiser. Und ohne Nachdenken oder Vorbedacht, ja, ganz ohne Absicht fanden sich unsere Lippen und öffneten sich. Unsere Herzen schlugen schneller, atemlos vor Glück hielten wir uns in einer Umarmung umschlungen, von der ich wünschte, daß sie nie enden möge.

Es hatte schon andere Küsse gegeben, manche davon leidenschaftlich genug, um sexuelle Begierden in mir zu wekken, die ich dann hastig und oberflächlich unterdrückt hatte. Doch dieser Kuß war anders. Es war ein Kuß der Liebe, ohne vordergründig lustbetont zu sein, als erlebten wir gemeinsam zum ersten Male die reine, ungetrübte und tiefe Zuneigung zueinander. Ich wußte sofort, daß dies der erste Augenblick echter Empfindung war.

»Mein Gott, ich liebe dich«, murmelte ich aus tiefstem Herzen. »Für immer. Du bist die einzige – auf ewig.«

Tascha schlang die Arme nur noch fester um mich und flüsterte: »Wir sind allein zu Hause. Komm, wir gehen ins Bett!« Ich zögerte, obwohl ich rückblickend gestehen muß, daß ich diesmal sicher den Kopf verloren hätte. Doch in diesem Augenblick, als wir taub für alles um uns herum eng umschlungen in einem leidenschaftlichen Kuß vereint im Salon standen, öffnete sich die Tür.

Auf der Schwelle erschien mit wutverzerrtem Gesicht Tante Olga, die stets einen Hausschlüssel gehabt hatte.

»Du verdorbenes Stück!« schrie sie und trat mit erhobener Hand auf uns zu.

Aschfahl geworden, fuhren wir auseinander. Olga konzentrierte plötzlich all ihre Wut auf mich. »Was, zum Teufel, bildest du dir ein, meine Tochter zu verführen?«

Tascha wollte etwas sagen, doch Olga schnitt ihr das Mort ab: »Halt gefälligst den Mund! Wir sprechen uns später.« Und mich fuhr sie an: »Sie ist ein Kind! Du gemeines Schwein! Wenn ich ein Mann wäre, würde ich dich umbringen!«

»Überleg dir gefälligst, was du sagst!« schrie ich zurück. »Gut, ich habe Tascha geküßt. Aber es ist kein Verbrechen, ein hübsches Mädchen zu küssen.«

»Hältst du mich für blöd? Was du vorhattest, war eindeutig!« Sie rückte drohend einen weiteren Schritt auf uns zu.

»Bitte, Mama«, versuchte Tascha Tante Olga zu beruhigen. »Wir haben …«

»Ich weiß, was ihr getan habt. Aber du hältst dich da raus!« schrie sie. »Du benimmst dich wie ein Flittchen!«

»Tante Olga, nimm das sofort zurück«, sagte ich wütend. »Ausgerechnet du!«

»Ich kenne euch Korolews! Ihr habt nichts als Sex im Kopf. Du bist auch nicht besser als dein Vater.«

»Laß Vater gefälligst aus dem Spiel!« Etwas in meinen Augen mußte sie ein wenig zur Vernunft gebracht haben, denn ihre Stimme wurde ruhiger.

»Ich habe genug gesehen«, sagte sie beinahe trotzig. »Der Himmel weiß, was ihr in diesem Haus schon getrieben habt. Du bist doch wohl nicht schwanger, oder?« wandte sie sich unverblümt an Tascha.

Noch immer atemlos vor Wut, erwiderte ich: »Tante Olga, du hast mein Wort: Es ist zwischen uns nichts vorgefallen.«

»Nichts«, wiederholte Tascha.

»Sei still!« wies Olga sie scharf zurecht. »Geh und pack deine Sachen.«

»Packen?«

»Jawohl! Du ziehst hier aus! Glaubst du vielleicht, ich lasse dich hier in diesem Bordell mit dem Kerl allein zurück?« entgegnete sie verächtlich.

»Aber ich kann doch nicht von hier fort, Mama«, jammerte Tascha. »Die Schule – gleich um die Ecke ...«

»Du kannst, und du wirst«, entschied Olga.

»Aber die Schule!« Tascha geriet plötzlich in Panik.

»Zum Teufel mit der Schule! Du gehst von heute an nicht mehr zur Schule. Morgen fängst du an, zu arbeiten, mein Kind. Und zwar in meinem Salon. Und dort wirst du auch wohnen. Auf diese Weise habe ich dich unter Kontrolle.«

»Nein, ich gehe hier nicht weg! Auf keinen Fall!« Taschas Stimme überschlug sich.

»Es wird dir gar nichts anderes übrigbleiben.« Tante Olgas Stimme klang eisern.

Tascha brach in Tränen aus. »Bitte, Mama, laß mich hier. Ich bin hier so glücklich gewesen ...«

»Das kann ich mir vorstellen!« Olga warf mir einen bösen Blick zu.

»Herrgott, sei doch nicht so albern«, sagte ich. »Siehst du nicht, daß du ihr das Herz brichst?«

»Und wer kümmert sich um meine Gefühle? Und um die von Rudi und allen anderen, die vielleicht längst tot sind? Erzähl du mir gefälligst nichts von gebrochenen Herzen!«

»Du machst mich krank!« Ich ging in die Küche, um mir noch ein Glas Perrier zu holen.

»Nicki, du darfst nicht zulassen, daß sie mich von hier fortnimmt!« rief Tascha mir nach.

»Sei nicht so kindisch«, fuhr Olga sie an. »Es wird Zeit, daß du Disziplin lernst!«

Als ich in den Salon zurückkehrte, saß Tascha auf einem Stuhl und wiederholte trotzig: »Ich gehe nicht fort! Ich gehe nicht!«

»Du wirst tun, was ich dir sage!« Olga trat zu Tascha und versetzte ihr eine schallende Ohrfeige.

»So!« Olga keuchte. »Das wollte ich zwar nicht, aber vielleicht ist dir jetzt endlich klar, daß hier getan wird, was ich sage, meine Liebe. Ich bin noch immer deine Mutter. Seit du ein Baby warst, habe ich mich um dich gekümmert, dir alle Liebe gegeben – und das ist nun der Dank!«

Damit war für Olga die Angelegenheit erledigt. Hocherhobenen Hauptes verließ sie den Salon, packte Taschas Habseligkeiten in einen alten Koffer, nahm Tascha bei der Hand und verließ mit ihr ohne ein weiteres Wort mit der Haltung der russischen »grande dame« das Haus.

Es dauerte eine Weile, bis sich meine Wut darüber etwas gelegt hatte, daß Tante Olga mir, einem Mitglied der Familie, keinen Glauben geschenkt hatte. Ohne Tascha erschien mir das Haus plötzlich leer und öde. Doch je länger ich darüber nachdachte, desto weniger konnte ich Tante Olga böse sein. Sie mußte instinktiv geahnt haben, daß ich, was Tascha betraf, mir selbst nicht trauen durfte.

Als Vater spät am Abend nach Hause zurückkehrte, sagte ich ihm, was passiert war.

»Tascha ist fort, ausgezogen«, begann ich tonlos.

»Was soll das heißen – ausgezogen? Wo ist sie hin?«

»Olga hat sie mitgenommen.« Ich erzählte ihm, was vorgefallen war.

»Hast du tatsächlich mit ihr geschlafen?« erkundigte sich Vater unverblümt.

Ich schüttelte den Kopf. »Nein. Ich habe sie lediglich geküßt.«

»Tascha ist ein verdammt aufregendes Mädchen«, gab Vater zu. »Eine Schönheit. Ist wirklich nichts vorgefallen?«

»Nein, nichts.«

»Nun, da kann man nichts tun. Sie wird uns fehlen. Olga bereut ihren Entschluß bald! Verlaß dich drauf. Sie wird sich wundern, den ganzen Tag und vor allem die ganze Nacht auf ein junges Mädchen aufpassen zu müssen. Olga ist zwar kein heuriger Hase mehr, aber was Männer betrifft, kann sie noch immer nicht nein sagen. Und sie sollte ihr Leben genießen, solange das möglich ist. Wenn es Krieg gibt ...«

»Du und dein Gerede vom Krieg! Hast du nichts anderes im Kopf?« Ich lachte.

»Ich finde das gar nicht zum Lachen. Der Krieg kommt. Liest du keine Zeitungen?«

»Doch. Aber glaubst du alles, was da drinsteht?«

Obwohl die Briten offenbar alles taten, den Konflikt um die Tschechoslowakei auf dem Verhandlungsweg zu lösen, redeten die Schlagzeilen der Zeitungen immer wieder von Kriegsgefahr.

»Hitler zieht seine Truppen an der Ostgrenze zusammen, und Mussolini ist jederzeit bereit, Frankreich anzugreifen«, erklärte mein Vater. »Ist das nicht Bedrohung genug? Und diese Feiglinge auf der politischen Bühne lassen sich von dem wahnsinnigen Hitler alles gefallen.«

Trotz aller Hiobsbotschaften und der nicht abreißenden

Konferenzen auf höchster politischer Ebene in Paris, Prag, München und London erlebte Paris einen heißen, trägen Sommer. Als Ende September die ersten Blätter von den Bäumen fielen, war noch immer nichts entschieden. Dann kam der 28. September. Ein Unwetter verwüstete das Loiretal, während man in Paris in den englischen Zeitungen Fotos sehen konnte, wie Soldaten Schützengräben im Hydepark aushoben und Geschütze aufstellten. Frankreich und Großbritannien drängten die Tschechoslowakei offenbar, Hitlers Forderungen nachzugeben und den Einmarsch deutscher Truppen ins Sudetenland stillschweigend zu dulden. Und genauso geschah es.

Premierminister Daladier hielt an jenem Abend eine Rundfunkansprache, und die ganze Nation hörte zu. Ursprünglich hatte er die Generalmobilmachung Frankreichs verkünden wollen, das bereit war, seine Vertragsverpflichtungen gegenüber der Tschechoslowakei zu erfüllen.

Statt dessen erklärte Daladier den Franzosen, er habe diese Entscheidung vorerst aufgeschoben, da sich Hitler aufgrund der Intervention Mussolinis dazu durchgerungen habe, den Einmarsch in die Tschechoslowakei seinerseits um 24 Stunden hinauszuzögern.

»Morgen mittag findet eine Vier-Mächte-Konferenz in München statt«, verkündete Daladier. »Wir wollen das Problem auf friedlichem Wege lösen. Und ich werde alles in meiner Macht Stehende tun, um den Frieden in Europa zu bewahren.«

Als Daladier am 30. September aus München zurückkehrte, wußte die Welt, daß sein und Lord Chamberlains Beitrag zu einer »friedlichen Lösung« darin bestanden hatte, sämtliche Forderungen Hitlers zu akzeptieren. Trotzdem wurde Daladier bei seiner Rückkehr nach Paris von einer jubelnden Menge begrüßt.

Am nächsten Tag brachten französische Zeitungen Fotos, die Chamberlain bei seiner Rückkehr auf dem Flughafen

Heston zeigten, wie er ein Dokument in der Hand schwenkte und behauptete, es würde den Frieden sichern.

Wenige Tage später wetterte Churchill wütend gegen diesen Vertrag, den er als erbärmliche Niederlage bezeichnete, und wurde niedergeschrien. Man hatte die Tschechen allein gelassen. Doch der Krieg war für eine Weile verhindert worden.

Ich saß in meinem Büro, und wie so oft war ich in Gedanken bei Rudi und fragte mich wieder mal, wo er wohl sein mochte, wie sein Leben verlief und ob auch er in den drohenden Krieg hineingezogen werden würde. Noch immer waren sämtliche Versuche, den Ursprung jenes Zeitungsfotos aufzuklären, fehlgeschlagen.

Plötzlich klingelte das Telefon.

»Monsieur Korolew?« fragte eine sanfte Frauenstimme.

»Ja, am Apparat.«

»Mein Name ist Madame D'Arcy.«

Ich setzte mich interessiert im Sessel auf. Seit jenem Brief waren zwei Monate vergangen, und ich hatte kaum noch mit einer Reaktion gerechnet.

»Ich bin sehr froh, daß Sie sich endlich melden, Madame«, begann ich. »Sind Sie in – Avallon?«

»Nein, nein.« Sie lachte flüchtig. »Ich bin hier, in Paris. Im Hotel Meurice. Bitte sagen Sie mir, was passiert ist. Aus Ihrem Brief bin ich nicht recht schlau geworden.«

Ich holte tief Luft und erzählte ihr schließlich die ganze Geschichte. »Mehr kann ich Ihnen nicht sagen«, schloß ich ein wenig hilflos. »Aber ich würde Sie gern kennenlernen, Madame D'Arcy.«

»Mit Vergnügen. Kommen Sie doch ins Hotel Meurice. Wir können zusammen etwas trinken.«

»Jetzt sofort?«

»Wenn es Ihnen möglich ist.«

»Gut. In einer halben Stunde.« Das gab mir genug Zeit, durch die Tuilerien und über die Rue de Rivoli zu Fuß dorthin zu gehen. Ich hatte das Gefühl, frische Luft zu brauchen.

»Glauben Sie, daß ich Igor sehen kann?« erkundigte sie sich zögernd.

»Das weiß ich wirklich nicht«, erwiderte ich wahrheitsgemäß. »Aber wir werden sehen. Jedenfalls würde sich Igor schrecklich freuen.«

»Ich mich auch.«

»Machen Sie sich nicht allzu viele Hoffnungen«, warnte ich. »Es ist ein trauriger Anblick.«

»Bitte suchen Sie mich so schnell wie möglich auf. Ich bin in dem kleinen Salon neben der Bar im Parterre.«

Madame D'Arcy war eine sehr charmante Frau. Ich schätzte sie auf Ende Zwanzig. Sie war zwar keine Schönheit im klassischen Sinne, strömte jedoch viel Wärme und Sinnlichkeit aus. Ihr üppiges lockiges Haar war kastanienbraun. Je länger ich sie ansah, desto mehr mußte ich meinen ersten Eindruck revidieren. Sie war auf ihre Art durchaus schön zu nennen.

Sie trank Kaffee und bot mir sofort eine Tasse an. »Oder möchten Sie lieber etwas Stärkeres?« erkundigte sie sich.

»Zu einem Whisky-Soda sage ich nicht nein«, erwiderte ich. »Es passiert schließlich nicht alle Tage, daß man eine geheimnisvolle Fee trifft.«

Ich winkte dem Ober. Es war Sergej Mensky – oder besser Graf Mensky. Wir bestellten.

»Ich habe das Gefühl, Sie längst zu kennen, Monsieur Korolew«, begann sie schließlich. »Igor hat oft von Ihnen gesprochen. Wie haben Sie meinen Namen und meine Adresse herausgefunden?«

Ich trank einen Schluck Scotch und erklärte ihr dann von der komplizierten Art und Weise, wie wir gelernt hatten, miteinander zu »sprechen«, nachdem die Ärzte herausgefunden hatten, daß Igors Gehirnfunktionen unbeschadet geblieben waren und er uns mit den Augenlidern Zeichen geben konnte.

»Großartig«, murmelte sie. »Es muß Sie viel Geduld gekostet haben, ihm und auch mir in dieser Weise zu helfen.« Und dann stellte sie die Frage, die sie wohl am meisten beschäftigte. »Sagen Sie, was ist mit seiner Frau? Gibt es eine Möglichkeit, Igor zu sehen?«

Ich zögerte, nicht nur, weil ich mir über die Antwort nicht im klaren war, sondern weil ich nicht in die Angelegenheit verwickelt werden wollte. Die Sache war mehr als delikat, denn die Geliebte eines Mannes in das Haus seiner Ehefrau zu bringen, war nicht gerade die feine englische Art. Andererseits war eine mögliche therapeutische Wirkung eines solchen Wiedersehens für Igor nicht auszuschließen.

»Ich habe das Gefühl, Sie bereits so gut zu kennen, daß es mir schwerfällt, Madame D'Arcy zu Ihnen zu sagen«, murmelte ich, um Zeit zu gewinnen.

»Oh, nennen Sie mich ruhig Anna. Und Sie sind Nicki, nicht wahr? Also, ist seine Frau ständig zu Hause?«

»Meistens. Aber vielleicht kann ich doch etwas arrangieren. Brig geht häufig abends aus. Und der Butler, ein verarmter russischer Emigrant, ist ein alter Freund von uns. Ich werde mit ihm sprechen. Wenn Sie sich nur ein paar Minuten sehen können, tut das Igor sicher sehr gut.«

»Ich möchte ihn einfach nur sehen, auch wenn ich nicht mit ihm allein sein kann.«

»Aber seien Sie bitte vorsichtig«, warnte ich. »Die Krankenschwestern haben ein loses Mundwerk. Brig darf nichts erfahren.«

Die Begegnung mit Anna wurde schließlich in die Tat umgesetzt, und zwar mit Kornilows Hilfe, der uns sofort Bescheid sagte, als er wußte, wann Brig zu einer größeren Abendeinladung gehen würde. Ich holte Anna in meinem Renault ab, und wir warteten vor dem Haus, bis Brig mit Wagen und Chauffeur wegfuhr.

Als wir im Haus waren, war das Glück auf unserer Seite. Ich hatte mir vorgenommen, Anna als alte Freundin vorzustellen, als wir Igors Nachtschwester im Korridor trafen. Wir kannten uns bereits vom Sehen, und sie sprach mich sofort an. »Haben Sie etwas dagegen, einen Augenblick allein bei Ihrem Freund zu bleiben, Monsieur Korolew? Ich möchte gern die Kissen frisch beziehen.«

»Selbstverständlich nicht«, versicherte ich ihr hastig, und als die Schwester den Gang entlangeilte, flüsterte ich Anna zu: »Ihr habt drei bis vier Minuten für euch. Sobald ich die Krankenschwester zurückkehren höre, gehe ich ins Zimmer. Auf diese Weise sieht alles ganz normal aus.«

Sie nickte, und ich ging voraus. Igor wußte natürlich, daß Anna ihn besuchen würde, und das unglaubliche Leuchten seiner Augen entschädigte mich für vieles, als ich die beiden allein ließ. Sobald ich die Schritte der Nachtschwester hörte, klopfte ich an die Tür und trat dann ein.

Anna weinte lautlos und strich über Igors Stirn, während Igors Augen einen verräterischen Glanz hatten. Wir warteten, bis ihm die Schwester ein frisch bezogenes Kissen unter den Kopf geschoben hatte, und unterhielten uns noch kurz und ganz unverfänglich, während die Schwester in einer Ecke strickte.

»Armer Liebling«, murmelte Anna und begann im Wagen heftig zu weinen. »Das ist der Fluch Gottes, weil wir gesündigt haben.«

»Nein, das ist Unsinn«, versuchte ich sie zu beruhigen. »Jedenfalls haben ihm die wenigen Augenblicke mit Ihnen sicher sehr geholfen.«

Zwei Tage, bevor Anna nach Avallon zurückkehrte, aß ich mit ihr zu Mittag.

»Sie sind so lieb und verständnisvoll gewesen«, sagte sie.

»Vielen Dank für alles. Ich werde nicht wiederkommen. Das ist besser so. Igor so zu sehen – das ist eine Strafe für mich. Aber ich werde Sie ab und zu beim Roten Kreuz anrufen.«

Sie dachte einen Augenblick nach und schrieb dann etwas auf einen Zettel.

»Das ist meine Telefonnummer zu Hause in Avallon«, erklärte sie. »Für den Fall, daß Sie dringend mit mir sprechen wollen.«

»Ist das klug?«

»Ja, ich glaube schon. Falls ich nicht sprechen kann, sage ich einfach falsch verbunden, und rufe Sie an, sobald es mir möglich ist. Es ist ja nur für den Notfall. Vielleicht kann ich ja mal helfen.«

Ich griff nach dem Zettel und ahnte nicht, daß ich tatsächlich eines Tages ihr Angebot würde wahrnehmen müssen, allerdings nicht wegen Igor, sondern um mir in einer lebensbedrohenden Situation zu helfen.

15

Es dauerte drei Wochen, bis Tascha mich anrief. Davor hörte ich kein Wort von ihr. Dann ertönte plötzlich ihre Stimme am Telefon, heiser vor Liebe und Sehnsucht: »Ich fühle mich wie im Gefängnis. Heute ist es mir gelungen, mir zwei Stunden Freiheit zu ergattern. Mama geht zum Mittagessen aus.

»Ich vermisse dich schrecklich«, fügte sie nach einer Pause atemlos hinzu. »Ich komme zu dir ins Büro. Warte dort auf mich, ja? In einer Stunde bin ich bei dir.«

Tascha erschien um halb zwei Uhr, und ich erschrak bei ihrem Anblick. Das begehrenswerte junge Mädchen war in eine Art häßliche graue Schuluniform gepreßt und sah mitleiderregend aus.

»Was ist los mit dir? Schläfst du nicht genug?« Ich umarmte sie und gab ihr einen Kuß. »Und du bist ganz außer Atem.« Ich musterte sie skeptisch. »Wie bist du hergekommen?«

»Zu Fuß.«

»Zu Fuß? Hast du denn kein Geld? Wie kann dir deine Mutter das nur antun?«

»Es war die einzige Möglichkeit, dich zu sehen. Ich habe nie Geld, keinen Sou. Mama sagt, das sei die Strafe. Ich arbeite wie ein Sklave. Aber nicht für Geld, nur fürs Essen.«

»Tascha, ich werde dafür sorgen, daß du angemessen bezahlt wirst«, erklärte ich bestimmt. »Das ist ja wirklich wie im Gefängnis. Und in deinem Alter mußt du das anziehen? Du siehst ja aus wie ...« Ich zögerte.

»Wie ein Monster, was?« Tascha lachte. Ihren Sinn für Humor schien sie jedenfalls noch nicht verloren zu haben.

»Das habe ich nicht gesagt«, entgegnete ich ebenfalls lachend. Trotz allem leuchteten Taschas Augen vor Glück. Und ihr Lachen war so ansteckend wie eh und je. »Und du bist die ganze Strecke gelaufen, von den Champs-Élysées über den Place de la Concorde zum Rive Gauche.«

»Es ist ein schöner Tag.« Tascha lächelte zärtlich. »Und es war der Mühe wert.«

»Olga ist gemein. Wie kann sie nur so hart sein?«

»Sie ist eine Mutter, die ihr Kind beschützt«, erwiderte Tascha mit ironischem Unterton in der Stimme.

»Dagegen müssen wir etwas unternehmen«, entschied ich. »Das ist kein Leben für dich.« Ich schloß eine Schublade in meinem Schreibtisch auf. »Hier hast du erst mal etwas Geld. Nein, Liebes, keine Widerrede. Es ist kein Vermögen, aber du kannst dir gelegentlich wenigstens ein Taxi leisten.«

»Oder den Bus.«

»Nein, Taxis.«

»Aber Nicki ...«

»Begreifst du nicht? Wenn du hin und zurück ein Taxi nimmst, bleibt uns mehr Zeit füreinander.«

»Ja, das ist die Sache natürlich wert.« Sie lächelte. »Wenn wir nur einen Ort hätten, wo wir allein sein können! Zu Fuß habe ich so lange hierher gebraucht, daß ich bald schon wieder gehen muß.«

»Keine Sorge. Mir wird schon was einfallen. Du kannst mich bald wieder besuchen.«

Wir besprachen hastig, welche Möglichkeiten wir hatten. »Wann ist es für dich am günstigsten, zu verschwinden?« wollte ich wissen.

»Zur Mittagszeit«, erwiderte Tascha prompt. »Mama ißt häufig mit ihren wichtigsten Kunden zu Mittag, und meistens ist sie bei diesen Leuten eingeladen.«

»Das paßt doch ausgezeichnet. Und wie oft geschieht das?«

»Zwei- bis dreimal pro Woche.«

»Na, wunderbar. Überlaß das nur mir. Ich kriege das schon hin.«

Ich hatte bereits eine Idee. Wir hatten gerade noch Zeit für einen Kuß und ein paar Zärtlichkeiten, dann mußte Tascha zu Olgas Modeatelier zurück.

Am nächsten Tag ging ich zum Auktionshaus Salle Drout hinter der Rue Lafayette. Dort war man hauptsächlich auf Gebrauchtmöbel spezialisiert. Ich erstand nach und nach ein langes Ledersofa, einen Kühlschrank, ein Bücherregal mit Unterschrank aus Mahagoni und zwei Sessel mit passenden Bezügen aus graugrundigem Chintz mit blauen Vögeln. Am Seineufer fand ich schließlich noch ein paar billige Stiche, die ich bei einem Glaser in der Rue des Saints Pères rahmen ließ.

Auf diese Weise verwandelte sich innerhalb weniger Tage mein kahles Büro in ein verhältnismäßig gemütliches Wohn-Büro mit eigenem Badezimmer, in das ich den Kühlschrank stellte, der von da an stets ein oder zwei Flaschen Champagner, Weißwein, Beaujolais, Wodka und ein paar Gläser mit Pastete, Butter oder Sellerie enthielt.

Ich verabredete mit Tascha, daß sie mich sofort anrufen solle, sobald sie wußte, wann ihre Mutter ausgehen würde. Falls sie bis halb ein Uhr nicht angerufen hatte, ging ich zum Essen. Rief sie jedoch an, lief ich schnell zum Markt am Ende der Rue de Seine und kaufte kalten Braten oder Hühnchen und ein Baguette.

Die beiden Amerikanerinnen, die mir zu jener Zeit als freiwillige Helferinnen zugeteilt waren, zog ich ins Vertrauen, gewährte ihnen eine dreistündige Mittagspause und erklärte, daß ich während dieser Zeit nicht gestört werden wollte.

Dieses System funktionierte ausgezeichnet. Nach all den langen Jahren des Wartens war unser Glück, die blinde, verrückte Sehnsucht nacheinander ein wunderbares Erlebnis. Wir lagen uns fast nackt auf dem Ledersofa in den Armen, küßten uns, berührten uns mit den Lippen an Hals, Brüsten und tiefer. Das Glücksgefühl ließ uns fast betrunken werden.

»Sei vorsichtig, es ist das erste Mal«, sagte Tascha leise. »Ich habe so lange gewartet, Liebster. Weißt du noch, damals im Badezimmer? Ich werde dich immer lieben. Immer! Komm jetzt, bitte! Ich halte es nicht länger aus, komm, sonst ist es vorbei!«

Auch ich konnte nicht mehr warten. So sanft ich es vermochte, preßte ich Tascha an mich, denn ich wollte ihr nicht weh tun. Doch sie war so erregt, daß ich ohne Schwierigkeiten in sie drang und wir uns beide automatisch in unserem eigenen Rhythmus der Liebe zu bewegen begannen. Es war die reinste Ekstase, und ich wünschte, sie würde niemals enden, bis sie vor Glück und Lust aufschrie, sich atemlos zurückbog und es vorüber war.

»Liebste – liebste Tascha.« Ich küßte sie und spürte, wie ihr Herz gegen meine Brust schlug. »Endlich! Ist es nicht wunderbar, wenn man so lange gewartet hat?«

»Ich sterbe, falls du mich je verlassen solltest«, hauchte sie völlig außer Atem.

»Das werde ich nie tun! Niemals.« Ich zog sie enger an mich und warf einen verstohlenen Blick auf die Uhr. Es war erst zwei.

»Und jetzt gibt's was zu essen und zu trinken«, entschied ich, doch dann fiel mir etwas ein. »Was – was ist, wenn du ein Baby kriegst?«

Tascha lachte. »Keine Sorge. Ich bin bestens ausgerüstet. Ich nehme gleich eine Spülung vor. Dann kann nichts passieren.«

Damit stand sie auf. Fünf Minuten später kehrte sie aus dem Badezimmer zurück. »Hunger!« rief sie. »Ich sterbe vor Hunger. Was gibt's zum Mittagessen?«

»Die Liebe macht vor allem hungrig«, bemerkte ich.

Wir breiteten ein weißes Tischtuch über den Schreibtisch und speisten mit Pastete, frischem Weißbrot, kaltem Hühnchen und Wodka.

»So gut hat es mir überhaupt noch nie geschmeckt«, erklärte Tascha begeistert.

»Liebste, ich habe Kaffee vergessen!« Das fiel mir plötzlich ein. »Sollen wir ins ›Deux Magots‹ gehen?«

Tascha schüttelte den Kopf. »Nein, das ist zu riskant. Jemand könnte mich erkennen und es Mama erzählen. Es ist besser, wir sind vorsichtig, aber glücklich. Ich gehe nachher zu Fuß bis St. Germain und nehme von dort aus ein Taxi. Ich bin verrückt nach dir, Liebster. Und ich mag es sehr, wie du liebst. Das tun wir, bis – bis wir alt sind, ja?« Sie nippte an ihrem Glas Beaujolais. »Wie lange hält das Feuer an, Nicki? Wie lange fühlt man diese Sehnsucht?«

»Du bist längst meiner überdrüssig, bevor das passiert«, entgegnete ich lachend. »Aber jetzt mußt du gehen!« befahl ich. »Es ist zwanzig vor drei. Beeil dich! Ich möchte nicht, daß dieses herrliche Arrangement zu Ende ist, bevor es überhaupt richtig angefangen hat.« Ich brachte Tascha bis zur Tür, küßte sie und beobachtete, wie sie glücklich auf der Suche nach einem Taxi davonlief.

Und wir waren vorsichtig. Unser Geheimnis blieb für fast das ganze Jahr 1939 unentdeckt. An einem Wochenende, als Olga nach London fahren mußte, um Selfridge zu treffen, nahm ich Vaters Auto. Wir fuhren zu dem kleinen Hotel »Le Forêt de Fontainebleau«, mitten im Wald, umgeben von Künstlern und Verliebten, und lebten dort zwei herrliche Nächte lang in einem breiten Doppelbett und mit Kaffee und Croissants zum Frühstück als Mann und Frau.

Natürlich ging das nicht jeden Tag so weiter. Das ganz normale Leben forderte seinen Tribut. Ich besuchte regelmäßig Igor und kümmerte mich um Vater, der immer schwieriger wurde. Olga begann uns wieder zu besuchen. Sie brachte eine artige Tascha mit, die sich hinter dem Rücken ihrer Mutter vor Lachen ausschütten wollte, besonders an Tagen, da wir uns zuvor heimlich geliebt hatten. Wir unterhielten uns so höflich distanziert, als habe uns der Familienstreit zu Fremden werden lassen.

Jene Auseinandersetzung wurde so lange zwischen uns totgeschwiegen, bis Olga eines Tages, als wir allein waren, erklärte: »Ich habe dir diese unangenehme Geschichte verziehen, als du Tascha geküßt hast. Ich glaube jetzt, daß du damals die Wahrheit gesagt hast.«

»Ja, das habe ich, Tante Olga«, erwiderte ich, vergaß jedoch hinzuzufügen: »Damals schon.«

Im Sommer 1939 schließlich wurde der Krieg beinahe zur Realität. Die ersten offiziellen Hinweise verbargen sich in einem dringenden Telefonat mit meinem Vorgesetzten in Genf. Philippe Peter, der mich dringend nach Genf beorderte.

»Für wie lange?« erkundigte ich mich prompt, denn ich

dachte an Tascha und wie ich sie informieren konnte, daß ich verreisen mußte.

»Nur für einen Tag. Oder für zwei oder drei, wenn Sie möchten. Ich habe die Leiter unserer sämtlichen europäischen Niederlassungen zu inoffiziellen Konsultationen nach Genf bestellt, um die besonderen Probleme zu besprechen, denen wir uns bei Kriegsausbruch stellen müssen.«

»Falls es wirklich Krieg gibt«, entgegnete ich.

»Daran bestehen nun wirklich keine Zweifel mehr«, erklärte Philippe Peter. »Wir haben es in Paris mit dem höchsten Prozentsatz an russischen Emigranten zu tun. In Amerika konnten wir für Tausende die Einbürgerung erreichen, aber in Frankreich stoßen wir immer wieder auf Schwierigkeiten. Das wissen Sie ja am besten.«

Und ob ich das wußte! Unsere Pläne, für die russischen Einwanderer die französische Staatsbürgerschaft zu erwirken, waren oft im Sande der Bürokratie verlaufen. Der Grund für unsere diesbezüglichen Schwierigkeiten stammte aus dem Jahr 1917. Da hatte Frankreich Rußland 10 Milliarden Francs geliehen, die zurückzuzahlen sich die Bolschewiken stets geweigert hatten.

Die unmittelbare Folge dieses Politikums war, daß russische Emigranten in Frankreich automatisch zu Internierten wurden, die sich regelmäßig bei der Polizei melden mußten. Diese Situation begann sich erst im Lauf der zwanziger Jahre zu entspannen, als das Rote Kreuz mit der Ausstellung sogenannter Carnets d'Authentique versuchte, die Loyalität der Emigranten zu bestätigen. Diese Carnets wurden in Zusammenarbeit mit der Polizei in unserem Büro in Paris ausgegeben.

Es war kein Wunder, daß in Paris der Schwarzmarkt für Staatsangehörigkeitsurkunden blühte. Geschickte Anwälte verdienten auf diese Weise ein Vermögen. Als Rußland im Jahr 1934 in den Völkerbund eintrat, entspannte sich die Lage für die russischen Emigranten, verschlechterte sich dann aber wieder drastisch nach dem russischen … gen Finnland und dem folgenden Ausschluß aus … kerbund. Das Problem dabei war, daß sich einige de… granten im Untergrund mit kommunistis… Organisationen zusammengetan hatten und gelegentlich … »Feinde der Republik« verhaftet worden waren. Der Großteil der russischen Emigranten allerdings wurde als Opfer der Revolution freundlich und tolerant behandelt.

Ich hatte mit diesen Problemen praktisch täglich zu tun, besonders weil Inspektor Verron inzwischen sämtliche Befugnisse erlangt hatte, regelmäßig unsere Bücher und andere Informationen zu kontrollieren. Es schien mir eine gewisse Ironie des Schicksals zu sein, daß sich alles angesichts eines bevorstehenden Krieges dank Hitlers Gerissenheit und der Launen eines ehemaligen deutschen Sektvertreters namens Ribbentrop ändern sollte.

Der springende Punkt dabei war, daß die Franzosen und die Briten versäumt hatten, mit dem mächtigen kommunistischen Rußland einen Nichtangriffspakt zu schließen. Sie hatten sich einfach darauf verlassen, daß Rußland Hitlers Todfeind bleiben würde.

Sie hatten sich verrechnet. Hitler haßte zwar die Kommunisten, doch selbst er war sich darüber im klaren, daß er keinen Zwei-Fronten-Krieg führen konnte. Am 23. August 1939 schickte er daher Ribbentrop zu Verhandlungen mit Stalin nach Moskau. Ein paar Stunden später unterzeichneten die »Todfeinde« Rußland und Deutschland einen Nichtangriffspakt.

All diese Dinge schossen mir durch den Kopf, als Philippe Peter aus Genf anrief. »Die bevorstehenden Konsultationen sind sehr wichtig«, erklärte er. »Von unseren Leuten im Ausland soll jeder mit einem besonderen Ansprechpartner aus der Zentrale sprechen. Intellektuelle Seminare nutzen uns jetzt gar nichts.«

»Ja, der Meinung bin ich auch«, antwortete ich. »Ich fahre

ch heute abend«, versprach ich. »Sagen Sie, werde ich meinen alten Kollegen aus meiner Anfangszeit in Paris treffen?«

»Wer ist das?«

»François Savin.«

»Oh, ich denke schon.« Peter lachte am anderen Ende. »Er ist zufällig Ihr Verbindungsmann in der Zentrale.«

»Das ist ja großartig«, sagte ich ehrlich erfreut. Ich erinnerte mich jederzeit gern an den jungen Schweizer, der wenig für harte Arbeit, aber um so mehr fürs Vergnügen übrig gehabt und sogar mit Hemingway geboxt hatte.

Man hatte mich im »Richmond« gleich am Seeufer einquartiert. Dort fand ich auch eine Nachricht mit der Bitte vor, mich beim Völkerbund im Parc de L'Arena mit dem angrenzenden Botanischen Garten am See zu melden. Hier erwartete mich dann François.

Bis auf die Tatsache, daß er um die Taille etwas fülliger geworden war, hatte er sich seit Paris kaum verändert.

»Ich freue mich riesig, dich zu sehen, Nicki!« Wir umarmten uns herzlich. »Willkommen in Genf. Das Geschäftliche hat erst mal Vorrang. Peter möchte heute abend mit dir essen.« Er seufzte. »Ah, wie ich mich nach den alten Zeiten in Paris zurücksehne. Es war herrlich – und wir hatten kaum was zu tun.«

»Das hat sich geändert.«

»Wie überall. Wir machen uns alle große Sorgen.«

»Das habe ich schon gemerkt«, entgegnete ich sarkastisch.

François räusperte sich. »Na, du weißt ja, was auf der politischen Bühne los ist.«

»Natürlich. Aber manchmal weiß ich wirklich nicht, was ich davon halten soll«, gestand ich. »Das ganze vergangene Jahr über schien ein Krieg unvermeidlich zu sein. Dann war alles plötzlich vorbei. Und jetzt?«

»Diesmal, fürchte ich, gibt's keinen Aufschub mehr. In

ein paar Wochen haben wir Krieg. Da gehe ich jede Wette ein.«

»Und du …?« Ich ließ den Satz unvollendet.

»Die Schweiz ist wie immer neutral. Und wir haben Schweizer Pässe. Für uns gibt es andere Aufgaben.«

»Ich werde meine Verpflichtungen erfüllen, wie immer sie geartet sein mögen«, sagte ich.

»Natürlich, natürlich. Deine Pflicht wird es sein, deinen echten Landsleuten, den russischen Emigranten, zu helfen. Deine Arbeit wird sehr wichtig werden. Stalin und Ribbentrop haben immerhin einen Nichtangriffspakt geschlossen, und die Franzosen und Briten stehen im Regen.«

»Rußland und Frankreich sind jetzt also Feinde.«

François nickte. »Du sagst es. Aber deine Sorge soll nicht die russische Nation als solche sein, sondern die russische Kolonie in Paris. Offiziell werden diese Leute plötzlich zu Verbündeten des Feindes!«

»Aber …«

François runzelte besorgt die Stirn. »Laß dir eines gesagt sein, Nicki: Im Kriegsfall gehen Toleranz und Liberalität über Bord. Da wird hart durchgegriffen.«

»Du meinst Internierung?«

»Das wäre immerhin möglich.«

»Aber diese Leute leben völlig legal in Frankreich«, protestierte ich. »Du weißt, daß Genf seit Jahren Carnets ausstellt.«

»Im Kriegsfall zählt das alles nicht mehr viel. Da ist nur noch das Geburtsland eines Menschen wichtig. Die Behörden werden wie wild ihre Listen wälzen. Die Angst vor kommunistischen Untergrundorganisationen ist groß. Und falls sie auf irgendwelche Unregelmäßigkeiten stoßen …« Er vollführte eine hilflose Geste. »Sie werden dir deine Arbeit zerschlagen, Nicki.«

»Vielleicht gibt es doch keinen Krieg«, entgegnete ich mit einem Optimismus, den ich nicht empfand.

Am 3. September 1939, jenem schicksalhaften Datum, waren dann alle Spekulationen zu Ende.

Tascha, Olga und ich unternahmen einen Spaziergang durch den Jardin du Luxembourg. Von den Trompetenbäumen waren die letzten Blüten gefallen und lagen matt und welk auf der trockenen, staubigen Erde. Das Ende der Welt schien gekommen.

DRITTER TEIL

1940–1941

16

Die ersten Kriegsmonate verstrichen so zäh und ereignislos, daß es geradezu unheimlich war. Die Berichte von der Front klangen beinahe wie die Beschreibungen eines entspannenden Schachspiels, bis im Mai 1940 der große Knall erfolgte. Belgien kapitulierte, ebenso die Niederlande, in Dünkirchen schiffte sich die britische Armee ein, Rouen und Dieppe wurden von den Deutschen erobert, und am 14. Juni marschierten deutsche Truppen im Stechschritt die Champs-Élysées entlang.

Maschall Pétain bat die Deutschen um einen Waffenstillstand, der Exodus der Bevölkerung aus Paris begann, bis schließlich nur noch ein Fünftel in der Stadt verblieb. Deutsche Soldaten, mittlerweise häufiger mit Kameras als mit Gewehren bewaffnet, beherrschten das Stadtbild. Da Deutschland offiziell der Verbündete Rußlands war, erlaubten sie den Russen in Paris, sich frei zu bewegen. Nach der Niederlage Frankreichs änderte sich meine Arbeit merklich. Hatte ich zuvor gleichzeitig subversive Kommunisten enttarnen und russische Emigranten schützen müssen, die vor den Kommunisten geflohen waren, so übernahm nach dem Juni 1940 die deutsche Besatzungsmacht jene »Schutzfunktion«.

Das erleichterte meine Arbeit, denn ich hatte viel Zeit damit zugebracht, russischen Emigranten die nötigen Dokumente zu besorgen und Arbeit für sie zu finden, da so viele Franzosen eingezogen und dann in Gefangenschaft geraten waren. Russischen Emigranten Arbeit zu beschaffen, bedeutete nämlich, sie auf die einfachste Art und Weise dem Zugriff von Leuten wie Inspektor Verron zu entziehen.

Inspektor Verron war seit dem Einmarsch der Deutschen

aus verständlichen Gründen in keiner beneidenswerten Situation, was ich ihm von Herzen gönnte.

Verrons Vorgesetzter war nunmehr ein deutscher Major der alten Schule, ein gewisser Ullmann, der ein Büro im Crillon bezogen hatte. Wenige Tage später stattete er mir beim Roten Kreuz einen Besuch ab. Er war Ende Fünfzig, ein ruhiger, gutaussehender Mann, großgewachsen und schlank, der sich besser in Büchern als mit Waffen auszukennen schien. Er trug seine Uniform mit einer gewissen Eleganz. Zu seinem Zuständigkeitsbereich gehörten das Rote Kreuz und alle »ausländischen« Organisationen.

Ich bot dem Major höflich einen Stuhl an. »Bitte, setzen Sie sich doch, Major!«

»Danke, Monsieur Korolew. Ich hoffe, ich störe nicht.«

»Ganz und gar nicht«, erwiderte ich, immer darauf bedacht, meinen neutralen Status zu wahren. »Ich warte nur auf eine Verwandte. Sie braucht eine Unterschrift von mir.«

Diese Verwandte war Olga. Sie hatte ihren Besuch angekündigt. »Ich bleibe nicht lange«, hatte sie gesagt. »Die Taxis kosten heutzutage ein Vermögen.«

»Ich verstehe«, sagte Major Ullmann. »Der Krieg ist ein übles Geschäft.« Er zündete sich ein Zigarillo an. »Es ist absurd, daß sich zivilisierte Menschen wie wir bekriegen. Aber«, er zuckte mit den Schultern, »was sollen wir tun?«

»Aufhören«, erklärte ich prompt.

»Ja, wenn wir das nur könnten. Manchmal beneide ich euch Schweizer. Ihr scheint den Frieden wirklich gepachtet zu haben. Aber zur Sache.«

Ich bot ihm einen Wodka an.

»Ein ausgezeichnetes Getränk«, lobte der Major. »Prost!«

»Was kann ich für Sie tun, Major?« erkundigte ich mich schließlich.

»Oh, das ist lediglich ein Höflichkeitsbesuch. Ich wollte Ihnen nur versichern, daß ich an einer reibungslosen Zusammenarbeit interessiert bin – ganz besonders, da Sie sich um die russische Kolonie der Stadt kümmern. Ich hoffe, wir haben in Zukunft beide keinen Grund zur Klage.«

»Danke, Major. Ich weiß das zu schätzen.«

»Mir ist klar, daß die meisten Emigranten, mit denen Sie zu tun haben, vor den Bolschewiken geflohen sind«, fuhr er fort. »Und wir Deutschen haben für die Kommunisten nicht viel übrig. Allerdings brauchen wir die russischen Rohstoffe und natürlich Ruhe an der Ostgrenze. Aber«, er drehte das Glas in seiner Hand, »sobald wir mit den Briten fertig sind, werden wir uns um die Russen kümmern müssen.«

»Die Briten? Wie können Sie so sicher sein, daß ...«

»Ihr Wodka ist wirklich ausgezeichnet«, lenkte der Major ab. »Ich hoffe, wir sehen uns öfter. Ich habe kürzlich mit dem Leiter der Abteilung bei der Sûreté gesprochen, die für die russischen Emigranten zuständig ist.«

»Sie meinen Verron?«

»Richtig.« Er vollführte eine wegwerfende Handbewegung. »Ein unangenehmer Zeitgenosse.«

»Das ist die Untertreibung des Jahres«, sagte ich lächelnd. »Ein hartgesottener Kommunist dazu!«

»So, tatsächlich? Ich werde ihn im Auge behalten. Falls Sie Probleme mit ihm haben, wenden Sie sich jederzeit vertrauensvoll an mich. Ich habe ein Büro im Crillon und eine Suite im Hôtel Meurice.«

»Vielen Dank. Möglicherweise werde ich Ihr Angebot nutzen.«

In diesem Augenblick klingelte es an der äußeren Bürotür. Ich drückte auf den Öffner, um Olga hereinzulassen.

»Das ist meine Verwandte«, erklärte ich, und als Olga in den Raum trat, stellte ich sie einander vor: »Major Ullmann – Gräfin Arenskij. Die Gräfin betreibt hier ein großes Modeatelier.«

»Das ist mir bekannt.« Der Major schlug die Hacken zusammen.

»Tut mir leid, wenn ich störe«, begann Olga. »Aber ich hatte mich ja angemeldet. Ich wollte nur ...« Sie legte das Dokument auf den Tisch, das unterschrieben und gestempelt werden mußte.

»Bitte, nehmen Sie auf mich keine Rücksicht«, sagte der Major galant. »Das geht selbstverständlich vor.«

»Danke, Major.« Olga lächelte. »Die Bürokratie!« Sie zuckte mit den Schultern.

»Wie geht es Tascha?« erkundigte ich mich und erklärte dem Major, daß Tascha Olgas Tochter sei.

»Ausgezeichnet«, erwiderte Olga steif. »Danke für deine Hilfe, Nicki. Auf Wiedersehen, Major.«

»Auf Wiedersehen.« Der Major beugte sich galant über ihre Hand. »Kann – kann ich Sie vielleicht mit dem Wagen mitnehmen, Gräfin?«

Nach kurzem Zögern antwortete Olga mit bezauberndem Lächeln: »Wie reizend von Ihnen. Ich wäre Ihnen wirklich sehr dankbar.« Und charmant fügte sie hinzu: »Bitte gehen Sie ruhig schon vor, Major! Ich folge sofort.«

In den wenigen Minuten, die Olga und ich noch allein in meinem Büro waren, flüsterte sie mir hastig zu: »Mein Taxi wartet unten, Nicki. Schick bitte den Wagen fort, sobald ich mit dem Major abgefahren bin! Ich möchte es mir mit diesem Mann nicht verderben. Er könnte noch nützlich werden.«

Taxis waren zu jener Zeit in Paris Mangelware, es sei denn, man bezahlte so gut, wie Olga das tat. Ich ging die Treppe hinunter und auf die Straße und sah gerade noch die Rücklichter des Mercedes, der mit Olga und dem Major davonfuhr. Ich wandte mich an den wartenden Taxifahrer und erklärte ihm, daß er nicht mehr gebraucht werde.

Der Mann hatte Olga in den deutschen Wagen steigen sehen, spuckte verächtlich aus uns sagte nur ein Wort: »Kanaillen!«

Es fällt mir schwer, über jenes erste Jahr der deutschen Besatzung in Paris zu schreiben, denn es fehlt der gewisse rote Faden, der eine logische Beziehung der einzelnen Ereignisse knüpft. Erst rückblickend fügen sich die Mosaiksteinchen zu einem einheitlichen, sinnvollen Bild zusammen.

Da war zum Beispiel die wachsende Freundschaft zwischen Tante Olga und Major Ullmann. Ihrer Begegnung in meinem Büro folgten regelmäßige Abendessen zu zweit, und ein gutes Essen war in jenen Jahren der Lebensmittelknappheit nicht zu verachten.

Vom Taxi bis zu Tabak, Whisky oder Kaffee war praktisch alles knapp. Der Lebensmittel-Schwarzmarkt blühte, und selbst das Ritz hatte Mühe, etwas Gutes auf den Tisch zu bringen. Am besten konnte man noch im Maxim speisen, wo Maître Albert allerdings die besten Steaks für die Deutschen zurückhielt und stets ein ruhiger Ecktisch für Reichsmarschall Göring reserviert war, der Paris häufig auf dem Streifzug nach Kunstwerken besuchte, um seine Sammlung alter Meister zu vervollständigen.

Trotz der widrigen Lebensumstände blieb eine Konstante unverändert: meine Liebe zu Tascha. Es wurde zwar immer schwieriger, sich regelmäßig zu treffen, denn aufgrund der Benzinrationierung verkehrten kaum noch Taxis, geschweige denn öffentliche Verkehrsmittel.

Doch dann geschah sozusagen ein Wunder: Eines Nachmittags rief Olga an. Nachdem Vater kurz mit ihr gesprochen hatte, kehrte er kopfschüttelnd in den Salon zurück. »Donnerwetter, jetzt bin ich perplex. Weißt du, was Olga vorhat? Sie zieht ins Hotel Meurice.«

»Und was wird aus Tascha?« fragte ich prompt.

»Du kannst dich freuen«, erwiderte Vater lächelnd. »Sie möchte, daß Tascha wieder zu uns zieht. Das Meurice ist angeblich für zwei Personen zu teuer.«

Mein Herz tat vor Freude einen Sprung.

»Hier zu uns? In unser Haus?« fragte ich ungläubig.

»Ja, darum hat sie mich gebeten. Allerdings mußte ich ihr versprechen, für dein ›gutes‹ Benehmen zu sorgen. Ich bitte dich! Tascha ist über zwanzig! Wie kann ich ihr da etwas vorschreiben?«

Ich konnte unser Glück kaum fassen, doch mich bewegte noch ein anderer Gedanke. »Sag mal«, begann ich, »kann sich Olga das Meurice denn leisten? Ich meine, sie verkauft zwar gut an die Deutschen, aber ...«

»Möglicherweise trifft es ja nicht ihr Portemonnaie«, entgegnete Vater sarkastisch.

»Du meinst ...«

»Vielleicht steckt ein Gönner dahinter. Warum nicht?«

Zwei Tage später hielt Tascha erneut Einzug in unserem Haus am Place de Furstenberg. Nachdem Tante Olga und Vater gemeinsam die Wohnung verlassen hatten, packte ich Tascha bei der Taille und schwenkte sie durch die Luft. »Tascha, Liebste!« Ich trug sie automatisch in mein Schlafzimmer. »Das Leben ist herrlich! Los, wir lieben uns! Sofort!«

Obwohl wir längst ein Paar waren, war es diesmal doch anders. Von nun an konnten wir uns täglich sehen, und Tascha würde jede Nacht in meinen Armen sein. Während sie sich mit erstaunlicher Schnelligkeit auszog, hatte ich Mühe, wenigstens die Hose abzulegen.

»Laß das Hemd«, flüsterte sie drängend. »Komm jetzt!« Ich streichelte ihre schönen Brüste, ihre Schenkel und das blonde Dreieck in ihrer Mitte. Tascha stöhnte lustvoll. »Komm, bitte!« Und ich wußte, daß sie genausowenig wie ich warten konnte.

Instinkt, Liebe, Lust – das alles waren zwischen uns die natürlichsten Gefühle. Und dann, als ich so tief wie möglich in sie drang, einmal und ein zweites Mal, da spürte ich in Wellen ihre Wärme um mich und erreichte mit ihr den Höhepunkt. Sie erschauderte leicht, bog sich zurück und flüsterte atemlos: »Ah! Das ist himmlisch!«

»Ich liebe dich, für immer und ewig«, murmelte ich gleichermaßen außer Atem.

So vereint, blieben wir erschöpft auf meinem Bett liegen. »Nichts kann uns mehr trennen, Nicki. Du bist alles, was ich mir wünsche – bis auf ...«

»Bis auf was?«

Mit jenem allzu vertrauten, lockenden Lächeln küßte sie mich erneut und murmelte: »Du bist wieder soweit. Ich spür's.« Und sie hatte recht.

»Noch mal«, flüsterte sie, und diesmal liebten wir uns sanft und langsam, jede Reizung auskostend, bis wir beide uns nicht länger zurückhalten konnten und mit einem ekstatischen Aufschrei den Höhepunkt erreichten.

Ich löste mich stumm von ihr und nahm sie in meine Arme, unfähig, auch nur ein Wort zu sagen.

»Mama behandelt mich noch immer wie ein Kind«, beklagte sich Tascha später im Beisein meines Vaters. »Und die Geschichte mit dem Umzug ins Meurice – na ja.«

»Was willst du damit sagen?« erkundigte sich Vater.

»Ach, nichts«, erwiderte Tascha ausweichend.

»Heraus mit der Sprache! Was ist los?«

»Ihr habt euch doch sicher sowieso schon überlegt, was der Grund ist, oder? Mama bezahlt im Meurice niemals einen Sou.«

»Aha! Und wer ist derjenige, der dafür blutet?«

»Ein Deutscher. Sie ist die Geliebte eines deutschen Offiziers.«

Im ersten Augenblick war ich perplex. »Das kann doch nicht dein Ernst sein!«

»O doch! Sie behauptet, ihn in deinem Büro kennengelernt zu haben, Nicki. Es ist ein gewisser Major Ullmann.«

»Ullmann!«

Vater war dunkelrot geworden. »Ich kenne den Herrn.«

»Du kennst Ullmann?« fragte ich ungläubig. »Woher, Vater?«

Nach kurzem Zögern antwortete er: »Er ist nur ein flüchtiger Bekannter. Wir treffen uns gelegentlich beim Kartenspiel im Meurice.«

»Du spielst mit den Deutschen Karten?« Ich war fassungslos.

»Ullmann ist ein Gentleman.«

»Ein Gentleman?«

Diese Bezeichnung für einen Deutschen aus dem Mund meines Vaters überraschte mich.

»Ja, im Meurice verkehren sehr anständige Herren. Majore, Generäle und so weiter. Alle sehr gebildet. Außerdem sind die Russen und Deutschen verbündet.«

»Papa, sei vorsichtig! Am Spieltisch ...«

»Was soll das heißen?« brauste er auf. »Mein Gott, gelegentlich setzen wir uns zu einem Spielchen hin. Aber das ist ganz harmlos. Nur ein bißchen Unterhaltung. Du weißt, daß ich gar nicht das Geld für hohe Einsätze habe. Meistens ist es ein Würfelspiel. Ich gewinne sowieso immer. Die Deutschen sind da nicht so begabt.«

»Trotzdem, sei vorsichtig«, murmelte ich instinktiv. Die Bemerkung, daß er angeblich stets gewänne, stimmte mich skeptisch. Ich wußte schließlich, daß Vater beim Würfeln nicht sonderlich geschickt war. Ich beschloß daher, mich bei Gelegenheit mit Sergej Mensky – Graf Mensky – zu unterhalten, der ja im Meurice arbeitete.

Was ich schließlich von Sergej erfuhr, war alles andere als beruhigend. Vater spielte tatsächlich regelmäßig mit einigen hohen deutschen Offizieren in einem privaten Spielzimmer im Meurice. Sergej servierte dort die Drinks und berichtete, daß die Deutschen Vater mit »Fürst« titulierten, ihn mit ausgesuchter Höflichkeit behandelten und ihn stets – gewinnen ließen.

Ich war mehr als besorgt, denn ich wußte, wenn es den Deutschen gelang, Vater so in Sicherheit zu wiegen, daß er sich eines Tages auf ein Spiel mit hohen Einsätzen einließ, dann war er nicht in der Lage, seine Spielschulden zu begleichen, und somit eine leichte Beute für die Gestapo.

Die Frage war allerdings, welchem Zweck das Manöver dienen mochte. Welche Geheimnisse sollte Vater den Deutschen verraten können?

Kaum zwei Wochen später schließlich glaubte ich schon, die Falle sei zugeschnappt. Als ich gegen sieben Uhr abends heimkehrte, saß mein Vater leichenblaß und zusammengesunken in einem Sessel im Salon. Mein erster Gedanke war, daß ihn die Deutschen beim Spiel geschröpft hätten.

»Schlechte Nachrichten, Vater?« erkundigte ich mich vorsichtig. Ich empfand eher Mitleid als Wut. »Was ist passiert?«

Zu meiner Überraschung rannen ihm plötzlich Tränen über das Gesicht. »Galina«, brachte er mühsam heraus.

»Galina?« Die möglichen Spielschulden waren augenblicklich vergessen. »Galina? Was, um Himmels willen, ist mit ihr?«

Vater unterdrückte ein Schluchzen und brauchte Minuten, bis er sich wieder einigermaßen gefaßt hatte.

»Mord – ein Mann ist tot«, stammelte er zusammenhanglos. »Nicht Galina – ihr Mann – dieser Jean-Pierre …«

17

Ich hatte das Gefühl, den Boden unter den Füßen zu verlieren.

Schließlich begann Vater zu erklären: »Mein Gott, Nicki, du weißt, wie diese Homosexuellen sein können. Jedenfalls hat Jean-Pierre in Monte Carlo einen italienischen Soldaten aufgelesen, und die beiden sind zusammen weggefahren. Damit hat die Katastrophe begonnen. Der Italiener hatte bereits einen Freund, und zwar einen sehr eifersüchtigen. Es hat einen Streit gegeben. Jean-Pierre hat den Italiener offenbar mit dessen Revolver bedroht, aus dem sich dann unglücklicherweise ein Schuß gelöst hat.«

»Also, wenn es ein Unfall war ...«, begann ich.

Vater bewegte ungeduldig die Hand. »Das behauptet Jean-Pierre. Tatsache bleibt, daß ein Italiener erschossen wurde, und zwar von einem feindlichen Franzosen. Jean-Pierre wurde sofort verhaftet – ebenso wie Galina als potentielle Komplizin. Aber irgendwie muß sie entwischt sein. Jedenfalls hat sie mich aus Vichy angerufen. Die Verbindung war so schlecht, daß ich kaum was verstehen konnte.«

»Aus Vichy?« fragte ich verblüfft. »Was, zum Teufel, hat sie in Vichy zu suchen?«

»Keine Ahnung. Du mußt sofort zu ihr fahren, Nicki.« Vaters Stimme zitterte. »Du bist der einzige von uns, der mit seinem Schweizer Paß ungehindert reisen kann. In Vichy wimmelt es von Deutschen. Du weißt doch, dieser Kollaborateur Pétain sitzt dort.«

Nach dieser Hiobsbotschaft rief ich zuerst Ullmann an und erklärte ihm die Lage. Was Fakten betraf, war meine Geschichte allerdings recht dürftig.

»Fahren Sie nach Vichy«, riet Ullmann, »und melden Sie sich, sobald Sie wieder zurück sind! Ich setze hier alle Hebel in Bewegung. Vielleicht kann ich helfen.«

Die Zugfahrt nach Vichy dauerte aufgrund der ständigen Kontrollen durch die Gestapo an den Haupt-Haltestellen dreizehn Stunden. Müde und erschöpft erreichte ich endlich Vichy und fuhr sofort zu unserer dortigen Außenstelle, einem winzigen Büro am Ufer des Allier, gegenüber dem Hauptquartier der Pétain-Regierung.

Mein Kollege vom Roten Kreuz stellte die nötigen Verbindungen zu den deutschen Behörden her. Nach anfänglichem Widerstand ebnete mir schließlich der Name »Major Ullmann« sämtliche Wege. Galina wurde zu Vernehmungszwecken im Zusammenhang mit dem Mord an einem italienischen Soldaten in einem Privathaus am Stadtrand festgehalten, und ich erhielt die Erlaubnis, sie zu sehen.

Das Wiedersehen mit Galina war keineswegs tränenreich. In schwierigen Situationen wie dieser konnte Galina sehr pragmatisch sein. Nachdem wir uns begrüßt hatten, ließ uns der zuständige deutsche Ressortleiter, ein vierschrötiger Mann namens Klaus Köhler, allein. Galina kam sofort zur Sache.

»Was, verdammt, ist überhaupt passiert?« wollte ich wissen. »Mein Gott, Nicki, es war das übliche Eifersuchtsdrama zwischen Homosexuellen. Ich hörte sie in Jean-Pierres Zimmer streiten. Kurz darauf gingen beide. Ich dachte, die Sache wäre damit ausgestanden, aber eine halbe Stunde später war Jean-Pierre wieder da. Er war leichenblaß ›Die Waffe ist einfach losgegangen, Galina‹ waren seine Worte ›und Luigi lag plötzlich in einer Blutlache. Es war ein Unfall. Ich wollte doch niemanden töten‹. Den Rest kannst du dir denken. Jean-Pierre haben sie unter Mordanklage gestellt, und ich bin nach Vichy entwischt, weil ich geglaubt habe, von hier aus mehr für ihn tun zu können. Weit bin ich mit meinen Bemühungen leider nicht gelangt. Man hält mich hier als wichtige Zeugin wegen Fluchtgefahr fest.«

Galina stand unter Hausarrest, wurde gut verpflegt, jedoch ständig bewacht. »Tut mir leid, daß ich dir solche Unannehmlichkeiten bereite«, sagte sie. »Du hast bestimmt selbst genug Probleme.«

Ich schenkte mir aus einer Karaffe ein Glas Wasser ein.

»Ich glaube, ich weiß, wie wir dein Problem anpacken«, erklärte ich energisch. »Ich fahre nach Paris zurück. Du wartest hier alles Weitere ab.«

Ullmann war die Freundlichkeit in Person, doch ich hatte keinerlei Illusionen. Ich ahnte, daß seine Hilfsbereitschaft nicht völlig selbstloser Natur sein konnte.

Er schnitt eine ernste, bedenkliche Miene, nachdem ich ihm Galinas Situation geschildert hatte. »Mord ist kein Kavaliersdelikt«, erklärte er. »Selbst wenn Ihre Schwester nichts damit zu tun haben sollte, ist sie doch eine wichtige Zeugin, auf die die Strafverfolgungsbehörden möglicherweise nicht verzichten können.«

»Aber sie ist, wie gesagt, gar nicht am Tatort gewesen.«

»Trotzdem, wenn ein verbündeter Soldat ermordet wird ...« Und nachdenklich fügte er hinzu: »Allerdings könnte man da gewisse Beziehungen spielen lassen, unter bestimmten Voraussetzungen, versteht sich.«

Jetzt kommt es, dachte ich.

»Aha«, murmelte ich. »Nach dem Motto, eine Hand wäscht die andere?«

Ullmann lächelte. »Wir verstehen uns – wie immer. Es wäre doch ein großer Verlust für die Ballettwelt, wenn ein Star wie Galina vorübergehend nicht auftreten könnte. Aber dem kann abgeholfen werden. Wie Sie richtig bemerkt haben: Eine Hand wäscht die andere. Ich sorge dafür, daß sie freigelassen wird und nach Paris zurückkehren kann, wenn ...« Er zögerte einen Augenblick und fuhr dann fort: »Nun, wenn es ihr gelingen sollte, mit ihrer Truppe eine kurze Deutschland-Tournee zu arrangieren. Doktor Goebbels ist stets darum bemüht, die Leute bei Stimmung zu halten. Das ist ein wichtiger Aspekt der Propaganda. Jeder Künstler von internationalem Rang ist willkommen.«

Es war eine naheliegende Lösung, die man ohne Gesichtsverlust akzeptieren konnte. Obwohl Galina von der Idee nicht sonderlich begeistert war, ging sie sofort auf Ullmanns Forderungen ein. Immerhin hatte sich selbst Maurice Chevalier, den Galina sehr bewunderte, bereit erklärt, vor französischen Kriegsgefangenen in Deutschland aufzutreten.

»Wenn er das nicht als Verrat am Vaterland empfindet, dann muß ich nicht päpstlicher als der Papst sein«, erklärte sie, als sie wieder in Paris war und die Vorbereitungen für die bevorstehende Tournee traf. »Aber zuerst will ich Igor besuchen.«

Igor, dessen Leben auf die wenigen Quadratmeter seines – wenn auch luxuriösen – Krankenzimmers begrenzt war, konnte Ablenkung brauchen. Ich war froh, daß mich Galina während ihres Parisaufenthalts in dieser Beziehung unterstützte. Vor allem, da ich in letzter Zeit das Gefühl hatte, daß sich Igors psychischer Zustand stark verschlechtert hatte. Irgend etwas schien ihn zu quälen.

Nachdem ich Galina zum Zug gebracht hatte, fuhr ich sofort in die Rue St. Dominique.

Der stets gutaussehende Igor schien um Jahre gealtert. Mir war aufgefallen, daß es ihm am späten Vormittag stets am schlechtesten zu gehen schien. Brig verbrachte täglich zwischen 12 und 13 Uhr eine Stunde allein mit ihrem Mann. Während dieser Zeit hatte die Pflegerin Mittagspause, und Igors Schlafzimmertür war verschlossen. Das hatte schon früher meine Neugier geweckt. Ich fragte mich, was Igor daran so sehr bedrückte. Oberflächlich betrachtet, konnte ich nichts entdecken.

Da wir im Lauf der Zeit unsere Kommunikationsmöglichkeiten verfeinert hatten, war mir bekannt, daß Brig doch über die Nacktfotos Bescheid wußte. Wie sie diese allerdings entdeckt hatte, konnte ich nicht klären. Rächte sie sich jetzt an dem hilflosen Igor auf irgendeine perverse Art?

Der Gedanke schien absurd, denn Brig war stets die mitfühlende, aufopfernde Gattin. Sollte das nur Fassade sein?

Nach Galinas Abreise wollte ich mir endlich Gewißheit verschaffen. Ich begann mit Igor das gewohnte Frage- und Antwortspiel, wobei er für »Ja« einmal und für »Nein« zweimal blinzelte. Das Problem war nur, die richtigen Fragen zu stellen.

»Hör zu, Igor! Etwas bedrückt dich. Hat es etwas mit Brig

und der Zeit zu tun, die ihr hier mittags allein verbringt?« begann ich ohne große Umschweife.

Igor blinzelte einmal.

»Brig schließt bei diesen Gelegenheiten, soviel ich weiß, deine Zimmertür ab. Was ist los? Womit quält sie dich? Sind es die Fotos?«

Seine Antwort lautete: Ja.

»Und sie tut es immer wieder?«

»Ja.«

»In diesem Fall kann ich dir wohl nur helfen, indem ich die Tür aufbreche, wenn es wieder soweit ist, und sie überrasche, oder?«

Er blinzelte erneut einmal, und seine Augen leuchteten.

Ich dachte nach. »Und du oder wir haben danach keine Repressalien zu befürchten?«

»Nein.«

»Wenn ich ihr drohe, mit dem, was sie tut, an die Öffentlichkeit zu gehen, würde sie sicher nicht wagen, gegen uns etwas zu unternehmen.«

»Ja.«

Ich konnte mir absolut nicht vorstellen, was in diesem Zimmer vorging. Mein Blick fiel auf den Schrank. Er war stets verschlossen. Sollte sich dort ein Teil des Geheimnisses verbergen? Ich hatte eine Idee.

»Hat der Schrank etwas damit zu tun?«

»Ja.«

»Gibt es jemanden, der einen Zweitschlüssel zu deinem Zimmer hat?«

Igor blinzelte einmal.

»Kornilow?«

»Ja.«

»Keine Sorge. Ich spreche gleich heute abend mit ihm. Igor, ich bereite dem Spuk so schnell wie möglich ein Ende.« Igors Augen starrten gequält ins Leere.

Noch am selben Abend traf ich Kornilow im »Deux Magots«. Nachdem wir bestellt hatten, begann ich ohne Umschweife: »Ich mache mir Sorgen um Igor. Er hat vor irgend etwas Angst.«

»Ja, das ist mir auch schon aufgefallen. Und ...«

»Ihnen auch?« Ich sah ihn erstaunt an.

»Sie wissen, was für ein gutes Verhältnis ich stets zu ihm hatte. Er hat mir überhaupt diesen Job verschafft. Na, jedenfalls sehe ich tagsüber und auch abends öfter nach ihm. Die jeweiligen Pflegerinnen sind über eine kleine Verschnaufpause oft froh.«

»Das finde ich großartig, Boris«, murmelte ich. »Er hat oft sehr depressive Phasen. Finden Sie nicht, daß es manchmal so aussieht, als habe er irgendwie Angst vor seiner Frau?«

»Ist Ihnen das auch aufgefallen?«

»Natürlich.«

»Ich verstehe das nicht ganz. Madame ist sonst sehr besorgt um Igor.«

Ich zögerte einen Augenblick, dann beschloß ich, Boris Kornilow ins Vertrauen zu ziehen. »Boris, Madame weiß, daß Igor eine Geliebte hatte.«

»Oh, mein Gott! Wie hat sie es erfahren?«

»Igor war so dumm, ein paar Fotos ständig mit sich herumzuschleppen. Als er dann den Schlaganfall hatte, muß sie diese entdeckt haben. Es – es waren Nacktfotos.«

»Du meine Güte!« Kornilow gab dem Ober ein Zeichen, ihm Wein nachzuschenken. »Armer Teufel. Sie hat ihn also in der Hand?«

»Ja, und ich will der Sache auf den Grund gehen. Ich möchte wissen, was passiert, wenn die beiden über die Mittagszeit allein sind. Dazu müßte ich natürlich die Tür aufbrechen, es sei denn, Sie würden mir Ihren Zweitschlüssel geben.«

Kornilow zögerte.

»Borgen Sie ihn mir, Boris.«

»Das darf ich eigentlich nicht. Ist das nicht riskant?«

»Seien Sie kein Feigling, Boris! Ich nehme an, daß das Geheimnis im Schlafzimmerschrank liegt. Sie haben nicht zufällig auch einen Schlüssel dazu?«

Kornilow schüttelte den Kopf. »Dieser Schrank ist so groß wie ein Zimmer. Es existiert nur ein Schlüssel. Madame hat ihn an sich genommen. Seitdem ist der Schrank verschlossen.«

»Na, gut.« Ich bezahlte die Rechnung. »Für mich ist es Zeit. Ich besuche morgen vor zwölf Uhr Igor. Sie geben mir den Zweitschlüssel, bevor die Gräfin auftaucht. Dann warten wir ein paar Tage, bis sie auswärts zu Mittag ißt.«

»In Ordnung«, stimmte er mir zu. »Aber seien Sie vorsichtig! Mit der Gräfin ist nicht zu spaßen.«

Kornilow warf seine Gauloise fort, winkte mir noch einmal zu und ging in Richtung Rue St. Dominique davon.

Eine schicksalhafte Verknüpfung von Ereignissen verhinderte, daß ich Igors Geheimnis sofort auf den Grund gehen konnte. Vater hatte sich schon seit einiger Zeit recht merkwürdig benommen, und ich wurde das Gefühl nicht los, daß er etwas vor mir zu verbergen versuchte. Von Sergej Mensky erfuhr ich schließlich, daß er beim Würfelspiel wohl doch größere Verluste hatte hinnehmen müssen.

Mir gegenüber blieb er jedoch stumm. Ich wußte, daß er größere Spielschulden nicht zurückzahlen konnte. Sein einziges Einkommen stellten die Kapitalerträge aus der Schweiz dar, und die waren seit Kriegsbeginn eingefroren.

Meine Skepsis wurde noch größer, als ich merkte, daß unsere Bürohilfe, die Amerikanerin Betty, auffällig viel arbeitete und sie mir auf eine entsprechende Frage antwortete: »Ich stelle nur ein paar Informationen zusammen, um die mich der Fürst, Ihr Vater, gebeten hat. Ich tue das gern.«

»Na, lassen Sie sich von ihm nur nicht zu fest einspannen«, warnte ich lachend. Ich wußte natürlich, daß Vater Betty mit seinem Charme und ein paar Einladungen zum

Essen bestochen haben mußte. Kein hübsches Mädchen war vor ihm sicher.

Ich schöpfte jedoch noch nicht ernsthaft Verdacht, sondern machte mir lediglich Sorgen um Vater. Schließlich stellte ich ihn zur Rede.

»Du bist in Schwierigkeiten«, sagte ich ihm auf den Kopf zu. »Seit zwei Wochen sitzt du im Schmollwinkel. Ich weiß, daß du eine Menge Geld verloren hast.«

»Wie kommst du denn auf die verrückte Idee?« entgegnete er ausweichend.

»Vater, verkauf mich bitte nicht für dumm! Was treibst du eigentlich – ich meine abgesehen davon, daß du beim Würfelspiel verlierst?«

»Nichts! Absolut nichts«, entgegnete er heftig. »Also gut, ich habe Schulden. Aber nur bei ein paar Deutschen, die sich wie echte Gentlemen benehmen.«

»Soso. Die Deutschen sind also Gentlemen.«

»Ja, Nicki. Offiziere und Ehrenmänner. Sie haben mir die Schulden bis Kriegsende gestundet.«

»Ach ja? Und keinen Gefallen dafür von dir verlangt?«

Vater zögerte den Bruchteil einer Sekunde, doch es war mir nicht entgangen.

»Keine Ausweichmanöver, Papa! Was ist los? Hast du dem Feind Geheimnisse verraten?«

Die Bemerkung war als Witz gemeint gewesen, doch Vaters Reaktion war entlarvend.

»Wie meinst du das?« Vater war bleich geworden, und an seiner Schläfe pochte eine Ader.

»Also, was war es?« fragte ich.

»Nichts«, wehrte er schroff ab. »Der General hat lediglich gesagt, ich könnte den Russen helfen – den Emigranten das Leben erleichtern, wenn ich eine Liste ihrer Namen und Adressen zusammenstellen würde.«

Ich zog erstaunt die Augenbrauen hoch. »Und das hast du getan?«

»Ja, sozusagen unter Freunden. Betty hat mir geholfen.«

»Du hast die Informationen aus meinem Büro benutzt?«

»Ja, hast du was dagegen? Diese Namen sind doch Allgemeingut, keine geheime Verschlußsache. Ich wollte nur helfen.«

»Woher willst du wissen, daß du damit nur hilfst?« entgegnete ich scharf. »Aber das ist nicht der Punkt. Diese Akten enthalten ganz persönliche Informationen. Ich wußte, daß du sie dir angesehen hattest. Betty hat es angedeutet.«

»Geheim können sie jedenfalls nicht sein. Schließlich ist es jedem möglich, sie einzusehen.«

»Ich finde es eine Unverschämtheit, mich einfach zu übergehen. Du hast dich an Dokumenten des Roten Kreuzes vergriffen. Und es ist strikt untersagt, sie an Personen weiterzugeben, die Angehörige eines im Krieg befindlichen Staates sind.«

»Herrgott, die Deutschen sind unsere Freunde«, brauste Vater auf. »Außerdem, wie redest du denn mit deinem Vater?« Er war rot vor Wut.

»Jemand, der seine Nase in die Angelegenheiten anderer Leute steckt, sollte sich über solche Dinge nicht beklagen.«

»Tut mir leid, wenn ich dich beleidigt habe«, entgegnete er ärgerlich. »Aber ich sehe nicht ein ...«

»Das ist genau das Problem«, unterbrach ich ihn. »Du begreifst leider gar nichts. Wenn das Rote Kreuz erfährt, was geschehen ist, fliege ich raus, und zwar sofort.«

Mir war zwar selbst nicht klar, was die Deutschen mit einer Namensliste von Emigranten anfangen sollten, doch es ging hier ums Prinzip.

Drei Tage später allerdings sah die Sache ganz anders aus. Völlig unerwartet tauchte mein alter Freund und Kollege François Savin in meinem Büro auf.

»François!« Ich war freudig überrascht. »Wie schön, dich zu sehen. Nimm Platz!«

François ließ sich auf mein bequemes Sofa sinken und sah sich bewundernd um. »Donnerwetter, du hast es dir hier aber hübsch gemacht.«

»Ja, warum muß ein Büro eigentlich immer häßlich sein?« entgegnete ich.

»Jedenfalls freue ich mich, wieder hier zu sein. Fast wie in alten Zeiten, was? Nur das Essen ist nicht mehr so gut.«

»Das liegt an den Deutschen. Seit wann bist du hier?«

»Seit heute morgen. Die Zugfahrt ist verdammt ungemütlich geworden mit den ständigen Kontrollen.«

»Wo wohnst du?«

»Das weiß ich noch nicht. Ich muß spätestens morgen wieder zurück.«

»Dann übernachte doch bei uns. Keine Widerrede! Du erinnerst dich doch an die schöne kleine Tascha, oder? Du kannst ihr Zimmer haben.«

»Und wo schläft sie?«

»Bei mir. Wie immer.«

»Donnerwetter! Die junge Dame hat Geschmack.«

»Aber zur Sache. Was führt dich her?«

François' Miene wurde plötzlich ernst. »Ich möchte dir zuerst eine Frage stellen: Hast du eine komplette Aufstellung der Namen aller in Paris lebenden Russen?«

Ich hatte plötzlich das Gefühl, keinen Boden mehr unter den Füßen zu haben. Warum stellte François mir ausgerechnet diese Frage? Ich wußte, was zu tun war. Ich durfte meinen Vater nicht verraten. Das war ich ihm schuldig.

»Selbstverständlich. Hier in meiner Schreibtischschublade.«

»Dann verbrenne sie: Vernichte sie, Nicki, bevor sie den falschen Leuten in die Hände fällt! Deshalb habe ich dich sofort aufgesucht.«

»Was ist denn passiert?« Ich war völlig durcheinander. François' Ton und das Wissen darum, was hinter meinem Rücken mit dieser Liste passiert war, jagten mir Angstschauer über den Rücken.

»Um was, zum Teufel, geht's überhaupt?« fragte ich.

François zögerte einen Moment, bevor er mit düsterer Miene antwortete: »Schon mal was von dem Unternehmen Barbarossa gehört?«

»Nein, nie.«

»Das Unternehmen Barbarossa läuft in drei Tagen an.« Er holte tief Luft. »Es ist der Deckname für den deutschen Angriff auf Rußland. Strengste Geheimhaltung, wie du dir vorstellen kannst. Und weil hier so viele Russen leben, hat man mich geschickt, um dich zu warnen. Es ist nicht schwer zu erraten, was mit den Russen hier geschieht, die keine ordentlichen Dokumente vorweisen können. Sie werden sofort in das Konzentrationslager gesteckt.«

18

Das Unternehmen Barbarossa sollte eine große militärische Operation werden, doch an jenem Tag in meinem Büro war das nichts weiter als ein Schlagwort für mich. Ich war viel zu perplex, um auch nur ein Wort herauszubringen. Nicht mal vor mir selbst wagte ich einzugestehen, daß die Deutschen die Liste bereits hatten und daß es ausgerechnet mein Vater gewesen war, der sie ihnen verschafft hatte.

François brach schließlich das Schweigen. »Du solltest schnell handeln«, riet er mir. »Warne alle Personen, die gefährdet sein könnten! Und sorge dafür, daß deiner Familie nichts passiert!«

Vater jedenfalls ist sicher, dachte ich zynisch. Und natürlich Tante Olga, die das Bett mit einem deutschen Offizier teilte. Blieb also noch Tascha. Und Tascha war eine echte Staatenlose. Die einzigen Papiere, die sie besaß, waren von den Franzosen ausgestellt worden.

Es konnten kaum die ersten Schüsse im Rahmen des Unternehmens Barbarossa gefallen sein, da hatte ich zwei unerwartete Besucher: Major Ullmann, dem einen Tag später Inspektor Verron folgte.

»Sie kennen sicher die jüngsten Verlautbarungen des Oberkommandos der Wehrmacht«, begann Ullmann. »Ich wollte Sie nur kurz informieren. Zuerst die guten Nachrichten: Ihre Schwester Galina ist von jedem Verdacht der Mitwisserschaft freigesprochen worden. Und zwar hauptsächlich aufgrund der entlastenden Aussagen ihres Mannes.«

»Und Jean-Pierre?«

»Er hat zehn Jahre wegen Totschlags erhalten. Eine milde Strafe.«

»Ich verstehe.«

Jean-Pierre konnte von Glück sagen, daß man ihn nicht zum Tod verurteilt hatte. Die verhältnismäßig milde Strafe hatte er dem Vorstrafenregister des homosexuellen Italieners zu verdanken.

»Ja, ansonsten, mein Freund – ich darf Sie doch noch so nennen? Nun, der Krieg hat eine völlig unerwartete Wendung genommen«, fuhr Ullmann fort. »Für Deutschland bedeutet es weiterhin Sieg auf der ganzen Linie. Aber ich wollte Ihnen persönlich versichern, daß Sie sich wegen Ihrer Familie nicht zu sorgen brauchen. Die Mitglieder Ihrer Familie sind sicher. Darauf gebe ich Ihnen mein Ehrenwort. Ich habe zwar keinen unmittelbaren Einfluß auf jeden problematischen Fall, das verstehen Sie sicher, aber ich habe Anweisung gegeben, Ihre Familie in Frieden zu lassen.«

»Anweisung an wen? An unseren alten Freund Verron?« Ullmann nickte.

»Er hat keine Entscheidungsgewalt«, betonte Ullmann, fügte jedoch hinzu: »Aber seien Sie vorsichtig! Besonders, was Kleinigkeiten betrifft. Sorgen Sie dafür, daß die Papiere Ihrer Familie tadellos in Ordnung sind!« Er seufzte. »Die Gestapo in Paris hat Verstärkung und einen neuen Chef erhalten, dem ein unangenehmer Ruf vorausgeht. Offenbar ist der alte Gestapo-Chef den Herren in Berlin zu lasch gewesen. Man hat ihn an die russische Front versetzt. Also, seien Sie auf der Hut!«

»Keine Sorge. Ich werde vorsichtig sein.«

Wir schüttelten uns nicht die Hand. Trotz des gegenseitigen Respekts, den wir empfanden, bewahrten wir eine gewisse Distanz, die mich moralischer Konflikte enthob.

Probleme dieser Art hatte ich im Umgang mit Inspektor Verron allerdings nicht, der wenige Stunden später in mein Büro trat.

»Was wollen Sie?« fragte ich ohne die üblichen Höflichkeitsfloskeln. Ich wußte, daß ihn sein Haß auf die russische Elite trotz seiner Opposition gegen die Deutschen zu einem natürlichen Verbündeten der Besatzungsmacht werden ließ.

»Sie mögen sicher sein, Korolew«, entgegnete er mit zynischem Lächeln. »Aber wir werden sämtliche Unterlagen über die in Frankreich lebenden Russen mit einem Stahlkamm durchkämmen, damit endlich der ganze Schmutz aufgedeckt wird. Er hat sich lange genug hier ungehindert ausbreiten können.« Verrons Augen glitzerten gefährlich unter halb geschlossenen Lidern.

Meine Aufgabe war es jetzt, alle jene dringend zu warnen, die unter diesen Voraussetzungen gefährdet waren. Ich verfügte zwar über diese ominöse Liste, doch war sie auch vollständig? Viele Russen waren bei Nacht und Nebel heimlich über die Grenze gegangen, und da die meisten gebildeten Russen Französisch wie eine zweite Muttersprache sprachen, hatten sie sich problemlos in das Leben in diesem Lande eingefügt. Manche hatten geheiratet und Kinder bekommen, doch wie war es um die Ausweispapiere dieser Familien bestellt?

Bereits vor dem Krieg hatten wir eine Art Komitee der russischen Gemeinschaft in Paris gebildet, das regelmäßig zu einem russischen Abend mit heimatlicher Musik und Tanz in einem Kloster in der Rue du Cherche-Midi zusammentrat. Die Männer spendierten den Wodka, die Frauen sorgten für das Essen bei diesen Gelegenheiten. Ich hatte häufig an diesen Zusammenkünften teilgenommen und war immer wieder von der Entschlossenheit meiner Landsleute überrascht, an ihren heimatlichen Sitten und Gebräuchen festzuhalten.

Vorsitzender dieses Komitees war Kornilow, der Butler von Brig und Igor. Um halb ein Uhr, also zu einer Zeit, in der Brig meines Wissens noch mit Igor beschäftigt sein mußte, rief ich ihn an.

»Ich kann leider nicht wie geplant Igor besuchen«, erklärte ich. »Wir haben hier große Probleme, Boris. Der Angriff der Deutschen auf Rußland hat unser Leben völlig verändert.« In groben Umrissen berichtete ich, welche Konsequenzen das Unternehmen Barbarossa für uns hatte, und bat ihn, das Komitee von der veränderten Situation so schnell wie möglich in Kenntnis zu setzen.

»Ihr müßt noch morgen eine Versammlung einberufen«, schloß ich. »Warnen Sie die Leute, daß sie von jetzt an ständig ihre Ausweispapiere bei sich tragen müssen. Es wird überall Kontrollen geben. Und die Deutschen werden ohne Rücksicht auf Verluste durchgreifen. Haben Sie verstanden?«

»Ja. Ich werde mein Bestes tun.«

Ich wußte, wie das Komitee arbeitete. Ihm gehörten ungefähr zwanzig prominente russische Emigranten mit einer festen Anstellung und ordentlichen Ausweispapieren an, die wiederum jeweils eine Untergruppe der russischen Auswanderer unter sich hatten. Auf diese Weise konnte über Kontakte und Mundpropaganda fast jeder erreicht werden, der im weitesten Sinne der russischen Gemeinschaft angehörte.

Wie wichtig meine Warnung gewesen war, zeigte sich bald. Innerhalb von zwei Tagen wurden die ersten Verhaftungen durchgeführt. Zuerst traf es zwei Zimmermädchen im Ritz. Die Gestapo unternahm ihre Kontrollgänge in Begleitung von ortskundigen Beamten der französischen Polizei, trieb die Russen von Paris an mehreren Schwerpunkten zusammen, verlangte die Papiere zu sehen, und wenn man diese nicht vorweisen konnte, wurde man auf der Stelle verhaftet.

»Sie schicken sie wer weiß wohin«, erklärte ich Betty unglücklich. Betty war ebenfalls sehr niedergeschlagen, denn ihr Vater verlangte, daß sie angesichts des drohenden Konflikts zwischen Amerika und Japan nach Hause zurückkehren sollte.

In den folgenden Tagen verschwanden 213 Russen – Männer, Frauen und Kinder –, die man einfach von der Straße weg verhaftet und deportiert hatte. Vor der Präfektur sammelten sich die verzweifelten Verwandten, doch ihre Bitten um Auskunft über den Verbleib der Verschwundenen blieben unbeantwortet. Sie wurden schließlich brutal auseinandergetrieben.

Ein Russe, der in eine Gestapokontrolle geraten war, zog den Revolver, erschoß zuerst den Gestapomann und dann sich.

Eine Welle von Selbstmorden begann unter der russischen Bevölkerung von Paris. Immer wieder trieben Leichen im Wasser der Seine. Andere, manchmal ganze Familien, töteten sich mit einer Überdosis Schlaftabletten.

Als sich die Nachrichten vom erfolgreichen Vormarsch der Deutschen mehrten, wurden immer mehr Russen verhaftet und vom Gare d'Austerlitz aus in Güterzügen in die Konzentrationslager deportiert.

In meiner Verzweiflung – denn ich mußte diesem schrecklichen Treiben hilflos zusehen – ging ich zu Inspektor Verron.

»Was, zum Teufel, stellen Sie mit den Russen dieser Stadt an?« begann ich wütend. Und als ich durch das schmutzige

Fenster auf die Straße vor dem imposanten Eingangsportal der Präfektur hinuntersah, fügte ich hinzu: »Schauen Sie auf die Frau dort unten, die auf dem Pflaster liegt!«

Verron trat neben mich. »Parasiten«, zischte er. »Nichts als Parasiten. Eine sogenannte russische Gräfin. Warum geht sie nicht nach Hause?«

»Ich kenne sie. Wo ist ihr Sohn?«

»Dort, wo er längst hingehört hätte. In einem deutschen Arbeitslager, hoffe ich. Es wurde Zeit, daß er lernt, was Arbeit heißt.«

»Interessant! Und Sie wollen ein Franzose und Patriot sein?«

»Mein Herz schlägt für die Bolschewiken. Und ich bin der Feind aller Kapitalisten!«

»Sie sind ein Schwein!« brüllte ich ihn an, und es war mir gleichgültig, wer mich hören konnte. »Ein mieses Schwein!«

»Eines Tages wird Ihnen das noch leid tun«, sagte Verron gefährlich leise. In seinen Augen funkelte Haß. »Es ist nur eine Frage der Zeit. Und ich habe ein gutes Gedächtnis.«

Mir waren die Hände gebunden. Weitere hundert Russen wurden am darauffolgenden Tag deportiert. Schließlich bat ich Major Ullmann um eine Unterredung in dessen Büro im Crillon.

»Können Sie denn gar nichts unternehmen?« fragte ich. »Wäre es nicht möglich, daß man den verzweifelten Verwandten wenigstens sagt, was mit den Leuten geschieht, auch wenn das ein Schock für sie sein wird? Diese Ungewißheit ist das Schlimmste.«

»Ich wünschte, ich könnte helfen. Dieser Verron ist ein Dreckskerl. Aber die Gestapo hat offenbar plötzlich ihr Interesse für die russischen Emigranten entdeckt, und der neue Chef ist von Verron begeistert. Ich muß sehr vorsichtig sein. Sobald ich den Eindruck erwecke, zu lasch zu sein, werde ich an die russische Front strafversetzt. Jeder ist ersetzbar. Hier an dieser Stelle kann ich noch was tun. Aber wenn ich abkommandiert werde – wer weiß, was dann mit Ihrer Familie und vielen anderen passiert?«

»Ich verstehe. Begehen Sie um Himmels willen keinen Fehler! Sie sind uns bisher eine große Hilfe gewesen. Das weiß ich sehr gut. Wenn Sie nur mit einigen Russen reden könnten!«

»Es hat keinen Sinn«, wehrte er deprimiert ab. »Ich habe mit vielen gesprochen. Ich will Sie nicht unnötig beunruhigen, aber diese Transporte ... Es ist furchtbar. Man behandelt die Menschen wie Vieh, Monsieur Korolew. Es ist beschämend, und mir sind die Hände gebunden. Nationalsozialismus! Pah! Allmählich mehren sich meine Bedenken. Am Anfang hat alles wie der vollkommene Traum geklungen. Aber ein Traum ist eben nur ein Traum. Die Wirklichkeit sieht anders aus.« Er zuckte mit den Schultern. »Früher war der Krieg eine ehrenhafte Sache, ausgetragen von Ehrenmännern. Jetzt trifft er Unschuldige – mit Folter und unmenschlichen Bedingungen. In den Geschichtsbüchern steht davon nichts.«

»Geschichte«, sagte ich erbittert. »Geschichte ist Luxus.«

Ich hatte so viel zu tun – die Büros des Roten Kreuzes waren ständig von Menschen überfüllt –, daß ich vier Tage lang keine Zeit hatte, Igor zu besuchen, der mich sicher schon vermißte. Inzwischen war Kornilows Zweitschlüssel zum Krankenzimmer in meinem Besitz. Ich beschloß daher, endlich zu handeln. Ich ging nächsten Vormittag um Viertel vor zwölf zu den Trepows, um zuerst mit Igor zu sprechen.

»Heute ist es soweit«, erklärte ich ihm.

Pünktlich um zwölf Uhr wurde sanft die Tür zum Krankenzimmer geöffnet, und Brig sagte mit zuckersüßer Stimme: »Na, wie geht's unserem Patienten heute?« Sie streichelte ihm über die Stirn. »Du kannst gehen, Nicki. Wir wollen eine Stunde allein sein.« Und an die Pflegerin gewandt, sagte sie lächelnd: »Sie haben jetzt Mittagspause, meine Liebe.« Ich fing Igors unglücklichen Blick auf.

Draußen auf der Straße marschierte ich eine Weile auf und ab. Kurz vor halb ein Uhr betrat ich erneut das elegante Stadthaus der Trepows.

Ich ging mit klopfendem Herzen den breiten, mit tiefen Teppichen belegten Treppenaufgang hinauf, denn ich hatte keine Ahnung, was mich erwarten würde. Igors verängstigter Blick sagte eigentlich genug, und doch blieb ein Rest von Zweifeln, ob mein Verdacht überhaupt gerechtfertigt war.

Dann zögerte ich nicht länger. Lautlos steckte ich den Schlüssel ins Schloß, drehte ihn herum, wartete noch ein paar Sekunden und stieß sanft die Tür auf. Igors Bett stand der Tür gegenüber auf der anderen Seite des Raumes, so daß mein Blick immer zuerst darauf fiel, aber diesmal versperrte mir merkwürdigerweise ein Paravent aus grünlicher Leinwand die Sicht, der um das Bett herum aufgebaut war. Ich hatte ihn noch nie zuvor gesehen.

Als ich leicht den Kopf wandte, sah ich aus den Augenwinkeln Brig und registrierte flüchtig, daß die Schranktür weit geöffnet war. Im selben Augenblick entdeckte mich Brig und stieß einen markerschütternden, schrillen Wutschrei aus.

»Raus! Verschwinde, du elender Schnüffler!« keifte sie und sprang auf. Mit einem Griff packte sie die Nachttischlampe, riß das Kabel aus dem Stecker und schleuderte sie in meine Richtung.

»Was, zum Teufel, bildest du dir ein? Hier einfach einzudringen! Hau ab, bevor ich dich rauswerfen lasse!« Gleichzeitig sprang sie vorwärts und versuchte, den Paravent zu schließen.

Mit drei Schritten war ich neben Igors Bett und sah endlich, womit Brig Igor all die Wochen gequält hatte. Von hinten hatte der Paravent wie ein ganz normaler Schirm ausgesehen.

Von vorn betrachtet, bestand jedoch jeder der sechs Teile des Paravents aus lebensgroßen Fotos einer nackten Frau in anzüglichen Posen.

Keuchend vor Wut sah sich Brig nach einer weiteren Waffe um, während ich auf den Schirm zusprang und das erste Foto mit einem heftigen Faustschlag in der Mitte zerfetzte.

»Das darfst du nicht! Laß das!« kreischte Brig.

»Das ist erst der Anfang!« brüllte ich zurück. »Du quälst Igor nicht mehr! Dafür werde ich sorgen!«

Ich begann ein Foto nach dem anderen aus dem Rahmen zu reißen.

In diesem Augenblick griff Brig in blinder Wut nach dem Schürhaken am Kamin und schlug zu. Ich war nicht schnell genug. Sie traf mich an der Schulter, und ich spürte einen heißen, stechenden Schmerz. Brig verlor das Gleichgewicht und fiel gegen den schweren Holzrahmen des Paravents, der krachend unter ihr zerbarst.

Brig schrie erneut laut auf, aber diesmal nicht vor Wut, sondern vor Schmerz. Ihr Fuß war unnatürlich verrenkt, und sie versuchte vergeblich aufzustehen.

In diesem Augenblick flog die Tür weit auf. Die Pflegerin, eine Nonne, erschien, gefolgt von einem Dienstmädchen und Kornilow.

»Wir haben Schreie gehört«, sagte Kornilow verlegen auf russisch.

»Kornilow, helfen Sie mir«, jammerte Brig.

Der Butler warf einen Blick auf Brigs Bein und befahl dem Zimmermädchen, Dr. Johnson vom American Hospital zu rufen.

»Bringen Sie mich in mein Bett«, drängte Brig weinerlich.

Die Nonne bekreuzigte sich beim Anblick der halbzerstörten obszönen Fotos und drängte alle Angestellten aus dem Zimmer.

Ein Blick auf Igor und seine glänzenden Augen genügte, um mich meine schmerzende Schulter vergessen zu lassen. Ich trat an sein Bett und strich die Decke glatt. »Das Problem hätten wir gelöst, was? Gute Arbeit, oder?«

Igor blinzelte einmal, und seine Augen lachten mich an. Dann geschah das Wunder: Er versuchte zum ersten Male, mit den Lippen ein Wort zu formen, und es erklang ein undeutlicher, heiserer Laut, der sich fast wie »toll« anhörte.

»Hören Sie doch!« rief ich der Nonne aufgeregt zu. »Er spricht!«

»Das ist ein Zeichen Gottes«, flüsterte die Nonne ehrfurchtsvoll.

»Ja, es ist ein gutes Zeichen. Aber wir dürfen nicht zuviel erhoffen.«

Kornilow, der Brig in ihr Schlafzimmer gebracht hatte, kehrte zurück, um das Schlachtfeld aufzuräumen, das die Dame des Hauses hinterlassen hatte.

»Was ist mit Igor?« fragte ich bekümmert.

»Wir kümmern uns schon um ihn«, versprach Kornilow.

Brig hatte sich den Fuß gebrochen, war jedoch innerhalb von zwei Wochen so weit wiederhergestellt, daß sie sich mit dem Gips allein fortbewegen konnte. Sie bat mich zu sich.

Sie erklärte mir bei dieser Gelegenheit, daß sie das Haus in der Rue St. Dominique und das Personal wie bisher behalten wolle, und berichtete, daß viele Freunde von ihrem Unfall gehört und sie bereits besucht hätten.

»Und was hast du ihnen erzählt?« fragte ich.

»Natürlich nicht, daß ich mir den Fuß gebrochen habe, weil ich über die Fotos der Geliebten meines Mannes gestolpert bin«, entgegnete sie gereizt. »Ich will mir meine Freunde schließlich nicht vergraulen.«

»Wie stellst du dir das mit Igor weiter vor?« erkundigte ich mich. »Soll er hierbleiben?«

»Selbstverständlich!« Sie wirkte erstaunt. »Warum sollte ich wegen einer kleinen Meinungsverschiedenheit unser Leben ändern?«

»Meinungsverschiedenheit? Das ist wieder mal die Untertreibung des Jahres«, entgegnete ich. »Du hast dich abscheulich benommen!«

Nach einer eingehenden Unterredung mit Igor war dieser schließlich bereit, zu bleiben. Allerdings unter der Voraussetzung, daß gewisse Veränderungen vorgenommen wurden, die sicherstellten, daß sich das, was geschehen war, nicht wiederholen würde. Das bedeutete konkret den Einbau einer Schwingtür, die verhinderte, daß sich Brig mit Igor einschließen konnte.

Bislang war unsere Familie von den Machenschaften der Gestapo unbehelligt geblieben. Nur Vater hatte der Einmarsch der Deutschen in Rußland schwer getroffen, denn er hatte in den Deutschen stets Verbündete gesehen. Allerdings glaube ich nicht, daß er zuerst das Ausmaß seiner Schuld erkannte. Er war alt geworden.

Doch eines Tages beim Abendessen bewirkte Galina mit einer Frage, daß ihm plötzlich einige Zusammenhänge bewußt wurden. »Sag mal, können wir denn nicht alle Russen warnen?« wollte sie wissen.

»Wie denn?« erwiderte ich müde und appetitlos.

»Ich denke, du hast eine Liste sämtlicher in Paris lebenden Russen?«

Ich beobachtete, wie sich Vater mit einem Ruck aufsetzte. »Eine Liste?« wiederholte er. »Was meinst du?«

»Natürlich existiert eine solche Aufstellung«, erwiderte ich gedehnt.

Vater wurde aschfahl. Speichel rann ihm aus einem Mundwinkel. Erst in diesem Augenblick muß er die Bedeutung dessen, was er getan hatte, begriffen haben.

»Eine Menge der Leute, die auf dieser Liste stehen, sind inzwischen Insassen von Konzentrationslagern«, entgegnete ich mit schonungsloser Offenheit.

»Aber wie hat die Gestapo die Leute so schnell gefunden? Die Liste ist doch geheim, oder?«

»Natürlich. Trotzdem müssen die Deutschen oder die französischen Behörden entsprechende Informationen erhalten haben.«

Vater stand plötzlich auf. »Ich fühle mich nicht besonders«, erklärte er barsch. »Ich gehe ins Bett.«

»Was ist los mit ihm?« fragte Galina verwundert.

»Er macht sich Sorgen. Immerhin hat er eine Menge Freunde verloren.« Alles Weitere behielt ich für mich. Er war aus Dummheit und Unvorsichtigkeit zum Verräter geworden, und das mußte für einen Mann seiner soldatischen Einstellung, der einmal ein Freund des Zaren gewesen war, besonders schlimm sein. Ich konnte nur hoffen, daß er irgendwie wieder mit sich selbst ins reine gelangte.

Nach dem Essen ging ich zu ihm. Er saß aufrecht in seinem Sessel im Schlafzimmer und betrachtete sich im Toilettenspiegel. »Habe ich das wirklich getan?« murmelte er, als ich eintrat. »Habe ich meine Freunde verraten – sie ins Konzentrationslager geschickt?«

Er verbarg das Gesicht in den Händen.

»Quäl dich nicht!« Ich legte den Arm um seine Schultern. »Ich bin sicher, die Deutschen hätten sich die Informationen auch auf andere Art und Weise beschafft. Die Liste ist schließlich überall bekannt«, log ich.

»Meinst du wirklich?« Vater klammerte sich daran wie an einen Strohhalm. Ich versuchte ihn weiter zu beruhigen, doch hatte das Gefühl, daß er meine Versuche, ihm die Schuldgefühle zu nehmen, nur allzu gut durchschaute.

Von jenem Tag an war er ein veränderter Mann. Er verlor Gewicht, und nur sein dichter Bart kaschierte, wie eingefallen seine Züge plötzlich geworden waren. Er verließ das Haus nur noch zu kurzen Spaziergängen auf dem Place de Furstenberg.

»Warum gehst du nicht mal wieder ins ›Deux Magots‹ und trinkst dort ein Glas Wein?« drängte ich ihn eines Tages.

»Ich will keine Russen treffen«, entgegnete er. »Ich könnte niemandem mehr gerade in die Augen sehen.«

Als eine Woche später das Telefon auf meinem Schreibtisch klingelte, befiel mich plötzlich eine schreckliche Vorahnung. »Nicki, komm schnell«, sagte Galina am anderen Ende verzweifelt. »Vater ist was zugestoßen.«

»In Ordnung!« Ich warf ohne weitere Fragen den Hörer auf die Gabel und lief die Treppen hinunter und den ganzen Weg in die Rue de Seine und weiter in die Rue Jacob. Vor dem Eingang des Hauses am Place de Furstenberg blieb ich einen Augenblick stehen, um Luft zu holen. Dann eilte ich, zwei Stufen auf einmal nehmend, nach oben. Galina öffnete mir sofort die Tür.

»Er hat sich erschossen«, empfing sie mich schluchzend. Im Hintergrund hörte ich das laute Wehklagen von Lilla.

»Ist er ...«

»Nein, noch nicht. Aber er hat nicht mehr lange Zeit.« Tränen flossen über ihre Wangen. »Oh, Nicki! Warum hat er das nur getan?«

Ich wußte es – wußte es nur zu gut, und konnte es doch niemandem sagen.

»Die Tatsache, so viele Freunde verloren zu haben, hat ihn vermutlich umgebracht«, murmelte ich verlegen. »Ist er in seinem Zimmer? Wo ist es überhaupt passiert?«

»In seiner Bibliothek. Der Schuß muß das Herz knapp verfehlt haben. Aber der Arzt meint ...« Galina versagte die Stimme. »So ein guter Vater! Ein wunderbarer Mann! Wie konnte das nur geschehen? Warum haben sie ihm das angetan?«

»Sie?« wiederholte ich erstaunt.

»Sie haben all seine Freunde umgebracht!« rief Galina. »Er ist an gebrochenem Herzen gestorben.«

Ich nahm Galina in die Arme, strich ihr über das schöne Haar und gab ihr einen sanften Kuß auf die Stirn.

»Papa ist ein alter Mann«, flüsterte ich. »Das Leid, das um ihn herum geschieht – er konnte es wohl nicht mehr ertragen. Für ihn ist der Tod eine Flucht vor der Wirklichkeit. Er hat diesen Ausweg gewählt. Quäl dich nicht so, Galina!«

Der Arzt hatte die Wunde bereits verbunden, so daß ich bei meinem Eintreten nur einen alten Mann mit weißem Bart sah, der halb bewußtlos in seinem Bett lag. Plötzlich verzog sich sein Mund zu einem Lächeln.

Ich hatte Galina gegenüber Haltung bewahrt, aber bei diesem Anblick begannen all meine Vorsätze, tapfer zu bleiben, zu schwinden.

»Ich fürchte, der Fürst ...«, murmelte der Arzt und ließ uns allein.

»Woher hatte er überhaupt eine Waffe?« fragte ich Galina.

Dann fiel mein Blick auf den schmalen Revolver mit dem perlmuttbesetzten Griff, der stets in seiner Schreibtischschublade gelegen hatte und in der Hand eines so mächtigen Mannes wie ein Spielzeug gewirkt haben mußte.

Daß ein Schuß aus dieser Waffe tödlich sein sollte, erschien mir beinahe unbegreiflich. Plötzlich ging mir eine Szene aus der Vergangenheit durch den Kopf. Ich sah wieder meine Mutter und meinen Vater vor mir, wie sie zu Rudi und mir ins Schlafzimmer getreten waren, um uns gute Nacht zu sagen, bevor sie zu einem Ball im Winterpalais des Zaren aufbrachen. Mama in ihrem Ballkleid, eine funkelnde Tiara im Haar, Vater in weißen Buckskin-Kniehosen, schwarzen Lederstiefeln mit silbernen Sporen, voller glänzender Orden das Jackett, über dem er die scharlachrote Schärpe des Ordens von St. Petersburg trug, die goldene Quaste über der linken Hüfte und den Säbel in seiner polierten Scheide an der rechten Seite.

Gegen jenen Säbel von damals wirkte der zierliche Revolver tatsächlich wie ein harmloses Spielzeug. Doch Vater hatte sich davon nicht täuschen lassen.

Auf seinem Bart glänzte weißer Schaum, als er den Kopf zu heben versuchte. Galina schob ihren Arm darunter und neigte den Kopf tief über seinen Mund.

»Ende«, dolmetschte sie. »Er sagt, das sei das Ende.«

Ich nickte wie betäubt.

»Aber warum? Warum nur?« wiederholte Galina.

Ich tastete nach einem Stuhl, setzte mich und spürte, wie mir kalter Schweiß über Rücken und Seite rann, als ich seine Hand nahm. Unten vom Platz drang der Hall der Schritte marschierender Soldaten zu uns herauf. Offenbar fand irgendwo in der Nähe eine Wachablösung der Deutschen statt.

Vater hatte inzwischen die Augen aufgeschlagen. Sie waren bereits glasig, und ich wußte, daß das Ende nahe war. Auf dem weißen Verband um seine Brust begann sich ein schnell größer werdender roter Fleck abzuzeichnen. Seine Hände zitterten leicht.

Ich beugte mich näher zu ihm. »Es tut mir leid, Nicki«, flüsterte er. »Ich hatte keine Ahnung – die arme Betty – mach ihr keine Vorwürfe ...!«

»Ich mache niemandem Vorwürfe«, beruhigte ich ihn leise. »Ich habe niemandem etwas gesagt.«

Tränen traten in meine Augen, doch ich versuchte, mich zu beherrschen. Wie Vater so vor mir lag, war beinahe so etwas wie Friede in seine schönen, männlichen Züge eingekehrt. Ich vergaß die letzten Wochen, die letzten Tage, und erinnerte mich statt dessen an jene wunderbare Zeit in Zarskoje Selo, als Vater lachend zu mir gesagt hatte: »Eines Tages wirst du der Fürst sein, mein Junge. Und zwar ein ehrlicher, aufrichtiger und tapferer Vasall des Zaren, der seinen Herrn und keinen Menschen auf der Welt je hintergeht.«

Was war aus all den großen Hoffnungen geworden, mit denen wir aufgewachsen waren? Mama war von Fanatikern ermordet worden, von meinem Bruder Rudi besaßen wir nur ein verblichenes Foto, Igor wartete geduldig auf den Tod, und Vater hatte nun selbst Hand an sich gelegt.

Die Marschgeräusche wurden leiser. Ich wandte mich ab und trat ans Fenster. Der Platz wirkte wie leergefegt. An den Bäumen regte sich kein Blatt. Der rote Fleck auf dem Verband hatte sich schräg nach unten hin ausgebreitet wie eine Ordensschärpe.

Kurz vor seinem Tod sagte Vater ganz deutlich ein Wort, als wolle er damit alles klären: »Ehrensache.«

Ich beugte mich über ihn. »Natürlich«, murmelte ich, »Ehrensache.«

VIERTER TEIL

1944–1945

19

Rückblickend scheint unser Leben in jenen Jahren bis zum Frühling 1944 von nichts anderem bestimmt gewesen zu sein als von Lebensmittelrationierungen, Benzinknappheit, Schwarzmarkt, Verdunkelung und nächtlichen Heimsuchungen durch die Gestapo in einem versklavten Europa. Die Erinnerungen an Dünkirchen und die Niederlage Frankreichs waren im täglichen Kampf ums Dasein längst verblaßt. Da die Deutschen alle erdenklichen Anstrengungen unternahmen, die »Festung Europa« auszubauen, schien eine fundamentale Änderung der Lage nicht absehbar.

In Rußland hatte sich Leningrad tapfer der Belagerung widersetzt. Britische Städte waren zwar zerbombt, aber in ihrem Verteidigungswillen ungebrochen. Hunderte von alliierten Schiffen waren versenkt und durch neue ersetzt worden. Trotzdem sah niemand eine Möglichkeit, der deutschen Gewaltherrschaft ein Ende zu setzen.

Am 7. Dezember 1941, mit dem Überfall der Japaner auf Pearl Harbour und dem Eintritt Amerikas in den Krieg, hatte sich für uns ein neuer Hoffnungsschimmer am Horizont abgezeichnet. Vorerst jedoch schien Amerika seine Militäraktionen auf Japan zu konzentrieren, das den Alliierten den Verlust von Singapur und den drohenden Verlust von Indien beschert hatte. Der Krieg hatte sich von Europa aus auf Afrika und den Fernen Osten ausgebreitet und die Alte Welt bis zur Unkenntlichkeit verändert.

Im November 1941 war Brig nach Hause zurückgekehrt. Ihr Vater war bei einem Autounfall schwer verletzt worden. All sein Reichtum und die Kunst der besten Ärzte hatten sein Leben nicht retten können. Nach seinem Tod nun hatte das Chaos, das Pearl Harbour folgte, Brigs Rückkehr nach

Paris verzögert. Zum Glück hatte sie alle Vorbereitungen getroffen, daß Kornilow das Haus während ihrer Abwesenheit führen konnte. Für Igor war also gesorgt. Unsere Hoffnungen auf eine Besserung von Igors Zustand hatten sich nicht erfüllt, aber zumindest war keine Verschlechterung eingetreten.

Das Leben mußte weitergehen. Im Haus am Place de Furstenberg hatte der Tod Vaters eine Lücke hinterlassen, doch der Schmerz darüber wurde von der Sorge über die politischen Ereignisse verdrängt. Das Geheimnis seines Verrats hatte er mit ins Grab genommen. Nicht mal Galina wußte darüber Bescheid. Die seit längerem kränkelnde Lilla schien nach dem Tod ihres Herrn immer mehr zu verfallen und entschlief schließlich sanft in einer Nacht im Jahr 1943. Mit ihr war praktisch die Generation derer in unserem Haus ausgelöscht, die noch den größten Teil ihres Lebens im alten Rußland verbracht hatten.

Olga war weiterhin eine sehr erfolgreiche Modemacherin. Privat war sie noch immer mit Ullmann liiert und schien mit dieser Verbindung glücklich zu sein.

Galina galt als eine der besten klassischen Tänzerinnen der Welt, in einer allerdings eingeschränkten Welt. Sie tanzte nicht nur an der Pariser Oper, sondern unternahm auch regelmäßig Tourneen, um vor französischen Kriegsgefangenen in Deutschland aufzutreten. Das wiederum brachte ihr Extra-Lebensmittelrationen ein, die sie geschwisterlich mit uns teilte, während ich Päckchen vom Schweizer Roten Kreuz erhielt, die ebenfalls gemeinsam verzehrt wurden.

Galina führte ein verhältnismäßig ruhiges Leben in unserem Haus am Place de Furstenberg, brachte jedoch hin und wieder wie zu therapeutischen Zwecken einen netten Kollegen oder Angehörigen der Oper mit nach Hause, der dann, wenn sie ihn besonders mochte, über Nacht blieb.

Tascha und ich hatten nicht geheiratet. Mitten im Krieg erschien uns das eine unnötige Handlung. Galina gegenüber hatten wir erklärt, uns zur Feier des ersten Friedenstages in Europa trauen zu lassen. Unsere Liebe und Zuneigung hatte sich inzwischen so vertieft, daß jede zufällige Berührung – jedes Streifen von Haut an Haut – Schauer der Glückseligkeit hervorrief. Wir brauchten beide unsere Liebe, unser körperliches Beisammensein, um aus der ständigen Anspannung auszubrechen, die uns der Krieg gebracht hatte.

Aus Tascha war ein bezauberndes Geschöpf geworden, mit lockenden Brüsten, schmalen Hüften, langen, wohlgeformten Beinen und einer goldenen Haarmähne, die ihr weit über die Schultern fiel. Sie brauchte die körperliche Liebe wie ich. Es geschah oft, daß nach meiner Rückkehr aus dem Büro, wenn Daniela, Lillas Nachfolgerin, verkündete, daß in einer halben Stunde gegessen werden könne, Tascha mich anlächelte – und dieses Lächeln war keine Bitte, sondern ein Befehl. Dann zogen wir uns wortlos in unser Schlafzimmer zurück, rissen uns die Kleider vom Leib und versanken eng umschlungen in den Kissen des Doppelbetts, als existiere die Welt um uns herum nicht mehr, bis wir beide gleichzeitig mit einem ekstatischen Aufschrei Erlösung und Befriedigung gefunden hatten.

Galina fand diese Angewohnheit sehr amüsant. »Na, fühlt ihr euch jetzt besser?« erkundigte sie sich eines Abends. »Hungrig?«

»Wie ein Wolf«, antwortete Tascha lachend.

»Das hängt mit der intensiven Körperertüchtigung zusammen, die du immer vor den Mahlzeiten treibst«, entgegnete Galina zuckersüß.

So erlebten wir trotz der widrigen Umstände das Paradies von Verliebten, voller Lust und Zärtlichkeit – bis zu jenem Tag, als Major Ullmann zu meiner Überraschung seinen Besuch in meinem Büro anmeldete.

»Ullmann hier«, erklärte er an der Sprechanlage. »Ich muß mit Ihnen sprechen.«

Ich war überrascht, denn seit sich Deutschland mit Rußland im Krieg befand und mein Vater tot war, hatten wir nur noch selten miteinander zu tun gehabt. Als Schweizer und Repräsentant des Roten Kreuzes mußte ich mich strikt neutral verhalten, doch gelegentlich fiel es mir schwer, meine Sympathien zu verbergen.

»Guten Morgen«, begrüßte ich Ullmann an der Bürotür. »Was kann ich für Sie tun, Major?«

Ich bot ihm keinen Stuhl an, bis er praktisch mit einer Geste bat, sich setzen zu dürfen. Er nahm Mütze und Handschuhe ab. »Ich möchte nicht, daß wir uns als Feinde betrachten, Monsieur Korolew. Deshalb bin ich hier. Ich muß Sie warnen.«

»Mich warnen?«

»Ja, oder vielmehr Ihre – Mätresse!«

»Ich habe mich wohl verhört? Das ist der Gipfel der Geschmacklosigkeit ...«, begann ich schneidend.

»Bitte verzeihen Sie! Ich habe mich vermutlich im Ausdruck vergriffen. Aber wir sollten uns nicht mit Lappalien aufhalten. Bitte, hören Sie mir jetzt gut zu! Vorausgesetzt natürlich, Sie sind daran interessiert, zu verhindern, daß Ihre Tascha in einem Arbeitslager landet.«

Für den Bruchteil einer Sekunde war ich sprachlos vor Schreck.

»Tascha? Was soll das heißen?« flüsterte ich heiser.

Ullmann beugte sich vor. »Glauben Sie mir, ich habe mit dieser Angelegenheit nichts zu tun. Nicht einmal Olga weiß Bescheid. Ich versuche alles, um die drohende Deportation zu verhindern. Und ich rechne mit Ihrer Mithilfe.«

»Aber was, um Himmels willen, ist passiert? Wie ist Tascha in solche Gefahr geraten? Ich dachte, sie gehört zu dem Personenkreis, der unter Ihrem persönlichen Schutz steht?«

»Das ist auch richtig.« Er zuckte entschuldigend mit den Schultern. »Dieser schreckliche Verron steckt dahinter.«

»Verron? Haben Sie denn keine Handhabe gegen ihn? Sie sind immerhin sein Chef!«

»Monsieur Korolew, ich hatte Sie gewarnt, daß jeder Formfehler, was persönliche Dokumente betrifft, verheerende Folgen haben könnte. In solchen Fällen bin ich machtlos.«

»Und?« Ich starrte ihn verständnislos an.

»Offenbar wurde bei einer Routineüberprüfung entdeckt, daß mit Taschas Papieren etwas nicht in Ordnung ist. Die Geburtsurkunde fehlt, und Olga kann sie offenbar nicht beibringen. Verron hat vor, Tascha zum Verhör auf die Präfektur zu bestellen. Dabei werden Offiziere der Gestapo anwesend sein.«

»Aber Olga muß doch etwas einfallen.«

»Olga weiß überhaupt nichts von Taschas Problemen.« Ich starrte ihn verwirrt an. »Sie weiß nichts?«

»Nein, noch nicht. Ich wollte sie nicht unnötig beunruhigen. Vielleicht finden wir ja einen – Ausweg.«

»Was schlagen Sie vor?« fragte ich deprimiert. Ich hatte zum erstenmal in dieser schrecklichen Zeit wirklich Angst.

»Wenn wir schnell handeln, haben wir vielleicht eine Chance«, entgegnete Ullmann und schnippte unsichtbare Fusseln von seinem Jackenärmel. »Wir könnten sie zum Beispiel nach Vichy schicken. Vichy liegt außerhalb von Verrons Zuständigkeitsbereich.«

»Nein, vielen Dank.«

»Oder ...« Er zögerte lange, bevor er fortfuhr: »Nun, wenn Sie dieses Mädchen wirklich so lieben, warum heiraten Sie sie nicht? Das wäre die einfachste Lösung. Einen besseren Schutz, als die Frau eines Repräsentanten des Roten Kreuzes zu sein, kann man sich doch kaum vorstellen.«

Ich hatte mich schon gefragt, ob er auf diese Idee verfallen würde, denn das war mein allererster Gedanke gewesen. Wir hatten vereinbart, mit der Hochzeit bis zum Ende des Krieges zu warten, weil Tascha Angst vor der Reaktion ihrer Mutter hatte. Doch jetzt?

Schließlich erzählte ich Ullmann in einem Anfall von Offenheit von diesen Vorbehalten.

»Ich verstehe«, erwiderte Ullmann mitfühlend. »Es ist das übliche Problem zwischen Mutter und Tochter. Aber dies ist der Zeitpunkt, sich darüber hinwegzusetzen. Besprechen Sie sich mit Tascha!« Und nachdenklich fügte er hinzu: »Taschas Mutter braucht ja nichts davon zu erfahren. Heimliche Liebesheiraten hat es schon oft gegeben. Behalten Sie die Angelegenheit erst mal für sich! Bis auf Inspektor Verron, der damit gezwungen ist, Ihre Frau in Ruhe zu lassen, braucht es niemand zu wissen.«

Die Aussicht, in aller Stille heiraten zu können, erleichterte Tascha den Entschluß, einzuwilligen.

»Natürlich möchte ich dich heiraten«, erklärte sie. »Ich habe nie etwas anderes gewollt. Aber ich dachte, wir sollten noch warten. Jetzt allerdings habe ich einfach Angst. Seltsam, ich vertraue dir so sehr, Liebster. Ein wenig aufgeregt bin ich doch. Natürlich hast du recht. Bringen wir's so bald wie möglich hinter uns, ja? O Liebster! Ich werde Fürstin Korolew! Wie schade, daß dein Vater das nicht mehr erlebt. Er hätte auf einer großen Hochzeit bestanden.«

»Tut mir leid, daß ausgerechnet unsere Hochzeit wie eine Nacht- und Nebelaktion aussicht.«

Wenn ich Ullmann glauben durfte, war Verron bereits auf dem Kriegspfad, daher mußten wir schnell handeln. Mit den Hindernissen der Bürokratie allerdings hatte ich nicht gerechnet.

Selbst die Schweizer Botschaft in Paris, wo ich viele Freunde hatte, konnte nicht helfen. Man sagte mir, daß es in Kriegszeiten gut einen Monat dauern würde, bis sämtliche Papiere ausgefertigt seien. Auch die Franzosen setzten eine Wartefrist von drei Wochen zwischen Aufgebot und Eheschließung. Die russisch-orthodoxe Kirche schied ebenfalls aus. Die Deutschen hatten die Gemeinde praktisch aufgelöst. Ein Pope war überhaupt nicht aufzutreiben.

Allmählich begann ich in Panik zu geraten. Seltsamerweise war es erneut Major Ullmann, der für Abhilfe sorgte. Nach zwei Tagen frustrierender Behördengänge und Gespräche suchte ich Ullmann in dessen Büro im Hotel Crillon auf. »Es ist absurd, aber es besteht offenbar keine Möglichkeit, sich in den nächsten Tagen trauen zu lassen. Ich habe alles versucht.«

Ullmann dachte einen Augenblick nach, dann erwiderte er mit einem flüchtigen Lächeln: »Es gibt eine Möglichkeit, Monsieur Korolew. Wenn Sie wollen, können Sie noch heute nachmittag getraut werden.«

»Verzeihen Sie, aber das verstehe ich nun wirklich überhaupt nicht.«

»Nun, Sie heiraten einfach bei unserem Bataillonsgeistlichen.« Er vollführte eine großzügige Geste. »Es wäre mir ein Vergnügen. Betrachten Sie sich als Gast des deutschen Oberkommandos! Es kostet Sie keinen Sou.« Und lächelnd fügte er hinzu: »Ja, ich weiß. Natürlich sind wir Feinde, aber wenn es um Leben und Tod geht, sollte man nicht wählerisch sein. Entweder Sie heiraten, oder Sie müssen in Zukunft auf Ihre schöne Tascha verzichten. Überlegen Sie es sich gut!«

Ullmann war zwar stets sehr hilfsbereit und zuvorkommend gewesen, doch der Gedanke, von einem deutschen Militärgeistlichen verheiratet zu werden, stieß mich im ersten Augenblick ab.

»Unser Geistlicher spricht fließend Französisch«, bemerkte in diesem Moment Ullmann, als habe er meine Gedanken erraten. »Er hat übrigens in Oxford studiert.« Während er mit seinem goldenen Füllfederhalter spielte, fügte er hinzu: »Und er ist vielleicht ein besserer Christ, als Sie es sind.«

»Ich muß das erst mit Tascha besprechen«, entgegnete ich und wandte mich zum Gehen. »Trotzdem, vielen Dank für Ihre Hilfe!«

Ullmann sah von seinem Schreibtisch auf. »Überlegen Sie es sich nicht zu lange«, warnte er.

Zu Hause besprach ich die Angelegenheit mit Tascha und

Galina. Für einen gebürtigen Russen war die Vorstellung, von dem Bataillonsgeistlichen eines Landes getraut zu werden, mit dem sich Rußland im Krieg befand, entsetzlich. Doch hatten wir eine Alternative?

Schließlich war es Galina, die sehr bestimmt sagte: »Ihr müßt das durchstehen! Solange die Deutschen in Frankreich an der Macht sind, wird eure Eheschließung nie in Zweifel gezogen werden. Und meiner Meinung nach sieht es so aus, als sollte das noch lange dauern. Sobald sich die Deutschen allerdings aus Frankreich zurückziehen, ist eure Ehe ungültig.« Lachend fügte sie hinzu: »Denkt doch nur, damit spart ihr schon mal 'ne Menge Geld, falls ihr euch irgendwann scheiden lassen wollt.«

Wir heirateten also im Hotel Crillon, gleich neben der amerikanischen Botschaft. Ullmann hatte den entsprechenden Büroraum mit Blumen schmücken und einen stattlichen Vorrat an Champagner der Marke Laurent-Perrier aus den Kellern des Crillon heraufschaffen lassen.

Ich hatte mir zwei Trauzeugen erbeten, die sich zum Schweigen verpflichtet hatten: Kornilow, im eleganten schwarzen Anzug, und Sergej Mensky, der seine ehemalige Paradeuniform angelegt hatte. Obwohl letztere etwas stramm saß, wirkte »Graf« Mensky, doch sehr eindrucksvoll darin.

Der deutsche Geistliche hatte seine Uniform gegen den Talar getauscht. Die Eheschließung fand auf französisch statt, und vom Plattenspieler ertönte der Hochzeitsmarsch aus Lohengrin.

»Abgesehen von der Tatsache, daß uns der Geistliche seine Hände aufs Haupt gelegt hat, hätten wir genausogut in einer Anwaltskanzlei heiraten können«, erklärte Tascha später.

»Na, so schlimm fand ich es gar nicht«, entgegnete ich und dachte an die prächtigen Gottesdienste nach orthodoxem Ritus, die ich in St. Petersburg als Kind miterlebt hatte. So schlicht und einfach unsere Hochzeitszeremonie gewesen sein mochte, war sie für mich doch allein durch die Tatsache eine heilige Handlung gewesen, daß sie ein Geistlicher, ein Mann Gottes, vorgenommen hatte.

Als uns alle Anwesenden gratuliert hatten und die Champagnerkorken knallten, sank Tascha in meine Arme, hielt mich von sich und sah mir in die Augen: »Ich kann's noch gar nicht glauben, Nicki.«

»Aber es ist wahr«, murmelte ich. »Und wir gehen jetzt nach Hause, um uns zu lieben, während unsere deutschen Gäste weiter ihren Krieg führen.«

Ullmann hatte einen Wagen besorgt, der uns zum Place de Furstenberg zurückbringen sollte.

Die Hakenkreuzstandarte hatte er diskret entfernen lassen.

»Ich bin froh, daß Sie sich zu diesem Entschluß durchgerungen haben«, erklärte er zum Abschied.

»Sie wissen, Verron kann Ihnen jetzt nichts mehr anhaben. Ihre Papiere sind tadellos in Ordnung. Und das Geheimnis wird niemand entdecken, es sei denn, Sie wollen es.«

»Ich weiß nicht recht«, sagte ich skeptisch. »All die Zeugen! Ich mache mir schon Sorgen.«

»Das ist völlig unnötig«, versicherte er mir.

Aber Ullmann sollte nicht recht behalten. Bereits zwei Tage später passierte ein Eklat, der alles überstieg, was ich befürchtet hatte.

Wir wollten gerade zu Mittag essen, als ich hörte, wie jemand die äußere Wohnungstür aufschloß.

»Wer, zum Teufel, kann das sein?« Ich sprang auf, um nachzusehen. Meines Wissens hatte niemand einen Zweitschlüssel.

Es war Tante Olga, und ein Blick in ihr Gesicht sagte mir, daß sie über Tascha und mich Bescheid wissen mußte.

»Du hast einen Schlüssel?« war alles, was ich im ersten Moment herausbrachte.

»Ja, ich habe ihn bei meinem Auszug zurückbehalten. Gott sei Dank«, entgegnete sie scharf. »Wo ist Tascha?«

»In der Bibliothek.« Ich folgte ihr.

Tascha lächelte und sagte arglos: »Hallo, Mama!«

»Setzt euch! Du auch, Galina! Das ist eine Familienangelegenheit.« Als wir zögerten, schrie Tante Olga: »Ich sagte, ihr sollt euch setzen!«

»Bitte tu, was sie sagt«, flüsterte ich Tascha zu.

Galina, die in kritischen Situationen einen kühlen Kopf bewahrte, entgegnete arrogant: »Ich ziehe es vor, stehen zu bleiben.« Doch Olga konnte energisch und machtbewußt sein. Sie gab nie klein bei. Immerhin hatte sie in einer harten Welt überlebt, eine Aristokratin, die sich plötzlich in Lebensumständen hatte zurechtfinden müssen, die früher für sie nie denkbar gewesen wären.

»Und jetzt zu dir«, wandte sie sich an Tascha. »Wie konntest du das tun? Du hast dich versündigt. Ohne mir auch nur ein Wort zu sagen.«

»Warte bitte«, entgegnete ich ärgerlich. »Seit wann ist es eine Sünde, zu heiraten?«

»Du hältst den Mund!« zischte Olga wütend. »Wir sprechen uns später. Also beantworte meine Frage, Tascha! Warum habe ich davon nichts gewußt?«

Tascha sah mich an. Aus ihrem Blick sprach Angst.

»Kannst du nicht in einem anderen Ton mit Tascha reden?« mischte ich mich ein.

»Halt den Mund!«

»Das hier ist mein Haus«, entgegnete ich schneidend.
»Wirklich, Olga«, sagte Galina kühl und beherrscht. »Wenn man bedenkt, wo und wie du lebst, dann machst du hier doch eigentlich viel Wind um nichts.«

»Um nichts?« schrie Olga schrill. »Nichts? Ich glaube, ich höre nicht richtig!«

»Laß mich doch endlich erklären«, begann ich ruhiger. »Ich weiß, wir hätten dich zur Hochzeit einladen sollen, aber ...«

»Diese Ehe wird für ungültig erklärt!« Olga sagte das, als sei es bereits eine Tatsache. »Dafür werde ich persönlich sorgen.«

»Du wirst nichts dergleichen tun«, sagte Tascha. »Laß uns in Ruhe! Wir mischen uns auch nicht in deine Angelegenheiten mit diesem – diesem Deutschen.«

»Du verdammte Hure!« kreischte Olga außer sich.

Galina trat auf Olga zu und versetzte ihr eine schallende Ohrfeige. Tante Olga sank auf das Sofa.

Ich war entsetzt. Nie hatte ich in unserer Familie eine ähnliche Szene erlebt. Plötzlich beschlich mich eine unerklärliche Angst.

Olga war normalerweise nicht die Frau, die sich so gehenließ, schon gar nicht, weil ihre Tochter, die längst nicht mehr bei ihr lebte, ohne ihre Erlaubnis geheiratet hatte. Da mußte etwas anderes dahinterstecken.

Tante Olgas Blick schweifte ernst und grimmig von einem zum anderen. »Herrgott, wie konntet ihr nur so dumm sein!«

»Dumm? Darf ich fragen, warum?«

»Ich kann euch nur raten, die Ehe annullieren zu lassen«, entgegnete sie heiser. »Und zwar sofort.«

»Niemals!« rief Tascha. »Ich liebe Nicki. Wir sind verheiratet und werden es auch bleiben.«

Olga begann plötzlich zu weinen. »Du hast es versprochen!« Sie wandte sich schluchzend an mich. »Du hast deinem Vater dein Ehrenwort gegeben, das Mädchen in Ruhe zu lassen.«

»Sei doch nicht albern! Wir sind keine Kinder mehr. Tascha und ich lieben uns seit Jahren. Seit du sie hier aus dem Haus gezerrt hast, haben wir uns heimlich getroffen. Das ist dir wohl neu, was?«

Tante Olga verschlug es im ersten Augenblick offenbar die Sprache. Sie griff wie nach Halt suchend nach der Sofalehne.

»Tascha – Tascha ist doch nicht schwanger, oder?« fragte sie schließlich leise.

Ich schüttelte den Kopf. »So dämlich sind wir nun auch wieder nicht.«

Tante Olga begann herzzerreißend zu schluchzen. Ich begriff immer weniger.

»Tut mir leid«, begann ich vorsichtig. »Aber im Grunde solltest du dich freuen. Warum bist du nur so wütend? Ich bin Schweizer Staatsbürger. Durch die Ehe ist Tascha das jetzt ebenfalls. Sie ist die Frau eines Schweizer Repräsentanten des Roten Kreuzes. Niemand kann ihr hier etwas anhaben. Warum regst du dich dann so auf?«

»Wenn es nur so einfach wäre«, murmelte Olga und wischte sich die Tränen ab.

»Wo liegt denn das Problem?« fragte ich. »Tascha war in einer sehr gefährlichen Lage. Dieser Inspektor Verron von der französischen Polizei arbeitet eng mit der Gestapo zusammen. Er wollte Tascha deportieren lassen.«

Tante Olga wurde aschfahl. Sie schüttelte ungläubig den Kopf.

»Daß dies verhindert wurde, haben wir deinem Freund Ullmann zu verdanken«, fuhr ich fort. »Er hat uns den Tip gegeben. Dir hat er nichts gesagt, um dich nicht weiter zu beunruhigen. Er hat dafür gesorgt, daß wir so schnell wie möglich heiraten konnten.«

»Das darf doch nicht wahr sein!« Ihre Stimme war heiser vor Wut und Erregung. »Aber eins sage ich euch: Ich sorge dafür, daß diese Ehe annulliert wird.«

»Aber warum denn? Bist du verrückt? Was nimmst du dir überhaupt raus?«

Nach einer langen Pause sagte sie schließlich ärgerlich: »Mein Gott, bist du begriffsstutzig. Warum, glaubst du wohl, wollte ich von Anfang an verhindern, daß du etwas mit Tascha anfängst? Ich habe doch wirklich alles getan, um euch auseinanderzubringen. Ich wollte nie, daß ihr miteinander allein seid.«

Mich erfaßte eiskalte Wut, aber aus dem falschen Grund. Dunkelrot im Gesicht schrie ich: »Willst du damit sagen, daß – als sie noch ein Kind, eine Zwölfjährige war –, daß ich …«

»Ach, Blödsinn!« schrie sie zurück. »Aber jetzt zwingt ihr mich, euch die Wahrheit zu sagen.«

Plötzlich beschlich mich eine schreckliche Vorahnung.

»Eine Annullierung eurer Ehe ist unumgänglich«, erklärte Olga beharrlich.

»Nicht mit mir«, entgegnete ich, aber meine Stimme verriet zum erstenmal Unsicherheit. »Warum sollte ich das tun?«

»Dafür gibt es einen durchschlagenden Grund, mein Lieber. Du und Tascha wollt Mann und Frau sein? Das ist ja zum Lachen! Tascha und du – ihr seid Geschwister!«

20

Tascha schluchzte herzzerreißend. Galinas liebevolle Bemühungen, sie zu beruhigen, waren fruchtlos. Mich hatte Olgas schreckliche Enthüllung sprachlos werden lassen. Ich konnte keinen klaren Gedanken fassen. Als Daniela schließlich erschien, um uns zum Essen zu bitten, bedeutete ich ihr wortlos, daß sie gehen solle. An Essen dachte an jenem Mittag wirklich niemand. Meine kleine Welt war in ihren Grundfesten erschüttert worden.

Taschas Reaktion nach dem ersten Schock war hysterisches Gelächter gewesen, mit der sie Olgas Behauptung als baren Unsinn abzutun versuchte, bis ihr klarwurde, daß Olga keinen Grund hatte, eine derart bombastische Lüge zu erfinden. Danach stieß sie den Schrei eines weidwunden Tieres aus.

Sie fiel in meine Arme, und ich konnte sie gerade noch auffangen und sie auf Vaters Couch legen.

»Holt ihr einen Kognak!« befahl ich. Galina brachte Flasche und Glas. »Hier, trink das«, drängte ich und zwang Tascha, einen Schluck zu trinken. Sie verschluckte sich und begann zu husten.

»Es kann – es darf nicht wahr sein«, jammerte sie immer wieder. »Du bist mein Mann.« Sie klammerte sich schluchzend an mich. »Sag mir, daß du mein Mann bist! Nicki, Liebster, du bist alles, was ich habe. Ich liebe dich, seit ich ein Kind war. Ich kann ohne dich nicht leben.«

»Ganz ruhig, Liebste!« Ich drückte sie an mich. Und wohl wissend, daß es eine Lüge war, fügte ich hinzu: »Vielleicht ist ja alles nur ein schrecklicher Irrtum.«

»Aber irgendwas muß man doch tun können.« Auch Galinas Augen waren vom Weinen gerötet.

»Geh jetzt in dein Zimmer und versuch ein wenig zu schlafen«, riet ich Tascha und küßte sie zärtlich. »Das bringt dich auf andere Gedanken. Später reden wir in Ruhe darüber, was zu tun ist.«

»Du verläßt mich doch nicht?« jammerte sie.

»Selbstverständlich nicht, niemals«, versicherte ich ihr.

Wie in Trance ging Tascha aus dem Raum. Als ich wenig später in ihr Zimmer sah, schlief sie unruhig, und ich hörte sie von Zeit zu Zeit leise weinen.

Den Rest des Tages erlebte ich wie einen bösen Traum, und ich verfluchte insgeheim die Frau, die unser Leben zerstört hatte. Die Frage, warum sie uns nicht schon früher die Augen geöffnet hatte, war quälend.

Immerhin hätte unser Leben längst ruiniert sein können, vielleicht durch ein mißgebildetes Kind. Das Schicksal hat eigene Mittel und Wege, zu strafen und den falschen Weg denen aufzuzeigen, die blind durchs Leben gehen.

Später aßen wir mit Galina zu Abend, und es wurde eine trostlose Mahlzeit.

Beinahe verlegen sagte Galina schließlich zu Tascha: »Ich glaube, es ist besser, du ziehst wieder in dein altes Zimmer. Ich schlafe auf der Couch in der Bibliothek.«

Tascha wirkte zutiefst erschrocken.

»Keine Sorge, Galina«, sagte ich hastig. »Tascha braucht jetzt meine moralische Unterstützung. Wir schlafen weiterhin in einem Zimmer. Schließlich tun wir das schon seit Jahren.«

Galina schien erstaunt zu sein, fügte sich jedoch in meinen Vorschlag. Tascha und ich zogen uns an jenem Abend schnell aus und gingen wie immer nackt zu Bett, schmiegten uns aneinander, und ich wollte gerade mit dem zärtlichen Vorspiel beginnen, als mich plötzlich unterbewußt eine merkwürdig ängstliche Scheu erfaßte und ich von Tascha abließ.

Tascha spürte mein Zögern. »Nicki, auch wenn wir Bruder und Schwester sind, sind wir doch auch ein Liebespaar«, flüsterte sie mit tränenerstickter Stimme. »Liebster, ich will dich – jetzt.«

»Ich kann nicht«, erwiderte ich.

»Du mußt«, drängte sie. »Bitte!«

In blinder Verdrängungswut verbannte ich alle Zweifel und Ängste aus meinen Gedanken, und es war fast wie eine Erlösung, als ich sie nahm und sie leise und wehmütig flüsterte: »Du darfst nie damit aufhören, Geliebter. Die Gefühle, die uns verbinden, sind etwas sehr Seltenes. Mir ist es egal, was die Leute sagen. Ich werde nie damit aufhören, nie.«

»Aber es ist Sünde«, entgegnete ich unglücklich.

»Wahre Liebe kann keine Sünde sein«, entgegnete sie bestimmt. »Ich begleite dich morgen zu Mutter in den Salon«, murmelte sie noch kurz vor dem Einschlafen.

»Nein. Ich gehe allein. Ohne dich ist Olga vielleicht beherrschter, und wir können vernünftig miteinander reden. Ich muß die ganze Wahrheit wissen.«

An Einschlafen konnte ich in jener Nacht lange nicht denken. Zu viele widersprüchliche Gedanken schossen mir durch den Kopf. Ganz abgesehen von unseren Gefühlen, die unserer Umwelt pervers erscheinen mußten, welche Alternative gab es zu unserer »Ehe«? Tascha verfügte nur über jene Dokumente, die ihr die Deutschen ausgestellt hatten. Bei einer Scheidung würde sie diese verlieren und der Gestapo hilflos ausgeliefert sein. Das konnte – das durfte ich nie riskieren.

Immer wieder kreisten meine Gedanken um die eine Frage: Warum hatte Olga damals bei ihrer Ankunft in Paris Vater nicht die Wahrheit gesagt? Welchen Grund hatte sie dafür gehabt, ihn zu belügen? Immerhin war er Taschas Vater gewesen. Hätte sie vom ersten Tag an die Wahrheit gesagt, wären Tascha und ich nie in jenen Teufelskreis von Liebe und Schuldgefühlen geraten.

Genau dies war die erste Frage, die ich Olga am nächsten Vormittag in ihrem Modeatelier stellte.

Olga wirkte mittlerweile wesentlich ruhiger und besonnener. »Ich weiß, es war ein Fehler«, gab sie zu und schien den Tränen nahe zu sein. »Aber du mußt es auch mal von meiner Warte aus sehen. Ich habe dieses Baby gerettet, ein weinendes Neugeborenes, noch blutbefleckt auf jenem schmutzigen Platz, wo es geboren worden war. Sie hatten deine Mutter umgebracht und fortgeschleppt. Ich habe mit ihrer Tochter wenigstens ein Leben gerettet. Und damals mußte ich das Kind als mein eigenes ausgeben, um im Rußland der Revolution überhaupt überleben zu können. Mit keinem Gedanken habe ich je daran gedacht, je gehofft, euch einmal wiederzusehen.«

»Aber als du dich schließlich nach Paris durchgeschlagen hattest, hast du sofort das Haus meines Vaters aufgesucht«, entgegnete ich scharf.

»Eine andere Adresse kannte ich nicht«, murmelte sie lahm.

»Selbst dann hättest du Vater jederzeit sagen können, wer Tascha wirklich ist«, beharrte ich.

»Ich hab's ja versucht. Aber die Wahrheit wollte mir nicht über die Lippen. Ich hatte das Baby schließlich wie mein eigenes Kind aufgezogen. Zuerst wollte ich nur helfen. Aber während der folgenden Jahre, als wir nur uns hatten, da war es, als hätte ich sie selbst geboren. Das mußt du doch verstehen. Ich wollte sie nicht mehr hergeben und mit niemandem teilen müssen.«

»Und woher willst du so sicher wissen, daß Tascha Mamas Baby ist?«

Daraufhin erzählte mir Olga, daß bei Mama bereits die Wehen eingesetzt hätten, bevor sie selbst fortgeschleppt worden wäre. »Ich erinnere mich noch an eine vornehme Equipage mit Kutscher und Diener, die neben uns anhielt. Und es war jemand getötet worden. Dann entdeckte einer der umstehenden Männer meine seidene Unterwäsche und verschleppte mich in das Lagerhaus. Den Rest der Geschichte kennst du. Als ich den Platz später wieder betrat, stand nur noch die vornehme Kutsche ohne Pferde da. Und daneben lag das Neugeborene deiner Mutter. Ich nahm es und säuberte es.«

»Früher hast du uns eine ganz andere Geschichte erzählt.«

»Ich mußte etwas erfinden. Ich habe nie geheiratet – und du weißt, warum. Weil ich deinen Vater liebte. Aber deine Mutter wurde seine Frau. Irgendwie glaubte ich, ein Recht auf dieses Kind zu haben. Ich hatte inzwischen Zeit zum Nachdenken, Nicki, und es quält mich entsetzlich, was ich euch durch mein Schweigen angetan habe. Aber als ich erfuhr, daß ihr geheiratet hattet, wurde ich fast verrückt. Dafür könnte man euch ins Gefängnis bringen. Das ist Inzest!«

Ich schluckte meinen Ärger hinunter. »Jetzt ist mir klar, warum du Taschas Geburtsurkunde nicht beibringen konntest. Tascha hat so was nie besessen. Dafür hast du gesorgt. Tascha ist verzweifelt. Und ich weiß wirklich nicht mehr, was ich tun soll.«

»Du weißt nicht ...?« begann Olga erstaunt.

»Nein. Aber das muß dich nicht kümmern«, entgegnete ich brutal. »Welche Entscheidung wir auch treffen, du hast damit nichts zu tun.«

»Aber ich bin Taschas ...«

»Nein, Olga, das bist du nicht. Dich geht das nichts mehr an. Du hast lange genug die Mutterrolle gespielt und über Taschas Leben bestimmt. Und die ganze Zeit über war es eine Lüge, eine Lüge vor allem Vater gegenüber, der starb, ohne die Wahrheit je zu erfahren. Ich will nicht rachsüchtig erscheinen, aber es ist besser, wenn du Tascha vorerst nicht mehr siehst. Vergiß nicht, sie lebt in meinem Haus. Auch wenn sich unser Verhältnis auf sexuellem Gebiet ändern sollte, müssen wir doch weiter vorgeben, Mann und Frau zu sein, wenigstens vorerst.«

»Das könnt ihr doch nicht tun«, protestierte sie atemlos. »Doch, das können wir.« Ich erinnerte sie daran, warum wir überhaupt so Hals über Kopf geheiratet hatten. Offenbar hatte sie bei all dem anderen diese Sachzwänge überhaupt nicht begriffen.

Jetzt schien ihr endlich zu dämmern, in welcher Gefahr Tascha schwebte. Wenn sie dieses Verhalten auch nicht billigte, so mußte sie die Notwendigkeit dessen doch akzeptieren. ich brauchte vor allem Zeit – Zeit, allein zu sein, nachzudenken und mit dem fertig zu werden, was in Wahrheit Sünde war. Unbeeinflußt von der körperlichen Begierde, die mich stets erfaßte, wenn wir zusammen waren, Blicke und Berührungen tauschten, mußte ich zu einer Entscheidung gelangen.

Die Tatsache, daß wir in Kriegszeiten lebten, komplizierte alles noch und ließ uns keinen Ausweg.

Nach Jahren ungetrübter, gleichmäßig starker und intensiver Liebe war nun alles, was uns verband, zu einer monströsen Sünde geworden. Wie lange konnten wir die psychischen Qualen verdrängen und »in Sünde« leben? Eines Tages würde uns die Rechnung präsentiert werden.

Tascha gegenüber vermochte ich nicht zu lügen. Sie hatte in einer seltsam fatalistischen Melancholie Zuflucht gesucht, die sie noch schöner werden ließ. Sie führte mir damit täglich vor Augen, daß ich sie nie aufgeben und nie aufhören würde, sie zu lieben.

Beinahe scheu erklärte sie mir in jenen ersten Tagen: »Wir haben keine Zukunft, Nicki, es sei denn, wir bleiben zusammen.«

»Ich weiß, Liebste«, erwiderte ich. »Aber wir sind Bruder und Schwester. Daran ändert sich auch nichts, falls wir ... Nun, falls wir etwas tun ...«

»Nicht falls,«, wehrte sie beinahe wütend ab.

»Also gut, dann eben ›wenn‹. Besser? Aber es ist nun mal eine Sünde.«

»Das ist es nicht«, widersprach sie, strich mir über die Wange und drückte mich auf die Couch. Daniela war ausgegangen, um Lebensmittel zu organisieren, und Galina probte an der Oper.

»Sollen wir?« flüsterte sie heiser.

»Wir sollten das lassen.«

»Nur zum Abschied, für den Fall ...« Tascha war von jeher besonders geschickt darin gewesen, jedes Schäferstündchen damit zu entschuldigen, es könne aus irgendeinem Grund das letzte sein.

»Du weißt, daß wir es nicht tun sollten. Wenn wir ein Kind kriegen würden ...« Das war die neue Angst, die mich quälte. Aber auch diesmal war ich nicht in der Lage, Tascha zu widerstehen.

Als es vorüber war, murmelte ich bedrückt: »Es ist und bleibt eine Sünde. Daran ist nicht zu rütteln.«

»Nein«, widersprach sie erneut. »Wir haben uns geliebt,

bevor wir wußten, wer wir sind. Und unsere Liebe ist echt und aufrichtig. Wie kannst du da von Sünde sprechen? Es gibt nichts Schöneres als das, was wir füreinander empfinden. Wir sind füreinander geschaffen.«

»Glaub mir, ich empfinde das genauso.«

»Liebster, ich lasse es nie zu, daß man dich mir wegnimmt!«

Damit begann eine Zeit des Verdrängens. Ich konnte der langbeinigen, blonden Märchenfee Tascha keine Bitte versagen. Statt dessen schob ich alle Schuldgefühle von mir und lebte nur für das Hier und Jetzt.

Das Frühjahr 1944 brachte nicht nur herrlichen Sonnenschein nach einem langen, kalten Winter, sondern auch neue Hoffnung auf die ersehnte Wende im Kriegsgeschehen. Es war ein merkwürdiges Phänomen: Ohne unmittelbaren, greifbaren Anlaß herrschte plötzlich in Paris für jeden spürbar ein Gefühl der freudigen, gespannten Erwartung. Italien hatte sich immer mehr aus dem Krieg zurückgezogen, und die Alliierten begannen vom Süden her eine neue Offensive, die sie fast bis Rom brachte. In Rußland mußten die Deutschen schwere Niederlagen hinnehmen, und in Frankreich hatte die Résistance ihre Aktionen erfolgreich verstärkt und ausgeweitet. Gleichermaßen hatten die Briten ihre Luftangriffe vorangetrieben.

»Es liegt was in der Luft.« Auch Galina spürte diesen Stimmungsumschwung, als wir die Champs-Élysées entlanggingen, wo die Kastanien in voller Blüte standen. »Diese Gespanntheit hat etwas Elektrisierendes – wie vor einer Premiere im Theater.«

Die Menschen um uns schienen sich beschwingter fortzubewegen und mit wacheren, erwartungsvollen Blicken in die Welt zu sehen.

Natürlich wußten wir alle durch heimliches Abhören der »Feindsender«, daß eine zweite Groß-Offensive geplant war, und auch in offiziellen deutschen Radiosendungen war von einer starken Truppenkonzentrierung der Alliierten in England die Rede gewesen.

In den ersten Junitagen kursierte schließlich das Gerücht, die BBC habe den vereinbarten Code – eine Zeile aus einem Gedicht von Verlaine – an die Résistance gesendet, der das Zeichen für die beginnende Invasion der Alliierten sein sollte.

Am Morgen des 6. Juni, einem Dienstag, unterbrach der offizielle deutsche Radiosender die Ouvertüre zu »Rienzi« und sendete die Meldung, alliierte Marine- und Luftwaffeneinheiten hätten eine Landung in der Normandie versucht.

Danach wurde die Ouvertüre zu »Rienzi« fortgesetzt. Doch niemand hörte mehr zu. Niemanden kümmerte es. Alle hatten gehört, worauf sie lange gewartet hatten. Jetzt wußten wir, daß die Befreiung Frankreichs begonnen hatte.

21

»Das nächste Mal ist Paris dran!«

Hinter verschlossenen Türen und heruntergelassenen Jalousien war dies in jenen Tagen ein beliebter Trinkspruch in Paris. Vorräte an Kognak, Armagnac und Champagner wurden aus den Verstecken geholt, um für den Tag X vorbereitet zu sein, an dem die alliierten Truppen endlich Paris erreicht haben würden. Wenn man Sergej Mensky aus dem Meurice Glauben schenken durfte, dann begann man im deutschen Oberkommando bereits kalte Füße zu kriegen.

Als Sergej zehn Tage nach der Landung der Alliierten in der Normandie auf einen Drink zu uns kam, sagte er: »Ich bin überzeugt, die Deutschen denken bereits an Flucht. Noch einen Monat, und Paris ist wieder französisch – mit leicht russischem Flair«, fügte er amüsiert hinzu. »Was wird dann nur aus Madame Olga werden? Die Herzensdamen der Deutschen haben den Rat erhalten, sich bis zum Wochenende aus Paris abzusetzen.«

»Tatsächlich? Ja, was wird mit Olga geschehen? Freunde bei der Résistance haben mir erzählt, daß bereits Namenslisten der Mädchen und Frauen existieren, die – sagen wir – allzu freundlich zu den Deutschen gewesen sind. Sie müssen mit Repressalien rechnen.«

In den folgenden Tagen überstürzten sich die Meldungen von den einzelnen Frontabschnitten, und es wurde immer schwieriger, zwischen echten und falschen, das heißt, von den Deutschen lancierten Nachrichten zu unterscheiden. Eine Meldung jedoch, von einem unabhängigen französischen Rundfunksender verbreitet, ließ bei keinem von Tausenden heimlicher Zuhörer Zweifel an ihrer Echtheit zu. Sie lautete, General de Gaulle sei mittlerweile in Frankreich und damit beschäftigt, die Regierung zu bilden, die die Macht übernehmen werde, »sobald Paris frei sei«. Das waren die Zauberworte, die Sicherheit, daß die Invasionstruppen unaufhaltsam nach Paris vorstießen.

Ober und Barkeeper der Restaurants und Clubs, in denen hohe deutsche Militärs verkehrten, wußten zu berichten, daß bei den Besatzern offenbar Resignation vorherrsche.

Mitte August war allen klar, daß der Augenblick der Entscheidung kurz bevorstand. Flugblätter der Résistance wurden ganz offen auf den Straßen der Hauptstadt verteilt. Ihre Schlagzeilen lauteten: BRITISCHE TRUPPEN NÄHERN SICH ROUEN – DIE DEUTSCHEN AUF DEM RÜCKZUG – PATTON ÜBERQUERT DIE SEINE. Es schien, daß Eisenhower, der Oberbefehlshaber der Alliierten, eine Schlacht um Paris verhindern wollte, indem er die Hauptstadt umschloß, um die Deutschen zur Kapitulation zu zwingen und die Schrecken erbitterter Straßenkämpfe zu vermeiden.

Trotzdem war es klug, zu Hause zu bleiben. Die deutschen Heckenschützen saßen überall. Unsere Stimmung war jedoch so gut, daß wir die Gefahren oft genug ignorierten, um Igor zu besuchen und ihm die neuesten Nachrichten zu übermitteln, denn Igor lebte noch immer mit Kornilow allein im Haus.

Eines Tages dann tauchte Ullmann in meinem Büro beim Roten Kreuz auf. Ich hatte mich schon gefragt, wie es ihm wohl erging, hatte mich jedoch sowohl vom Crillon als auch vom Meurice aus Sicherheitsgründen ferngehalten.

Ullmanns Uniform und Stiefel waren staubig, seine Züge wirkten erschöpft und eingefallen. Ich bot ihm ein Glas Calvados an. Dem Major war unschwer anzusehen, daß die Kapitulation nicht mehr fern war.

Ein humorloses Lächeln umspielte seine Lippen, als er mir zuprostete. Offenbar hatte er meine Gedanken erraten. »Auf das Kriegsglück. Jetzt sind wir an der Reihe, abzutreten.«

»Wohin?« fragte ich ihn.

Er zuckte mit den Schultern. »Wer weiß? Wir werden Paris räumen. Uns bleibt keine andere Wahl. Die Franzosen haben ihre Hauptstadt bald wieder.«

»Auf das Kriegsglück«, wiederholte ich mit etwas gereizter Stimme.

Ullmann leerte sein Glas. »Richtig. Aber wie immer hat alles seine Vor- und Nachteile, mein Freund. Deshalb habe ich Sie aufgesucht, um Sie zu warnen.«

»Inwiefern?«

»Nun, ohne gewissen, sagen wir Einfluß auf die Fremdenpolizei könnten Sie Schwierigkeiten haben.«

»Sie meinen Verron?«

»Als überzeugter Kommunist wird er mit seinen politischen Freunden an die Macht zurückkehren, und davon gibt es viele. Wir haben versucht, damit aufzuräumen, aber jetzt werden sie alle wieder aus ihren Löchern kriechen. Ich schätze, Sie kennen deren Einstellung zur russischen Aristokratie.« Ullmann stand auf und stellte sein Glas auf einen

Aktenschrank. »Nicht alle Deutschen sind Nazis, genausowenig wie alle Russen Aristokraten sind. Auf ein Wiedersehen zu anderen Zeiten und unter anderen Umständen?«

Er streckte mir die Hand entgegen. Ich zögerte. Schließlich ergriff ich sie.

»Danke«, murmelte er.

»Und Olga?« fragte ich.

»Ja, das mit Olga tut mir leid. Ich wollte ihr einen Platz für den Flug nach Lissabon reservieren lassen, aber sie hat es vorgezogen, hierzubleiben. Jeder geht seiner Wege. Adieu!«

Ich hörte, wie er die Treppe hinuntereilte. Kurz darauf fiel die Eingangstür hinter ihm zu. In der Ferne war das Donnern von Geschützen zu hören. Die alliierten Truppen rückten immer näher.

Am 24. August 1944 meldeten sämtliche Rundfunksender, daß der amerikanische General Patton der 2. Panzerdivision den Franzosen den Vortritt beim Einmarsch in Paris lassen wollte. Am Abend wußten alle in Paris Bescheid. Ein unbeschreiblicher Jubel brach los. Ganz Paris war plötzlich auf den Straßen. Tausende von Fahnen – Trikoloren, Union Jacks und Sternenbanner – wurden aus Verstecken geholt und von einer lachenden, singenden Menschenmenge auf dem Marsch durch die Innenstadt geschwenkt.

Am nächsten Morgen standen General Leclercs Truppen auf beiden Seiten der Seine, direkt gegenüber der »Cité«. Leclerc schlug sein Hauptquartier am Gare Montparnasse auf, und dort unterschrieb schließlich der Stadtkommandant von Paris, General von Choltitz, die Kapitulationsurkunde.

Nur Stunden später brach General Charles de Gaulle in Begleitung der Generäle Leclerc und Juin und sämtlicher Führer der Résistance zu seinem Marsch über die Champs-Élysées auf. Paris stand kopf.

Dem Siegestaumel jedoch folgte der Ruf nach Rache gegen alle diejenigen, die man als Verräter abgestempelt hatte. Die Résistance vervollständigte ihre entsprechenden Listen. Einige wurden öffentlich hingerichtet, andere heimtückisch ermordet. Die Gelegenheit war günstig, auch private Rechnungen zu begleichen. In den düsteren Tagen, die dem Jubel folgten, passierten viele Dinge, die der Justiz nicht gerade zum Ruhm gereichten.

Die Szenen, die sich in Paris abspielten, wiederholten sich in vielen Teilen des befreiten Frankreichs. Die Résistance trieb überall bekannte Kollaborateure zusammen, um sie öffentlich durch Beschimpfung und Erniedrigung zu bestrafen.

Ich hatte es mir angewöhnt, die belebtesten Boulevards und Avenuen zu meiden, wo der Jubel primitiven Rachegelüsten gewichen war. Eines Tages beobachtete ich voller Entsetzen vom Fenster meines Büros aus, wie johlende Männer ungefähr ein Dutzend nackter und geschorener Frauen aller Altersgruppen in Richtung Place de la Concorde vor sich hertrieben.

Übelkeit stieg in mir auf. Einige der Frauen konnten sich kaum noch aufrecht halten. Ihre Füße hinterließen blutige Spuren auf dem Pflaster. Mit Rufen wie »Nazi-Huren!« wurden sie jedoch unerbittlich weitergetrieben. Einige der so Gedemütigten stürzten. Während sie auf allen vieren auf dem Asphalt weiterkrochen, öffneten einige Männer ihre Hosen und urinierten auf sie hinunter.

Ich wollte mich abwenden, doch aus irgendeinem Grund hielt mich das schreckliche Bild gefangen. Bilder aus der Erinnerung, Straßenszenen von Kronstadt während unserer Flucht, tauchten plötzlich vor meinem geistigen Auge auf. Das Bewußtsein, daß der Mob keine nationalen oder politischen Grenzen kannte, war deprimierend.

Während ich noch die Bilder aus der Vergangenheit energisch verdrängte, fiel mein Blick auf eine Frau, die etwas abseits der kleinen Gruppe von Schicksalsgenossinnen stand. Sie war nackt wie die anderen, nicht mehr jung, jedoch von stolzer Haltung. Ihr Körper war fest, die Brüste waren straff. Die Spuren der Mißhandlung waren jedoch kaum zu übersehen. Ich brauchte nicht genauer hinzusehen. Obwohl nackt und geschoren, hatte ich sie erkannt.

Die Frau war Olga.

Und dann, ganz in ihrer Nähe, erkannte ich eine andere der Nackten und Geschorenen. Sie stolperte vorwärts, als ein Mann sie von hinten vorwärtsstieß, richtete sich jedoch sofort mit wütender Verbissenheit wieder auf.

Es war Hélène.

Ohne auch nur eine Sekunde zu zögern, stürmte ich die Treppe hinunter, als die Gruppe das Portal unseres Gebäudes erreicht hatte. Was sollte ich tun? Hinauslaufen und Olga als meine Verwandte und Hélène als alte Freundin dem Mob entreißen?

Doch dann wurde mir die Entscheidung durch eine Laune des Schicksals aus der Hand genommen. Olga stolperte, und einer der Männer stieß sie brutal vorwärts. Im nächsten Moment sah ich aus den Augenwinkeln, wie ein Mann in staubiger, verschmutzter Kleidung aus der Menge der Schaulustigen auf Olgas Peiniger zusprang, ihn zu sich herumriß, eine Luger zog und ihn erschoß.

Die Menge kreischte hysterisch. Die meisten der nackten Frauen nutzten das allgemeine Chaos, um davonzulaufen und sich in der nächsten Seitenstraße zu verstecken. Jene Männer, die die Frauen durch die Straßen getrieben hatten, schienen im ersten Augenblick wie gelähmt, bis sie sich mit dem Aufschrei »Mörder!« gegen den Mann wandten, der ihren Genossen getötet hatte.

Ich stand noch wie erstarrt im Eingang. Olga zwängte sich geistesgegenwärtig an mir vorbei, denn sie kannte ja das Gebäude gut. Ich schrie: »Hélène!« Sie blickte mich entgeistert an, schluchzte laut auf und lief zur Tür.

Ich schob sie in den Hausflur, konnte jedoch die Tür nicht schließen, weil ich noch immer wie hypnotisiert in das Gesicht des Mannes starrte, der geschossen hatte. Für den Bruchteil einer Sekunde schaute er auf, als die Menge sich auf ihn stürzte, und sein ironisches Lächeln sagte mir, daß er mich gesehen hatte. Es war wie eine Geste des Abschieds.

Der Mann war Ullmann, der seine Geliebte beschützt hatte. Er verlor keine Zeit. Die Menge mit seiner Waffe in Schach haltend, lief er die Straße bis zum Fluß entlang. Dicht am Ufer hob er die Luger an die Schläfe und drückte ab. Ich glaubte fast zu hören, wie sein Körper ins Wasser der Seine klatschte.

Oben in meinem Büro wickelte ich die schluchzenden, geschundenen Gestalten von Olga und Hélène in Decken. Ich war froh, Major Ullmann damals zum Abschied die Hand geschüttelt zu haben.

22

Während der Krieg unaufhaltsam dem Sieg entgegenrückte, waren jene unappetitlichen Ereignisse, wie ich sie vor dem Portal meines Büros beobachtet hatte, bald vergessen. So schrecklich sie auch für die unmittelbar Betroffenen gewesen sein mochten, waren sie doch Teil der bitteren, brutalen Realität des Krieges.

Das Leben ging weiter. Der Krieg im Pazifik war fern. Obwohl die Kämpfe im Osten Frankreichs und in Italien heftig und erbittert waren, ließ die Gewißheit, daß wir auf der Seite der Sieger standen, alles erträglicher erscheinen.

Olga ging es beruflich besser denn je, die Vergangenheit schien vergessen. Das gleiche galt wohl für Hélène, die unschuldig und durch den Strudel der Ereignisse in diese Misere hineingeraten war. Galina probte »Schwanensee«, das nach festlicher Wiedereröffnung der Oper gegeben werden sollte. Auch in Monte Carlo rüstete man sich zu einem Neuanfang, obwohl Balanchine in Amerika eine neue Heimat gefunden hatte und dort nach Kriegsende eine neue Truppe gründen wollte.

Man lebte mit der Zielrichtung »nach dem Krieg«, und der Tag, an dem diese Sehnsucht in Erfüllung gehen sollte, rückte immer näher. Während sich das Leben zu normalisieren begann, trafen die ersten Besucher in einem Paris ein, das allmählich seinen alten Glanz zurückgewann. Zum Glück sind die Pariser ein robuster Schlag mit großer Liebe zum Vaterland und ihrer Hauptstadt. Diese Einstellung und die Tatsache, daß sich Paris aus einer üppigen Speisekammer bedienen konnte, die das fruchtbare Umland stets gefüllt hielt, gaben der Stadt einen beachtlichen Vorsprung beim Wiederaufbau in Europa.

Unter den ersten Besuchern war kein Geringerer als Ernest Hemingway, der seit jenen fernen glücklichen Tagen im »Deux Magots« zu literarischem Ruhm und Ehren gelangt war. Sein Roman »Wem die Stunde schlägt« war mittlerweile ein großer internationaler Erfolg.

Er wohnte im »Ritz«, und ich besuchte ihn dort schon bald nach seiner Ankunft. Er umarmte mich wie ein Bär. »Mein Gott, wie lange ist das her, Nicki?«

»Ungefähr sechs Jahre«, erwiderte ich. »Ich habe dein ›Wem die Stunde schlägt‹ über das Rote Kreuz beschaffen können. Ein sehr guter Roman. Herzlichen Glückwunsch, Ernest.«

Ich fühlte mich in der Gegenwart des bärenstarken und jetzt auch noch berühmten Mannes stets ein wenig eingeschüchtert.

»Du siehst gut aus«, erklärte Hemingway.

»Ich lebe«, murmelte ich und sah mich im eleganten Zimmer Nummer 31 des »Ritz« um. Auf dem Tisch stand ein Sektkühler mit einer angebrochenen Flasche Champagner.

»Trinkst du auch so gern Champagner wie dein alter Herr?« erkundigte sich Hemingway lächelnd.

»Ja, schon.« Ich zögerte. Es war erst neun Uhr morgens und für meine Begriffe für Champagner noch etwas zu früh. Mein Vater wäre da ganz anderer Ansicht gewesen.

Hemingway lächelte durch seinen Stoppelbart hindurch. »Alkohol ist ein Geschenk der Götter. Man sollte ihn also nie verschmähen. Erzähl mir von dir!«

»Eigentlich wollte ich was von dir hören«, entgegnete ich.

Hemingway lachte rauh. »Soll das ein Witz sein? Ich bin im Auftrag von ›Collier's‹ und des ›Toronto Star‹ hier, aber außer diesem Leclerc will niemand was von mir wissen.«

»General Leclerc? Aber ...«

»Ja, ich weiß. Der französische Truppenkommandeur in Paris, offiziell der Befreier. Und wenn er etwas noch mehr haßt als einen Zivilisten, dann ist es ein Zivilist in Uniform.«

Ich war perplex. Hemingways Uniformjacke mit den Streifen eines Captains hing über einem Stuhl.

Er hatte meinen Blick bemerkt. »Das bedeutet gar nichts«, erklärte er. »Als Kriegsberichterstatter muß man Uniform tragen. Trotzdem bleibt man darunter Zivilist. Und Leclerc hat eine ausgesprochene Antipathie gegen Journalisten, die sich als Soldaten verkleiden.«

»Aber du?«

Er winkte ab und wechselte das Thema. »Wie hieß doch gleich das entzückende kleine Mädchen – ich weiß, es war ein russischer Name, aber ...«

»Tascha?«

»Genau die meine ich. Aus ihr ist bestimmt eine Schönheit geworden. Wie geht es ihr?«

»Sie hat geheiratet«, erwiderte ich lächelnd.

»Ja ...« Er seufzte. »Das ist der Weg der besten Frauen.«

»Mich«, fügte ich nun lachend hinzu.

»Was du nicht sagst!« rief er aus. »Du bist mir vielleicht einer! Na, da hast du wirklich den großen Fang erwischt, was?«

»Ich bringe sie mal mit.«

»Tu das! Aber ruf mich vorher an! Wenn ich nicht im ›Ritz‹ bin, erreichst du mich im ›Scribe‹. Dort sind alle ausländischen Berichterstatter untergebracht. Es ist deshalb die eigentliche Nachrichtenbörse hier. Ich ziehe es lediglich vor, im Ritz zu wohnen. Ist von deinen alten Freunden noch jemand in Paris?« wollte er wissen.

»Ja, einer – oder vielmehr, er kommt in ein paar Tagen. Er hat mich gestern abend angerufen. Erinnerst du dich noch an deinen Sparringspartner François Savin?«

»Aber gewiß doch! – Ich würde ihn gern wiedersehen, wenn er hier ist«, bemerkte Hemingway.

»Das ist er nicht, aber er wird es bald sein«, ließ ich Hemingway wissen.

Zwei Tage später traf François in Paris ein und bezog ein Zimmer im Hotel »Raspail«. Er war noch etwas korpulenter geworden, hatte sich jedoch sonst nicht verändert. Aus ihm sprach noch die gleiche Lebenslust wie früher.

Am Abend fand dann das statt, was François als »Konferenz« bezeichnet hatte.

»Mach dir keine Sorgen«, beruhigte er mich. »Du wirst da nicht hineingezogen, weil du sowieso nichts tun kannst. Aber die Repatriierung der Kriegsgefangenen sämtlicher Nationalitäten könnte Fragen aufwerfen, deshalb solltest du wenigstens über die Problematik Bescheid wissen.«

Ich studierte abwartend die Speisekarte des »Boîte d'Or«, in das mich Savin eingeladen hatte. Die Karte allein war beeindruckend. Ich entschied mich schließlich für Gänseleberpastete und anschließend Pfeffersteak mit Pommes frites.

»Für mich das gleiche«, erklärte François, der schon früher stets zu behäbig gewesen war, sich selbst ein Menü zusammenzustellen, und sich daher meistens meiner Wahl angeschlossen hatte.

»Ich konnte mich stets auf deinen Geschmack verlassen«, gestand er.

»Gut! Und jetzt – also, was hast du mir zu sagen?«

»Damit warten wir bis zum Kaffee und einem Glas Calvados.«

So geschah es schließlich.

»Also, hör gut zu«, begann Savin. »Inoffiziell haben sich die drei Großmächte unter Stalin, Churchill und Roosevelt bereits über die unumschränkte Repatriierung der Kriegsgefangenen ihrer Länder geeinigt.«

Ich nickte. Savin war ernst geworden. Ich hatte diese Information bereits gerüchteweise gehört.

»Was du sicher nicht weißt, ist, daß die drei Staatsmänner bald zusammentreffen werden. Die Begegnung soll angeblich irgendwo in Rußland stattfinden, und die Bedingungen für die Repatriierung werden dort offiziell bekanntgegeben. Ausnahmen soll es nicht geben.«

»Aha? Wollen denn nicht alle nach Hause?«

»Nein, eben nicht. In Nordfrankreich zum Beispiel gibt es eine Menge russischer Kriegsgefangener, die deutsche Uniformen getragen haben. Und die wollen um keinen Preis in ihre Heimat zurück.«

»Da sie nicht unter die Regelungen der Genfer Konvention fallen, kann man wohl kaum etwas für sie tun, oder?« sagte ich. »Auch wenn wir ihnen helfen könnten, fällt das nicht in meinen Zuständigkeitsbereich. Ich habe schließlich die Aufgabe, mich um die Belange russischer Zivilisten in Paris zu kümmern. Das stimmt doch? Ich bin nur für Zivilpersonen zuständig.«

Savin nickte. »Sicher! Aber davon abgesehen muß dir doch klar sein, was eine solche Regelung bedeutet. In Europa befinden sich gegenwärtig über zwei Millionen russischer Kriegsgefangener, angefangen von den Kosaken in Österreich bis zu den Männern in der Normandie.«

»Hm, angenommen, einer von ihnen möchte bleiben. Weiter angenommen, ich brauche einen Hausangestellten und finde einen jungen Kriegsgefangenen, der meinen Ansprüchen genügt, und die Franzosen geben ihm eine Aufenthaltsgenehmigung. Was dann?«

»Keine Chance. Stalin besteht auf einer ›zwangsweisen‹ Repatriierung. Und das gleicht einer Tragödie. Viele Russen hassen Stalin und das Regime, das er repräsentiert, trotzdem sind sie gezwungen, in ihre Heimat zurückzukehren. Die westlichen Unterhändler, die speziell mit diesen Vereinbarungen befaßt sind, haben Hinweise darauf, daß Stalin die Vorstellung entsetzt, Hunderttausende von oppositionellen Russen wieder im Land zu haben. Er will sie in Wirklichkeit gar nicht integrieren.«

»Er kann den Leuten doch nicht verbieten, zu denken ...«

»Er kann! Und er wird es auch tun. Die zwei Millionen Russen werden gezwungen, zurückzukehren, und zwar von den Briten und Amerikanern. Und dann haben diese armen Hunde nur zwei Möglichkeiten: Wenn sie Glück haben, werden sie erschossen, wenn sie Pech haben, sterben sie in sibirischen Arbeitslagern. Keine schönen Aussichten.«

»Aber man kann doch nicht Millionen einfach in den Tod treiben, nur weil sie für ihr Land gekämpft haben, das uns geholfen hat, den Krieg zu gewinnen!«

»Eine Ironie des Schicksals, was? Die Kosaken zum Beispiel fühlen sich als eigenständiges Volk.«

François bestellte noch eine Runde Calvados.

»Aber das rettet sie auch nicht. Sie werden zurückgeschickt.«

»Das ist doch Wahnsinn!«

»Ja.« François drehte das Glas in seiner Hand. »Das Problem ist, daß man während eines Krieges nicht an den Frieden denkt. Auf dem Papier sieht alles ganz logisch aus. Jeder Kriegsgefangene sollte wieder in seine Heimat zurückkehren. Ist doch großartig, oder? Stell dir nur die Freude der Briten vor, die nach vier Jahren Polen nach London zurückkehren.«

»Das ist eben was anderes. Die wollen ja nach Hause«, sagte ich.

»Stalin hat keinen Zweifel daran gelassen, daß es – wenn nicht alle Russen ohne Ausnahme repatriiert werden – für etliche tausend alliierte Kriegsgefangene im Osten Probleme mit der Rückkehr nach Amerika und Großbritannien geben dürfte. Da hat sich ein ganz einfaches Prinzip in ein Absurdum verwandelt.«

Als wir uns alle wenige Tage später zu einer kleinen Wiedersehensfeier im Restaurant »Kosaken« trafen, erzählte François Hemingway die Einzelheiten der Repatriierungs-Vereinbarungen der Großmächte. Ernest hatte den Tisch im Kosaken« das erst wenige Tage zuvor wieder geöffnet hatte, für uns bestellt. Es war fast wie eine Begegnung mit der Vergangenheit, mit jenen sorglosen Tagen, als Igor uns dort an russischen Feiertagen ausgehalten hatte.

Die Tische bogen sich unter Mengen von Kaviar, Blinis, Stör und all den zahllosen Delikatessen, die zu einem echten russischen Festmahl gehören, und wir alle fragten uns, wie der Wirt die kostbaren Zutaten organisiert haben mochte. Hemingway bestellte Wodka und Champagner für alle, und der Ober fragte daraufhin mit einem Blick auf mich: »Laurent-Perrier?«

»Was ist das?« wollte Hemingway wissen.

»Vaters bevorzugte Champagnermarke«, erklärte ich. »In diesem Restaurant haben wir traditionsgemäß nichts anderes getrunken.«

»Okay. Was für den verstorbenen Fürsten gut genug war, muß auch für den jungen Fürsten genügen«, erklärte Hemingway spöttisch. »Ist die Fürstin, genannt Madame Korolew, denn ebenfalls einverstanden?« Hemingway hatte außer Tascha auch die junge »Time-Life«-Korrespondentin Mary Welsh eingeladen, die mit dem britischen Kriegsberichterstatter Noël Monks verheiratet und Hemingways damalige Geliebte war. Tascha sah hinreißend aus, war von erfrischend jugendlicher Schönheit, während Mary Welsh, eine ebenfalls schlanke, fröhliche junge Frau, auf eine reifere Art und Weise attraktiv war. Schließlich wurde man in Kriegszeiten nicht Korrespondentin bei »Time-Life«, wenn man nicht über Wissen und Erfahrung in diesem Beruf verfügte.

Der Name des Restaurants verleitete Hemingway zu einer Frage über die Kosaken, und als Savin ausführlich über diese Volksgruppe aus Rußland berichtet hatte, schlug sich Hemingway auf die Schenkel.

»Das ist es!« rief er aus. »Das ist genau die Story, nach der ich suche. Die Kosaken! Das berühmte Reitervolk tatarischen Ursprungs. Und in Lienz in Österreich ist eine ganze Stadt voll von ihnen. Donnerwetter, das gibt eine Geschichte! Ah, jetzt bereitet mir das Essen und Trinken erst richtig Spaß.«

»Wollen Sie die Lager besuchen?« fragte Savin.

»Selbstverständlich. Lienz ist britische Besatzungszone. Die französischen Generäle hier langweilen mich tödlich. Ich werde das schon deichseln. Außerdem habe ich in Eisenhower einen Gönner, der sicher bereit ist, im Notfall zu helfen.«

»Nimmst du mich mit?« fragte Mary Welsh.

Hemingway überlegte lange, dann lehnte er sich über den Tisch, nahm ihre Hand und sagte sanft und bedeutungsvoll: »Lieber nicht, Darling. Ein Schriftsteller in der Familie reicht.« Ich tauschte einen flüchtigen Blick mit Savin. Die Affäre zwischen Ernest und Mary war das Thema sämtlicher Klatschspalten jener Tage. Es sah ganz so aus, als sei es etwas Ernstes, obwohl Martha Gellhorn, die damalige Mrs. Hemingway, ein gewisses Hindernis darzustellen schien.

Mary lächelte und erwiderte leichthin: »In Ordnung. Ich verstehe.«

»Ich versuche, gegen Ende der Woche nach Lienz zu reisen«, entschied Hemingway. »Mal sehen, ob mir die zuständigen Stellen die gewünschte Story für Collier's liefern.« An mich gewandt, fügte er hinzu: »Ich rufe dich an, sobald ich wieder in Paris bin. Lange dürfte es nicht dauern, das nötige Material zu sammeln.«

Es war ein denkwürdiger Abend, doch in den folgenden Tagen sollten sich unsere Wege trennen. Hemingway brach nach Lienz auf, Savin kehrte nach Genf zurück, und Mary Welsh sah ich nicht wieder. Die Sache mit den russischen Kriegsgefangenen bedrückte mich, doch Savins letzte Worte waren: »Laß dir deshalb keine grauen Haare wachsen! Du kannst leider nichts ausrichten, alter Freund. Ich wollte nur, daß du Bescheid weißt.«

In jenen Tagen war unser Büro Anlaufstelle für viele Russen, die der Verhaftung während der schweren Kämpfe nach der Landung der Alliierten in der Normandie entgangen waren. Jetzt, da Paris befreit war, waren auch große Teile der ländlichen Umgebung frei, und eines Tages erschien ein schmutziger, unrasierter Mann in meinem Büro. Ich hatte damals nur eine freiwillige Helferin für die Büroarbeit, und das war Tatjana.

Seit Ullmann seine schützende Hand nicht mehr über uns halten konnte, hatte mich die wachsende Macht von Männern wie Verron so nervös werden lassen, daß ich einen Spion in die Eingangstür hatte einbauen lassen. Tatjana spähte auch diesmal zuerst durch diesen Spion und fragte den Besucher, was er wünsche, bevor sie ihn hereinließ.

»Ich bin aus einem deutschen Kriegsgefangenenlager geflohen«, hörte ich den Besucher auf russisch sagen. »Kann ich reinkommen?« Mir war sofort klar, daß dieser Mann für Verron das gefundene Fressen gewesen wäre, und rief Tatjana zu: »Lassen Sie ihn ruhig rein!«

»Entschuldigen Sie die Störung«, fuhr der Mann auf russisch fort. Er hatte faltige Haut, war ausgemergelt und trug Schuhe mit großen Löchern an den Spitzen. Er hielt den Blick gesenkt und vermied es, mich anzusehen, eine Angewohnheit russischer Arbeiter, an die ich mich gut erinnerte.

»Keine Ursache«, erwiderte ich lächelnd und stand auf. »Sie sehen aus, als könnten Sie was zu essen und zu trinken vertragen. Setzen Sie sich! Ich lasse Ihnen was holen.«

»Danke.« Dann murmelte er Unverständliches, hob den Kopf und sah mich zum erstenmal an.

Seine Miene erstarrte. Entsetzen, Ungläubigkeit und Erstaunen wechselten sich in schneller Folge in seinen Zügen ab. Mit geöffnetem Mund begann er zu schwanken und brach plötzlich zusammen. Bevor er das Bewußtsein verlor, fragte er kaum hörbar. »Kennen Sie Rudi Korolew?«

Diesmal war ich an der Reihe, perplex zu sein. Auch mir wurde es schwarz vor den Augen. Ich griff haltsuchend nach der Schreibtischkante.

»Tatjana, bringen Sie dem Mann ein Glas Kognak!« schrie ich schließlich und kniete neben der mitleiderregenden, elenden Gestalt nieder. »Armer Teufel«, murmelte ich.

»Sie kennen meinen Bruder?« Ich hielt ihn in meinen Armen und versuchte, ihm Kognak einzuflößen. Er nickte heftig, war jedoch nicht in der Lage, auch nur einen Tropfen hinunterzuschlucken. Der Kognak lief ihm über das Kinn und auf das schmutzige Hemd.

»Mein Gott«, keuchte ich erregt. »Er kennt meinen Bruder Rudi.« Ich benetzte wenigstens seine Lippen mit dem kräftigen Kognak, und er schlug halb die Augen auf. Er sah mich dabei so verängstigt an, daß ich leise auf russisch murmelte: »Sie sind jetzt in Sicherheit.«

»Entflohener Kriegsgefangener«, brachte er mühsam heraus. »Guter Freund – Rudi.«

Damit schien er erneut in Bewußtlosigkeit zu versinken. Ich war wie von Sinnen. Er mußte mir etwas über Rudi sagen – wo ich ihn finden konnte. »Mein Gott, Tatjana! Tun Sie was! Holen Sie einen Arzt!«

Ich versuchte erneut, ihm Kognak einzuflößen, doch es war zwecklos. Mein Blick fiel auf die Augen des Mannes. Sie waren weit aufgerissen und starrten ins Leere.

In diesem Moment wurde mir klar, woher der seltsame Geruch stammte, den ich von Anfang an bemerkt hatte. Es war der Geruch des Todes.

23

Tragische Vorfälle wie diesen brachte mein Beruf mit sich, und normalerweise wußte ich damit umzugehen, doch diesmal, als jede Hoffnung, Rudi wiederzufinden, vergeblich schien, hatte ich das Gefühl, in ein tiefes schwarzes Loch zu fallen. Der Gedanke, daß dieser Mann meinen Bruder gekannt hatte und praktisch in dem Augenblick in meinen Armen gestorben war, als er mir mehr über dessen Aufenthaltsort hatte mitteilen wollen, war niederschmetternd.

Ich saß lange, das Gesicht in den Händen verborgen, hinter meinem Schreibtisch und versuchte, meine Fassung wiederzugewinnen. Nach langem, ereignislosem Warten war ich dem Ziel so nahe gewesen – und jetzt das. Außerdem glaubte ich an dem Ausdruck des Wiedererkennens im Gesicht des Russen entdeckt zu haben, daß dieser noch vor kurzem mit Rudi zusammengewesen sein mußte. Es war nicht die Erinnerung an die Vergangenheit gewesen, die ihn in solchen Schrecken versetzt hatte. Die Frage war nur, wo sich die beiden aufgehalten hatten. Allein in Frankreich gab es Hunderte von Kriegsgefangenenlagern.

»Wo kann er nur sein?« sagte ich wie zu mir selbst.

»Vielleicht ...«, begann Tatjana.

Ich fuhr erschrocken auf, denn ich hatte nicht bemerkt, daß meine Helferin in der Tür stand.

»Ich glaube, ich weiß, woher der Mann kam«, fuhr sie vorsichtig fort.

»Sie wissen was?« Ich packte sie erregt bei den Schultern. »Sie wissen es? Woher?«

»Als ich den Mann unten gefragt habe, was er wünsche, hat er geantwortet, er sei in einem Arbeitslager der Deutschen gewesen, und zwar in St. Lô.«

St. Lô! Also in einem der heftig umkämpften Gebiete der Front. Beim Roten Kreuz hatte man uns häufig erzählt, daß gerade in dieser Region viele Russen in deutsche Uniform gesteckt worden wären. Hatten sie sich zu kämpfen geweigert, waren sie standrechtlich erschossen worden. Rudis Kamerad mußte einer von ihnen gewesen sein.

»Bringen Sie mir den Atlas«, wies ich Tatjana heiser an. St. Lô lag unterhalb von Bayeux, der Stadt der Gobelins, auf der Halbinsel von Cherbourg. Hier, an den sandigen Küsten, wo es die Deutschen am wenigsten erwartet hatten, waren die alliierten Truppen gelandet. Und genau in diesem Bereich war man nach zuverlässigen Berichten häufig auf Russen in deutschen Uniformen und mit deutschen Gewehren gestoßen.

Ich begann mich zu fragen, ob dies auch das Schicksal meines Zwillingsbruders gewesen sein könnte. Mit ein bißchen Glück lebte er noch. Und mit ein bißchen mehr Glück gelang es mir, ihn zu finden.

»Mein Gott, Tatjana«, sagte ich atemlos. »Vielleicht ist er dort – und hat keine Ahnung, daß ich nicht weit bin. Das wäre …«

»Und ich wußte bis heute gar nicht, daß Sie einen Bruder haben«, entgegnete sie.

Danach rief ich als erstes die Polizei an und bat, den toten Russen bei uns abzuholen. Nachdem ich mit Tatjana vereinbart hatte, daß sie die Stellung während meiner Abwesenheit allein halten sollte, fuhr ich zum Place de Furstenberg, um Galina und Tascha Bescheid zu sagen und den Wagen zu holen.

»Ist das keine wunderbare Nachricht? Sobald ich die nötigen Dokumente habe, fahre ich los«, erklärte ich. »Aber jetzt, da fast der gesamte Westen Frankreichs befreit ist, dürfte das keine Schwierigkeit sein.«

»Du kommst doch zurück? Ehrenwort?« Tascha lächelte scheu. Sie litt unter der ständigen Angst, meine Schuldgefühle könnten mich veranlassen, eines Tages auf Nimmerwiedersehen zu verschwinden.

»Ich kehre zurück, keine Angst«, versicherte ich ihr. »Ich liebe dich viel zu sehr.«

In meiner Eigenschaft als Vertreter des Roten Kreuzes und aufgrund meiner Zuständigkeit für die in Paris ansässigen Russen verschaffte ich mir bei den entsprechenden Behörden die nötigen Dokumente für eine Reise zu den Kriegsgefangenenlagern in der Normandie.

Man stellte mir ohne weitere Schwierigkeiten Passierscheine und ein dickes Bündel Benzingutscheine aus. Letztere konnte ich bei der zentralen Treibstoff-Verteilerstelle direkt hinter dem Quai d'Orsay einlösen. Ich ließ den Wagen volltanken und zusätzlich zwei Ersatzkanister füllen, die ich für den Notfall im Kofferraum verstaute. Dann brach ich mit meinem Dienstwagen, einem Citroën »Quinze« aus zweiter Hand mit einem 23-PS-Motor und Frontantrieb, zur Fahrt nach St. Lô auf. Das schwarzlackierte Auto trug auf Türen und Dach das Emblem des Roten Kreuzes.

Ich befand mich in einem Zustand höchster Anspannung und Erregung. Abgesehen davon, daß ich nicht einmal wußte, wo sich Rudi aufhielt, geschweige denn, daß ich einen Plan hatte, wie ich ihn dort herausholen konnte, war das ganze Unternehmen ein Wettrennen mit der Zeit. Die Briten hatten bereits damit begonnen, die von ihnen in ihrer Angriffszone festgesetzten Russen nach England zu transportieren.

Laut François Savin gab es Pläne, Tausende von Russen in die Vereinigten Staaten und nach Kanada zu bringen. Sobald diese Leute Frankreich verlassen hatten, konnte ich allerdings nichts mehr tun. Was das Schlimmste war: Bei Kriegsende würde man diese russischen Kriegsgefangenen automatisch in die Sowjetunion zurückschicken.

Ich durfte daher keine Zeit verlieren. Der Gefangenenaustausch war bereits in vollem Gange. Die Briten sollten nach Großbritannien, die Amerikaner nach Amerika und die Russen nach Rußland heimkehren. Ausnahmen waren nicht vorgesehen. Und nur solange sich die russischen Kriegsgefangenen auf französischem Boden befanden, hatten sie eine Gelegenheit, der Zwangsrückkehr zu entgehen.

Es blieb also nur die Chance, Rudi irgendwie zu befreien und seine Flucht zu ermöglichen. Auf meiner Fahrt wurde ich an mehreren Kontrollpunkten angehalten. Ich sah zahlreiche zerstörte Dörfer und mußte völlig zerbombte Straßenstrecken weiträumig umfahren. Schließlich erreichte ich mein Ziel und fand die Stadt in völligem Chaos vor. Obwohl die Kämpfe hier nicht so heftig gewesen waren wie in anderen Gebieten, lagen noch immer große Truppenteile in St. Lô.

In der ersten Bar, die ich passierte und deren Fenster mit Brettern vernagelt waren, erfuhr ich, daß die Kriegsgefangenen in einem Hüttenlager ungefähr zehn Kilometer außerhalb von St. Lô in der Nähe eines Kleinstädtchens hinter dem amerikanischen Frontabschnitt untergebracht waren.

Der Wirt servierte mir ein Glas Calvados, der so stark war, daß es mir fast den Atem verschlug. Dazu erhielt ich ein frisches Baguette mit dicken Scheiben des typischen Käses der Gegend, des Pont l'Evêque.

Als ich mich erneut hinter das Steuer meines Citroëns setzte, begann es leicht zu regnen, und die Verwüstungen in diesem Frontabschnitt boten plötzlich ein noch deprimierenderes Bild. Schließlich erreichte ich das, was früher einmal eine Kleinstadt gewesen sein mußte. Ich hielt vor der Ruine des ehemaligen Rathauses, als ein amerikanischer Jeep neben mir bremste und ein Sergeant, der das Emblem des Roten Kreuzes an den Türen gesehen hatte, mir zurief: »Hallo! Suchen Sie was?«

»Ja. Das Kriegsgefangenenlager.«

»Folgen Sie mir, Mister! Es liegt nur knapp einen Kilometer weiter die Straße runter. Ich fahre fast bis dorthin.«

Wir holperten über die von Granateinschlägen zerstörte morastige Straße an zerborstenen Fenstern, umgestürzten Strommasten und den ausgebrannten Gerippen von Autos und Lastwagen vorbei.

Kurz vor dem Lager hielt der Jeep, der Fahrer beugte sich aus dem Fenster und rief mir zu: »Hier müssen Sie entlangfahren!« Er deutete auf eine endlose Stacheldrahtabsperrung. Sie reichte gut hundert Meter weit in die Felder und führte an einem ehemals wohl recht idyllischen Landgasthof vorbei, dessen Terrasse jetzt völlig zerstört und von zerfetzten Stühlen und umgestürzten Bäumen bedeckt war.

Hinter dem verlassenen Gasthof konnte ich die ersten Hütten des Lagers erkennen. Ich winkte dem Sergeant zum Abschied dankbar zu und lenkte den Wagen nach rechts, an der Absperrung entlang. Dann tauchte vor mir der Lagereingang auf, ein Tor im hohen Stacheldrahtzaun, der die symmetrisch angeordneten einstöckigen Holzhütten weiträumig umgab. In einer dieser Hütten hoffte ich Rudi zu finden.

In einer Lücke in der langen Front des Stacheldrahtzauns stand eine größere, gepflegter aussehende Blockhütte, über der an einem Mast die amerikanische Flagge wehte. Zwei Soldaten standen lässig vor einer Holzbank und einem einfachen Tisch unter einem zeltartigen Vordach. Auf dem Tisch standen zwei Büchsen Bier. Nach allem, was ich von den deutschen vergleichbaren Stellen gewohnt war, erweckte das einen reichlich legeren Eindruck, aber vielleicht war diese Sorglosigkeit das Privileg des Siegers. Ich hielt an.

»Hi«, begrüßte mich einer der beiden Soldaten, trank einen Schluck Bier und stellte die Büchse auf den Tisch zurück. »Was kann ich für Sie tun?«

Ich lehnte mich aus dem Fenster. »Kann ich den Lagerkommandanten sprechen? Ich bin vom Roten Kreuz.«

»Klar. Kein Problem. Fahren Sie ruhig durch!« Er deutete zu dem größeren Gebäude, das gut zwanzig Meter vom Zaun zurückgesetzt lag, und nahm die Unterhaltung mit seinem Kameraden wieder auf.

Disziplin hielten die Amerikaner für unnötige Zeitverschwendung, sollte ich später lernen. Sie sahen ihre Aufgabe allein darin, zu kämpfen und zu gewinnen.

Ich stieß die Tür zum Blockhaus auf. Aus dem Inneren fragte eine Stimme: »Was kann ich für Sie tun, Mister?« Die Stimme klang freundlich. Der Mann trug eine elegante Uniform.

»Ich hoffe, Sie können etwas für mich tun, Corporal. Ich suche einen Mann hier im Lager.«

»Einen Russen, Sir?«

Ich nickte und zeigte ihm meine Papiere.

»Ja, das ist wohl die berühmte Geschichte von der Nadel im Heuhaufen. Ich weiß, offengestanden, nicht recht, was wir da tun können.«

»Er ist mein Bruder. Mein Zwillingsbruder.«

»Sie sind Russe? Und beim Roten Kreuz?« Er musterte mich zum erstenmal mit Interesse.

»Ich bin in Rußland geboren«, erwiderte ich lächelnd. »Seit 1919 allerdings habe ich einen Schweizer Paß. Mein Bruder allerdings hatte weniger Glück, er ist im Gegensatz zu mir nicht mehr rausgekommen.«

»Pech, wirklich Pech.« Der Corporal pfiff leise durch die Zähne und wandte sich einem Offizier zu, der in diesem Moment aus einer Seitentür trat. »Verzeihen Sie, Captain. Vielleicht können Sie Mister Korolew vom Roten Kreuz weiterhelfen.«

»Gern, wenn es möglich ist.« Der junge Captain trug bereits eine ganze Reihe von Ordensbändern an seiner Uniformbrust. »Bitte, setzen Sie sich doch!« Er deutete auf einen

Stuhl und bot mir eine Zigarette an. »Wo liegt das Problem, Sir?«

Ich wiederholte meine Geschichte.

»Donnerwetter. Eine aufregende Sache. Wenn irgend möglich, helfen wir natürlich gern. Wir haben hier augenblicklich dreitausend Kriegsgefangene, aber wenn Ihr Bruder einer von ihnen ist, müßte er eigentlich auf der Liste stehen. Moment mal.«

Damit zog er eine Akte aus der Schreibtischschublade. Nach wenigen Minuten hob er den Kopf. »Sie haben Glück, Sir. Ihr Bruder ist tatsächlich hier. Und zwar in Hütte dreiundzwanzig. Ich bringe Sie hin.«

»Gute Organisation«, lobte ich, und das Herz schlug mir plötzlich bis zum Hals.

»Es blieb uns ja nichts anderes übrig, als diese Liste zu erstellen. Unsere russischen Freunde sollen nämlich zum Genossen Stalin zurückgeschickt werden.«

»Arme Teufel«, murmelte ich und hatte einen Kloß im Hals. Damit, daß die Amerikaner die russischen Kriegsgefangenen bereits namentlich registriert hatten, hatte ich nicht gerechnet.

Als habe der Amerikaner meine Gedanken erraten, sagte er mitfühlend: »Vielleicht macht man bei Ihrem Bruder ja eine Ausnahme. Leider sind diese Listen allerdings schon an unsere vorgesetzte Dienststelle und die französische Polizei gegangen. Ich nehme an, daß es die Aufgabe der Franzosen sein wird, die Transporte zu organisieren. Auch die russische Militärverwaltung verfügt bereits über Kopien unserer Listen.« Der Amerikaner blieb stehen. »Hütte dreiundzwanzig ist dort drüben. Ich lasse Sie jetzt allein. Aber bitte melden Sie sich, bevor Sie das Lager verlassen – und zwar allein«, fügte er warnend hinzu.

Zwischen Hoffnung und Angst schwankend, ging ich mit klopfendem Herzen den ausgetretenen, morastigen Pfad entlang.

Die Tür war geschlossen. Ich öffnete sie. Drinnen herrschte so dicker Zigarettenqualm, daß ich kaum etwas erkennen, geschweige die Gesichter auseinanderhalten konnte, die sich mir zugewandt hatten.

»Korolew!« rief ich daher ins Innere der Hütte. »Sie werden verlangt.«

»Komme schon«, erwiderte eine Stimme aus dem Hintergrund.

Eine Gestalt in abgewetzter deutscher Uniform stolperte auf mich zu, und eine Stimme rief durch den Raum: »Diesmal bist du dran, Rudi!«

Die Gestalt erreichte den Türrahmen, wo die Sicht klarer war, und blieb abrupt stehen. Auch ich meinte, mein Herz müsse aufhören zu schlagen. Für den Bruchteil einer Sekunde sahen sich Zwillinge nach fünfundzwanzig Jahren zum ersten Male wieder in die Augen. Und für einen Moment – für den Bruchteil einer Sekunde, für den Bruchteil eines Lebens – verharrten wir stumm und bewegungslos, bis es wie ein Aufschrei über unsere Lippen drang. »Nicki!« – »Rudi!« Wir fielen uns in die Arme. Tränen rannen über Rudis Wangen.

»Entschuldige. Aber da kann man schon sentimental werden«, murmelte Rudi. Und dann, nachdem wir einander eingehend gemustert hatten, wischte Rudi die Tränen fort und fragte: »Was tust du hier? Dir scheint es gutzugehen.«

»Das gleiche könnte ich dich fragen«, entgegnete ich. »Was soll diese Maskerade? Du trägst eine deutsche Uniform.«

Rudis Miene verdüsterte sich. »Das ist eine verdammt lange Geschichte.«

»Das kann warten.« Ich legte den Arm um seine Schulter. »Man hat uns erlaubt, hier einen Warteraum zu benutzen. Da erhalten wir guten amerikanischen Kaffee, und ich habe was, das dich vielleicht interessiert.« Damit gingen wir den schmalen Pfad entlang zum Wachhaus mit dem Wartezimmer. Dort zog ich einen Flachmann mit Wodka aus der Jakkettasche.

»Nicht die beste Qualität«, entschuldigte ich mich. »Aber echt.«

Rudi hielt die Flasche beinahe ehrfurchtsvoll in der Hand. »So was habe ich zuletzt vor zwei Jahren getrunken«, murmelte er. »Ich werde so sparsam damit umgehen, daß ich jahrelang was davon habe.«

»Du bist verdammt mager«, bemerkte ich, doch ein Blick auf meinen Bruder genügte, um zu wissen, daß sich unter der locker sitzenden Uniform ein muskulöser, durchtrainierter Körper verbarg, der durch harte körperliche Arbeit und nicht durch Hunger so schlank geblieben war. Sein ausgemergeltes Gesicht zierte ein Stoppelbart, der bereits einen grauen Schimmer hatte. Seine Augen wirkten glanzlos.

»Harte Arbeit«, bemerkte Rudi, als habe er meine Gedanken erraten. »An Hitlers berühmtem Atlantikwall. Zehn Stunden täglich, sonst wurde man auf Hungerdiät gesetzt. Wenn man nicht mehr arbeiten konnte, wurde man auf der Stelle erschossen. Aber zum Teufel damit, erzähl mir erst mal, wie es dir ergangen ist!«

Immer neue Fragen prasselten auf mich ein, während wir Kaffee tranken und das Glück des Wiedersehens genossen. Nachdem ich alles berichtet hatte, wollte Rudi wissen, wie ich ihn gefunden habe.

»Das erste Lebenszeichen von dir war ein Zeitungsfoto«, erwiderte ich. »Wußtest du davon?«

»Ja«, erwiderte Rudi. »Und das ist bis zu dir gelangt?«

»Ja. Man hat es mir ins Büro beim Roten Kreuz geschickt. Aber die Anfrage betraf eigentlich den Freund, mit dem du darauf abgebildet bist. Ich hatte mich schon gefragt, ob sie dich nach Sibirien verbannt hätten.«

»Nein. Ich gewann einen Stachanow-Preis für die Geschwindigkeit beim Verlegen von Drainageröhren. Bis ich zum Militär kam, war das Leben gar nicht so schlecht. Dann geriet ich an der Ostfront in Gefangenschaft und wurde hierher deportiert.« Rudi hatte noch immer dasselbe anstekkende Lachen wie früher.

Am meisten wunderte mich, daß er keinerlei Anzeichen von Bitterkeit zeigte. Aber das Wichtigste war in diesen Minuten sowieso, daß wir nach fünfundzwanzig Jahren wieder zusammengefunden hatten, uns auf zwei harten hölzernen Klappstühlen an einem blanken Holztisch gegenübersaßen.

»Wir sind uns noch immer verdammt ähnlich«, sagte ich schließlich lachend.

»Ja, aber du bist in wesentlich besserer Verfassung«, entgegnete er neidlos.

»Deshalb konnte ich dich auch finden, und zwar bevor man dich zu Mütterchen Rußland und in die Arme des Genossen Stalin zurückschickt«, fügte ich sarkastisch hinzu.

Erneut verdunkelte sich seine Miene. »Ich habe gerüchteweise gehört, daß man uns zurückschicken muß. Aber ich schätze, daß man uns die Chance gibt, in Westeuropa zu bleiben, wenn wir es wollen.«

»In dieser Beziehung würde ich mich keinen großen Hoffnungen hingeben«, entgegnete ich schroff.

»Woher weißt du das alles?« fragte Rudi neugierig. »Bist du französischer Staatsbürger?«

Ich schüttelte den Kopf. »Nein, ich bin Schweizer. Vater hat mir gleich nach der Flucht einen Schweizer Paß besorgt. Ich arbeite schon seit vielen Jahren beim Roten Kreuz.«

»Du Glücklicher. Davon hatte ich keine Ahnung.«

»Ich bin übrigens verheiratet.«

»Wirklich?«

»Ja. Und du errätst sicher nicht, mit wem – Olga, du erinnerst dich doch an Tante Olga? Sie hat eine Tochter namens Tascha. Tascha ist meine Frau.« Das alles rutschte mir ganz spontan über die Lippen. Daß es nicht die ganze Wahrheit war, wurde mir erst später bewußt.

»Donnerwetter! Ich bin übrigens auch verheiratet.«

Ich schwieg einen Moment betreten. »Es muß schrecklich sein, so lange von seiner Frau getrennt zu leben«, sagte ich schließlich. »Wann – wann hast du deine Frau zum letztenmal gesehen?«

Rudi grinste.

»Heute morgen.«

Ich war so perplex, daß mir beinahe die Flasche Wodka aus der Hand gefallen wäre.

»Heute? Aber wie, um Himmels willen ... Das soll wohl ein Witz sein, was?«

»Das ist absolut kein Witz. Meine Frau ist jung, aber zäh. Sie ist mir von Lienz aus bis an die Atlantikküste gefolgt.«

»Mein Gott!« Ich starrte Rudi ungläubig an.

»Mittlerweile ist sie eine der Lagerköchinnen«, fügte er grinsend hinzu.

»Was soll das heißen? Ist sie Französin? Seid ihr wirklich verheiratet?«

»Sie ist genauso russisch wie Kaviar.«

»Aber wo ist sie jetzt?« fragte ich verwirrt.

»Sie lebt in St. Lô. Das ist natürlich alles ein bißchen kompliziert. Der Vorstoß der alliierten Truppen an der Atlantikküste ging so schnell vonstatten, daß sie sich um die Tausende von Kriegsgefangenen, die sie kassierten, kaum richtig kümmern konnten. Sie hatten weder geeignetes Wachpersonal noch Köche für uns. Aus diesem Grund boten die Amerikaner den Franzosen aus dem Ort und ihren Frauen Halbtagsjobs als Aushilfen in der Lagerverwaltung an. Sie werden anständig bezahlt.«

»Und deine Frau?«

»Wir haben noch in Rußland ganz in der Nähe der polnischen Grenze geheiratet, und zwar kurz nachdem ich mich den Kosaken angeschlossen hatte. Einige der Kosaken-Fürsten haben mich sehr an Zarskoje Selo erinnert – hohe Kappen, Pelzmäntel, Säbel. Die Kosaken sind großartige Reiter, und ihre Frauen sind sehr schön. Manche hatten zwei oder drei Mädchen, die ihnen ständig folgten wie ein Harem. Es war wie in einem Kosakendorf. Und die Musik, Nicki! Melancholisch und wunderbar. Manchmal haben sie bis zum Morgengrauen auf der Balalaika gespielt und dazu gesungen. Nur Essen und Trinken waren knapp. Dann hat man mir angeboten, gegen gute Verpflegung beim Bau des Atlantikwalls zu helfen.«

»Und das hast du getan?«

Er nickte. »Was das bedeutete, habe ich zu spät begriffen. Natalia wollte mich nicht allein gehen lassen. Ich weiß selbst nicht mehr, wie wir es geschafft haben, uns durchzuschlagen. Hier in Frankreich wurden unsere Rationen dann erhöht, und Natalia ist als Köchin im Lager eingestellt worden. Manchmal konnte sie Lebensmittel für mich einschmuggeln.«

»Und als die Alliierten angriffen, mußtet ihr an die Front?«

Rudi nickte. »Da gab es kein Entrinnen.«

»Wie alt ist Natalia?«

»Zweiundzwanzig. Sie ist eine großartige Frau und wird dir gefallen. Wegen des erwähnten Personalmangels beschäftigen die Amerikaner sie immer noch als Lagerköchin. Bei einer Familie im Dorf hat sie Unterkunft gefunden. Frauen sind im Lager nicht erlaubt. Und die Amerikaner haben kein Interesse an weiblichen Kriegsgefangenen. Sie könnte hier jederzeit untertauchen, ohne daß ein Hahn nach ihr kräht. Ich habe versucht, sie zur Flucht zu überreden, aber sie weigert sich, mich im Stich zu lassen.« Rudi lächelte spöttisch. »Du weißt, wie unwiderstehlich wir Korolews sind.«

Ich dachte jedoch bereits an ernstere und wichtigere Dinge.

»Hör zu, Rudi«, sagte ich. »Ich muß dich hier irgendwie rausholen. Dich und natürlich Natalia. Wenn du bleibst und nach Rußland zurückgebracht wirst, ist euer Leben keinen

Pfifferling mehr wert. Die Frage ist nur, wie wir das anstellen sollen.«

»Ohne Bestechung läuft hier gar nichts«, erklärte Rudi kühl. »Das wird verdammt teuer.«

»Und wenn ich das Geld auftreiben kann?«

»Geld ist hier wertlos«, erwiderte Rudi. »Das kannst du vergessen, Nicki.«

Ich sah auf meine Uhr. »Unsere Zeit ist fast um«, sagte ich. »Irgendwie hole ich euch hier raus und verstecke euch, bis ihr sicher seid. Es wird mir schon was einfallen. Das verspreche ich dir.«

»Du hast eine tolle Uhr«, murmelte Rudi plötzlich. »Ist sie aus Gold?«

Ich nickte ein wenig verlegen. Im Vergleich mit Rudi hatte ich verdammt viel Glück im Leben gehabt.

»Ich habe sie von einer Frau für meine Dienste – im Bett erhalten«, erklärte ich grinsend. Arme Brig! Es schien mir selbst eine Ewigkeit her zu sein, seit ich sie in Monte Carlo geliebt hatte.

»Seit den guten alten Zeiten habe ich kein Gold mehr gesehen.« Und nach langem Zögern fügte er hinzu: »Mit einer Uhr wie der da könnte ich mir schon morgen nacht die Flucht aus dem Lager erkaufen.«

»Bist du sicher?«

Rudi nickte energisch. »Ich habe mich mit einer der französischen Aushilfskräfte angefreundet. Für die wenigen Wertgegenstände, die ich noch gerettet hatte, habe ich Zigaretten und Lebensmittel bei dem Mann getauscht. Mit der Uhr könnte ich ihn überreden, heimlich meinen Platz im Lager einzunehmen und die Kleider mit mir zu tauschen. Ich verlasse mit den anderen Franzosen am Abend das Lager. Die Amerikaner führen keine Einzelkontrollen durch, sondern zählen nur ab. Wenn achtunddreißig Franzosen das Lager betreten haben, müssen es achtunddreißig auch wieder verlassen.«

»Und der Franzose? Was wird aus ihm?«

»Er wird mir ein paar Tage Vorsprung lassen. Dann meldet er sich bei den Wachen und behauptet, ich hätte ihn gefesselt und geknebelt und sei in seinen Klamotten verduftet. Er habe sich erst jetzt befreien können. Das ist idiotensicher, denn er kann seine Identität jederzeit beweisen.«

»In Ordnung.« Ich war sofort einverstanden. »Und deine Frau?«

»Die kann kommen und gehen, wann und wohin sie will. Das ist kein Problem.«

»Gut. Dann steck jetzt die Hände unter den Tisch, damit ich dir die Uhr geben kann, ohne daß es jemand sieht.«

Unter dem Tisch löste ich den Verschluß meiner Cartier-Uhr, drückte sie Rudi in die Hand und dachte: Adieu, Brig!

»Laß dich nicht erwischen«, warnte ich Rudi laut.

»Keine Angst. Bist du durch die Stadt gekommen? Hast du gesehen, wo das Rathaus stand? Die eine Hälfte ist noch einigermaßen intakt. Wir warten dort unter dem Toreingang. Morgen abend zwischen sechs und sieben.«

24

Fünfundzwanzig Jahre der Trennung waren plötzlich bedeutungslos geworden. Es war, als sei Rudi von den Toten auferstanden. Er hatte viel erlitten, sich jedoch seinen Optimismus und seine lebensbejahende Einstellung bewahrt.

Ich konnte nur hoffen, daß der Franzose, der ihm zur Flucht verhelfen sollte, zuverlässig war. Millionen gefallener Russen hatten durch ihre Tapferkeit unter anderem die Befreiung Frankreichs ermöglicht. Vielleicht veranlaßte das diesen einen Franzosen, mit einer Cartier-Uhr als Zugabe, meinem Bruder das Leben zu retten.

Meine andere Sorge galt meiner eigenen Sicherheit. Die

Amerikaner mußten vermuten, daß ich etwas mit Rudis Flucht zu tun hatte. Ich brauchte daher ein hieb- und stichfestes Alibi.

Ich hatte versprochen, Rudi und seine Frau in vierundzwanzig Stunden zu treffen. Mir war klar, daß ich in der Zwischenzeit unbedingt nach Paris zurückkehren mußte. Es war mittlerweile Dienstagabend, und es ging darum, den französischen Behörden – vor allem Verron – zu beweisen, daß ich am Mittwoch, vor Rudis Flucht, in Paris gewesen war. Ich zweifelte nämlich keinen Augenblick daran, daß Verron sehr schnell vom Verschwinden des Zwillingsbruders eines Repräsentanten des Roten Kreuzes erfahren würde.

Mein Plan war daher, nach Paris zurückzufahren, am frühen Morgen des darauffolgenden Tages unter einem Vorwand Verron aufzusuchen und anschließend direkt nach St. Lô zurückzukehren. Meine Passierscheine waren unbegrenzt gültig, und die Wachen an den Kontrollpunkten wechselten sicher täglich. Außerdem war ich immerhin ein offizieller Vertreter des Roten Kreuzes. Es dürfte selbst Verron schwerfallen, zu glauben, daß ich zweimal in der Region von St. Lô gewesen sein sollte.

Ich raste daher nach Paris zurück, wo mich gegen Mitternacht eine schläfrige Tascha erwartete. »Psst, Liebste. Ich erzähle dir später alles.«

Wie ein Toter schlief ich in ihren Armen ein und wachte nach zahllosen Alpträumen in den frühen Morgenstunden wieder auf. Ich warf mich unruhig hin und her und weckte damit Tascha auf. »Liebster, du mußt schlafen! Es ist erst drei Uhr.«

»Ich kann nicht. Ich rauche in der Bibliothek eine Zigarette.« Noch bevor ich lautlos das Zimmer verlassen hatte, war Tascha wieder eingeschlafen.

Während ich gierig an der Gauloise zog, wurde mir bewußt, was mich im Unterbewußtsein so beunruhigt hatte.

Wo sollte ich Rudi und seine Frau unterbringen? Ich ging nervös in der Bibliothek auf und ab. Im Haus am Place de Furstenberg wagte ich die beiden nicht zu verstecken. Ich mußte damit rechnen, daß der Verdacht, Rudi zur Flucht verholfen zu haben, sofort auf mich fiel. Dann würde man möglicherweise das Haus durchsuchen.

Da fiel mir Hélène ein. Hélène, die mittlerweile das Etablissement von Madame Lefarge übernommen hatte und mir einen Gefallen schuldete. Ich war sicher, daß sie mir helfen würde.

Beruhigt drückte ich die Zigarette aus und kehrte ins Bett zurück.

Am nächsten Tag erschien ich in der Polizeipräfektur. Unter dem Vorwand, einige Fragen klären zu wollen, erreichte ich, daß Verron meine Anwesenheit zur Kenntnis nehmen mußte. Es war zwar kein Beweis, daß ich den ganzen Tag in Paris verbracht hatte, doch es würde ihn sicher ablenken. Danach fuhr ich zum Boulevard Malesherbes und klingelte bei Hélène.

Schläfrig öffnete sie die Tür, ohne die Sicherheitskette abzunehmen, und unterdrückte ein Gähnen. »Du, Nicki?«

»Ja, darf ich eintreten?«

»Selbstverständlich. Aber die Mädchen sind natürlich noch nicht verfügbar.«

»Deshalb bin ich auch nicht hier«, sagte ich lachend.

»Das habe ich mir fast gedacht«, murmelte sie. »Trotzdem muß es einen wichtigen Grund für deinen Besuch geben, oder? Ich koche uns erst mal einen Kaffee.« Sie entfernte die Sicherheitskette.

Mit Hélène war ich mir schnell einig – wie immer. Ich schilderte ihr die Lage. »Es ist nur vorübergehend«, schloß ich.

»Keine Sorge«, erwiderte sie lächelnd. »Zur Wohnung gehört ein Dachzimmer mit Bad und kleiner Küche, das wir nie nutzen. Außerdem hat die Dachwohnung einen eigenen Eingang über die Feuertreppe hinter dem Haus.«

Damit war die Angelegenheit geregelt. Es hatte nur wenige Minuten gedauert.

Ich trank meinen Kaffee aus. »Jetzt stehe ich wirklich in deiner Schuld, Hélène.«

»Vergiß es, Nicki! Du bist zur Liebe wie geschaffen. Wie schade, daß ich dich nicht überreden kann, deine Schuld auf diese Weise zu begleichen.«

Ich erreichte St. Lô gegen zwei Uhr nachmittags, hielt jedoch erst ungefähr fünf Kilometer weiter westlich im Dorf Arel an, um zu vermeiden, daß jemandem mein Auto auffiel. Bei meinem Spaziergang durch die Ortschaft entdeckte ich einen Gasthof namens »Le Croix de Lorraine«. Ich ging hinein, bestellte einen Calvados und das Tagesgericht »Blanquette de Veau«, dazu eine halbe Flasche Rotwein und zum Nachtisch Pont-l'Evêque-Käse.

Alles erwies sich als ausgezeichnet, so daß ich den Wirt unter dem Vorwand, noch in der Nacht nach Paris zurückkehren zu müssen, überredete, mir etwas Wegzehrung einzupacken, die natürlich für Rudi und seine Frau gedacht war.

So gestärkt, aber noch immer etwas nervös, fuhr ich nach St. Lô zurück.

Die leeren, ausgebrannten Häuserruinen jagten mir Schauer des Grauens über den Rücken. Es war inzwischen sechs Uhr geworden, aber von Rudi und seiner Frau war weit und breit noch nichts zu sehen. Mich umgab ein gespenstischer Trümmerort, das Ergebnis menschlicher Zerstörungswut, eine Wüste der Vernichtung, ehemals menschliche Behausungen wie von der Faust eines Riesen zerschmettert.

Ich stieg aus dem Citroën, kletterte über Mauerteile und aufgeworfenen Asphalt und ging auf den Toreingang zu, der wie durch ein Wunder unbeschädigt war. Es herrschte eine unheimliche Friedhofsstille, die nur gelegentlich durch das Schlagen einer Holztür in einem der fensterlosen Mauergerippe unterbrochen wurde. Seltsamerweise war es jedoch völlig windstill.

Plötzlich dämmerte mir die Lösung des Rätsels. Rudi und seine Frau mußten sich hinter dieser Tür verborgen haben und versuchten, durch das Klappern meine Aufmerksamkeit zu erregen. Der Platz vor der Ruine des ehemaligen Rathauses war menschenleer.

Ich blieb stehen und sah mich aufmerksam um. Keine Menschenseele war auf der Straße. Wie in kleinen Dörfern üblich, hatte man die Türen der wenigen noch intakten Häuser am Abend, nach getaner Arbeit, geschlossen.

»Die Luft ist rein«, flüsterte ich, so deutlich ich konnte. »Lauft zum Wagen und duckt euch auf den Rücksitz!«

Die klappernde Tür blieb einen Augenblick ruhig, dann wurde sie einen Spalt geöffnet, und Rudis ängstliches Gesicht tauchte auf.

In diesem Moment trat eine in einen schwarzen Schal gehüllte, gebeugte Frauengestalt hinter einem Schuttberg hervor und schlurfte über den Platz. Rudi war sofort wieder hinter der Tür verschwunden. Die Frau bemerkte uns überhaupt nicht, aber mir war plötzlich klargeworden, wie tief Angst und Schrecken in Rudi verwurzelt sein mußten.

»Alles wieder in Ordnung!« rief ich ihm leise zu. »Los, lauft!«

Rudi streckte den Kopf erneut durch den Türspalt, sah sich hastig um und lief dann, Natalia an der Hand hinter sich herziehend, über Schutt und Steine zum Wagen. Sobald die beiden auf dem Rücksitz verschwunden waren, schlenderte ich zum Citroën zurück und setzte mich hinters Steuer.

»Das ist meine Frau.« Rudi stellte uns einander vor.

»Die Begrüßungszeremonie verschieben wir lieber auf später«, entgegnete ich lächelnd und ließ den Motor an.

»Hoffentlich geht alles gut!« Rudi biß sich nervös auf die Unterlippe.

»Bis jetzt gab's doch keine Schwierigkeiten«, bemerkte Natalia, die ruhiger wirkte.

»Ja, bis jetzt«, beharrte Rudi gereizt. »Aber du hast keine Ahnung, was sie mit dir anstellen, wenn du zu fliehen versuchst. Ich hab' das einmal erlebt. Sie haben mich geschnappt und mir den Kopf so lange unter Wasser getaucht, bis ich fast ertrunken wäre. Jedesmal, wenn ich bewußtlos wurde, haben sie mich wachgerüttelt und wieder untergetaucht. Das ging zehnmal so. Ich habe Angst. Das gebe ich offen zu.«

»Aber das hier sind nicht mehr die Deutschen, sondern die Amerikaner«, sagte Natalia. »Du bist ein amerikanischer Kriegsgefangener. Da kann dir so was nicht mehr passieren.«

»Möglich, aber ich traue niemandem mehr.«

Ich reichte das Paket mit belegten Broten über die Schulter, das mir der Gastwirt gegeben hatte.

»Hier, eßt erst mal was! Danach fühlt ihr euch sicher besser.«

Rudi entspannte sich sichtlich. Wir hatten inzwischen die Hauptstraße erreicht und fuhren in Richtung Paris.

»Die Flucht verlief glatt«, berichtete er. »Mein französischer Freund war für die Cartier-Uhr zu allem bereit. Was mir jetzt mehr Sorgen bereitet, ist deine Rolle bei der Geschichte. Die Amerikaner wissen jetzt, daß wir Zwillingsbrüder sind. Sie haben unser Wiedersehen erst ermöglicht. Die müssen doch Verdacht schöpfen.«

»Kann sein«, stimmte ich zu. »Aber wenn wir vorsichtig sind, können sie uns nichts nachweisen. Dafür habe ich gesorgt. Vorausgesetzt natürlich, sie finden dich nicht.«

Ich erzählte, daß ich nach Paris zurückgefahren war, um mir ein Alibi zu verschaffen.

»Außerdem kann ich mir nicht vorstellen, daß sich die Amerikaner wegen dir ein Bein ausreißen. Die sind doch nur daran interessiert, den Krieg endlich zu gewinnen. Die Franzosen bereiten mir viel mehr Sorgen.«

Ich berichtete den beiden von Inspektor Verron und dessen Haß gegen russische Aristokraten. »Und jetzt ist er der uneingeschränkte Chef. Wir haben in Paris so lange unter deutscher Besatzung gelebt, daß wir manchmal fast vergessen, daß die Stadt wieder französisch ist. Verron ist ein gefährlicher Mann.«

Ich hatte für den Notfall eine alte Plane auf dem Rücksitz verstaut, unter der sich Natalia und Rudi verstecken konnten. Allerdings herrschte in dieser Region Frankreichs bereits Friede, und ich verließ mich hauptsächlich auf die Dokumente, die mich als Repräsentanten des Roten Kreuzes auswiesen. Außerdem war mein Wagen entsprechend gekennzeichnet, und bisher hatte man mich an fast jedem Kontrollpunkt in Ruhe gelassen und durchgewinkt.

Meine ursprüngliche Absicht, die Fahrt zu unterbrechen, um irgendwo mit Natalia und Rudi zu Abend zu essen, verwarf ich wieder. Es erschien mir zu riskant. Man sah Rudi und mir schließlich deutlich an, daß wir Zwillinge waren, und so etwas prägte sich bei den Leuten ein.

Als wir eine lange, gerade und übersichtliche Strecke erreicht hatten, fuhr ich jedoch trotzdem rechts an den Rand, um endlich von Rudi zu erfahren, was er in den ersten Jahren nach der Trennung in Kronstadt erlebt hatte.

Ich drehte mich auf meinem Sitz um und sah Natalia zum erstenmal genauer an. Auch ihre schäbige Kleidung vermochte nicht darüber hinwegzutäuschen, daß sie Haltung, Stolz und Charakter hatte. Sie hatte ruhige, graubraune Augen, ein gutgeschnittenes Gesicht von herber Schönheit und ein energisches Kinn.

»Ich habe viel von dir gehört«, sagte sie, als wir uns die Hand gaben. Ihr Händedruck war fest wie der eines Mannes. »Haben wir wirklich eine Chance?«

»Ich glaube schon«, versicherte ich ihr.

»Also, dann will ich dir jetzt mal meine Geschichte erzählen«, begann Rudi entspannter, und es tat gut, ihn lachen zu hören. »Vor dem Krieg führte ich die meiste Zeit ein völlig ereignisloses Leben. Dafür sorgte Väterchen Staat. Wenn man über die Stränge schlug, sich betrank oder sich vergnügte, mußte man damit rechnen, sich in Sibirien wiederzufinden. Ich arbeitete, aß und wartete geduldig auf das, was noch folgen würde. Durch das Erlebnis unserer Flucht war mir ein für allemal der Geschmack daran vergangen, mich irgend etwas oder irgend jemandem zu widersetzen. Ich arbeitete hauptsächlich in der Landwirtschaft. Auf dem Land gab es mehr zu essen als in den Städten. Aber es war ein ziemlich trostloses Dasein.«

»Was passierte damals 1919 in Kronstadt?«

»Ich ... Es fällt mir noch immer schwer, daran zu denken, geschweige denn, darüber zu sprechen«, gestand Rudi. »Jemand stach Mama nieder. Es war furchtbar. Ich wurde von ihr fortgerissen, konnte mich jedoch befreien, warf mich über sie, weinte, schrie – und küßte sie. Du kannst dir das sicher nicht vorstellen, Nicki, aber so viel inzwischen auch geschehen sein mag, das werde ich nie vergessen. Dann zerrten sie die Toten weg. Eine ältere Frau nahm mich in die Arme, führte mich fort und flößte mir einen Schluck Wodka zur Stärkung ein. Ihr Mann gesellte sich zu uns, und sie nahmen mich mit. Den ganzen Tag fuhren wir auf einem schweren Pferdekarren über Land. Ich saß hinten und weinte mir die Seele aus dem Leib. Du weißt ja, wie man sich fühlt, wenn die Wirkung von Wodka nachläßt. Der Gedanke an Mama – ich wäre am liebsten gestorben. Aber das alte Ehepaar ... Sie waren wunderbar zu mir. Sie nahmen mich zu sich. Auf ihrem kleinen Bauernhof mit Kühen, Hühnern, Schweinen und Gemüseanbau wuchs ich auf. Ich wurde ein richtiger Bauer, lernte melken und den Stall ausmisten – und konnte sogar Karnickel schießen. Die Alten brannten ihren eigenen Wodka, und das Leben war gar nicht so schlecht. Nach dem Tod meiner Pflegeeltern verließ ich den kleinen Hof und verdingte mich als Landarbeiter. Ich war gut und erhielt mehrere Auszeichnungen. Deshalb auch das Foto in der Zeitung. 1940 entschloß ich mich, Soldat zu werden. Das gab Geld und einen Orden.«

»Zu welchem Truppenteil bist du eingezogen worden?«

»Zu den Kosaken«, antwortete Rudi. »Ich dachte, ich könnte Offizier werden. Immerhin war ich der Sohn eines Fürsten. Aber als Nicht-Kosake hatte ich keine Chance. Und dann geriet unser gesamtes Kosakenregiment in deutsche Gefangenschaft. Den Rest kennst du. Schließlich bin ich zusammen mit Natalia am Atlantikwall gelandet. Ja, und jetzt hast du unserem Leben wieder Sinn gegeben, Nicki. Wohin bringst du uns eigentlich?«

Ich ließ den Motor an und bog auf die Straße nach Paris ein. »Also«, erwiderte ich amüsiert, »ich bringe euch in Paris unter – in einem Bordell.«

»Wie bitte?«

»Du hast dich nicht verhört.« Ich lachte.

»Sind das Freunde von dir?« erkundigte sich Rudi sarkastisch.

»Offengestanden, ja«, sagte ich.

»Klingt ja recht interessant.«

»Das mußt du uns schon näher erklären«, bat Natalia leise.

»Oh, da gibt's nicht viel zu erzählen. Es ist jedenfalls die einzige Möglichkeit, euch sicher zu verstecken. Hélène, die Besitzerin dieses ›Maison de Rendezvous‹, wie es in Frankreich heißt, ist eine alte Freundin von Vater und mir. Sie ist mir einen Gefallen schuldig. Außerdem kann ich ihr unbedingt vertrauen.«

»Aber was – was ist mit den anderen Frauen?« fragte Natalia schüchtern.

»Keine Sorge. Mit denen habt ihr nichts zu tun«, versicherte ich ihr. »Hélène ist die einzige, die ihr treffen werdet und die von eurer Anwesenheit weiß.«

»Solange diese Frau vertrauenswürdig ist, mache ich mir keine Sorgen.«

»Das ist sie absolut. Und nicht nur das. Ihr werdet sie bestimmt mögen.«

Kurz vor Mitternacht hielten wir vor dem Haus am Boulevard Malesherbes an. Als das Mädchen sich meldete, führte uns Hélène direkt neben dem Haupteingang durch eine Seitentür nach oben ins Dachgeschoß.

Die Mansarde war hübsch eingerichtet, hatte ein breites Doppelbett, Sessel, einen Tisch, eine Duschecke mit Handtüchern sowie Seife und eine Kochnische mit einer Elektroplatte.

Hélène hatte dafür gesorgt, daß Brot, Butter, Marmelade, Kaffee, Milch, Salami und eine Flasche Kognak neben dem Geschirr, dem Besteck und den Gläsern im Schrank standen.

»Mein Gott, seit wir die Kosaken verlassen haben, ist es das erste Mal, daß Natalia und ich die Nacht im selben Bett verbringen«, sagte Rudi schließlich, nachdem er sich bewundernd umgesehen hatte. Er drückte Hélène lächelnd die Hand. »Ich weiß nicht, wie ich Ihnen danken soll.«

»Für Nicki tue ich alles«, erwiderte Hélène. Sie wandte sich an Natalia. »Ich hoffe, Sie fühlen sich hier wohl.« Dann fragte sie mich: »Haben die beiden etwas Geld?«

»Ja. Ich habe ihnen für die ersten Tage genug gegeben«, sagte ich.

»Gut. Dann möchte ich Ihnen noch etwas zeigen.« Hélène führte Natalia zu einer Hintertür, die auf die Feuertreppe hinausging. Sie deutete auf die Straße hinunter, wo eine einzelne Straßenlaterne brannte.

»Dort hinter der Lampe ist ein Feinkostlädchen. Da kriegt man alles – von der Pastete bis zum Champagner. Es ist ein kleiner Familienbetrieb. Sagen Sie dort einfach, Sie seien meine Cousine – Madame Hélènes Cousine. Der Bäcker ist zwei Häuser weiter. Und daneben finden Sie einen Gemüseladen. Verhungern müssen Sie hier also bestimmt nicht.«

»Wie sollen wir Ihnen nur je danken«, sagte Rudi. »Sie sind ein Engel.«

»Trotzdem muß ich euch warnen«, sagte ich zu den beiden, um sie auf den Boden der Wirklichkeit zurückzubringen. »Sie werden dich suchen, Rudi. Und ich bin sicher der einzige Anhaltspunkt, den sie haben. Man wird mich überwachen. Ich habe keine Ahnung, wann ich euch wieder besuchen kann. Früher oder später müssen wir eine andere Lösung finden. Bitte seid also vorsichtig!«

»Das kann ich nur unterstreichen«, pflichtete Hélène mir bei. »Gehen Sie kein Risiko ein! Lassen Sie sich nicht gerade auf den Champs-Élysées blicken! Mit unserer Polizei ist nicht zu spaßen.«

Ich nickte. »Jetzt muß ich nach Hause.« Ich wandte mich an Rudi. »Im Schrank findest du ein paar Sachen von mir.«

»Und ich habe ein paar Kleider für Sie, Natalia, raufgebracht«, fügte Hélène hinzu. »Damit wäre im Augenblick alles klar.«

»Schlaft gut!« Ich gab Natalia, die ja jetzt zur Familie gehörte, einen Kuß auf die Wange, umarmte Rudi, küßte Hélène dankbar zum Abschied und fuhr nach Hause zu Tascha. Nach den anstrengenden Tagen nahm ich mir vor, endlich richtig auszuschlafen.

25

Es dauerte nicht lange, bis das Unvermeidliche geschah. Fünf Tage später rief mich ein Beamter von der Polizeipräfektur an.

»Monsieur Korolew?«

»Ja, am Apparat.«

»Inspektor Verron sucht Sie morgen vormittag gegen halb elf im Büro auf. Sehen Sie zu, daß Sie da sind!« Damit wurde am anderen Ende aufgelegt.

Allein der Anruf klang wie eine Kriegserklärung. Man hatte mich weder höflichkeitshalber gefragt, ob mir der Zeitpunkt gelegen sei, noch hatte es Verron für nötig gehalten, mich persönlich anzurufen. Allerdings war ich doch geschmeichelt, daß mir Verron einen gewissen Heimvorteil zubilligte. Es hätte mich kaum überrascht, wenn er mich auf die Präfektur zitiert hätte.

Ich hatte jedoch diese Entwicklung erwartet, mich mit Tascha und Galina abgesprochen und gründlich auf das Gespräch mit Verron vorbereitet. Die Chancen des Inspektors, mir eine Fluchthilfe nachzuweisen, waren gleich Null. Und es stand kaum zu erwarten, daß er Rudi und Natalia bei Hélène vermutete.

Als Verron am nächsten Vormittag in meinem Büro erschien, vergeudete er keine Zeit mit Höflichkeiten.

»Sparen wir uns die langen Vorreden«, begann er. »Wo ist Ihr Bruder?«

Ich zog die Augenbrauen hoch und spielte den Erstaunten. »Wie bitte? Ist er denn nicht im Lager von St. Lô?«

»Fürst Korolew!« Die höfliche Anrede war ebenso falsch wie meine Überraschung. »Lassen wir das Theater!« Seine Stimme hatte einen scharfen Unterton.

»Ist er entwischt? Das ist ja großartig! Verzeihen Sie, aber von meinem Standpunkt aus ist das natürlich eine gute Nachricht.«

Verrons Augen verengten sich zu schmalen Schlitzen. »Ich habe nicht die Absicht, hier sinnlos meine Zeit zu verplempern. Sie sind bei ihm gewesen. Sie haben die Flucht organisiert. Wo halten Sie ihn versteckt?«

»Aber ich verstehe überhaupt nicht ...«

»Lügner«, zischte Verron verächtlich.

»Wollen Sie mich beschuldigen?« Ich hoffte, wütend genug zu klingen.

»Wie schön, daß Sie mich so prompt verstanden haben«, schnarrte Verron. »Sie halten sich wohl für verdammt schlau, was? Fluchthilfe ist strafbar, mein Lieber. Da rettet Sie auch Ihr Status als Repräsentant des Roten Kreuzes nicht. Vielleicht interessiert es Sie, daß wir die Flucht und Ihre mutmaßliche Beihilfe bereits an die Zentrale in Genf gemeldet haben.«

Im ersten Moment war ich sprachlos. Das gefiel mir ganz und gar nicht. Ich ahnte, daß da einiges auf mich zukommen würde, und entschloß mich zum Gegenangriff.

»Inspektor Verron«, sagte ich scharf. »Solange Sie keine Beweise haben, ist dieses Verhalten rechtswidrig. Wie kommen Sie dazu, meinen Vorgesetzten Lügen aufzutischen?«

»Ah, das ist Ihnen wohl unangenehm, wie?« Er wußte, daß er damit einen wunden Punkt berührt hatte. »Was die Beweise betrifft, da bin ich optimistisch. Die finden wir schon. Warten Sie's nur ab!«

»Wie lange?« fragte ich sarkastisch.

»Fühlen Sie sich nicht zu sicher«, entgegnete Verron giftig. »Wir haben bereits genug gegen Sie in der Hand, um Sie verhaften zu lassen.«

Ich lachte humorlos. »Mein Bruder ist also entflohen? Vielen Dank für die Information. Ich bin hocherfreut. Und wann soll es passiert sein? Während ich mit Ihnen auf der Präfektur gesprochen habe?«

»Der Zeitpunkt ist nicht wichtig. Wir kriegen die Wahrheit raus, keine Angst. Von jetzt an wird jeder Ihrer Schritte überwacht.«

»Danke für die Warnung«, entgegnete ich gereizt. »Kann ich jetzt endlich wieder an meine Arbeit gehen? Ich habe nämlich gelegentlich was zu tun.«

»Ich weiß, daß Sie hinter dieser Fluchtaktion stecken«, sagte Verron gefährlich leise. »Wenn sich zwei Brüder nach fünfundzwanzig Jahren wiedersehen und der eine dann ein paar Tage später aus einem Gefangenenlager flieht – na, welcher Schluß liegt da wohl näher? Aber wir haben Geduld und Zeit. Eines Tages begehen Sie einen entscheidenden Fehler. Und dann sind Sie dran, genau wie er.«

»Wie Sie meinen. Trotzdem muß ich Sie jetzt bitten, zu gehen. Sie stehlen mir unnötig die Zeit.«

Verron ließ es sich nicht nehmen, das letzte Wort zu haben. »Bereiten Sie etwa wieder eine Flucht vor?« zischte er gehässig.

Verrons Besuch hatte mich sehr nachdenklich gestimmt. Wenn er tatsächlich das Rote Kreuz in Genf informiert hatte, bedeutete das, daß ich mich in das gefährliche Netz eines Disziplinarverfahrens verstricken konnte. Möglicherweise bluffte Verron auch nur. Seit Rudis Flucht war eine gute Woche vergangen. Warum also hatte mich François Savin nicht heimlich gewarnt?

Oder sollte ich von mir aus Genf informieren? Schließlich entschied ich, mich still zu verhalten und alles Weitere abzuwarten. Sollte Genf eine Erklärung verlangen, würde die Zentrale dieselbe Geschichte zu hören kriegen wie Verron. Denn was auch immer geschah, Beweise gegen mich gab es nicht.

Trotzdem war äußerste Vorsicht geboten. Rudi zu besuchen wurde immer komplizierter.

Natürlich entging es mir nicht, daß Verron zwei Bewacher auf mich angesetzt hatte. Ich hatte unschwer zwei Gesichter entdeckt, die überall dort auftauchten, wo ich mich gerade aufhielt.

Der Winter war klirrend kalt. Weihnachten und Neujahr verstrichen, wir warteten ungeduldig auf das Frühjahr 1945 und hofften, daß die Deutschen dann endgültig besiegt sein würden. Die Russen und die Alliierten rückten einander immer näher, der Tag, an dem sie in Berlin aufeinandertreffen würden, schien in greifbarer Nähe zu liegen.

Ich stattete gelegentlich Hélènes Haus einen Besuch ab, und meine Bewacher ließen mich gewähren, ohne einzugreifen, denn sie dachten natürlich, ich sei ein Kunde des Etablissements. Erst wenn ich meinen Wagen wieder bestieg und nach Hause zu Tascha fuhr, nahmen sie die Verfolgung erneut auf. Sie hielten mich ganz einfach für einen treulosen Ehemann. Ich wünschte zwar, Galina und Tascha könnten Rudi und Natalia ebenfalls besuchen, doch damit wäre alles verraten gewesen.

So unglaublich es klingen mag, aber Rudi und Natalia lebten monatelang unentdeckt in Hélènes Mansarde. Hélène tat alles für das Wohlbefinden ihrer unfreiwilligen Gäste, und doch muß es für die beiden die Hölle gewesen sein. Trotz aller Annehmlichkeiten waren sie in ihrer persönlichen Freiheit eingeschränkter als im Lager von St. Lô. Die beiden waren völlig auf sich gestellt, und im April hatte Verron seine Aufpasser noch immer nicht abgezogen. Er erfüllte seine Drohung, mir keine ruhige Minute mehr zu gönnen, und zwar gründlich.

Allmählich schien Rudi nicht mehr zu begreifen, Warum er überhaupt geflohen war. Als ich die beiden Anfang Mai 1945 besuchte, war ich über seinen Gemütszustand erschrocken.

»Ich halte das Eingesperrtsein nicht mehr länger aus!« tobte er. »Ich stelle mich! Lieber gehe ich wieder in ein Lager. Da bin ich wenigstens unter Menschen.«

»Red doch keinen Unsinn!« Ich versuchte, ihn zur Vernunft zu bringen.

»Das ist kein Unsinn!« brauste er auf.

»Was willst du? Der Vertrag von Jalta ist ratifiziert. Selbst die Amerikaner würden dich, ohne mit der Wimper zu zukken, ausliefern. Tausende sind bereits gegen ihren Willen nach Rußland transportiert worden. Sei kein Idiot! In Rußland erwartet dich der Tod oder die Deportation nach Sibirien.«

»Herrgott, das ist mir klar«, gab Rudi zu. »Entschuldige, daß ich die Nerven verloren habe! Aber wenn man wie in einem Käfig eingesperrt ist, dreht man allmählich durch.«

»Das verstehe ich ja ...«, begann ich.

»Wirklich? Du bist frei und kannst hingehen, wohin du willst, und mit Leuten reden. Woher willst du wissen, wie wir uns fühlen? Wir müssen uns mitten in der Nacht aus dem Haus schleichen, um überhaupt mal frische Luft zu schnuppern. Ich bin seit Monaten in Paris und habe noch nichts von dieser Stadt gesehen. Verzeih, Natalia«, er legte den Arm um ihre Schultern, »ich rede nur von mir und vergesse ganz, wie dir zumute ist.«

»Mir geht's gut«, entgegnete sie liebevoll. »Mach dir um mich keine Sorgen!« Ich hatte jedoch den Eindruck, daß auch sie unter dem Eingesperrtsein litt, jedenfalls mehr, als sie zugeben wollte.

»Tagsüber können wir nur im Bett bleiben – und uns lieben«, fügte Rudi heiser hinzu.

»Rudi, bitte!« Natalia wurde rot.

»Es ist doch wahr! Und jetzt – jetzt ist Natalia schwanger.«

»Was?« Ich fuhr entsetzt aus dem Stuhl hoch.

Rudi nickte. »Sie ist im zweiten Monat. Sicht ganz so aus, als würden wir den Erben präsentieren können, den Vater angeblich verlangt hat. Du scheinst ja nicht ...«

»Warten wir's ab.«

Ein Kind! Und das in dieser Situation! Im ersten Augenblick fiel mir gar nichts mehr ein.

Als ich mich wieder einigermaßen gefaßt hatte, wurde mir klar, daß Rudi und Natalia dringend eine Abwechslung brauchten.

»Wißt ihr was?« sagte ich zu den beiden. »Ihr seid jetzt fast ein halbes Jahr hier und habt weder Galina noch Tascha gesehen. Riskieren wir doch einfach eine Familienfeier. Warum treffen wir uns nicht alle in dem kleinen Restaurant in der Rue Bichet? Das ist ganz in der Nähe.«

»Glaubst du, wir können das wagen?« fragte Rudi.

»Warum nicht?«

»Großartig!« Rudis Miene hellte sich augenblicklich auf. »Ich muß mir nur noch einen Schlachtplan überlegen, wie wir Verrons Männer hinters Licht führen. Heute ist Samstag – sagen wir nächsten Mittwoch? Mittwoch, den neunten Mai. Da Hitler jetzt tot ist, haben wir bis dahin vielleicht schon Frieden.«

Ich weiß selbst nicht, was mich veranlaßte, ausgerechnet dieses Datum für das Familientreffen zu wählen. Ich bat Hélène, einen Tisch für uns im Restaurant »Globe« zu bestellen, da es für mich zu riskant war. Wie bitter nötig diese Reservierung war, begriffen wir natürlich erst, als an diesem Tag der Krieg in Europa endete und ganz Paris auf dem Kopf stand.

Wir hatten vereinbart, daß Galina und Tascha in Galinas Wagen zum Restaurant fahren sollten. Natalia und Rudi würden die Mansarde über die Feuerleiter verlassen und zu Fuß zum »Globe« gehen, während ich die Absicht hatte, bis zum »Ritz« am Place Vendôme zu fahren, dort das Auto abzustellen, bis zur Rue Cambon zu marschieren und ein Taxi zu nehmen, um meine Verfolger abzuhängen.

Ich erreichte zwar problemlos das »Ritz«, doch ein Taxi zu erwischen, schien ein Ding der Unmöglichkeit zu sein. Ganz Paris war auf den Beinen. Auch die vergleichsweise ruhige Rue Cambon, die von der Rue de Rivoli zum Grand Boulevard führte, war völlig verstopft. Spätestens dort wurde mir klar, daß ich die Strecke zum »Globe« zu Fuß zurücklegen mußte und zu spät erscheinen würde.

Galina und Tascha hatte ich geraten, Seitenstraßen zu benutzen, die weniger belebt waren, denn alle zog es in die Innenstadt. Die meisten Leute gaben ihrer Freude durch Anstecker, lustige Hüte, Flöten und Rasseln Ausdruck. Taxis hupten ununterbrochen, und sämtliche Kirchenglocken läuteten Sturm. Ich gelangte nur langsam vorwärts, denn wildfremde Menschen umarmten mich immer wieder, hübsche Mädchen küßten jeden, der in ihrer Reichweite war – mich eingeschlossen –, und die wogende Menschenmenge riß jeden mit.

Irgendwie landete ich schließlich doch noch rechtzeitig vor dem »Globe«. Galinas Wagen war nirgends zu sehen, doch Rudi und Natalia saßen bereits an unserem Tisch und knabberten nervös an Käsestangen. Vor ihnen stand eine Karaffe mit Rotwein. Fremde prosteten den beiden zu. Als ich mich näherte, beobachtete ich, wie zwei junge Männer Rudi die Hand schüttelten und Natalia küßten.

»Vive la France!« schrie die Menge und klatschte Beifall.

Als die beiden Frauen erschienen, gab es tränenreiche Wiedersehensszenen. Wir umarmten und küßten uns, nachdem sich endlich auch Rudi, Natalia und Tascha kennengelernt hatten.

»Du bist also die schöne Tascha!« Rudi hielt sie auf Armeslänge von sich und musterte sie eingehend. »Du bist noch schöner, als ich dachte«, murmelte er, und ich zuckte innerlich zusammen. Schließlich ahnte mein Bruder nicht, daß Tascha seine Schwester war.

Tascha meisterte die Situation blendend. »Dein Bart gefällt mir«, entgegnete sie. »Du siehst aus wie Nickis Teddybär.«

»Ah«, seufzte Rudi. »Der berühmte Teddybär!«

Obwohl ich nun schon so lange mit dieser Lüge lebte, quälte es mich, daß ich Rudi die Wahrheit verheimlichte. Ich schämte mich plötzlich und fragte mich, was Galina wohl denken mußte. Das gleiche galt für Tascha. Doch dann ließ ich mich vom Sog der Ereignisse mitreißen.

»Hélène ist wunderbar«, erklärte ich Galina. »Sie hat die beiden wirklich monatelang bei sich versteckt. Trotzdem müssen wir die beiden fortbringen. Ich weiß nur nicht, wie und wohin.«

Ich hatte mir bereits alles Mögliche überlegt und sogar

daran gedacht, Igors ehemalige Geliebte in Avallon zu bitten, die beiden aufzunehmen. Rudi sprach noch immer perfekt Französisch. Vielleicht konnte er dort auf dem Land arbeiten oder die Papiere eines toten Franzosen kaufen.

Galina hatte einen anderen Vorschlag.

»Warum rasierst du dir nicht deinen Bart ab, Rudi, borgst dir Nickis Paß und Papiere und fliegst nach Schweden, das Paradies für alle, die gesucht werden? Von dort kannst du Nicki dann die Dokumente zurückschicken.«

»Mein Gott, der Einfall ist genial!« Ich war begeistert. »Die Schweden werden dich nicht ausliefern.«

»Und was ist mit Natalia?« fragte Rudi prompt.

»Sie kann später folgen. So lange kümmern wir uns um sie. Ich könnte ihr einen Job beim Roten Kreuz verschaffen. Schließlich kennt niemand Natalia. Keiner weiß, wer sie ist. Später kriegt sie Papiere vom Roten Kreuz und ...«

»Besten Dank.« Rudi schüttelte energisch den Kopf. »Ich lasse Natalia auf keinen Fall allein. Nicht in ihrem Zustand. Es muß uns schon was anderes einfallen. Wenn wir doch nur in die Schweiz könnten!« Beinahe vorwurfsvoll wandte er sich an mich: »Kannst du da nichts tun? Du hast doch gute Kontakte.«

»Ich wünschte, ich könnte es.« Ich seufzte. »Aber die Schweizer sind in dieser Angelegenheit schwierig. Das weitaus größere Problem ist allerdings, euch aus Frankreich rauszuschleusen.«

»Na gut! Trinken wir lieber noch was«, schlug Rudi vor, der dem Alkohol bereits tüchtig zugesprochen hatte.

Wir tranken, aßen, redeten und feierten bis zum frühen Abend. Schließlich sagte Rudi mit einem hörbaren Seufzer: »Eines Tages müssen wir fliehen. Aber dazu brauchen wir Geld. Und zwar viel Geld. Ein Vermögen! Zum Beispiel etwas wie den Smaragd-Schmuck, den Vater Mama gegeben hatte. Ich habe gelernt, daß man mit Bestechung alles erreichen kann, sogar die Freiheit.«

»Verdammt, Rudi, ich glaube nicht, daß man mit Geld die Freiheit kaufen kann«, entgegnete ich beinahe ärgerlich. »Und laß Mama aus dem Spiel! Sie kann nichts dafür, daß die Smaragde …«

»Natürlich nicht! Sie hat den Schmuck im übrigen auch gar nicht gehabt«, unterbrach mich Rudi heftig.

Ich starrte ihn entgeistert an. »Wie bitte? Wer hatte die Smaragde denn?«

»Ich zum Beispiel – vorübergehend«, fügte Rudi einschränkend hinzu. »Und dann natürlich du, Nicki.«

»Wovon redest du eigentlich?« Galina war bleich geworden.

»Er hatte sie«, wiederholte Rudi und deutete auf mich.

»Niemals! Ich hatte sie niemals«, widersprach ich energisch. »Du mußt verrückt sein!«

»Beruhigt euch, ihr beiden«, mahnte Galina und fügte lächelnd hinzu: »Ihr streitet euch ja wieder wie in alten Zeiten.« Rudi sah mich vorwurfsvoll an. »Du hast sie jedenfalls gehabt«, beharrte er.

»Habe ich nicht, du Idiot! Woher sollte ich sie denn gehabt haben?«

»Jetzt hört endlich mit der Streiterei auf!« fuhr Galina energisch dazwischen. »Ich finde, du erzählst uns jetzt erst mal die ganze Geschichte, Rudi! Und zwar ausführlich. Bis jetzt begreift nämlich niemand, was das alles soll.«

»Entschuldige, Nicki. Das sollte nicht gegen dich gehen. Ich war ein Idiot.«

Rudi zögerte, bis er schließlich fortfuhr: »Die Erinnerung an jenen schrecklichen Tag ist für mich sehr schmerzlich.« Er hatte offenbar Mühe, die Fassung zu wahren. »Aber gut. Als wir damals in diesem Pferdewagen durch Kronstadt ratterten, wurde Mama immer ängstlicher. Ich hatte im letzten Moment noch deinen Teddybären mitgenommen, Nicki. Erinnerst du dich? Den dicken Teddy mit eingenähter Tasche, in die man einen Schlafanzug stecken konnte.«

Ich nickte.

»Jedenfalls hatte Mama plötzlich Angst, ins Krankenhaus zu müssen, weil sich das Baby bereits ankündigte – und deshalb wollte sie den Schmuck loswerden. Sie glaubte, man könnte ihn ihr stehlen. Sie gab ihn zuerst mir, überlegte es sich dann aber anders und stopfte ihn in den Bären. ›Paß gut auf ihn auf, Rudi!‹ sagte sie zu mir.«

Ich starrte Rudi noch immer verständnislos an.

»Kurz bevor Mama starb, sah ich Papa mit jemandem am Rand des Platzes kämpfen. Ich wollte ihm den Teddybären geben, konnte ihn jedoch nicht erreichen«, fuhr Rudi fort. »Ich lief zu Mama zurück und drückte den Teddy Igor in die Hand. Natürlich hatte ich keine Zeit mehr, ihm zu sagen, was in dem Bären steckte. Was danach mit dem Teddy passierte, weiß ich nicht. Ich nahm aber immer an, daß Igor ihn dir gegeben hätte, Nicki. Schließlich war es dein Bär.«

Vor meinem geistigen Auge tauchte wieder jene Szene auf, als Vater und Igor die Gangway der »Lysberg« hinaufgetaumelt waren. Oben hatte Vater mir den Teddy Kodi mit den Worten in den Arm gedrückt: »Mehr konnten wir nicht retten!«

Die Augen aller waren plötzlich auf mich gerichtet. »Hast du den Bären denn nicht mehr?« fragte Rudi erneut in vorwurfsvollem Ton.

»Ich – ich weiß nicht«, stammelte ich völlig verwirrt. »Wir haben so viele Dinge fortgeworfen. Vater hat darauf bestanden. Aber trotzdem ist noch vieles da. Vielleicht steckt der Bär unten im Parterre in dem Zimmer neben Lillas Räumen, das wir immer als Abstellraum für Koffer benutzt haben.«

»Klingt ja nicht gerade vielversprechend«, sagte Rudi. »Ein Vermögen an Schmuck, und wir wissen nicht mal ...« Er verstummte.

Für einige Minuten sagte keiner von uns etwas. Die Stimmung war auf den Nullpunkt gesunken, die Kaffeetassen waren leer, die Platten mit Käse zusammengestellt und die

Servietten achtlos zerknüllt und auf die Teller geworfen. Das Ende unserer Feier hatte einen schalen Beigeschmack erhalten.

»Ich finde, es gibt jetzt nur eine Möglichkeit«, erklärte ich schließlich. »Wir fahren nach Hause und durchsuchen sämtliche alten Koffer und Schränke.«

»Das schlage ich auch vor«, pflichtete Rudi mir bei. »Ich wünschte, ich könnte euch begleiten. Das Kollier ist ein Vermögen wert.«

»Ich habe es überhaupt nur einmal gesehen«, murmelte Galina. »Normalerweise wurde es in einem Samtsäckchen aufbewahrt, aber Mama nahm es heraus und sagte, die Steine wären lupenrein.«

»Dann los«, drängte Tascha. »Wenn wir es finden …«

»Ja, fahrt nach Hause!« Rudi legte den Arm um meine Schultern. »Sucht den Schmuck, Nicki! Und wenn ihr ihn findet, gibt's wieder eine Feier.«

Es war nach Mitternacht, als wir endlich den Place de Furstenberg erreichten. In der ganzen Stadt herrschte ein unbeschreibliches Chaos. Die Absicht, zum »Ritz« zurückzukehren, um meinen Citroën dort abzuholen, hatte ich angesichts der siegestrunkenen Menschenmengen in den Straßen schnell aufgegeben.

So fuhren wir in Galinas Wagen nach Hause, legten jedoch weiträumige Umwege ein, um den verstopften Straßen der Innenstadt auszuweichen, was uns Stunden kostete.

Es war lange her, seit ich zum letztenmal in den Räumen im Parterre gewesen war, wo Lilla in alten Zeiten ihr Schlafzimmer gehabt hatte. Daneben lag der Stauraum für unser Gepäck. Dort erwarteten uns Unmengen von Koffern, Kisten und Taschen – Überbleibsel aus Zeiten, als der Zar noch regiert hatte und Vater und Mutter mit mindestens dreißig Koffern durch Europa gereist waren. Damals reiste man mit Zug und Schiff, und Gepäckträger waren überall zahlreich vorhanden. Ich traute meinen Augen kaum, als ich plötzlich die dicken Lederkoffer mit den Sicherheitsriemen, die »Oshkosh« – Schrankkoffer – mit Dutzenden von Fächern wiedersah.

Bevor wir jedoch die Koffer durchsuchen konnten, mußten wir erst die alten Möbel – Stühle, Tische und sogar ein längst vergessenes Sofa – zur Seite räumen, die uns den Weg versperrten.

»Wir müssen jeden Koffer, jede Tasche öffnen und durchsuchen. Das ist unsere einzige Chance«, erklärte ich.

Und wir ließen nichts aus: Koffer, Taschen, Schrankkoffer, Hutschachteln. Der Teddybär Kodi blieb verschwunden. Für mich war es ein niederschmetterndes Ergebnis.

»Vermutlich haben wir ihn bei einer russischen Wohltätigkeitsveranstaltung weggegeben«, murmelte ich deprimiert. »Aber woher hätten wir auch wissen sollen ...«

»Pst! Quäl dich nicht!« Tascha hielt meine Hand. »Wir haben getan, was wir konnten. Bisher haben wir uns auch ohne den Schmuck durchgeschlagen. Du hast eine gute Stelle. Galina ist Primaballerina. Und alle Smaragdkolliers der Welt könnten Rudi nicht die Freiheit erkaufen. Dazu ist schon ein Wunder nötig. Wir gehen nach oben. Es ist halb fünf Uhr morgens. Wir brauchen einen Schnaps – und dann ab ins Bett!«

Als wir uns der Treppe zuwandten und Tascha den Abstellraum zuschloß, hatte sie noch einen anderen Schlüssel in der Hand. Aus purer Neugier warf sie einen Blick in Lillas ehemaliges Zimmer. Galina und ich hatten bereits den ersten Treppenabsatz erreicht.

Tascha öffnete die Tür und stieß einen spitzen Schrei aus, der uns durch Mark und Bein ging. Ich glaubte, sie habe ein Gespenst entdeckt.

»Nicki! Nicki! Da ist er!« rief sie halb schluchzend, halb lachend. »Er ist da!«

Ich wirbelte herum und stürmte die Treppe hinunter. Der Anblick, der mich erwartete, war wirklich gespenstisch. In

Lillas Zimmer stand nur noch das eiserne Bettgestell, und auf diesem saß Kodi, mein alter Teddybär, und sah mich aus seinen glanzlosen Knopfaugen an.

»Wie kommt der denn hierher?« Das war alles, was ich im ersten Augenblick herausbrachte.

»Vielleicht hat ihn Lilla aus Sentimentalität hier aufbewahrt«, meinte Galina.

»Ja, möglich«, sagte ich wie benommen.

»Schau nach«, forderte Galina heiser, als Tascha mir den Bären gab.

Ich drückte instinktiv auf den Bauch des Spieltiers. »Ich kann nichts fühlen«, murmelte ich atemlos. »Das Fell ist zu dick. Sehen wir nach!«

Im Treppenhaus, auf dem gescheuerten Holz der Stufen, spielte sich schließlich der letzte Akt dieses Dramas ab. Ich riß den Druckknopfverschluß der Tasche im Teddy auf, steckte die Hand in die Öffnung und zog ein braunes Samtsäckchen heraus. Vorsichtig knüpfte ich die Goldkordel auf, die es verschloß, öffnete es und breitete den Inhalt aus.

Vor uns lagen die Korolew-Smaragde und funkelten mit derart grünem Feuer, daß es uns im ersten Augenblick die Sprache verschlug. Atemlos betrachteten wir das Erbstück, das die Zarin persönlich meiner Mutter bei der Hochzeit mit Vater angelegt hatte. Und jetzt entfaltete es seinen Glanz auf einer staubigen Treppenstufe.

26

Der Anblick dieser kostbaren Überbleibsel aus der Vergangenheit ließ die Welt um mich versinken. Ich hatte das Kollier in meinem Leben bisher nur einmal am schönen, schlanken Hals meiner Mutter gesehen, als sie es zusammen mit den passenden Ohrgehängen anläßlich eines Balls in unserem Haus getragen hatte und Rudi und ich durch das Geländer der Galerie im ersten Stock wie verzaubert auf das festliche Treiben hinuntergeschaut hatten.

»Ah, das waren noch Zeiten«, entfuhr es mir unwillkürlich, aber die anderen konnten natürlich nicht ahnen, an was ich dachte. Galina hatte eins der tropfenförmigen Ohrgehänge aufgenommen, und ich vermutete, daß sie es im stillen mit jenem falschen Schmuck verglich, der auf der Bühne getragen wurde.

»Es gäbe eine Sensation, wenn wir die Stücke ausstellen lassen würden«, sagte Galina verzaubert. »Die ganze Welt wäre fasziniert!«

»Ja, sie rauben einem wirklich den Atem«, stimmte Tascha bewundernd zu.

»Du wirst berühmt werden. Es ist ein Erbstück von unschätzbarem Wert – und es gehört dir«, sagte Galina zu mir.

»Und Rudi. Aber selbst diese kostbaren Steine garantieren ihm nicht die Freiheit.«

Wir steckten den Schmuck wieder in das Säckchen und gingen langsam die Treppe hinauf. »Wir können uns gar nicht leisten, das Kollier auszustellen«, sagte ich nachdenklich. »Je weniger Publicity, desto besser. Wir müßten es versichern lassen, und allein die Prämie ist nicht zu bezahlen.«

»Hör mal, sollten wir nicht Rudi Bescheid geben?« fragte Tascha plötzlich.

»Natürlich!« rief ich. »Er muß der erste sein, der es erfährt. Ich rufe später Hélène an.«

Wir schliefen noch ein paar Stunden, dann wählte ich nach dem Frühstück Hélènes Nummer und sagte: »Hélène, es ist wichtig, sonst würde ich dich nicht bemühen, aber könntest du Rudi ausrichten, daß wir meinen Teddybären gefunden haben?«

»Na, so was! Klingt ja merkwürdig.« Ich hörte sie am anderen Ende lachen.

»Ich weiß, aber es ist trotzdem sehr wichtig.«

»Ich verstehe. Hoffentlich habt ihr euch gestern gut amüsiert.«

»Ja, und wie. Noch mal vielen Dank für deine Mithilfe.«

Als ich den Hörer auf die Gabel legte, fragte ich mich, wie sich Rudi und Natalia jetzt fühlen mochten, da sie über den dritten Teil eines so kostbaren Erbstückes verfügen konnten. Sicher hatten sie das in ihren kühnsten Träumen nicht erwartet. Das Problem war nur, daß Rudi praktisch in einem goldenen Käfig saß.

Galina erwies sich wie immer als diejenige von uns Geschwistern, die am praktischsten veranlagt war. »Also, jetzt, da du das Kollier gefunden hast, was willst du damit tun?«

»Das möchte ich nicht allein entscheiden, Galina. Es gehört uns dreien – dir, Rudi und mir. Natürlich, keine Widerrede«, fügte ich hinzu, als sie protestierte. »Du bist unsere Schwester. Selbstverständlich gehört dir ein Drittel des Schmucks.«

Galina wurde rot, und Tränen traten in ihre Augen.

»Galina, tu mir einen Gefallen und stimme mich jetzt nicht verlegen! Ein Drittel ist für Tascha und mich genug, um bis an unser Lebensende keine Geldsorgen mehr zu haben.«

»Wie – wie willst du den Schmuck denn veräußern?« erkundigte sich Tascha.

»Darüber habe ich überhaupt noch nicht nachgedacht«, erwiderte ich. »Das Ganze erfolgte so überraschend. Ich schlage vor, wir legen das Erbstück erst mal in ein Schließfach bei meiner Bank, der ›Crédit Suisse‹ am Grand Boulevard. Bevor wir entscheiden, was damit geschehen soll, müssen wir es vor allem von einem Fachmann schätzen lassen.«

»Ist es denn überhaupt zu verkaufen?« fragte Galina.

»Keine Ahnung, Galina. Wirklich nicht. Europa hat gerade einen furchtbaren Krieg hinter sich, und im Pazifik wird noch immer gekämpft. Bankfachleute rechnen mit einer großen Inflation. Wir haben unser Auskommen, aber Rudi? Ich finde, wenn Rudi das Geld hilft, dann sollten wir unbedingt versuchen, den Schmuck zu verkaufen. Einverstanden?«

Galina nickte. »Aber im Augenblick ist es unmöglich.«

»Ja, aber es gibt da einen Ausweg. Falls du oder einer von uns Geld braucht, können wir den Schmuck als Sicherheit für einen Bankkredit hinterlegen.«

»Dazu brauchen wir ein Zertifikat über Echtheit und Wert der Smaragde«, gab Tascha zu bedenken.

»Ganz richtig«, stimmte ich ihr zu. »Es ist das beste, ich rufe Vaters Anwalt in der Schweiz an. Er hat damals den Paß für mich besorgt. Er kann uns sicher raten, was zu tun ist. Ich will den besten Schätzer, den es gibt. Es steht viel Geld auf dem Spiel.«

Ich hatte die kürzeste Nachtruhe meines Lebens hinter mir, fühlte mich jedoch nach dem Frühstück um zehn Uhr hellwach und wie neugeboren.

»Ich muß jetzt erst ins Büro«, sagte ich zu Tascha, die mich zur Haustür begleitete.

»He! Da ist ein Brief!« rief sie plötzlich und bückte sich. »Für dich, Galina! Aus Amerika!«

»Amerika?« Galina riß das Kuvert auf. »Ich kenne niemanden in Amerika.«

Aber das erwies sich als Irrtum. Galina überflog das Schreiben. Als sie die Hand mit dem Brief sinken ließ, glitzerte ein triumphierender Glanz in ihren Augen. »Nicki! Tascha! Sie wollen, daß ich nach Amerika gehe«, sagte sie, atemlos vor Glück.

»Amerika! Aber das liegt am anderen Ende der Welt!« Die Smaragde waren plötzlich vergessen. »Warum? Wovon redest du überhaupt?«

»Und wann?« fragte Tascha.

»So bald wie möglich. Balanchine will mich für sein neugegründetes ›New York City Ballet‹. Mein Gott, Balanchine ruft mich nach New York! Das ist phantastisch!«

»Also, da muß ich mich erst mal setzen«, murmelte Tascha und sank in einen Sessel im Salon.

»Balanchine«, wiederholte ich und dachte sofort an jene Tage in Monte Carlo. »Er muß inzwischen ...«

»Er ist der Choreograph überhaupt«, unterbrach mich Galina. »Er arbeitet mit allen berühmten Leuten zusammen – von Strawinski bis C. B. Cochran – mit seinen Musikrevuen in London.«

»Du nimmst das Angebot natürlich an, oder?«

»Aber selbstverständlich!« Sie sprang auf und umarmte mich.

»Dann würde ich an deiner Stelle sofort ein entsprechendes Telegramm aufgeben«, riet ich ihr.

»Ich rufe sofort im Telegraphenamt an«, erklärte sie. »Hoffentlich hat das Militär nicht wieder alle Leitungen blokkiert.«

Leider war genau das der Fall. Ich hörte Galina aufgeregt am Telefon schimpfen. Mit einiger Verspätung wurde ihr Telegramm aber schließlich aufgenommen.

Nachdem Galina endlich ihr Telegramm nach New York losgeworden war, fuhr ich ins Büro. Von dort aus rief ich die Anwaltsfirma meines Vaters in Lausanne an. Maître Dubois hatte sich längst zur Ruhe gesetzt, doch sein Nachfolger, Monsieur Amyot, war ebenso tüchtig und hilfsbereit. Auf meine Fragen erwiderte er, es sei das Wichtigste, den Schmuck erst schätzen und mit einem Zertifikat versehen zu lassen. Danach konnten wir es bei Vaters Bank in Genf als Sicherheit für einen eventuell benötigten Kredit deponieren.

Amyot empfahl mich an einen Schätzer weiter, den er als den geachtetsten und solidesten Juwelenfachmann der Welt bezeichnete. Es war ein Mr. Pieter Brinkheusen in London. »Ich schicke Mister Brinkheusen noch heute abend einen Brief, in dem ich um einen Termin für Sie bitten werde.«

Am Abend besprach ich mit Galina und Tascha, was

Amyot geraten hatte, und beschloß dann, nach London zu fliegen, um persönlich bei Brinkheusen vorzusprechen.

Die beiden Frauen waren sofort einverstanden. Ich wollte nur eine Nacht in London bleiben, denn mittlerweile verkehrten die Maschinen zwischen London und Paris täglich, und der Flug kostete nur 30 Pfund Sterling.

»Aber vorher möchte ich noch Igor besuchen«, erklärte ich. »Er muß die gute Nachricht schließlich auch erfahren.« Es waren im Grunde zwei gute Nachrichten, die ich Igor überbringen wollte: einmal den Fund des Familienschmucks und zum anderen Galinas Berufung nach New York. Ich besuchte ihn noch immer regelmäßig in der Rue St. Dominique. Brig hielt sich weiterhin in Amerika auf, doch es floß reichlich Geld für den Unterhalt des Hauses und seiner Bewohner über den Atlantik. Igor genoß allen Luxus, den man sich denken konnte, insofern das bei seinem Gesundheitszustand überhaupt als etwas Genießenswertes zu bezeichnen war. Leider hatte sich im Lauf der Jahre keine nennenswerte Besserung eingestellt. Gelegentlich brachte er einen krächzenden Laut über die Lippen wie damals an jenem Tag, als sich Brig das Bein gebrochen hatte. Sonst hatte sich nichts verändert.

Igors Beine und Arme wurden täglich physiotherapeutisch behandelt, doch irgendeine Wirkung war nicht erkennbar.

Ich berichtete ihm von den Neuigkeiten. Wie immer waren alle seine Empfindungen an seinen Augen abzulesen, und ich merkte deutlich, wie aufgeregt er mit uns war. Kornilow war ebenfalls anwesend.

Der Butler führte noch immer im Auftrag von Brig den Haushalt. Obwohl sein Elan und seine Energie ungebrochen waren, war er doch ein älterer Herr mit grauen Haaren geworden. Und welch ein selbstloser Gefährte er doch für Igor war! Es schien eine Ewigkeit her zu sein, daß ich Igor als lebensfreudigen, vergnügungssüchtigen jungen Mann gekannt hatte, der keinem hübschen Mädchen widerstehen konnte.

Mittlerweile mußte Igor fünfundvierzig sein, doch er wirkte bereits wie ein Greis. Angesichts der Qual und des Unglücks, die sich so oft in seinen Augen spiegelten, war in mir der Gedanke aufgekeimt, er wünsche sich den Tod. Das allerdings war ein Thema, das ich nicht anzusprechen wagte.

Eine Woche später flog ich mit dem Familienschmuck im Gepäck nach London. Wir landeten auf dem Flughafen Croydon, auf dem noch deutlich sichtbar war, daß man ihn als Militärflughafen benutzt hatte. Dann ging es weiter im Bus nach London und zur Victoria Station. Von dort aus fuhr ich mit dem Taxi zum Russell Hotel, das mir ein britischer Journalist empfohlen hatte, den ich zufällig kennengelernt hatte.

Mein erster Eindruck von London war der einer lebendigen, geschäftigen Stadt, in der allerdings der Krieg, vor allem die deutschen Bomben- und Raketenangriffe, schreckliche Spuren hinterlassen hatte.

Die Adresse von Mr. Brinkheusen lautete Hatton Garden, was mich dazu verleitete, ein schönes altes Haus in einem gepflegten Garten zu erwarten. Statt dessen wohnte Mr. Brinkheusen in einer schmutzigen Straße, deren Häuser auch vor dem Krieg einfach und bescheiden gewesen sein mußten. Hinter den Fenstern hingen Spitzenvorhänge, und auf einem Fensterbrett sonnte sich eine getigerte Katze. Vermutlich hatte ich glitzernde Brillanten, Rubine und Saphire auf schwarzem Samt in Vitrinen erwartet, aber auch in dieser Beziehung wurde ich enttäuscht.

Ein unscheinbarer Mann öffnete mir die Tür. Da ich nicht sicher war, ob es sich bei ihm um einen Diener handelte, fragte ich zögernd: »Mister Brinkheusen?«

»Ja, der bin ich.« Der Mann hatte ein Pferdegesicht. »Sie

müssen der russische Großfürst sein, den man mir avisiert hat.«

»So ungefähr. Aber heutzutage bin ich nur noch Nicki Korolew.«

Die Katze folgte uns in ein schmales Zimmer an der Rückseite des Hauses und sprang auf einen großen Schreibtisch. Auf diesem Schreibtisch lag statt des üblichen Fließpapiers ein rechteckiges Stück hellbeiges Leder. Außerdem gab es ein altes Messing-Mikroskop, einige Bücher und Akten und einen altmodischen Tresor. An den Wänden hingen die gerahmten Fotografien von Mineralien und die Schleifmuster von Edelsteinen. Mr. Brinkheusen nahm in einem knarrenden Drehsessel Platz und rieb sich vergnügt die Hände. Seinen kahlen Schädel zierten nur wenige, sorgfältig gekämmte Haarsträhnen.

»Also, Mister Korolew, wenn ich Monsieur Amyot glauben darf, dann haben Sie ein Smaragdkollier, für das Sie ein Zertifikat von mir brauchen.«

Ich nahm das Samtsäckchen aus meiner Aktentasche, zog das Kollier heraus und legte es auf Brinkheusens Schreibtisch. »Ganz richtig. Hier ist es.«

Brinkheusen breitete das Schmuckstück auf dem hellen Leder aus und lächelte. »Ein hübsches Exemplar. Aus der Werkstatt von Fabergé natürlich. Sein Stil ist unverkennbar.«

»Sind die Steine lupenrein?« fragte ich zögernd.

»Nein, Mister Korolew.« Erneut umspielte ein Lächeln seine Lippen. »Die Anzahl der bekannten lupenreinen Smaragde in der Welt kann man an den Fingern abzählen. Lupenreine Smaragde sind eine große Seltenheit. Um die Fehler zu verbergen, werden die Steine geschliffen. Ihr Kollier besteht aus siebzehn Steinen im Treppenschliff. Um den Eindruck zu vervollkommnen, ist das birnenförmige Mittelstück im Pendeloque-Querschnitt geschliffen. Eine Schätzung ist allerdings erst nach genauer mikroskopischer Analyse und einigen Labortests möglich. Ich möchte Sie daher bitten, sich ein paar Stunden zu gedulden. Später biete ich Ihnen dann gern ein Glas Portwein an. Zum Glück habe ich viele Kunden in Lissabon.«

Mr. Brinkheusen hatte nicht zuviel versprochen. Er schenkte mir aus einer schönen Karaffe Portwein in ein Kristallglas und hielt es gegen das Licht. »Er hat die Farbe von Topas – und den Augen meiner Katze.«

Wir tranken einen Schluck.

»Hier haben Sie Ihr Kollier wieder, Mister Korolew.« Damit reichte er mir das Erbstück, an dem nur ein schmaler, mit einer Plombe befestigter Leinenstreifen angebracht war. Darauf stand in waschechter Tinte »£ 40 000/$ 190 000«. So einfach war das.

»Meine Zertifikate werden weltweit anerkannt«, fuhr mein Gastgeber fort. »Ihr Kollier besteht aus herrlichen Exemplaren von Smaragden, Mister Korolew. Und dies ist ihr heutiger Wert auf dem Weltmarkt. Falls Sie es natürlich an Firmen wie Cartier oder Van Cleef & Arpels verkaufen, dann würden diese es selbstverständlich noch mit fettem Gewinn wiederveräußern.« Er streichelte seine Katze. »Aber verkaufen und kaufen – das sind natürlich zwei Paar Stiefel.«

Ich war kaum aus London zurück, als das Telefon im Büro klingelte. Hélène war am Apparat. Da sie meine Büronummer noch nie benutzt hatte, erschrak ich zuerst. Ich dachte, Rudi und Natalia müsse etwas zugestoßen sein.

»Nein, nein«, sagte Hélène. »Trotzdem muß ich dich dringend sprechen, Nicki. Wenn möglich, heute noch.«

»In Ordnung«, stimmte ich zu, konnte mich aber einer dunklen Vorahnung nicht erwehren.

»Wie war's mit dem Restaurant neben dem Odeon Theater? Du erinnerst dich vielleicht noch ...« Sie lachte.

»Ja, ich hab's nicht vergessen. Treffen wir uns zum Mittagessen! Sagen wir um ein Uhr?«

Wir fanden ohne Schwierigkeiten einen freien Tisch im »Relais St. Jacques«. Angesichts der begrenzten Auswahl an Gerichten entschieden wir uns für rohe Gemüsestreifen mit Knoblauchsauce als Vorspeise und Schweinekotelettes. Dazu tranken wir Rotwein und anschließend Kaffee.

»Also, was gibt's?« fragte ich schließlich.

Hélène zögerte auffällig lange, seufzte und erwiderte: »Ich werde das Etablissement schließen und das Haus verkaufen.«

»Wie bitte?« Ich war perplex. »Aber warum ...«

»Aus gutem Grund. Ich ziehe mich aus dem Gewerbe zurück, bevor man mich öffentlich desavouiert und mein Etablissement zwangsweise schließt.«

»Was soll das heißen?«

»Hast du schon mal was von einer gewissen Marthe Richard gehört?«

Ich schüttelte den Kopf.

»Marthe Richard ist kürzlich als Abgeordnete in die Nationalversammlung gewählt worden, und die Dame hat nur ein politisches Ziel: Sie ist entschlossen, sämtliche Bordelle in Frankreich zu schließen und die Prostitution auszurotten.«

»Du meine Güte! Das wird ihr nie gelingen. Das gehört mit zum französischen Lebensstil – und gilt nicht mal als unmoralisch.«

»Ich traue dieser Person alles zu, Nicki. Und ich stehe auf der Liste. Immerhin bin ich in den Strudel der Nachkriegssäuberungen durch die Résistance geraten. Du erinnerst dich ...«

Ich schwieg. Mir war plötzlich klargeworden, was Hélènes Entschluß für Rudi und Natalia bedeuten mußte.

»Ich lasse dich ungern im Stich, Nicki«, fuhr Hélène unglücklich fort. »Aber ich habe einen Käufer für das Haus, der mir ein äußerst günstiges Angebot unterbreitet hat. Bisher habe ich immer abgelehnt, aber jetzt, mit dem neuen Gesetz! Ich fürchte, wenn ich warte, ist mein Besitz bald nur noch die Hälfte wert. Ich habe das Gefühl, euch damit schmählich im Stich zu lassen.«

»Unsinn«, wehrte ich ab. »Du bist und bleibst ein Engel. Wir finden einen Ausweg. Keine Sorge. Immerhin haben die beiden deine Gastfreundschaft schon monatelang in Anspruch genommen. Wir hätten uns sowieso bald nach etwas anderem umsehen müssen.«

»Es tut mir wirklich leid, euch mit allem so zu überfallen, aber der Vertrag soll in zwei Wochen unterschrieben werden.«

»So schnell?« Jetzt war ich doch einigermaßen erschrokken. »Rudi und Natalia müssen ausziehen. Mir wird schon was einfallen.«

Kurz darauf verabschiedeten wir uns. Ich bezahlte die Rechnung und begab mich auf den Heimweg.

Rudi, dachte ich. Und ich hatte versprochen, mir etwas einfallen zu lassen.

Aber was?

27

»Na, hier natürlich«, erklärte Kornilow, der ehemalige Graf, Butler und Haushaltsvorstand in der Rue St. Dominique, und schlug damit vor, Rudi und Natalia in Brigs Haus unterzubringen. »Hier ist Platz genug. Wir haben ein Dutzend Schlafzimmer, und die meisten stehen leer. Das Haus verfügt über einen kleinen Seitenflügel mit einem separaten Eingang. Der wäre ideal für die beiden.«

»Meinst du, Igor ist damit einverstanden?«

»Natürlich. Außerdem freut er sich bestimmt, endlich deinen Bruder wiederzusehen.«

»Was ist mit den Pflegerinnen?« fragte ich.

»Die halten sich doch nur in diesem Trakt des Hauses auf. Da sehe ich keine Probleme.«

»Und die Ärzte?«

»Da ist Vorsicht geboten. Einige arbeiten auch für die Polizei. Rudi darf sich eben nicht blicken lassen, sobald einer von ihnen im Haus ist«, entgegnete Kornilow.

Damit war Rudis und Natalias Umzug in die Rue St. Dominique beschlossene Sache.

Igors alter Chauffeur sollte die beiden am Hinterausgang von Hélènes Haus unterhalb der Feuertreppe erwarten und in die Rue St. Dominique bringen. Eine Entdeckung war auf diese Weise unwahrscheinlich.

Natalia war angesichts der Autofahrt durch Paris glücklich und aufgeregt. Auch sie litt gerade in ihrem Zustand sehr unter der Abgeschiedenheit, in der sie leben mußten.

Der Abschied von Hélène jedoch fiel beiden schwer.

»Du warst wunderbar zu uns, Hélène«, bedankte sich Natalia an ihrem letzten Tag, und Rudi fügte heiser hinzu: »Wenn du nicht gewesen wärst, wären wir nicht hier und frei. Wir werden dir das nie vergessen.«

Am nächsten Tag fand der Umzug statt, und Galina erhielt die Antwort auf ihr Telegramm nach New York.

Darin wurde sie eingeladen, so schnell wie möglich nach New York zu reisen. Für ihre Unterbringung war gesorgt, wegen des Fluges sollte sie sich an das Hauptquartier der Amerikaner in Paris wenden. Balanchine erwartete sie.

»Ja, jetzt muß ich mich nur noch für ein Datum entscheiden«, sagte Galina seufzend.

»Warte bitte noch ein paar Wochen«, schlug ich vor. »Ich werde dich wirklich vermissen.«

»Nein, ich werde eher euch vermissen als umgekehrt«, neckte Galina. »Als altes Ehepaar freut ihr euch sicher, endlich ein Haus für euch allein zu haben.«

»Da irrst du dich. Je größer die Familie, desto besser. Aber zuerst müssen wir für die Sicherheit von Rudi und Natalia sorgen. Dann erst ist das Happy-End komplett.«

Rudis Umzug verlief reibungslos. Obwohl Igor an jenem Tag hohlwangig und müde aussah, war ihm die Freude über das Wiedersehen mit Rudi von den Augen abzulesen.

Rudi strich sich über den dichten blonden Bart. »Das ist meine Verkleidung«, scherzte er. Wie Kornilow mir später erzählte, zwinkerte Igor daraufhin einmal. Danach bezogen Rudi und Natalia zwei Zimmer im Seitenflügel des Hauses.

»Ich muß dich warnen«, sagte ich zu Rudi, als wir uns am nächsten Tag sahen. »Das Arrangement hier ist nur vorübergehend. Zwei der Ärzte sind für die Polizei tätig. Sie sind eine ständige Gefahr. Und noch etwas: Wenn wir euch endgültig in Sicherheit bringen wollen, brauchen wir Galina. Und Galina geht bald nach Amerika.«

Und dann war ich auf eine harte Auseinandersetzung mit Rudi gefaßt, denn mir war klargeworden, daß wir vorerst lediglich Rudis Flucht organisieren konnten. Natalia würde noch eine Weile in Frankreich bleiben müssen. Und genau das würde ihm natürlich nicht gefallen.

»Nein, da spiele ich nicht mit«, erklärte er auch kategorisch.

»Es wird dir gar nichts anderes übrigbleiben. Außerdem solltest du zur Abwechslung mal an deine Frau und nicht immer nur an dich denken.«

»Was willst du damit sagen?«

»Hör zu, Rudi«, erklärte ich. »In Frankreich ist Natalia ein völlig unbeschriebenes Blatt. Keiner weiß von ihrer Existenz. Für die Behörden gibt es sie überhaupt nicht. Aber ich glaube, mittlerweile einen Weg gefunden zu haben, dich außer Landes zu schaffen.«

»Ich lasse sie nicht allein«, beharrte Rudi eigensinnig.

»Du wirst es müssen. Es gibt keinen anderen Ausweg. Vertrau mir doch!«

Schließlich war es Natalia, die für Rudi die Entscheidung traf. Ohne daß wir es merkten, hatte sie unsere heftige Diskussion im Nebenzimmer mitangehört.

»Nicki hat recht«, sagte sie auf der Türschwelle. »Du mußt Frankreich verlassen. Ich bestehe darauf.«

Nach einem weiteren Streitgespräch und mit Natalias Überredungskünsten entlockten wir Rudi schließlich die Frage: »Also, was ist das für ein Plan? Und warum die Eile?«

»Das habe ich dir doch schon erklärt. Wir dürfen nicht mehr lange damit warten, weil wir dazu auf Galina angewiesen sind. Und Galina reist bald nach Amerika. Balanchine wartet bereits auf sie. Wir müssen den Plan also in den nächsten Tagen ausführen.«

»Inwiefern sind wir auf Galina angewiesen?«

»Wenn du mich mal ausreden lassen würdest, könnte ich dir alles der Reihe nach erklären«, entgegnete ich etwas gereizt.

»Entschuldige«, murmelte Nicki betreten.

»Igors Chauffeur ist im Augenblick dabei, den Rücksitz von Igors Delahaye auszubauen – das ist die herrliche Limousine, die Brig Igor geschenkt hat.«

»Und was ist mit dem Rücksitz?« erkundigte sich Rudi.

»Er nimmt sämtliche Federungen heraus, damit unter dem Polsterteil ein Hohlraum entsteht, in dem du dich verstecken kannst.«

»Ihr wollt wohl mit mir verreisen?« Rudi grinste.

»Richtig. Und dazu mußt du dir deinen Bart sofort abrasieren.«

Rudi nickte. »Allmählich begreife ich. Ich soll wohl deine Identität annehmen, was?«

»Sicher. Galina, du und ich fahren mit dem Delahaye von Paris bis in die Gegend von Vallorbe im Jura an der Schweizer Grenze.«

Ich zögerte, dann setzte ich Rudi meinen Plan in allen Einzelheiten auseinander. Galina und ich wollten den Wagen fahren, während Rudi auf dem präparierten Rücksitz blieb. Unser Ziel war Pontarlier, die letzte größere Siedlung auf französischer Seite, und dann die Schweizer Grenze, die wir über eine schmale, kurvenreiche und von hohen Bäumen gesäumte Bergstraße erreichen würden.

In Pontarlier allerdings wollte ich aussteigen und in einem Restaurant auf Galinas Rückkehr warten. Inzwischen sollte Rudi auf dem Beifahrersitz Platz nehmen, in der Tasche meine Ausweispapiere. Auf diese Weise würde er problemlos die Schweizer Grenze passieren können.

In der Schweiz wartete François Savin, mein alter Freund und Kollege, in einem Café an der Straße. Bis auf das Datum hatten wir sämtliche Einzelheiten telefonisch besprochen. Die Fahrt würde schätzungsweise sechs Stunden dauern. Nachdem Galina Rudi bei Savin abgesetzt hatte, sollte sie mit meinen Dokumenten über die Grenze nach Frankreich zurückkehren. In Pontarlier würde ich wieder zusteigen. Rudi würde sich indessen in der Schweiz als politischer Flüchtling melden. Da Vaters Anwaltskanzlei in Lausanne beweisen konnte, daß er ebenfalls in der Schweiz geboren worden war, hofften wir, daß man ihm Asyl gewähren würde. Savin wollte sich um die Formalitäten kümmern.

Galina und ich hatten vor – mit einer Übernachtung – den Rückweg nach Paris anzutreten. Mein Wagen sollte bei diesem Plan nicht benutzt werden. Schon aus diesem Grund waren wir überzeugt, daß uns niemand folgen würde. Offiziell würde ich Frankreich nie verlassen haben. Und Rudi wäre frei.

»So schlecht klingt das gar nicht«, sagte Rudi schließlich zögernd. »Aber was wird aus Natalia?«

»Sie kann bei mir im Büro arbeiten und bei uns am Place de Furstenberg wohnen. Inzwischen werde ich versuchen, ihr die nötigen Papiere zu besorgen, damit sie dir in die Schweiz folgen kann. Sicher dauert das eine Weile, aber da sie von dir ein Kind erwartet, wird sich vielleicht eine Sonderregelung finden lassen. Hast du mir nicht erzählt, daß ihr Vater in der Schweiz geboren sei? Für irgendwas muß das ja gut sein.«

»Ich lasse Natalia ungern allein«, begann Rudi. »Aber ...«

»Du fährst!« bestimmte Natalia. »Es ist unsere einzige Chance.«

»Der Plan klingt wirklich narrensicher«, murmelte Rudi.

»Ist er auch«, sagte ich. »Du bist also einverstanden?« Rudi nickte.

»Großartig. Ein weiser Entschluß. Übermorgen geht's los.«

28

Um halb neun Uhr morgens war alles zur Abfahrt bereit. Galina war bereits am Vorabend in die Rue St. Dominique gefahren, und ich folgte ihr um sieben Uhr am nächsten Morgen mit Bus, Taxi und zu Fuß, stets darauf bedacht, etwaige Verfolger abzuhängen.

Wir waren gut gerüstet und hatten sogar zwei Ersatzkanister Benzin im Kofferraum. Geschwindigkeitsrekorde konnten wir allerdings auf dieser Fahrt nicht brechen, da der Rücksitz ohne Federung für Rudi doch ziemlich unbequem war. Zuerst lief alles glatt.

Galina fuhr die erste Etappe, und wir erreichten um die Mittagszeit Dijon. Nach kurzer Diskussion beschlossen wir, die Fahrt zu einem Mittagessen in einem mir bekannten Restaurant in einem kleinen Tal außerhalb der Stadt zu unterbrechen.

Das Restaurant »Le Moulin« lag mitten in reizvoller Landschaft einsam an der Straße. Wir waren die einzigen Gäste auf der schattigen Terrasse neben einem rauschenden Forellenbach.

Wir aßen die Spezialitäten des Hauses – Pastete und Forelle sowie Schinken aus der hauseigenen Räucherei, den Galina mit Melone bestellte.

Wir unterhielten uns angeregt, und plötzlich hatte ich das Bedürfnis, Rudi endlich die Wahrheit über Tascha zu gestehen. Meine Schuldgefühle ihm gegenüber quälten mich schon seit Wochen, und dies war möglicherweise für lange Zeit die letzte Gelegenheit, offen mit ihm darüber zu sprechen. Ich wandte mich Galina zu und erklärte abrupt: »Ich möchte Rudi endlich reinen Wein einschenken.«

»Das habe ich mir fast gedacht«, murmelte Galina mit einem prüfenden Blick auf mich. »Ich habe mich schon gefragt, wie lange du es für dich behalten würdest. Rudi ist immerhin dein Zwillingsbruder. Ihr seid euch noch näher als übliche Geschwister. Ich hoffe nur, es erleichtert dich etwas.«

Rudi sah mich neugierig an. »Was hast du auf dem Herzen?«

»Ich muß dir da etwas gestehen, Rudi«, begann ich. »Wir sehen uns vielleicht länger nicht, und – es ist keine erfreuliche Angelegenheit. Aber wir hatten nie Geheimnisse voreinander. Es geht um Tascha.«

»Seid ihr nicht verheiratet?«

»Doch.« Ich seufzte. »Das ist ja gerade das Problem.«

»Du willst doch nicht behaupten, daß eure Ehe nicht gut ist? Das glaube ich nicht. Nach allem, was ich beobachtet habe …«

»Nein, nein! Wir lieben uns, wir lieben uns sehr.«

»Was ist denn los mit dir?«

Ich holte tief Luft. »Galina weiß Bescheid. Tascha – ist meine und natürlich auch deine Schwester.«

»Sie ist was?« Rudi richtete sich so abrupt auf, daß er dabei seine Kaffeetasse umstieß. »Was, zum Teufel, soll das? Das ist der größte Blödsinn, den ich je gehört habe. Wie kann sie meine Schwester sein? Hat Vater in Paris wieder geheiratet? Dann wäre sie genau wie Galina nur unsere Halbschwester.«

»Nein, so ist es nicht«, wehrte ich resigniert ab. »Vater hatte so viele Freundinnen, daß ihm gar keine Zeit zum Heiraten blieb. Nein, Olga hat uns das gesagt.«

»Olga? Olga hat was gesagt?«

»Daß damals in Kronstadt, an dem schrecklichen Tag, als Mama ermordet wurde ...«

»Hör auf! Ich will das endlich vergessen.«

»Aber Olga hat Tascha doch gerettet!«

»Gerettet? Ich dachte, sie hätte einen Witwer mit Kind geheiratet.«

»Das war die Geschichte, die sie uns zu Anfang erzählt hat«, erklärte ich und berichtete Rudi anschließend, daß Olga nach ihrem schrecklichen Erlebnis im Lagerhaus auf den Platz zurückgekehrt und dort Mamas Neugeborenes entdeckt hätte.

Rudi starrte mich an, als sei ich ein Gespenst. Dann brach er plötzlich in schallendes Gelächter aus.

»Du bist ein Idiot, Nicki«, brachte er schließlich heraus. »Wer, zum Teufel, hat dir das nur eingeredet?«

»Olga natürlich«, erwiderte ich erregt. »Was willst du damit sagen?«

»Daß Olga dir einen Bären aufgebunden hat«, entgegnete Rudi. »Aber vermutlich weiß sie selbst nicht, was für ein Unsinn das ist. Tascha ist nicht unsere Schwester. Olga irrt sich. Mama hat das Baby nie geboren. *Nie!* Das weiß ich ganz genau.«

Im ersten Moment war ich sprachlos. Von den widersprüchlichsten Gefühlen hin und her gerissen, konnte ich Rudi nur stumm anstarren. Tascha, meine schöne, geliebte Tascha, sollte wirklich nichts anderes sein als meine Frau?

Schließlich sprang ich auf und packte Rudi bei den Schultern. »Bist du sicher?« fragte ich mit heiserer Stimme. »Ganz sicher? Oder willst du mich nur schonen? Schwör mir, daß du die Wahrheit sagst!«

»Beruhige dich, Nicki«, flüsterte Galina. »Die ganze Sache

scheint wirklich auf einem fatalen Irrtum zu beruhen. Laß Rudi erst mal erzählen!«

»Keine Angst, Nicki.« Rudi umarmte mich. »Mein Gott, was müßt ihr durchgestanden haben! Aber keine Sorge. Ich bin der letzte, der Mama – die tote Mama – gesehen hat, bevor man sie forttrug. Das Kind war zu diesem Zeitpunkt nicht geboren. Das war ganz deutlich. Sie hat es mit in den Tod genommen. Olga war längst von diesem Kerl in das Lagerhaus gezerrt worden. Sie hat das gar nicht bemerken können.«

»Olga ist aber später zurückgekehrt, und da ...«

»... hat sie voreilige Schlüsse gezogen«, ergänzte Rudi. »Natürlich. Aber warum hat sie Vater nichts davon gesagt?«

Ich erklärte Rudi, was Olga mir damals erzählt hatte. Von unserer überstürzten Eheschließung mit Ullmanns Hilfe hatte sie ja nichts geahnt.

»Ich bin frei! Ich bin wirklich verheiratet«, murmelte ich immer wieder glücklich. Mir war, als sei eine Zentnerlast von mir genommen worden.

»Tascha wird außer sich sein vor Glück«, sagte ich. »Ich rufe sie noch heute abend von Pontarlier aus an.«

Kurz darauf fuhren wir weiter in Richtung Dôle. Dahinter lag Pontarlier unweit der Schweizer Grenze. Der Grenzort war Vallorbe.

Ich hatte nach dem Mittagessen das Steuer übernommen. Galina saß auf dem Beifahrersitz, und Rudi hatte sich auf dem Rücksitz ausgestreckt, um jederzeit in sein Versteck kriechen zu können.

Befreit und glücklich steuerte ich die schwere Limousine mit mäßigem Tempo über die Straßen. Wir waren alle so guter Dinge, daß wir anfingen, alte russische Lieder aus unserer Kindheit zu singen.

Ich weiß nicht mehr, wann ich plötzlich den vagen Verdacht hatte, daß wir verfolgt würden. Der Gedanke erschien mir absurd, trotzdem tauchte von Zeit zu Zeit ein schwarzer Citroën Quinze mit der Nummer 75 am Ende des Kennzeichens auf, was besagte, daß der Wagen in Paris zugelassen war. Galina hatte offenbar nichts dergleichen bemerkt, doch mir war das Auto zum erstenmal einige Kilometer von unserem Restaurant am Straßenrand parkend aufgefallen.

Von da an war es uns gefolgt. Dann tauchte die Limousine erneut deutlich sichtbar in meinem Rückspiegel auf.

»Ich bete zu Gott, daß ich mich täusche«, gestand ich schließlich den anderen. »Aber uns verfolgt offenbar ein schwarzer Citroën mit Pariser Kennzeichen.«

Ich fuhr ein paar Kilometer schweigend weiter, dann traf ich eine Entscheidung: »Ich versuche jetzt einen kleinen Trick. Versteck dich unter dem Sitz, Rudi! Ich halte den Wagen an. Mal sehen, was passiert. Fertig, Rudi?«

Nachdem Rudi unter den Rücksitz gekrochen war, bremste ich ab, fuhr rechts ran und stoppte. Dann stieg ich aus, ging um den Wagen und stieß mit dem Fuß an die Reifen, als sei etwas nicht in Ordnung.

Es war ein einsamer Straßenabschnitt. Der Citroën glitt näher, der Fahrer sah uns, hielt an und rief Galina zu: »Haben Sie Probleme? Kann ich irgendwie helfen?«

»Nein, danke«, erwiderte Galina höflich. »Mein Bruder ist nur übervorsichtig. Er meint, der Reifendruck sei nicht ganz in Ordnung.«

Ich trat lächelnd hinter dem Wagen vor und sagte: »Danke für das Angebot. Aber vorerst scheint noch alles zu stimmen.«

Dabei prägte ich mir die Gesichter der beiden Insassen des Citroëns genau ein. Ein Blick genügte mir allerdings, um zu wissen, daß ich es mit Pariser Polizeibeamten zu tun hatte. Ihr aufgesetztes Grinsen sprach Bände. Beide konnten sich einen flüchtigen Blick auf den Rücksitz des Delahaye nicht verkneifen. Dann allerdings blieb ihnen nichts anderes übrig, als – uns voraus – weiterzufahren.

Das sollte etliche Kilometer lang auch so bleiben, während ich absichtlich langsam fuhr und keinen Versuch unternahm, zu überholen. Als wir jedoch den kurvenreichen Straßenteil von Dôle erreicht hatten, gab der Fahrer des Citroëns plötzlich Gas. Das Auto war im Nu verschwunden. Der kurvenreiche Straßenabschnitt dauerte noch weitere zwei Kilometer an, dann wurde mir mit beklemmender Deutlichkeit klar, daß wieder eine gerade, übersichtliche Strecke vor uns lag. Ehe ich mich's versah, war der schwarze Citroën erneut hinter uns. Der kalte Schweiß brach mir aus. Ich kriegte es tatsächlich mit der Angst zu tun. Sobald ich die Geschwindigkeit drosselte, wurde auch der Citroën langsamer. Gab ich Gas, erhöhte auch der Fahrer des schwarzen Wagens die Geschwindigkeit. Allmählich wurde die Situation unerträglich.

»Mein Gott, das ist ja zum Verrücktwerden«, stöhnte Galina, als ich ihr meine Beobachtungen mitteilte. »Das gefällt mir ganz und gar nicht. Wie, zum Teufel, konnte das passieren?«

»Offengestanden, mir ist auch ziemlich mulmig zumute«, sagte ich. »Die beiden im Citroën verhehlen überhaupt nicht ihre Absicht. Das ist das Schlimmste.«

»Was ist los?« drang Rudis Stimme gedämpft durch die Polster seines Verstecks.

»Die müssen die Gegend hier verdammt gut kennen«, antwortete ich. »Jedenfalls haben sie auf irgendeiner Nebenstraße gewartet, bis wir vorbei waren, und sich dann wieder an uns gehängt. Die Burschen müssen entweder wissen, wer ich bin, oder sie haben den Verdacht, daß Galina mit Rudi zur Schweizer Grenze will. Was mich am meisten beunruhigt, ist die Tatsache, daß sie uns jetzt ganz offen verfolgen.«

»Was ändert das schon?«

»Möglicherweise nichts. Aber ihr müßt an der Grenze sehr, sehr vorsichtig sein. Hoffentlich versuchen sie nicht, euch am Grenzübertritt zu hindern.«

»Glaubst du, sie verhaften auch mich?« fragte Galina. »Ich will in zwei Wochen nach Amerika.«

»Nein, dir kann niemand was anhaben. Du bist französische Staatsbürgerin – und ein internationaler Ballettstar. Bevor sie sich an dir die Finger verbrennen ...« Der Rest blieb ungesagt. So sicher war ich meiner Sache gar nicht.

Wir hatten Pontarlier, einen bekannten Holzumschlagplatz und von ausgedehnten Wäldern umgeben, erreicht, als ich endlich einen Entschluß faßte. Wir mußten unseren ursprünglichen Plan ändern.

»Ich warte nicht in Pontarlier auf dich, Galina«, erklärte ich unumwunden. »Zwischen Pontarlier und der Schweizer Grenze fahren wir auf dem Rücken des Jura durch zerklüftetes, gebirgiges Gelände und große Waldstücke. Die Straße ist schmal und kurvenreich. Wenn es dort ein paar Kilometer weit bergauf geht, werden uns die Verfolger zwangsweise häufiger aus den Augen verlieren. Nach Pontarlier übergebe ich Galina das Steuer. Sobald wir den Wald erreicht haben, wechseln Rudi und ich auf einem unübersichtlichen Stück die Plätze. Oben an der Paßhöhe hält Galina hinter einer Kurve plötzlich an, ich springe hinaus und verstecke mich. Ihr fahrt weiter, bevor der Citroën uns einholen kann. Einverstanden?«

»Wenn du meinst«, erwiderte Rudi aus seinem Versteck. Galina nickte. Uns allen war klar, daß wir mit der neuen Situation irgendwie fertig werden mußten.

»Auf dem Rückweg holst du mich an derselben Stelle wieder ab, Galina«, fuhr ich fort. »Ich schätze, daß die Polizei vor dir nach Frankreich zurückkehrt und wir dann nichts mehr zu befürchten haben. Trotzdem gebe ich dir lieber diskret Zeichen mit meiner Taschenlampe.«

»Aber ich will nicht, daß du ...«, begann Rudi.

»Für lange Diskussionen haben wir jetzt keine Zeit«, unterbrach ich ihn energisch. »Los jetzt!«

Wir wechselten die Plätze. Kurz vor dem höchsten Punkt des steilen Anstiegs war die Zeit für mich gekommen.

»Hier«, zischte ich atemlos. »Jetzt können sie uns nicht sehen. Ich springe! Viel Glück, Rudi!«

Ich lag bereits im Straßengraben, als die schwere Limousine wieder beschleunigte. Hinter heckenartigem Gestrüpp verborgen, beobachtete ich mit klopfendem Herzen, wie der Wagen der Polizei an mir vorbei – und den Abhang hinunterfuhr.

Von jetzt an hatte ich nur eine Sorge, nämlich die, daß Rudi, auch wenn die Polizei Verdacht schöpfen und ihm unangenehme Fragen stellen sollte, die Ruhe bewahrte.

Ich sah auf die Uhr. Zur Grenze waren es schätzungsweise noch fünf Kilometer, also gut zehn Minuten Fahrt. Auf der Schweizer Seite erwartete bereits François Savin die beiden, und ich nahm an, daß Galina nach einem kurzen Gespräch und einer Tasse Kaffee sofort wieder die Rückfahrt antreten würde.

Die Minuten wurden zu Stunden, während ich unruhig wartete. Auf der Straße herrschte kaum Verkehr. Es war ein warmer Nachmittag, doch im Schatten der hohen Bäume wurde es allmählich empfindlich kühl. Das Dunkel des Waldes wirkte sich nicht gerade positiv auf meine Gemütsverfassung aus.

Die Stille war beängstigend.

Plötzlich zerriß das Rattern einer Maschinengewehrgarbe den Frieden der klaren Bergluft. Irgendwo unten am Fuß des Abhanges wurde geschossen.

Ich glaubte, den Schrei eines Mannes zu hören. Das Blut erstarrte in meinen Adern. Ich begann zu frieren, dann zu schwitzen. In einem Punkt war ich meiner Sache sicher. Ich hatte keinen Schuß aus einem normalen Jagdgewehr gehört. Dort unten hatte niemand auf ein Kaninchen gezielt. Und über Maschinengewehre verfügte nur das Militär – oder die Polizei.

Die Polizei, die hinter einem Flüchtigen her war! Das war

mein erster Gedanke, als ich meine Deckung hinter den dichten Baumreihen aufgab und den Abhang in Richtung Schweizer Grenze hinunterlief.

Dann hielt ich an und trat erneut ins Dickicht zurück. Ich mußte vorsichtig sein und durfte nichts überstürzen. Das Rätsel würde sich vielleicht von selbst lösen. Möglicherweise hatte ich mich getäuscht, und die Schüsse hingen gar nicht mit Galina und Rudi zusammen. Außerdem konnte ich wirklich nichts weiter tun, als auf Galinas Rückkehr zu warten.

Und doch quälte mich instinktiv eine schreckliche Vorahnung. Übelkeit stieg in mir hoch. Ich wartete verzweifelt in meinem Versteck auf Galina. Waren es Minuten oder Stunden? Ich hatte jedes Zeitgefühl verloren.

Es mußte schließlich ungefähr eine halbe Stunde vergangen sein, als ich das Motorengeräusch eines sich nähernden Wagens hörte. Die Straße lag gerade und deutlich sichtbar vor mir, als das Auto den Abhang hinauffuhr. Von meinem Versteck aus sah ich, wie der Wagen die letzte Kurve nahm.

Es war der schwarze Citroën. Die Straße war so steil, daß der Wagen über den dritten Gang nicht hinausgelangte und nur langsam das letzte Steilstück erklomm.

Vorn im Wagen saß nur der Fahrer. Das fiel mir sofort auf, als sich der Citroën meinem Versteck näherte. Dann erkannte ich den zweiten Mann. Er saß auf dem Rücksitz und hielt ein Maschinengewehr lässig im Arm, dessen Lauf er auf die Rückenlehne des Vordersitzes stützte.

Neben ihm kauerte zusammengesunken und mit bleichem, schmerzverzerrtem Gesicht ein dritter Mann.

Als das Auto die Paßhöhe erreichte, sah ich diesen für einen Augenblick ganz deutlich.

Es war Rudi.

29

Zu Tode erschrocken und wie benommen, folgte ich dem Wagen mit meinen Blicken, bis dieser verschwunden war. Dann begann ich blindlings den Abhang hinunterzulaufen.

Zu meiner Linken tauchte in der Ferne eine Lichtung auf, die wie ein Reklamefoto eines Schweizer Reisebüros auf mich wirkte. Zu meiner Rechten dagegen verhinderten hohe Baumwipfel, daß auch nur ein Sonnenstrahl zu mir herunterfiel. Sie verdeckten sogar den Ausblick auf die Kammhöhen des Jura, die sich endlos weit von Norden nach Süden erstreckten.

Wenige Minuten später hörte ich das sanfte Brummen eines starken Motors. Als das Fahrzeug die erste Kurve nahm, erkannte ich, daß es sich um ein größeres und schnelleres Auto als den Citroën handeln mußte.

Kurz darauf bestätigte sich meine Vermutung. Es war der Delahaye. Zwar herrschte noch Tageslicht, aber ich sah keine Veranlassung mehr, mich zu verstecken. Die Polizeibeamten waren längst über alle Berge. Ich rannte, wild mit den Armen winkend, auf die Straße.

Galina trat sofort auf die Bremse. »O Nicki! Sie haben auf ihn geschossen – und ihn mitgenommen. Was sollen wir nur tun, was können wir überhaupt tun?«

Ich stieg ein, und Galina fuhr erst mal an den Straßenrand. Ihre Augen waren rot vom Weinen. »Ein paar Meter vor der Grenze überholte uns der Citroën plötzlich und zwang uns, anzuhalten. Ich hatte alle nötigen Dokumente sofort zur Hand, weil ich sie mir schon für den Grenzübertritt bereitgelegt hatte. Sie sahen sich deinen Paß eingehend an, und dann begann der eine Kerl, Rudi mit Fragen zu bombardieren. Es war furchtbar. Wo sind Sie geboren? Wann haben Sie beim Roten Kreuz angefangen? Wer ist der Schweizer gewesen, der Sie in Ihre Arbeit eingeführt hat? In welchem Jahr war das? Rudi wurde immer nervöser und fahriger, und dann versuchten sie es mit Tricks. Wann haben Sie Lienz verlassen – und so weiter. Rudi spielte seine Rolle zuerst ganz gut, aber dann folgten die Fangfragen: Wie hieß die Bürohilfe, die bis zum Eintritt Amerikas in den Krieg bei Ihnen arbeitete? So ging es unaufhörlich. Rudi konnte diese Fragen natürlich nicht korrekt beantworten. Er verstrickte sich immer tiefer in Widersprüche und fühlte sich schließlich so in die Enge getrieben, daß er schrie: ›Herrgott, hören Sie mit diesem Unsinn auf!‹

›Ich muß Sie bitten, mit uns zu kommen. Wir haben da noch mehr Fragen an Sie‹, erklärte einer der Beamten.

Das gab Rudi offenbar den Rest. Wie ein Stier stürzte er sich auf den einen Polizisten. Der Mann ging zu Boden, und Rudi hetzte in Richtung Wald davon.

Aber der Kollege des völlig überrumpelten Beamten holte augenblicklich ein Maschinengewehr vom Rücksitz des Citroëns, zielte und schoß.

Armer Rudi! Er hätte es beinahe geschafft. Aber dann schrie er getroffen auf. Ich war wie von Sinnen.

Spätestens als die beiden den verletzten, wie ein Müllkutscher auf russisch fluchten Rudi zum Wagen zurückzerrten, wurde mir klar, daß alles umsonst gewesen war. Zum Glück hatte ich deine Papiere sofort wieder an mich genommen und in meiner Tasche versteckt.«

»Und Rudi – ist er verletzt?« fragte ich beklommen.

»Ja. Und zwar am Oberschenkel. Aber es ist wohl nur eine Fleischwunde. Jedenfalls habe ich gehört, wie die beiden Polizisten beschlossen, ihn ins Krankenhaus nach Pontarlier zu bringen.«

Mein Herz klopfte zum Zerspringen. Ich hatte Angst – nackte Angst.

»Und was hast du dann getan?«

»Ich hatte eigentlich nur deine Papiere im Sinn. Ich wollte sie dir unbedingt zurückbringen. Denn ohne sie haben sie keine Beweise. Dann versuchte ich, die beiden daran zu hindern, Rudi in ihren Wagen zu zerren. Natürlich hatte ich gegen diese Männer keine Chance. Sie stießen mich einfach zurück. Zwei Zöllner gingen in diesem Augenblick auf mich zu und nahmen mich sanft beiseite. ›Bitte, Madame, mischen Sie sich lieber nicht ein! Wenn der Mann unschuldig ist, läßt man ihn bald frei. Kommen Sie!‹

Nachdem die Polizisten Rudi in den Wagen verfrachtet hatten, winkte mich der eine zu sich. ›Wir wissen, wer Sie sind, Madame. Darf ich Ihnen den Rat geben, die Grenze zur Schweiz mit dem Wagen zu überqueren und dort zu bleiben, bis Sie nach Amerika reisen. Sie sind der Beihilfe zu einem Verbrechen verdächtig, aber ...‹

›Es ist doch kein Verbrechen, zu versuchen, dem sicheren Tod in Stalins Regime zu entgehen, oder?, schrie ich ihn an.

›Ich wiederhole, Ihre Motive sind durchaus verständlich. Trotzdem können wir nicht zulassen, daß Kriegsgefangene einfach fliehen. Das ist ein politisches Problem. Vielleicht später, wer weiß.‹

›Aber das ist unmenschlich!‹ fauchte ich.

Der Polizist sah mich ruhig an. ›Ich gebe Ihnen jetzt ganz privat einen Rat, Madame. In den Zeitungen stand, daß Sie ein Engagement in Amerika annehmen werden. Ich habe Sie oft auf der Bühne bewundert, deshalb ... Also, bleiben Sie lieber vorerst in der Schweiz. Bon voyage. Kehren Sie nicht mehr nach Paris zurück! Andere könnten Ihre Komplizenschaft ernster nehmen als wir. Meine Verehrung, Madame.‹

Damit setzte er sich hinters Steuer und fuhr mit seinem Kollegen und Rudi im Wagen davon.«

Wir saßen eine Weile schweigend nebeneinander.

»Mein Gott, ich werde nie vergessen, wie sie den blutenden Rudi ins Auto zerrten«, murmelte Galina mit tränenerstickter Stimme.

»Der Polizist riet dir also ab, nach Paris zurückzukehren?« fragte ich.

Galina nickte geistesabwesend.

»Ich glaube, er hat recht«, sagte ich. »Du stehst vor einer neuen glanzvollen Karriere, in einem Land, das vom Krieg praktisch verschont geblieben ist. Diese Chance darfst du dir nicht entgehen lassen.«

»Aber ...«

»Was willst du tun? Was kann ich tun? Kann überhaupt jemand etwas tun? Verdammt, Rudi ist wie vom Pech verfolgt! Ich muß so schnell wie möglich nach St. Lô. Vielleicht bringen sie ihn dorthin zurück. Ein Glück, daß ich offiziell mit der Angelegenheit nichts zu tun habe. Mich hat keiner gesehen. Du dagegen ... Es ist das beste, du reist direkt von der Schweiz nach New York.«

»Aber meine Garderobe, meine Sachen?«

»Das ist das kleinste Übel. Mein Freund Savin kann dir sicher helfen, deinen Flug von der Schweiz aus umzubuchen. Möglich, daß du einen Umweg über Lissabon nehmen mußt, aber das dürfte kein Problem sein.«

Wir rauchten eine Zigarette. »Also gut«, entschied ich schließlich. »Wir fahren jetzt mit dem Delahaye zu unserem Treffen mit Savin. Dort setze ich dich ab und kehre nach Frankreich zurück.«

»Was ist mit dem Wagen?« wollte Galina wissen.

»Ich wage nicht, ihn Igor jetzt zurückzubringen. Wenn das jemand beobachten würde – nicht auszudenken. Ich muß den Delahaye irgendwie loswerden. Es wird mir schon was einfallen.«

Dieser Plan wenigstens funktionierte reibungslos. Eine Stunde lang besprach ich mit François Savin alle Einzelheiten. Er war sofort bereit, sich um Galina zu kümmern. Offenbar waren die Flugverbindungen zwischen der neutralen Schweiz und Amerika ausgezeichnet. Pan American hatte sofort nach Kriegsende eine Flugboot-Verbindung zwischen Lissabon und New York eingerichtet – mit einer Zwischenlandung auf den Azoren. Und die Schweizer

Fluglinie Helvetia übernahm den Zubringerdienst zwischen Zürich und Lissabon.

»Der Flug ist überhaupt kein Problem«, beruhigte François meine Schwester.

Der Abschied von Galina schmerzte. Immerhin hatten wir über dreißig Jahre lang eng zusammen gelebt und standen einander sehr nahe. Wir umarmten uns schließlich ein letztes Mal, dann stieg ich in den Wagen.

Galina beugte sich zum Wagenfenster herunter und flüsterte: »Du hast jetzt wenigstens deine geliebte Tascha. Ich bin so froh, daß es für euch noch ein richtiges Happy-End gibt. Und sorg dich nicht zu sehr wegen Rudi! Vielleicht hat er ja noch eine Chance.«

Ich fuhr sehr schnell und erreichte am selben Abend Avallon, das nur zweihundert Kilometer von Paris entfernt liegt. Bereits auf dem Weg dorthin erinnerte ich mich, einmal einen Artikel über das dortige berühmte »Hôtel de la Poste« gelesen zu haben. Ich beschloß, mich dort mit einem guten Abendessen und einer Flasche Wein ein wenig abzulenken. Und natürlich gedachte ich der attraktiven Anna D'Arcy, einst die heimliche Geliebte von Igor, und fragte mich, wie oft mein Vetter wohl in dem Delahaye diese Strecke gefahren sein mochte.

Ich hatte ihre Telefonnummer zwar nicht bei mir, doch der Empfangschef kannte natürlich einen so wichtigen Bürger der Stadt wie Monsieur D'Arcy.

»Er wohnt ganz in der Nähe des Hotels«, erklärte er.

Ich bat ihn um die genaue Adresse und Telefonnummer, denn mir war plötzlich eingefallen, wie ich, wenigstens vorübergehend, den Delahaye loswerden konnte. Auf diese Weise jedenfalls würde mich niemand mit Rudis Flucht in Verbindung bringen.

Schon bei unserem ersten Kontakt hatte ich mit Anna D'-

Arcy vereinbart, daß sie mich bei einem Besuch in Avallon – sollte ihr Mann anwesend sein – einfach als einen verheirateten Bekannten aus Paris ausgeben würde.

Ich parkte den Delahaye in dem zauberhaften, von Efeuranken überwucherten Hof des Hotels und rief Anna an. Sie freute sich ehrlich, von mir zu hören. »Schauen Sie doch auf einen Drink herein! Mein Mann ist auch da.« Und nach einer bedeutungsvollen Pause fügte sie hinzu: »Vielleicht kann ich sogar einen Schluck Wodka für Sie auftreiben.« Dann ertönte jenes Lachen, das ich schon damals so charmant gefunden hatte. »Im Hotel kann man Ihnen sicher sagen, wo wir wohnen. Es sind höchstens fünf Minuten zu Fuß. Bis gleich.«

Ich ließ mir den Weg beschreiben, und wenige Minuten später stand ich vor der Tür von Annas Haus, das am Ende eines parkähnlichen, von hohen Bäumen umgebenen Platzes lag.

Anna begrüßte mich herzlich und führte mich in einen eleganten Salon, wo sie mich ihrem Mann vorstellte. Monsieur D'Arcy war ein sympathischer älterer Herr, der aber krank zu sein schien. Er war im Hausmantel, erhob sich jedoch bei meinem Eintreten und erklärte: »Bitte entschuldigen Sie diesen Aufzug! Ich habe mich heute so schlecht gefühlt, daß ich fast die ganze Zeit gelegen habe. Das kann mich allerdings nicht hindern, das hier mit Ihnen zu trinken.«

Damit öffnete er eine Flasche Champagner. Inzwischen flocht Anna geschickt ins Gespräch ein, daß wir uns auf einem Empfang in Paris kennengelernt hätten.

»Ja, das ist lange her«, erwiderte ich und spielte mit. »War es nicht auf einem Empfang für meine Schwester, die Tänzerin?«

»Ganz richtig«, log sie geschickt. »Wie geht es ihr?«

»Sehr gut. Sie ist im Begriff, nach Amerika zu gehen, wo sie helfen wird, eine neue Ballett-Truppe aufzubauen.«

»Und – was führt Sie nach Avallon?«

»Ich habe Galina mit dem Wagen in die Schweiz gebracht. Sie hat dort vor ihrer Abreise nach Amerika noch einiges zu erledigen. Ich dachte, es sei eine hübsche Abwechslung, sie im Delahaye meines Vetters persönlich hinzubringen.« Irrte ich mich, oder war Anna bei der Erwähnung des Wortes »Delahaye« etwas bleich geworden? »Jetzt bin ich auf dem Rückweg nach Paris – und zu meiner Frau, die mich morgen erwartet.«

Wir hatten die Flasche Champagner fast geleert, als mir auffiel, daß Annas Mann eingenickt zu sein schien.

»Liebster«, sagte Anna liebevoll zu ihm. »Geh zu Bett! Du siehst nicht gut aus. Ich bringe Fürst Korolew ins Hotel zurück. Ein bißchen frische Luft tut mir gut.«

»Ja, natürlich.« Und zu mir fügte D'Arcy hinzu: »Verzeihen Sie, aber mir geht es heute wirklich nicht gut.«

»Ich hoffe, ich habe Sie nicht zu sehr angestrengt.«

»Keineswegs«, wehrte er lahm ab und stieg langsam die Treppe hinauf.

Anna und ich gingen zur Haustür.

»Ich bin gleich wieder da!« rief Anna ihrem Mann zu. »Mein Mann ist schwerkrank«, erklärte sie mir draußen und seufzte. »Er hat nicht mehr lange zu leben.«

Ich sagte die üblichen Worte des Bedauerns. »Igor haben Sie wohl inzwischen nicht wiedergesehen?« fragte ich schließlich.

»Nein.« Sie schüttelte den Kopf. »Mein Mann nimmt meine ganze Zeit in Anspruch, bis ...« Sie verstummte. »Wie geht es dem armen Igor?«

»Unverändert«, erwiderte ich traurig.

»Ich habe wirklich kein Glück mit meinen Männern.« Das klang beinahe bitter.

Ich räusperte mich. »Darf ich – darf ich Sie um einen Gefallen bitten, Anna?«

»Natürlich. Solange es nichts Illegales ist, was Sie von mir verlangen.« Sie brachte ein Lächeln zustande.

»Nein, nicht ganz. Ich bin, wie gesagt, mit dem Delahaye hier – und möchte ihn für einige Zeit verstecken.«

Sie sah mich überrascht an. »Dieser Wagen, ein Überbleibsel aus glücklichen Tagen.«

»Keine Sorge«, versicherte ich ihr. »Für Sie besteht kein Risiko. Ich möchte ihn nur hier in Avallon lassen und mit dem Zug nach Paris zurückkehren.«

»Und was kann ich dabei tun?«

»Stellen Sie ihn in einer Garage unter, bis ich ihn holen lasse oder selbst hole.«

»Das klingt ein wenig merkwürdig.«

»Sicher. Aber es ist sehr wichtig für mich. Der Wagen muß verschwinden.«

Wir hatten das Ende des Parks erreicht.

»Sie haben mir einmal sehr geholfen«, murmelte Anna. »Also helfe ich jetzt Ihnen. Es geht wirklich nicht um irgendwelche krummen Sachen?«

»Keinesfalls. Ehrenwort«, versicherte ich ihr ernst. »Es soll nur nicht bekannt werden, daß ich gar nicht in Paris gewesen bin.«

»Er ist nicht gestohlen?«

»Selbstverständlich nicht. Er gehört Igor. Nehmen Sie sämtliche Papiere an sich!«

»Wo steht der Wagen?«

»Vor dem ›Hôtel de la Poste‹. Hier sind die Schlüssel. Fahren Sie ihn, bis ich ihn hole. Wenn Sie Lust haben.«

»Und wann wollen Sie ihn wiederhaben?«

»Das kann ich jetzt noch nicht sagen. Es kann Monate, vielleicht sogar Jahre dauern.«

»Gut, ich hole ihn morgen früh«, entschied sie. »Ich sage vorsichtshalber dem Empfangschef Bescheid.« Wir betraten die kleine Hotelhalle. Der Empfangschef in eleganter, goldbetreßter Uniform verbeugte sich vor Anna. Als sie ihm erklärt hatte, daß sie sich den Wagen ausleihen würde, erwiderte er: »Das verstehe ich gut, Madame D'Arcy. Ein herrliches Fahrzeug.«

Nach einem ausgezeichneten Abendessen erhielt ich endlich Verbindung mit Paris. Ich erklärte Tascha, daß ich aufgehalten worden sei und die Nacht über in Avallon bleiben werde. »Liebste«, sagte ich schließlich. »Ich habe trotz allem eine wunderbare Nachricht ...«

»Ich muß dir leider etwas mitteilen«, unterbrach sie mich.

»Später, Liebste! Unterbrich mich nicht! Ich habe Beweise von Rudi – hör genau zu! –, daß du nicht meine Schwester bist.«

»Wie bitte?«

»Ja, Geliebte. Es war alles ein schrecklicher Irrtum. Wir sind ganz legal verheiratet.«

»Mein Gott, ich bin so glücklich! Aber ich habe ...«

»Ich muß dir noch etwas sagen«, unterbrach ich sie ernst. »Rudi – sie haben ihn an der Grenze geschnappt!«

»Großer Gott! Du weißt ja nicht, was hier passiert ist ...«

Ich hörte nicht richtig zu. »Ich weiß überhaupt nicht, was wir jetzt tun sollen ...«

»Hör mir doch endlich zu!« Tascha wurde wütend. »Ich versuche die ganze Zeit, dir etwas Wichtiges zu sagen!«

»Entschuldige. Was ist denn los?« Ihr aufbrausendes Temperament hatte mich zur Vernunft gebracht.

»Nicki, Nicki – wie konnte das alles nur passieren?«

»Was denn? Was ist passiert?« fragte ich schroff.

»Heute, als ich mit Natalia zu Mittag aß, war die Polizei hier.«

»Und?«

»Sie haben Natalia als entflohene Kriegsgefangene festgenommen!«

FÜNFTER TEIL

1946–1947

30

Fast ein Jahr unseres Lebens verging, als hätten wir es nie gelebt, als habe die Bombe, die Hiroshima verwüstet und den Alliierten endgültig den Frieden gesichert hatte, auch den Rest der Welt ausgelöscht und nur mich und Tascha als einzige Überlebende zurückgelassen.

Rudi und seine Frau Natalia blieben spurlos verschwunden, als seien sie heimlich getötet worden. Gelegentlich neigte ich voller Bitterkeit tatsächlich zu der Annahme, daß sie entweder umgebracht oder nach Sibirien verbannt worden wären. Die schreckliche, menschenverachtende Maschinerie des stalinistischen Systems stand nie still.

Männer wie Inspektor Verron hatten keinen Grund mehr, mit Informationen zu geizen, denn sie wußten tatsächlich nicht, was mit meinem Bruder geschehen war. Allerdings erzählte er mir voller Genugtuung, wie es überhaupt zu Rudis und Natalias Verhaftung gekommen war.

»Sie hielten sich wohl für sehr schlau, anzunehmen, wir würden nur Sie beschatten«, erklärte er höhnisch. »Dachten Sie, wir seien Spielzeugpolizisten? Selbstverständlich ließen wir auch das Haus Ihres Vetters Trepow rund um die Uhr bewachen. Wir ahnten, daß er eines Tages eine Rolle in diesem Stück spielen würde.«

Ich fluchte unterdrückt. Wie hatte ich nur so dumm sein können, einen Mann wie Verron zu unterschätzen?

»Wir hatten sogar einen unserer Leute als Gärtner bei den Trepows eingeschleust«, fuhr Verron selbstgefällig fort. »Als er erfuhr, daß der Chauffeur irgend etwas an den Sitzen des Delahaye zu reparieren schien, war alles klar. Wir brauchten nur noch zu warten, bis Sie in die Falle gingen.«

»Sie sind dem Delahaye also gefolgt?« fragte ich niedergeschlagen.

Zu meiner Überraschung schüttelte Verron den Kopf. »Nein, das hat ein anderes Team vom Deuxième Büro übernommen. Ich hatte übrigens auch leider nicht die Ehre, die Frau des Gefangenen verhaften zu dürfen«, bemerkte der Zyniker. »Das veranlaßte der Geheimdienst. Aus diesem Grund erfuhr ich auch nie, was mit den beiden passiert ist. Für mich war schon in Paris die Angelegenheit beendet.«

Das war die eine bittere Enttäuschung gewesen. Für die andere war Olga zuständig. Sie weigerte sich beharrlich, Rudis Enthüllungen bezüglich Taschas Herkunft zu akzeptieren. Sie hatte so viel Kapital aus unserer angeblich inzestuösen Verbindung geschlagen, daß sie dieses Druckmittel ungern aufgab. Jedenfalls äußerte sich ihr seltsames Verhalten darin, daß sie sich, immer mehr schmollend, von Tascha und mir zurückzog. Bei ihren seltenen Besuchen am Place de Furstenberg herrschte stets eine ungemütliche und gespannte Atmosphäre.

Dagegen waren Galinas Briefe aus New York immer eine große Freude. Sie vermittelten uns einen Eindruck vom pulsierenden Leben dieser Stadt und Galinas aufregenden Erlebnissen mit der High-Society, die Balanchine und sein neues Projekt unterstützte. Sie erwähnte darin auch einen wohlhabenden Arzt, den sie auf einer Wohltätigkeitsveranstaltung kennengelernt hatte. Inzwischen war sie bereits Gast auf seinem Familiensitz in Westchester gewesen.

»Ich könnte mir vorstellen«, sagte Tascha mit typisch weiblicher Intuition, »daß sich da eine zarte Romanze zwischen Galina und ihrem Hugo entwickelt.«

Ich zuckte mit den Schultern. »Für mich ist das nur eine Liebelei. Das geht vorbei.«

Bis zum Herbst 1946 hatten wir beinahe ein Jahr lang versucht, zu erfahren, was mit Rudi und Natalia geschehen war, jedoch ohne den geringsten Erfolg. Ich war bereits kurz nach ihrer Verhaftung in St. Lô gewesen, hatte dort allerdings ein verlassenes Lager vorgefunden. Sämtliche Gefangene waren nach Amerika, Kanada oder England gebracht worden. Wir mußten jetzt davon ausgehen, daß sich die beiden mittlerweile wieder in Rußland befanden. Ich weigerte mich jedoch, die beiden für tot zu halten.

Im Lauf der Zeit begann ich jede Hoffnung auf ein Wiedersehen mit meinem Zwillingsbruder und seiner Frau zu begraben. Es war eine schmerzliche Erkenntnis, ebenso schmerzlich wie der sichtbare allmähliche Verfall von Igor. Das Schlimmste allerdings war das Bewußtsein, daß ich erst durch mein amateurhaftes Verhalten die Falle ermöglicht hatte, in die Rudi gegangen war. Dies war ein Alptraum, den ich nicht mehr loswurde.

Der einzige Lichtblick jener Zeit war Taschas und meine kirchliche Trauung im Frühjahr 1946 in der russisch-orthodoxen Kirche, die wir in den letzten Kriegsjahren regelmäßig besucht hatten. Die Tatsache, daß wir die Ehe nun auch vor Gott geschlossen hatten, gab uns seelischen Frieden und verdrängte die Erinnerung an jene schreckliche Zeit, als wir geglaubt hatten, einer großen Sünde schuldig geworden zu sein.

Im Sommer 1946 schließlich wurde uns eine weitere große Freude zuteil. Beinahe scheu eröffnete mir Tascha eines Tages, daß sie ein Kind von mir erwarte.

In meiner Aufregung und Sorge war ich der glücklichste Mann der Welt.

Am Abend desselben Tages waren wir zu einer Cocktailparty in der britischen Botschaft eingeladen, wo ich ganz offiziell das Rote Kreuz vertrat, und ich muß gestehen, daß selbst dem Botschafter meine geradezu dümmliche Fürsorge nicht entgangen sein konnte. Tascha war peinlich berührt.

Mehrere Monate später erhielten wir dann drei Briefe. Der eine stammte von Galina und berichtete von ihrer Hochzeit mit dem Neurologen Hugo Lattimer. Lattimers Vater, ein bekannter Anwalt, hatte bereits Galinas Scheidung von Jean-Pierre ohne Schwierigkeiten durchgesetzt, und Galina schien im siebten Himmel zu sein.

Niemand hatte voraussehen können, welche glückliche Wendung Galinas Berufung durch Balanchine nach New York nehmen würde. Tascha natürlich hatte das alles längst geahnt.

Der zweite Brief aus London war offizieller Natur und kurz gehalten. Er lautete: »Sehr geehrter Herr, auf Bitte Ihrer Schwägerin Natalia Korolew möchte ich Sie davon in Kenntnis setzen, daß diese vor etlichen Monaten einen Sohn zur Welt gebracht hat. Mutter und Kind sind wohlauf. Mr. Korolew war es allerdings bisher nicht möglich, seine Familie zu besuchen, da er im Kriegsgefangenenlager Fairweys, Derby, festgehalten wird, solange die Entscheidung von höherer Stelle über seine Repatriierung noch aussteht.«

Unterschrieben war die Nachricht von einer gewissen »Rose Castle«, Oberin des Queen Alexandra's Imperial Military Nursing Service, was bedeutete, daß die Dame ungefähr den Rang eines Brigadegenerals innehatte.

Ich starrte auf das Schreiben und glaubte, mein Herz müsse aufhören zu schlagen. Sie lebten! Beide! Und jetzt hatten sie einen kleinen Sohn.

»Tascha!« brüllte ich atemlos.

Tascha stürzte hastig ins Zimmer.

»Sie leben!« schrie ich ihr entgegen. »Rudi und Natalia! Sie leben!« Nach all den Monaten voller selbstquälerischer Schuldgefühle und fruchtloser Nachforschungen hielt ich plötzlich eine ganz offizielle Benachrichtigung in der Hand. So verzweifelt ihre Lage, so gering ihre Hoffnung auch sein mochte, sie lebten – und waren noch immer außer Reichweite der tödlichen Umarmung des stalinistischen Systems.

Der dritte Brief war in Amsterdam abgestempelt, und ich öffnete ihn beinahe nachlässig. Nach den beiden wichtigen Nachrichten glaubte ich nicht, daß er noch von irgendeiner Bedeutung sein könne. Doch ich sollte mich täuschen. Er stammte von derselben Rose Castle, die das offizielle Schreiben aus England verfaßt hatte, las sich jedoch ganz anders. Er war privat gehalten und mit »R. C.« gezeichnet.

»Lieber Mr. Korolew, bitte vernichten Sie diese Zeilen umgehend, sobald Sie alles gelesen haben. Abgesehen von meinem offiziellen Schreiben an Sie ist es mir untersagt, persönlichen Kontakt mit Ihnen aufzunehmen. Aber soviel ich weiß, haben Sie die mißglückte Flucht Ihres Bruders und seiner Frau aus Frankreich organisiert. Aus diesem Grund wird sämtliche Post von Kriegsgefangenen zensiert, und Briefe, die an ›verdächtige‹ Freunde gerichtet sind, werden abgefangen. Deshalb haben Sie natürlich nie etwas von Ihrem Bruder gehört. Ich gebe dieses Schreiben daher in Amsterdam auf, wo ich mich für ein paar Tage aufgehalten habe. Ihr kleiner Neffe ist ein süßes und gesundes Baby, und es ist ein Jammer, daß Ihr Bruder weder sein Kind noch seine Frau hat sehen dürfen, obwohl man ihn von der Geburt seines Sohnes selbstverständlich benachrichtigt hat. Große Sorgen bereitet mir allerdings Natalia, die unter starken Depressionen leidet. Ich fürchte, daß sie auf einen Nervenzusammenbruch zusteuert, wenn niemand sie besucht, ihr ein wenig Mut einflößt und ihr hilft, alles besser zu ertragen.
Mit freundlichen Grüßen ...«

So viele gute Neuigkeiten waren verwirrend. Rudi war frei! Wenigstens bislang. Doch die Andeutung seiner »Repatriierung« weckte ein ungutes Gefühl in mir. Offenbar hatte Rudi mir geschrieben, doch seine Briefe waren abgefangen worden. Und er war Vater geworden.

»Ich muß unbedingt zu Rudi«, erklärte ich Tascha.

»Natürlich. So schnell wie möglich. Und zu der armen Natalia. Ihr scheint es wirklich nicht gutzugehen.«

»Ob sie mich überhaupt zu Rudi lassen?«

»Bestimmt. Du bist sein Zwillingsbruder. Sie können es dir doch nicht verbieten.«

»Hoffentlich hast du recht. Aber diese Rose Castle schreibt in ihrem privaten Brief an mich ganz deutlich, daß man mich als Rudis Komplizen ansieht. Die Vorstellung, wir beide könnten uns wiedersehen, ist ihnen bestimmt ein Dorn im Auge. Ich glaube, ich sollte François Savin einschalten. Vielleicht kann er helfen.«

Im Endeffekt war alles unkomplizierter, als wir angenommen hatten. Ich hatte ja mittlerweile Rudis Adresse, und so war es für Savin vom Roten Kreuz in Genf aus möglich, ausführlich mit dem Lagerkommandanten zu telefonieren und Rudis Verhältnis zu mir und seine Herkunft zu klären.

»Der Colonel war außerordentlich hilfsbereit«, berichtete Savin. »Du darfst Rudi am nächsten Mittwoch um ein Uhr sehen.«

»Großartig. Vielen Dank. Du kannst dir nicht vorstellen, wie erleichtert ich bin. Ich weiß nicht, wie ich dir das entgelten soll ...«

»Vergiß es«, unterbrach mich Savin. »Etwas allerdings dürfte deine Freude etwas trüben. In Anbetracht dessen, was hier in Frankreich passiert ist, darfst du Rudi nicht allein sprechen. Daran ist nicht zu rütteln. In diesem Punkt war der Colonel eisenhart.«

»Mist!«

»Ich weiß, wie dir zumute ist«, sagte Savin. »Aber ich finde es durchaus verständlich. Sei froh, daß sie dich überhaupt zu ihm lassen!«

»Ja, du hast recht. Hauptsache, ich darf mit ihm reden.« Savin erklärte mir weiter, daß es offenbar eine große Anzahl von Russen gäbe, die in englischen Lagern zurückgehalten würden, weil ihre Repatriierung Probleme aufwerfe. Er wiederholte jedoch, daß grundsätzlich alle Russen repatriiert werden würden.

»Man hat mir gesagt, daß keine Ausnahmen gestattet werden«, fügte Savin düster hinzu. »Es ist nur eine Frage der Zeit. Mach dir also keine großen Hoffnungen!«

»Ja, ich weiß. Trotzdem vielen Dank für alles. Ich fliege zuerst nach London, versuche Natalia zu sehen und fahre dann weiter nach Derby.«

Am nächsten Montag erreichte ich London und bezog ein Zimmer im Hotel »Russell«, wo ich schon bei meinem ersten Besuch in der britischen Hauptstadt Quartier genommen hatte. Am Dienstagvormittag begab ich mich auf den Weg zu Rose Castle und Natalia.

Rose Castle empfing mich in ihrem Büro im Middlesex Hospital, das mittlerweile teilweise als Heim für die wenigen weiblichen Kriegsgefangenen genutzt wurde, die in das unmenschliche Kreuzfeuer der Nachkriegswirren geraten waren.

Unser Gespräch verlief in angenehmer, beinahe herzlicher Atmosphäre, und ich merkte bald, daß sich hinter der tüchtigen, energischen Maske der Rose Castle ein Herz aus Gold verbarg. Sie war ihren Schützlingen und besonders der armen Natalia und ihrem kleinen Sohn sehr zugetan.

»Wie werden Sie angeredet?« fragte sie mich bei der Begrüßung. »Soll ich Fürst oder Mister sagen?«

»Natürlich Mister«, erwiderte ich lächelnd. »Obwohl in diesem Fall der ›Fürst‹ möglicherweise recht hilfreich sein könnte.«

»Da haben Sie völlig recht«, stimmte sie emotionslos zu. »Wir müssen Natalia unbedingt helfen. Aber ich habe meine Vorschriften, Mister Korolew, und über die kann ich mich nicht hinwegsetzen, besonders nicht, wenn es sich um einen hochbrisanten politischen Zusammenhang handelt. Mit Mister Stalin ist weiß Gott nicht zu spaßen.«

»Ich bin schon froh, daß Sie mich überhaupt empfangen«, sagte ich.

»Und ich bin froh, daß Sie hier sind. Allerdings hat sich Natalia vermutlich sehr verändert. Sie ist deprimiert. Sie bereitet uns große Sorgen.«

»Das ist kaum verwunderlich«, murmelte ich.

»Wir tun, was wir können.« Sie seufzte. »Aber das ist im Augenblick wohl zuwenig. Schönfärberei hat jetzt keinen Sinn. Darf ich Ihnen eine Tasse Tee anbieten, Mister Korolew?«

»Danke.«

Kurz darauf klopfte es an die Tür. Rose Castle öffnete. Natalia erschien mit einem kleinen Bündel im Arm.

»Ah, da sind Sie ja, meine Liebe«, begrüßte Rose Castle sie.

Natalia zwang sich zu einem Lächeln, aber auch mir war eher zum Heulen zumute. Sie war kaum wiederzuerkennen. Ihre Wangen waren eingefallen, die Augen hatten dunkle Schatten, das Haar hing ihr glanzlos über die Schultern.

»O Nicki!« Sie brach in Schluchzen aus. »Wie schön, dich zu sehen. Miß Castle hier ist der einzige Mensch, den ich bisher hatte. Aber jetzt bist wenigstens du hier ...«

»Schon gut.« Ich versuchte sie zu beruhigen.

Natalia klammerte sich an mich wie eine Ertrinkende und begann hemmungslos zu weinen. Ich verstand weder das, was sie auf russisch stammelte, noch das, was sie auf französisch herausbrachte.

Rose berührte mich an der Schulter. »Ich lasse euch beide jetzt eine Weile allein«, flüsterte sie. »Natalia, zeigen Sie Ihrem Schwager doch erst mal Ihren Sohn!«

Natalia hörte augenblicklich zu weinen auf. Das Baby lag auf dem Sofa. Vorsichtig zog sie die Decke ein wenig zurück, in die es gewickelt war.

»Er sieht Ihnen sehr ähnlich«, bemerkte Rose Castle mit einem Blick auf mich.

»Er sieht seinem Vater ähnlich«, sagte Natalia.

»Kunststück«, erwiderte ich, und wir lachten.

Als wir allein waren, gab das Baby zufriedene Laute von sich, während Natalia es sanft unter dem Kinn kraulte.

»Also«, begann ich, »morgen sehe ich Rudi. Und morgen abend besuche ich dich wieder und erzähle dir alles. Ich kann nur hoffen, daß er besser aussieht als du, meine Liebe.«

»Mir geht's gut«, entgegnete sie.

»Den Eindruck habe ich nicht«, widersprach ich. »Du mußt versuchen, diese Depressionen loszuwerden.«

»Ich vermisse Rudi so sehr. Wie grausam die Menschen nur sein können! Er darf nicht mal seinen Sohn sehen.«

»Es ist schlimm«, sagte ich. »Aber ich finde, solange man lebt, gibt es Hoffnung. Daran solltest du dich halten, dann gewinnst du den Glauben an dich und die Zukunft zurück.«

»An welche Zukunft?«

»An deine«, entgegnete ich heftig. »Du lebst, du hast einen Mann und einen süßen Sohn. Natürlich sind das für dich keine rosigen Zeiten, bestimmt nicht. Aber du hast keinen Grund, den Mut sinken zu lassen. Immerhin seid ihr noch hier in England, zwar getrennt, aber gesund und mit der Hoffnung, daß sich alles zum Guten wendet.«

»So kann ich das nicht sehen.« Natalia begann erneut zu weinen. »Ich weiß, daß wir mit dem Schlimmsten rechnen müssen. Wir sind nicht mehr Mann und Frau und …«

»Unsinn«, wehrte ich ab. »Für euch beide ist lediglich der Krieg noch nicht zu Ende. Das ist alles. Ihr dürft nur die Hoffnung nicht aufgeben. Ihr werdet euch wiedersehen. Diese Gewißheit muß euch vorerst genügen.«

Ich redete noch weiter geduldig und leidenschaftlich auf sie ein, und irgendwie mußte sie das doch ermutigt haben, denn schließlich sagte sie hoffnungsvoller: »Wenn ich dir wirklich glauben könnte … Ja, ich tu's auch!« Sie gab dem Baby einen Kuß.

»Du mußt mir glauben«, bekräftigte ich. »Es ist die einzige

Möglichkeit. Sonst verstrickst du dich immer tiefer und tiefer in deine Depressionen – bis es zu spät ist.«

»Erzähl mir morgen alles, wenn du Rudi gesehen hast«, bat sie mich.

Als Natalia gegangen war, kehrte Rose Castle in ihr Büro zurück. »Haben Sie heute abend etwas vor?« fragte sie unumwunden.

Ich war überrascht und zögerte mit der Antwort. »Ähm – nein. Ich dachte, ich könnte vielleicht ins Kino gehen.«

»Ausgezeichnet. Sie wohnen im ›Russell‹? Ich hole Sie um halb acht dort ab. Mögen Sie russisches Essen? Natürlich. Ich lade Sie und Natalia in ein kleines Restaurant mit dem Namen ›Suwarow‹ ein. Es liegt gleich hinter der Curzon Street. Ein vierter Gast wird unsere Runde vervollständigen. Ich habe da einen bestimmten Plan«, fügte sie geheimnisvoll hinzu. »Vielleicht sind Sie interessiert.«

Ich war sofort einverstanden.

Das »Suwarow«, das seinen Namen von dem berühmten russischen General hatte, war ein entzückendes Speiserestaurant in der Nähe von Shepherd's Market, dem Zentrum des Vergnügungsviertels hinter dem Piccadilly Circus.

Rose Castle stellte uns den vierten Gast als Mr. Wallis vor, und er war mir sofort sympathisch. Er war ungefähr dreißig, ein eher ruhiger Typ, mit hellen, aufmerksamen Augen. Beim Kaffee ließ Rose Castle die Katze endlich aus dem Sack: »Tom ist Journalist beim ›News Chronicle‹.«

Ich vermutete sofort, daß er etwas mit dem »Plan« zu tun hatte, den Rose Castle erwähnt hatte.

So war es auch. Tom Wallis kannte bereits Natalias Geschichte und begann nun, detailliert Fragen zu stellen. Seine Zeitung interessierte sich offenbar brennend für die deprimierende Situation, der Natalia Korolew ausgesetzt war. Immerhin war sie die Schwägerin eines russischen Fürsten, welcher der Patensohn des letzten Zaren gewesen war, und

Mutter eines wenige Monate alten Babys, das eine zweifache Staatsangehörigkeit hatte. Nach dem Gesetz war der kleine Junge sowohl Brite als auch Russe und konnte daher niemals zwangsweise an Rußland ausgeliefert werden. Das Problem war nur, ob auch seine Eltern die Erlaubnis erhielten, in England zu bleiben.

»Die Behörden sind manchmal sehr streng mit mir«, gestand Rose Castle. »Deshalb halten wir dieses kleine Abendessen lieber geheim. Sie behaupten, ich überschritte meine Kompetenzen. Aber ich bin überzeugt, daß Tom eine Geschichte schreiben kann, die das ganze Land in Empörung versetzen wird. Es ist wirklich schäbig, wie ein Land wie Großbritannien, das den Krieg mitgewonnen hat, eine Frau wie Natalia behandelt.«

»Darf ich Sie fotografieren?« fragte Wallis.

Natalia zögerte und sah Rose Castle fragend an. Diese nickte energisch.

»Und jetzt lächeln Sie mal, Natalia«, forderte Rose sie auf. »Das Foto und die dazugehörige Geschichte verändern vielleicht Ihr Leben.«

31

Ich hatte nicht weiter über Tom Wallis nachgedacht und die Sache mit der Story, die Großbritannien aufrütteln sollte, eigentlich schon vergessen, als mir das Zimmermädchen das Frühstück servierte. Auf dem Tablett lag der »News Chronicle«, und ich hatte gerade den ersten Schluck Tee getrunken, als mir die Schlagzeile ins Auge sprang: MUTTER EINES BRITISCHEN BABYS VOM TOD DURCH DIE RUSSEN BEDROHT!

Der Untertitel lautete: MILLIONEN VON SOWJETBÜRGERN, DIE GEGEN DIF NAZIS KÄMPFTEN, LÄSST STALIN ERMORDEN.

Darunter wiederum prangte das Foto von Natalia, das Tom Wallis am Vorabend aufgenommen hatte. Es folgte ein Text mit dem Wortlaut: »Das Bild zeigt Natalia Korolew, Mutter eines Kindes, das kraft britischer Gesetze aufgrund seiner Geburt in diesem Land die britische Staatsangehörigkeit besitzt. Natalia Korolew möchte zusammen mit ihrem russischen Ehemann, einem Kriegsgefangenen, in England bleiben. Beide erwartet jedoch die Zwangsrepatriierung. Natalia steht in London unter Arrest. Korolew, der sich in einem Lager in Derby befindet und der Zweitgeborene eines russischen Großfürsten und Freund des Zaren ist, war es bis heute untersagt, sein Kind zu sehen.«

In der eigentlichen Story nahm Wallis kein Blatt vor den Mund. Sie las sich wie folgt:

»Natalia Korolew (auf dem Foto rechts) ist eine von Millionen russischer Bürger, die aufgrund einer bösen Perversion von Recht und Gerechtigkeit der britischen Regierung gegen ihren Willen zur Rückkehr nach Rußland gezwungen und in den sicheren Tod oder bestenfalls in die Verbannung nach Sibirien getrieben werden.

Als Churchill noch Premierminister war, einigte er sich auf der Konferenz von Jalta mit seinem ›guten Freund‹ Stalin darauf, daß die Kriegsgefangenen aller Nationen in ihre Heimat zurückkehren sollten.

Anfänglich schien das eine ganz natürliche Regelung zu sein. Heute fürchten Millionen Russen die Rache der Sowjets.

Mittlerweile sind die Schicksale von Millionen Kriegsgefangener, die Europa bereits verlassen haben, besiegelt. Von einem Kriegsgefangenentransport, der Liverpool verließ, haben fünf Russen Selbstmord begangen.

Der Fall von Natalia Korolew allerdings wiegt noch schwerer, denn hier geht es auch um einen britischen Jungen! Gezeugt in Frankreich und in Großbritannien geboren, ist Nicki, wie er nach dem Zwillingsbruder des Vaters getauft wurde, Brite von Geburt. Er kann also nicht deportiert werden. Seine Mutter hat jedoch kei-

ne Chance, in England bleiben zu dürfen. Und das, obwohl sie sagt, daß sie ihren Sohn niemals den Russen übergeben und nie freiwillig ein Schiff nach Rußland besteigen würde.

›Lieber bringe ich mich um‹, waren ihre Worte dazu.

Die Vereinbarung der Alliierten hat sogar dazu geführt, daß es dem Vater bisher verwehrt wurde, seinen Sohn zu sehen, obwohl Korolew als Russe an Englands Seite kämpfte. Leider hatte er eben das Pech, in Kriegsgefangenschaft zu geraten. Seit ihrer Verschiffung nach England hat sich das Ehepaar Korolew nicht mehr gesehen.

Alle Bemühungen der Zusammenführung sind unterbunden worden. Mr. Korolews Brief an seinen Bruder, der den Adelstitel des Vaters geerbt hat und ein hoher Repräsentant des Roten Kreuzes in Paris ist, wurden abgefangen. Der Fürst hat nur durch Zufall erfahren, daß sein Bruder überhaupt noch lebt.«

Auf der zweiten Seite des »News Chronicle« erschienen dann unter der Überschrift DIE SCHULDIGEN und mit Bezug auf den Fall »Korolew« die Fotos von Anthony Eden, dem ehemaligen Außenminister, und von mehreren hohen Beamten des Außenministeriums. Darunter erläuterte der Autor die politischen Hintergründe der Vereinbarungen von Jalta.

Das war schweres Geschütz. Ein solcher Bericht mußte zwangsläufig für einige Aufregung sorgen.

In welchem Maß und wie schnell Tom Wallis damit die Gemüter erregte, sollte ich nur zu bald erfahren. Ich hatte kaum meine zweite Tasse Tee getrunken, als das Telefon klingelte.

»Augenblick, Sir«, meldete sich der Herr von der Vermittlung. »Wir haben ein Ferngespräch für Sie.«

Kurz darauf fragte eine militärisch klingende Stimme barsch: »Fürst Korolew?«

»Wer spricht da?«

»Hier ist das Kriegsgefangenenlager Fairways, Derby, Sir.«

Ich erschrak. »Ist etwas mit meinem Bruder?«

»Ihrem Bruder geht es gut«, versicherte der Mann am anderen Ende. »Keine Sorge. Aber der Colonel hat mich gebeten, Sie davon zu unterrichten, daß Ihr heutiger Besuch bei Ihrem Bruder auf einen späteren Zeitpunkt verschoben werden muß.«

Als ich erregt protestieren wollte, unterbrach mich mein Gesprächspartner hastig: »Nein, Sir. Der Besuch ist nicht abgesagt, nur um ein paar Tage verschoben. Wir – äh – wir haben hier einen furchtbaren Presserummel. Der Colonel ist gezwungen, eine Pressekonferenz einzuberufen.«

»Was hat das mit mir zu tun?« entgegnete ich wütend. »Schließlich bin ich extra nach London geflogen, um meinen Bruder zu sehen. Das alles kostet Geld!«

»Selbstverständlich, Sir. Der Colonel läßt ausrichten, er habe bereits dafür gesorgt, daß die Luftwaffe für Ihren Transport sorgen wird, bei Ihrem nächsten Besuch, versteht sich.«

»Aber ich habe meinen Zwillingsbruder über ein Jahr nicht gesehen«, sagte ich.

»Ich kann Ihre Gefühle verstehen, Sir, aber hier steht auch politisch einiges auf dem Spiel«, entgegnete der Mann am anderen Ende scharf. »Whitehall ist über den Bericht im ›Chronicle‹ äußerst besorgt. Er wird Folgen haben.«

»Und wann habe ich die Möglichkeit, meinen Bruder zu sehen?«

»Nächste Woche, sobald sich die Aufregung gelegt hat. Hier ist die Telefonnummer von Major Stafford vom Oberkommando der Luftwaffe. Er wird alles Weitere arrangieren.«

»Und ich muß nicht befürchten, daß die Repatriierung meines Bruders inzwischen beschleunigt betrieben wird – um einen Skandal zu vermeiden?« fragte ich mißtrauisch.

»Keinesfalls, Sir!« Der Mann am anderen Ende klang ehrlich entrüstet. »Darauf haben Sie mein Wort, Sir.«

»Gut, ich verlasse mich darauf«, erwiderte ich ernst. »Das können Sie auch, Fürst Korolew. Ich hoffe, wir sehen uns bald unter glücklicheren Umständen.«

Das war es dann auch. Wir hatten offensichtlich in ein Wespennest gestochen. Ich hatte jedoch das Gefühl, daß es für uns nur positiv sein konnte, wenn wir an die Ehre der Briten rührten.

Ich erreichte Rose Castle telefonisch und berichtete ihr, was geschehen war.

»Sie müssen es Natalia sagen. Sonst sorgt sie sich. Würden Sie das übernehmen?« bat ich sie.

»Selbstverständlich. Bitte geben Sie Bescheid, wenn Sie das nächste Mal kommen! Das war ein guter Artikel, was?« fügte sie vorsichtig hinzu.

Nach diesem Telefonat fuhr ich zum Flugplatz Croydon und nahm die erste Maschine nach Paris. Das Flugzeug war halbleer. Kein Brite flog nur zum Vergnügen nach Paris. Man durfte damals schließlich nur 25 Pfund Sterling ausführen.

32

Als das Telefon klingelte und sich die Oberin Rose Castle vom Middlesex Hospital in London meldete, war ich überrascht und erschrocken zugleich.

»Keine schlechten Nachrichten«, versicherte sie mir. »Ich habe im Lager in Derby herauszufinden versucht, wann Sie Ihren Bruder besuchen werden.«

»Wenn alles gutgeht – am nächsten Mittwoch.«

»Das trifft sich ja ausgezeichnet. Ich habe am Donnerstag eine Unterredung für Natalia im Außenministerium arrangiert, also am Tag, nachdem Sie bei Ihrem Bruder waren. Könnten Sie an diesem Termin vielleicht als Dolmetscher teilnehmen? Es gibt sicher Sprachschwierigkeiten. Und Sie sind nicht nur Natalias Schwager, sondern auch ein Repräsentant des Roten Kreuzes und Schweizer. Das sind die besten Qualifikationen, die man sich denken kann.«

»Hervorragend. Ich bin dabei!« Ich war Rose Castle für ihre Initiative sehr dankbar. »Ich fliege Dienstag und wohne wieder im ›Russell‹.«

Am Dienstag brachte mich eine DC-3 der britischen Luftwaffe nach England. Auf dem Militärflughafen erwartete mich bereits ein Wagen mit Fahrer, der mich nach London fuhr. Die gleiche Transportmöglichkeit wurde mir für meinen Besuch bei Rudi am nächsten Vormittag garantiert.

Als ich dort eintraf, entpuppte sich der Lagerkommandant, Colonel Walker, als freundlicher, hilfsbereiter Offizier. Rudis Arbeitsbrigade wurde gegen ein Uhr im Lager zurückerwartet.

»Darf ich Ihnen Sergeant Jones vorstellen?« sagte Walker. »Er wird Sie begleiten.«

Das Lager war von Wald und Feldern umgeben. Das alte Herrenhaus »Fairways« war von einem Bergwerksbesitzer der viktorianischen Ära erbaut worden, der damit seinen neuerworbenen Reichtum hatte demonstrieren wollen. Durch das pompöse Säulenportal gelangte man in eine Halle, von der aus ein breiter Treppenaufgang in den ersten Stock hinaufführte. Die Halle wurde jetzt als Kantine des Lagers genutzt, und es waren Reihen von blankgescheuerten Holztischen und Stühlen dort aufgestellt.

Die Gefangenen waren in Holzbaracken untergebracht, die auf Ziegelfundamenten standen, um der Flucht durch unterirdische Tunnels vorzubeugen. Die Baracken wurden von Koksöfen beheizt, deren Schornsteine die Umgebung in gelblichen Qualm hüllten. Der Park, der ursprünglich das Heim des Bergwerksbesitzers umgeben hatte, war von einem hohen Stacheldrahtzaun abgegrenzt. Die Wachtürme, von weither sichtbar, waren mittlerweile jedoch nicht mehr besetzt.

Die Lagerkleidung bestand aus Feldblusen und Drillichhosen. Die Gefangenen wurden täglich in Zehnergruppen von ihren Bewachern zum Arbeitseinsatz im Kohlebergbau begleitet.

Rudi kehrte mit seiner Gruppe kurz vor ein Uhr zurück. Ich entdeckte ihn sofort, als die Brigade in den Hof marschierte.

Die Essensausgabe sollte beginnen, doch der Colonel eröffnete mir, daß die Lagerverwaltung an diesem Tag eine Ausnahme gestatte und man zwei Essen in einem kleinen Nebenzimmer servieren werde, so daß Rudi und ich zusammen essen könnten – natürlich in Gegenwart des höflich zurückhaltenden Sergeant Jones, der sich betont unauffällig im Hintergrund hielt.

Rudi sah verhältnismäßig gut aus. Die Feldarbeit im Sommer hatte ihm gutgetan, denn er hatte eine frische, gebräunte Gesichtsfarbe und schien in bester körperlicher Verfassung zu sein. Wir umarmten uns glücklich und erleichtert darüber, uns endlich wiederzusehen. Das einzige Thema, das Rudi jedoch interessierte, war Natalia.

Nachdem ich ihm in allen Einzelheiten meinen ersten Besuch bei ihr beschrieben hatte, sagte er deprimiert: »Wenn ich doch nur sie und das Baby sehen dürfte.«

»Ich kann dich gut verstehen«, erwiderte ich, »und vielleicht ist das hinzukriegen.« Ich erzählte ihm von Rose Castle, wie sie sich für Natalia einsetzte, und daß sie einen Termin mit einem Beamten des Außenministeriums für uns arrangiert hätte. »Dabei wird sie den förmlichen Antrag auf die britische Staatsbürgerschaft stellen.«

»Einen offiziellen Antrag? Aber Natalia spricht kein Wort Englisch. Sie wird uns nur noch mehr in Schwierigkeiten bringen.«

»Nein, nein«, beruhigte ich ihn. »Rose setzt den Antrag auf und wird ihn in Whitehall übergeben. So was kann die Engländer nicht kalt lassen. Ob es uns eine Möglichkeit eröffnet, den Vereinbarungen von Jalta zu entgehen, steht auf einem anderen Blatt. Leider sind internationale Komplikationen nicht ausgeschlossen. Das sowjetische Regime beharrt unerbittlich auf Einhaltung der Verträge.«

»Es ist so – so unglaublich unfair.« Rudis Augen glänzten verräterisch.

»Das Leben kann manchmal sehr ungerecht sein«, stimmte ich zu. »Aber du weißt, was Vater in einem solchen Moment gesagt hätte: ›Laß den Mut nicht sinken, mein Junge. Kämpfe weiter!‹«

»Ja, richtig«, erwiderte Rudi, doch seine Stimme klang brüchig. »Aber das ist einfacher gesagt als getan«, fügte er sarkastisch hinzu.

»So darfst du nicht reden«, wies ich ihn scharf zurecht. »Ich habe Natalia schon eingetrichtert, daß Leben auch Hoffnung bedeutet. Hör also auf, dich selbst zu bemitleiden! Ich kann mir nicht vorstellen, daß dich die Briten als Vater eines englischen Jungen deportieren werden.«

»Ja, vielleicht hast du recht«, murmelte er. »Aber die Vorstellung, wie sie leidet – und das Baby –, das ist so schrecklich deprimierend.«

»Das Baby merkt von allem noch gar nichts«, entgegnete ich. »Und vergiß nicht, daß Natalia eine verläßliche Freundin und Fürsprecherin in Rose Castle hat. Warten wir erst mal ab, was morgen passiert.«

Während der Unterhaltung hatten wir eine große Portion Steak mit Nierenpastete, Bratensoße, Kartoffelbrei und Gemüse gegessen.

»Na, den Appetit scheint es dir ja trotzdem noch nicht verschlagen zu haben«, sagte ich grinsend.

Rudi lachte zum erstenmal, und allein das gab mir das Gefühl, daß mein Besuch etwas bewirkt hatte.

Schließlich war es Zeit, mich zu verabschieden. »Ich bin sicher, daß auch die Behörden deinen Fall neu überdenken müssen, wenn das Außenministerium Natalia nicht helfen kann. Immerhin bist du der Vater eines britischen Jungen.«

»Ich werd's nicht vergessen.« Rudi lächelte. »Mein Gott, wenn ich an den Tag im Delahaye denke! Ich war so kurz vor dem Ziel.«

»Das ist Schnee von gestern.« Ich grinste. »Denke an morgen, nicht an gestern oder heute!«

Am Donnerstag fuhr ich von meinem Hotel aus zum Middlesex Hospital, wo ich pünktlich um halb elf Uhr eintraf.

»Wir sollten pünktlich sein«, hatte Rose mich gewarnt. »Unser Termin im Außenministerium ist für halb zwölf angesetzt. Damit bleibt Ihnen noch genügend Zeit, Natalia ausführlich über den Besuch bei ihrem Mann zu berichten. Nach der Unterredung in Whitehall essen wir in einem kleinen Restaurant zu Mittag. Überlassen Sie alles Weitere mir.« Ich nickte dankbar. Rose Castles Organisationstalent hatte bereits einen tiefen Eindruck bei mir hinterlassen. Ich hatte großes Vertrauen zu ihr.

Die Fahrt nach Whitehall durch das teilweise von Bomben- und Raketenangriffen gezeichnete London dauerte kaum eine Viertelstunde, doch das Warten auf Mr. Massingham, den Unterstaatssekretär im Außenministerium, zog sich dafür um so mehr in die Länge. Ein Portier führte uns mit steinerner Miene in ein trostloses Wartezimmer, dessen einziger Schmuck in einem eingerissenen Plakat mit der Aufschrift »Dummes Gerede kostet Menschenleben« bestand.

Während die Zeit mit untätigem Warten verstrich, wurde Miß Castle immer gereizter. Sie sah wiederholt auf die Uhr. Natalia sank auf ihrem Klappstuhl mehr und mehr in sich zusammen und schien die Tränen kaum noch zurückhalten zu können.

»Tränen können manchmal nützlich sein, aber wir sollten es nicht übertreiben«, sagte Rose Castle schließlich. »Melodramatische Szenen bringen Bürokraten nur aus dem Konzept und jagen ihnen Angst ein.«

»Ich habe auch Angst«, erklärte Natalia.

»Das sollten Sie nicht«, beruhigte Rose Castle sie. »Mister Massingham ist nur ein unwichtiger Beamter – unser Verbindungsmann zu den eigentlichen Entscheidungsträgern. Fürchten dürfen Sie den Mann auf keinen Fall. Das stimmt Sie nur unsicher und erweckt den Eindruck, Sie seien nicht entschlossen genug. Kopf hoch, meine Liebe! Lächeln Sie! Was Sie verlangen, ist nur Ihr gutes Recht.«

Das mochte der Wahrheit entsprechen, doch ich wußte, wir hatten es allein Miß Castles Entschlußkraft und Einsatzbereitschaft zu verdanken, daß uns überhaupt eine persönliche Unterredung mit einem Vertreter des Außenministeriums gewährt worden war.

Schließlich erschien ein junger Sergeant, der uns mitteilte, daß Mr. Massingham für die Verzögerung um Entschuldigung bäte und uns nun empfangen könne. »Würden Sie mir folgen?«

»Selbstverständlich«, erwiderte Rose Castle eisig, die in ihrer Dienstuniform streng und kompetent wirkte.

Die Tatsache, daß Mr. Massingham nur einen untergeordneten Rang in der Hierarchie des Außenministeriums bekleidete, spiegelte sich auch in seinem Büro wider. Es sah beinahe ebenso trostlos wie das Wartezimmer aus. Sein schäbiger Schreibtisch stand auf einem abgewetzten, kleinen türkischen Teppich. Die einzigen anderen Möbelstücke waren ein grüner Aktenschrank, ein Kleiderständer, an dem ein Hut hing, und ein paar Klappstühle.

Mr. Massingham selbst war jung, schlank und trug einen eleganten grauen Anzug mit Weste. Von der Kleider-Rationierung, die sonst in England herrschte, schien er nicht betroffen zu sein. Er begrüßte Miß Castle mit einem entwaffnenden Lächeln, rückte Stühle für uns zurecht und entschuldigte sich noch einmal für die ausgedehnte Wartezeit.

»Leider hat mich der Minister länger aufgehalten, als ich erwartet hatte, aber das war nicht ganz umsonst, denn wir haben Ihren Fall besprochen.« Massingham stand an seinen Schreibtisch gelehnt, die Beine etwas verschränkt. »Das Wichtigste, was sich dabei herausstellte, ist die Tatsache, daß Ihr kleiner Sohn, der als Kind russischer Eltern in Großbritannien geboren wurde, automatisch die britische Staatsbürgerschaft besitzt und damit nicht den Repatriierungsvereinbarungen zwischen England und der Sowjetunion unterliegt. Der russische Delegierte im Repatriierungskomitee allerdings besteht auf Repatriierung des Ehepaars Korolew. Haben Sie das verstanden?«

Ich dolmetschte für Natalia, die völlig verwirrt wirkte.

»Ich verstehe das nur zu gut«, sagte Miß Castle scharf. »Das soll doch wohl heißen, daß die Eltern nach Rußland zurückkehren müssen, während das Kind, ein hilfloses Wesen von ein paar Monaten, sich hier allein durchschlagen darf, oder? Die englischen Gerichte werden da ein Wort mitzureden haben, nehme ich an. Unsere Rechtsprechung hat sehr strikte Auffassungen, was die Trennung von Mutter und Kind betrifft.«

»Zweifellos«, murmelte Mr. Massingham. »Leider dominiert jedoch internationales Recht über die Entscheidungen nationaler Gerichte. Darüber haben sich die Alliierten längst geeinigt.«

Ich sah, wie Rose Castle allmählich der Geduldsfaden zu reißen drohte. Natalia schien von alledem nichts zu begreifen.

»Niemand hat die Absicht, das Kind von seinen Eltern zu trennen«, fuhr Mr. Massingham fort. »Das Kind hat den Vorteil, zwei Staatsangehörigkeiten zu besitzen. Es wird daher zusammen mit seinen Eltern repatriiert.«

»Genau das wollen wir ja verhindern«, entgegnete Rose Castle. »Ich dachte, ich hätte mich bereits in unserem Briefwechsel diesbezüglich deutlich genug ausgedrückt. Mister und Mistreß Korolew möchten in England bleiben und die englische Staatsbürgerschaft erwerben. Das kommunistische Regime gefällt ihnen nicht.«

»Kann ich mir vorstellen«, erwiderte Mr. Massingham. »Aber uns gefällt im Leben vieles nicht, und ...«

»Sie verallgemeinern, Mister Massingham. Wir haben es hier aber mit einem ganz konkreten Fall zu tun. Und es ist der aufrichtige Wunsch des Ehepaars Korolew, sein Anliegen vorzutragen.«

»Ich dachte, das sei der Sinn unserer Zusammenkunft, Madam«, entgegnete Massingham herablassend.

Miß Castle musterte ihn streng. »Ich rate Ihnen, überspannen Sie den Bogen nicht, Mister Massingham! Ich verfüge über ausgezeichnete Beziehungen.«

Massingham wurde rot. »Entschuldigen Sie, Madam. Aber vielleicht möchte Mistreß Korolew jetzt ...«

Natalia, die den Wortlaut der Unterredung zwar nicht verstanden, den veränderten Ton jedoch bemerkt hatte, erwachte plötzlich aus ihrer Lethargie.

Sie sprudelte die Worte so hastig hervor, daß ich mit dem Übersetzen kaum folgen und nur eine knappe Zusammenfassung ihrer Rede geben konnte. Sie sprach von dem Leid, das man ihnen zugefügt hatte, von der Trennung, der Liebe, die sie miteinander verband, und von der geliebten Heimat, in der es keine Freiheit mehr gab. Und sie schilderte in drastischen Farben, welches Schicksal sie, Rudi und das Kind in der Sowjetunion erwartete. Sie schloß damit, daß sie alles, sogar Gefängnis und harte Arbeit ertragen wollten, wenn man nur Erbarmen walten lassen würde.

An diesem Punkt wurde Mr. Massingham bleich. Dramatische Ausführungen dieser Art war er nicht gewohnt. Natalia hatte die Leidenschaft ihrer Aussage wieder die alte Ausstrahlung verliehen. Sie stand mit ineinanderverkrampften Händen, tränennassen Wangen und der flehentlichen Bitte um Erbarmen in den Augen vor ihm.

»Wir sind keine Unmenschen ...«, begann er.

Doch bevor er seinen Satz vollenden konnte, hatte sich Natalia vor ihm auf die Knie geworfen und hielt seine Beine umklammert. Selbst in einem viktorianischen Melodram wäre diese Szene als übertrieben empfunden worden, und Mr. Massingham brauchte eine Weile, bis er seine Sprache wiederfand.

»Bitte beruhigen Sie sich, Mistreß Korolew«, sagte er leise. »Bitte stehen Sie doch auf! Darf ich Ihnen helfen?«

Natalia erhob sich, wandte sich resigniert ab, und ihre Verzweiflung war so offensichtlich, daß es einen Stein erweicht hätte.

»Wir werden sehen«, bemerkte Massingham. »Ich tue, was ich kann.«

Als sich Natalia etwas beruhigt hatte, sah ich, wie Massingham Rose Castle beiseite nahm. Sie unterhielten sich nur wenige Minuten miteinander. Im Taxi auf dem Weg zum Restaurant sagte Rose Castle mir schließlich, was sie mit Massingham besprochen hatte.

»Massingham ist der Meinung, Sie sollten sich nicht an die Regierung, sondern lieber an Churchill wenden. Massingham hat viele Jahre für Churchill gearbeitet, als dieser Premierminister gewesen ist. Obwohl der alte Herr kein Regierungsamt mehr bekleidet, ist er hinter den Kulissen noch immer ein sehr einflußreicher Mann, auch gegenüber Attlee. Und ganz besonders übrigens, wenn es um Menschenrechte geht.«

»Aber wie soll ich an Churchill herankommen?« fragte ich.

»Massingham will das arrangieren. Er hat mich gefragt, ob Sie Duff Cooper, den britischen Botschafter in Frankreich, kennen.«

Ich nickte. Im vergangenen Jahr war ich mehrmals in meiner Eigenschaft als Repräsentant des Roten Kreuzes in seinem wunderschönen Haus in Paris zu Gast gewesen.

»Ausgezeichnet«, sagte Rose Castle. »Massingham war Attaché von Duff in Singapore, bevor die Stadt in die Hände der Japaner fiel. Churchill wird bald privat nach Paris reisen, und Duff Cooper gibt ein Essen in kleinem Kreis für ihn. Er will dafür sorgen, daß Sie eine Einladung erhalten, und Churchill auf Ihr Anliegen vorbereiten. Winston hat für den alten Adel viel übrig – und er haßt Stalin. Außerdem soll er mittlerweile erkannt haben, daß die Repatriierungsvereinbarungen von Jalta ein großer Fehler gewesen sind.«

Churchill! Konnte er das Wunder zustande bringen, obwohl er kein öffentliches Amt mehr bekleidete?

Jedenfalls empfing ich wenige Tage später von Duff Cooper die Einladung zu einem inoffiziellen Abendessen mit Mr. Churchill.

Zum Glück hatte ich bis dahin drei Wochen Zeit, denn noch am nächsten Tag setzten bei Tascha die Wehen ein.

Ich begleitete sie im Krankenwagen in das American Hospital, zu dessen Personal mittlerweile eine Reihe von bekannten Ärzten gehörte. Tascha brachte noch in derselben Nacht einen sieben Pfund schweren, gesunden Jungen zur Welt.

Wir hatten bereits beschlossen, ihn Rudi zu taufen, wenn es ein Sohn werden sollte, so wie Rudi seinen Jungen nach mir benannt hatte. Er war ein süßer kleiner Bursche, dick und rund und fröhlich. Tascha strahlte vor Glück, obwohl ihr die Anstrengungen der Geburt noch deutlich anzusehen waren.

Ich rief natürlich sofort Galina in New York an, die per Telegramm gratulierte. Die Geburt unseres Sohnes hatte noch eine erfreuliche Komponente: Tante Olga, die sich fast vollständig von uns zurückgezogen hatte, war eine der ersten, die Tascha in der Klinik besuchten und die glückliche Mutter mit guten Ratschlägen, Obst, Blumen und Küssen überschüttete.

Es dauerte nicht lange, bis sich »Mutter« und »Tochter« vor Freude weinend in den Armen lagen. Von da an war die jüngste Vergangenheit vergeben und vergessen. Bald war alles wieder so wie früher zwischen uns.

Dann stürzte es von allen Seiten auf uns ein. Es war teilweise ein Glück für uns, daß Rußland der Genfer Konvention nicht beitrat, denn auf diese Weise wurde meinem Büro viel Mühe und Ärger erspart, obwohl wir selbstverständlich jedes Hilfeersuchen von Russen bearbeitet hätten. Allerdings war der größte Teil der russischen Kriegsgefangenen nicht mehr in Frankreich, und die Entscheidung darüber, was mit den wenigen verbliebenen geschehen sollte, lag nicht in unseren, sondern in Stalins blutbefleckten Händen.

Soweit es mich betraf, war ich hauptsächlich damit beschäftigt, Rudi und seiner Familie zu helfen, obwohl ich mich dabei meist auf moralische Unterstützung beschränken mußte.

Meine ganzen Hoffnungen ruhten nun auf dem Gespräch mit Churchill, doch ich versuchte, meine Erwartungen nicht zu hoch anzusetzen. Auch wenn es mir gelingen sollte, Churchill zu überreden, uns zu helfen, mußte er wiederum Attlee davon überzeugen, ihn in einer Angelegenheit zu unterstützen, die ihn eigentlich gar nichts anging. Meine größte Angst bei alledem war, daß möglicherweise alle meine Bemühungen zu spät erfolgten. Rudi konnte jederzeit nach Rußland deportiert werden, auch wenn Rose Castle wie eine Löwin für Natalia kämpfte.

Zumindest war Rose Castles Kampf für »Anstand und Menschenwürde in unserem Lande«, wie sie es nannte, mittlerweile das Tagesgespräch in England. Das Thema jenes ersten Artikels im »News Chronicle« war inzwischen von fast jeder Zeitung im Land aufgegriffen worden, und eine Skandal-Geschichte folgte der anderen. Immer blutrünstigere und brutalere Methoden des Stalin-Regimes wurden aufgedeckt. Stalin selbst wurde in eine Reihe mit jenen gestellt, die die Judenvergasungen in den Todeslagern zu verantworten hatten.

In diesen Wochen klingelte plötzlich das Telefon. Es war Galina aus New York.

Obwohl die Verbindung sehr schlecht war, konnte ich die Erregung in Galinas Stimme deutlich hören.

»Nicki! Bist du's?«

»Ja. Du klingst so weit weg ...«

Galina lachte. »Bin ich auch. Aber nicht mehr lange. Hör zu, Nicki! Hugo und ich reisen nach Europa!«

»Großartig! Nach Paris?«

»Ich schon. Aber Hugo muß zu einem Neurologen-Kongreß in London. Der Kongreß findet in einem Krankenhaus statt. Ich glaube, es heißt ›Middlesex Hospital‹ oder so ähnlich. Hat aber nichts mit Sex zu tun, behauptet Hugo.«

»Das Krankenhaus kenne ich. Sogar ziemlich gut. Und du? Wann kommst du?«

»In zwei oder drei Wochen. Hugo bleibt in London, und ich fliege nach Paris weiter. Dort warte ich, bis Hugo ein paar Tage später folgen kann.«

»Ich hole dich ab«, erklärte ich.

»Fein, Nicki. Glaubst du, wir können bei euch im Haus wohnen? Ich meine, weil ihr jetzt zu dritt seid.«

»Willst du mich beleidigen?« Ich lachte. »Selbstverständlich wohnt ihr bei uns. Ich freue mich so, dich wiederzusehen, Schwesterherz.«

»Ich mich auch. Übrigens«, sie zögerte einen Augenblick, »Hugo möchte sich Igor ansehen. Er hat in Amerika mit neuen Medikamenten gearbeitet, und manchmal geschehen ja noch Zeichen und Wunder.«

»Sag mal, glaubst du ...«

»Es kommt, wie gesagt, auf den Versuch an.«

»Mein Gott, Galina, es wäre wunderbar, wenn Hugo Igor

helfen könnte. Aber jetzt wird das Gespräch zu teuer. Also, wann genau triffst du ein?«

Sie nannte einen Tag im Dezember. »Du meine Güte, dann haben wir bald 1947.«

»Und um welche Uhrzeit?« Ich zog meinen Kalender aus der Tasche.

»Mit der Air-France-Maschine um Viertel nach ein Uhr mittags.«

»So ein Pech!« Ich stöhnte. »Ich kann dich nicht abholen. Da habe ich eine Verabredung zum Mittagessen.«

»Kannst du die nicht absagen?«

»Leider nein. Es klingt vielleicht merkwürdig, aber – aber ich esse an diesem Tag mit Winston Churchill zu Mittag«, fügte ich lachend hinzu.

»Erzählst du Witze?«

Ich erklärte ihr, wie dieses Treffen arrangiert worden war, versprach jedoch, daß Tascha sie in Le Bourget abholen würde.

»Ich verstehe. Grüß schön«, sagte Galina. »Es heißt, der alte Haudegen habe eine Schwäche für Ballettratten. Falls ich also behilflich sein kann …«

»Augenblick! Ich habe mich geirrt. Das Essen mit Churchill findet eine Woche vor deiner Ankunft statt! Wir sehen uns also am Flughafen.«

33

Pünktlich um ein Uhr an diesem Tag erschien ich in der britischen Botschaft in der Rue du Faubourg Saint Honoré, unweit des Élysée-Palastes. Das Gebäude war nicht nur schön, sondern auch imposant. Die Flügel des grünen hohen Tores öffneten sich auf einen mit Kies bedeckten, von Blumen und Büschen gesäumten Hof, wo ein Hausangestellter meinen

Citroën übernahm und ihn etwas abseits parkte, während mich ein livrierter Diener zur Haustür führte und mich bat, einzutreten. Zu meiner Rechten führte eine breite Treppe in den ersten Stock.

Diana Duff Cooper trat aus einem kleinen Empfangssalon zu meiner Linken, wo ich mehrmals einen Cocktail getrunken hatte. Mrs. Cooper war eine schöne und elegante Dame. Hinter ihr tauchte sofort Duff Cooper auf, ein mittelgroßer, untersetzter Mann mit Oberlippenbärtchen, und begrüßte mich herzlich: »Hallo, Nicki! Wir essen später in einem Restaurant gleich um die Ecke.« Den übrigen Gästen stellte er mich als Fürst Korolew vor. Kurz darauf marschierte Churchill in den Raum.

Es war das erste Mal, daß ich ihm persönlich gegenüberstand. Im ersten Augenblick war ich trotz allem, was ich über ihn gehört hatte, von seiner immensen Ausstrahlung fasziniert.

»Schönen Tag, Fürst«, begann er mit brummiger Stimme. »Massingham hat mich schon auf Sie vorbereitet. Aber das erledigen wir nach dem Essen, ja? Und nach dem Champagner. Gibt es denn keinen Champagner, liebe Diana?«

Man hatte wirklich den Eindruck, eine »Bulldogge«, wie ihn die Engländer bezeichneten, vor sich zu haben. Sein breites Nuscheln beim Reden war sein unverkennbares Markenzeichen.

»Massingham hat mir erzählt, der Zar sei Ihr Patenonkel gewesen?«

Ich nickte.

»Ein Ehrenmann«, bemerkte Churchill. »Ich hatte das Glück, ihm vor vielen Jahren zu begegnen. Ein nobler Charakter – und sein Ende?« Er verzog verächtlich die Mundwinkel. »Niedergemetzelt von wilden Hunden, die Lenin dressiert hatte.«

Das folgende Essen im kleinen Kreis ist mir unvergessen. Wir waren acht Personen, und Duff Cooper wies mir den

Platz an Churchills rechter Seite zu, so daß ich zwischen Massingham und Churchill saß. Diana Cooper hatte zu dieser Runde von acht Personen nur noch eine weitere Dame geladen – Ann Rothermere, die Frau des englischen Presse-Lords.

Das Restaurant, in das die Coopers geladen hatten, war »Le Drage« in der Rue Saint Anne. Das Essen war ausgezeichnet, und zu meinem Erstaunen landeten ständig irgendwelche Leckerbissen von Churchill auf meinem Teller.

»Zuviel für mich«, lautete seine Erklärung. »Sie sind ein gesunder junger Mann. Essen Sie!« Ich wagte nicht, mich zu wehren.

Draußen vor den großen Fensterscheiben begann sich eine Menge Schaulustiger zu versammeln, die offenbar von Churchills Anwesenheit gehört hatten.

Hinter der Menge an einer Hauswand stand der Slogan: »Americans go home!«

»Hier scheint man die Amerikaner nicht zu mögen«, bemerkte Massingham leise.

»›Russen raus!‹ brauchen sie nicht erst zu fordern«, murmelte ich erbittert.

»Was gibt's?« fragte Churchill.

Ich deutete auf die Schrift an der Wand.

»Dämliches Pack!« schimpfte Churchill. »Die Franzosen werden es sich nie verzeihen, den Krieg verloren zu haben, aber vor allem verzeihen sie es den Amerikanern nie, daß die ihn gewonnen haben.«

Diese Bemerkung gefiel mir so gut, daß ich sie mir einprägte.

»Aber die Russen«, fuhr Churchill bedächtig fort, »wir haben Seite an Seite mit ihnen gekämpft. Ohne sie wären wir vermutlich untergegangen. Aber jetzt! Vieles hat sich geändert, und ich sehe der Zukunft mit großer Sorge entgegen.«

»Ich würde gern nach dem Essen kurz Ihre Zeit in Anspruch nehmen, um über die Russen – und mein spezielles Problem zu sprechen.«

»Gern, Fürst«, erwiderte er, und die Betonung lag auf dem Wort »Fürst«.

Als wir schließlich, umgeben von ein paar hundert Schaulustigen, das Restaurant verließen und Churchill, die unvermeidliche Zigarre in der Hand, das Siegeszeichen formte, flüsterte er grinsend: »Die Franzosen können die Briten vielleicht nicht ausstehen, aber mich scheinen sie zu mögen.«

Als wir die Botschaft wieder betraten, gingen die meisten Gäste weiter in den kleinen Salon, und Churchill wandte sich an unsere Gastgeberin: »Bitte entschuldige uns, Diana. Der Fürst und ich – nun, wir wollen uns noch ein wenig über das neue Rußland unterhalten. Wir gehen in mein Zimmer. Massingham, Sie begleiten uns!«

Sich mit einer Hand am Geländer festhaltend, stapfte er die Treppe hinauf in sein Zimmer und ließ sich schwerfällig in einen Sessel fallen.

»Setzen Sie sich aufs Bett«, bot er mir an. »Und dann schießen Sie los!«

Das tat ich dann auch. So knapp wie möglich schilderte ich das Schicksal meines Bruders und seiner Familie. Massingham, der offenbar genau wußte, auf welche Punkte Churchill besonderen Wert legte, griff immer wieder helfend ein.

Schließlich sagte Churchill, der einen beinahe schläfrigen Eindruck erweckte: »Typisch. Das ist Stalin, wie er leibt und lebt. Ich werde alles in meiner Macht Stehende tun, um Mister Attlee zu veranlassen, sich für Ihren Bruder einzusetzen.« Damit streckte er mir die Hand hin: »Auf Wiedersehen, Fürst. Hat mich sehr gefreut, Sie kennenzulernen.« Damit legte er sich auf sein Bett, und ich verließ den Raum.

Massingham folgte mir mit strahlendem Lächeln. »Ein voller Erfolg«, erklärte er. »Sehr gut. Winston mag Sie ganz offensichtlich. Sie können also damit rechnen, daß Ihr Anliegen auch sein Anliegen sein wird.«

Die folgenden Nächte schlief ich schlecht. Immer wieder quälten mich die merkwürdigsten, zeitweise auch erotische Träume.

Dann, von einem Tag auf den anderen, hörten die Träume auf.

»Ich weiß warum«, erklärte Tascha lachend beim Frühstück. »Galina kommt morgen.«

Und natürlich hatte sie recht.

Tascha und ich fuhren mittags zum Flugplatz Le Bourget. Während wir in der Ankunftshalle warteten, fiel mir auf, wie besonders elegant und schön Tascha an diesem Tag aussah. Nach der Geburt unseres Sohnes war sie wieder schlank wie ein junges Mädchen, und das von Olga entworfene Kleid im Stil des »New Look« stand ihr ausgezeichnet.

Es war beinahe knöchellang und ließ sie schmaler und größer erscheinen als sonst. Darüber trug sie einen mit Satin gefütterten Mantel ohne Knopfverschluß mit saumlangem Revers. Wenn man bedachte, daß sie bereits Mutter war, dann war ihr jugendliches Aussehen erstaunlich. Für den Bruchteil einer Sekunde tauchte das Bild des kleinen Mädchens wieder vor mir auf, das Olga mir damals im Innenhof des Hauses am Place de Furstenberg als ihre Tochter vorgestellt hatte.

Außer uns erwartete noch ein gutes Dutzend Menschen die Ankunft der Maschine aus London, und ein eiskalter Dezemberwind fegte bei wolkenlos klarem Himmel über das Rollfeld. Plötzlich fühlte ich eine beinahe überwältigende Dankbarkeit dafür, daß wir so viel erlebt und alles so gut überstanden hatten. Wenn das doch auch für Rudi und Igor gelten könnte!

Erstaunlicherweise landete die DC-3 eine Viertelstunde früher als erwartet, und eine verzerrte Stimme über den Lautsprecher mahnte die Wartenden, auf ihren Plätzen zu bleiben und das Rollfeld nicht zu betreten. Da die Rollbahn gut 300 Meter von uns entfernt lag, konnte kaum jemand ernsthaft annehmen, daß wir über die Stoppelfelder zu der Gangway laufen würden, über die die Passagiere die Maschine verließen.

Auf die Entfernung waren die einzelnen Personen kaum deutlich zu erkennen, doch plötzlich trat Tascha erregt ein paar Schritte vor. »Ich kann sie sehen! Sie hat auch ein Kleid im ›New Look‹ an – und einen schicken kleinen Hut! Das muß sie sein!« Tascha hüpfte vor Aufregung wie ein kleines Kind von einem Fuß auf den anderen.

»Na, das wollen wir aber auch hoffen«, murmelte ich und drückte ihre Hand. »Deshalb sind wir nämlich hier, weißt du?«

»So hast du mich schon damals immer geneckt, als ich unbedingt wollte, daß du mich küßt, und Mama so schrecklich streng und unheilschwanger geschaut hat.«

Die kleine Gruppe von Passagieren rückte, gefolgt von den Gepäckträgern mit ihren Wagen, langsam näher. Ich erkannte Galina nun ebenfalls, wie sie mit beschwingten Schritten, aufmerksam um sich schauend, über das Rollfeld ging. Sie trug jenen für die Flugpassagiere von damals so typischen Ausdruck zur Schau, der deutlich sagte, wie froh sie war, wieder festen Boden unter den Füßen zu haben.

Galina passierte ohne Schwierigkeiten die Zollkontrolle, und im nächsten Augenblick lagen wir uns alle in den Armen. »Wie schön, dich wiederzusehen! Wir haben dich so vermißt!«

Ich betrachtete Galina von der Seite. Sie wirkte sicherer, weltgewandter. Die Aura des Erfolgs umgab sie. Es stand ihr gut.

»Man sieht dir den stolzen Vater an, Nicki«, sagte sie schließlich ein wenig träumerisch im Wagen. »Dabei scheint es noch gar nicht lange her zu sein, daß du durch das Schlüsselloch unserer großen Tür in Zarskoje Selo gespäht hast. Wie viel ist seitdem geschehen!« Und mit einem Seufzer fügte sie hinzu: »Ich denke oft an Vater, an Igor und vor allem an Rudi.«

Die Vergangenheit mit all den Tränen und dem Lachen zog wie ein Film an unserem geistigen Auge vorbei, während wir durch Les Villettes, das Schlachthofviertel, mit seinen berühmten Restaurants fuhren.

»Du siehst großartig aus«, sagte ich schließlich zu Galina.

»So fühle ich mich auch«, erwiderte sie. »Ich bin so fit wie noch nie. Vielleicht bewirkt das die Ehe. Sie bekommt mir gut.« Wir fuhren die Rue Lafayette entlang, am Gare de l'Est vorbei ins Zentrum der Stadt, wo wir einen Großteil unseres Lebens verbracht hatten, und bogen dann nach links zur Oper und den Tuilerien ab.

»Wir essen zu Hause. Hast du was dagegen?« fragte ich, als wir den Rive Gauche erreicht hatten.

»Ganz und gar nicht. Zu Hause ist zu Hause.«

»Und Kaviar bleibt Kaviar, und davon haben wir eine ganze Menge«, erklärte ich lachend. »Ich habe bei Hédiard eine große Dose gekauft.«

Hédiard war ein berühmter Delikatessenladen, in dem man sämtliche exotischen Spezialitäten der Welt kaufen konnte, von Kaviar und Wodka bis zu Süßkartoffeln und indischem Chutney.

»Ah, wir sind da!« rief Galina. »Paris ist herrlich. Auch im Winter. New York ist eine großartige Stadt, voller Leben, aber Paris! Es geht nichts über Paris. Wie schön, wieder hier zu sein. Allein schon, wie es in dieser Stadt riecht! Aber sagt mal, wie geht es Igor?«

Ich erzählte in kurzen Worten, wie wenig sich sein Zustand gebessert hatte.

»Armer Igor«, sagte Galina. »Er ist ein so amüsanter Mann gewesen. Ein grausames Schicksal, für ihn und für Brig. Sie tut mir leid.«

»Brig tut dir leid?«

Wir saßen inzwischen im Haus am Place de Furstenberg

und tranken unseren ersten Wodka, bevor wir über Kaviar und Blinis herfallen wollten, die unsere neue Haushälterin, eine Frau mittleren Alters namens Elena, vorbereitet hatte. Ich starrte Galina fassungslos an.

»Ja. Ich habe Brig in Amerika wiedergetroffen. Sie hat damals überreagiert, das gibt sie selbst zu. Aber Igor hatte sie laufend betrogen. Vermutlich hat er den Schlaganfall dadurch selbst verschuldet. Und was Brig betrifft – sie hat sich sehr verändert.«

»Hm«, schnaubte ich verächtlich. »Wo hast du sie denn getroffen?«

»Brig ist zu einer großen Mäzenin des Balletts geworden«, erklärte Galina. »Sie hat sogar das New York City Ballett unter ihre Fittiche genommen und sitzt im Ausschuß unseres Fördervereins. Sie ist eine große Stütze. Eines Tages haben wir uns ausgesprochen. Sie weiß, daß es damals falsch war, Igor mit diesen entlarvenden Fotos zu quälen.« Und mit einem kessen Lächeln fügte sie hinzu: »Waren die wirklich so heiß?«

Ich lächelte ebenfalls. »Nun – sie waren superb.«

Nachdem ich ihr vom neuesten Stand unserer Bemühungen um Rudi und seine Familie berichtet hatte, verkündete Galina, daß sie sich ein wenig schlafen legen wolle.

»Es ist schön, dich hier zu haben«, sagte ich. »Du siehst wirklich faszinierend aus. Jeder Zoll die große Ballerina!«

»Ah, der Tanz! Ich hätte fast vergessen, euch zu sagen, daß der Meister – Balanchine – in einer Woche nach Paris kommt. Er will einen großen Wohltätigkeitsball für die Reichsten der Reichen in Paris organisieren. Er soll im nächsten Juli im Pré-Catalan stattfinden.«

Das Pré-Catalan im Bois de Boulogne war ein luxuriös eingerichtetes Restaurant mit großem Ballsaal.

»Wohlgemerkt, im nächsten Juli«, fuhr Galina fort. »Und zwar zugunsten der Russen in Frankreich, die finanzielle Hilfe brauchen. Ihr beide seid natürlich eingeladen.«

»Und wieviel sollen die Eintrittskarten kosten?« fragte ich lachend.

»Für euch keinen Sou. Aber für die anderen ein Vermögen. Keine Sorge, ich werde …« Sie hielt inne. »Nein, das soll eine Überraschung sein. Es hat was mit dem Höhepunkt des Abends zu tun. Meine Gage sind zehn Eintrittskarten. Und ihr seid natürlich dabei.«

»Ich würde Balanchine gern wiedersehen. Damals in Monte Carlo war er sehr charmant.«

»Er ist wirklich ein großartiger Künstler und Mensch, Nikki. Und er tut viel für die Wohltätigkeit. Sicher kommt er gern hier ins Haus, um Tascha kennenzulernen, Wodka zu trinken und Mamas geliebte Kleinigkeiten zu bewundern, besonders die Stücke von Fabergé.«

Zwei Tage später traf die Nachricht ein, auf die ich seit dem Mittagessen mit Churchill zwei Wochen zuvor gewartet hatte. Ich hatte schon fast die Hoffnung aufgegeben, aus dieser Ecke Schützenhilfe zu erhalten, als Massingham anrief.

»Halten Sie die Daumen, Fürst! Ich glaube, Winston hat's geschafft.«

»Wirklich?« Mein Herz schlug schneller. »Erzählen Sie, erzählen Sie alles!«

»Nun, Attlee scheinen die Presseberichte beunruhigt und getroffen zu haben. Die Zeitungen lassen noch immer nicht locker. Und Winston hat um eine private Unterredung mit Attlee gebeten. Sie haben fast eine Stunde lang über Ihr Problem diskutiert. Aber natürlich habe ich keine Ahnung, was da gesprochen wurde.«

»Wie wollen Sie dann wissen, daß es positiv war?«

»Ich habe einfach das Gefühl. Ich habe Winston noch am selben Abend im Unterhaus getroffen. Er hat sehr selbstzufrieden gewirkt und zu mir gesagt: ›Attlee war ganz meiner Meinung. Er findet, es sei unmenschlich, einfach unmenschlich, wie Stalin die Korolews behandele. Und er wird veranlassen, daß sie bleiben dürfen.‹«

»Mister Massingham, mir fehlen die Worte«, sagte ich heiser. »Wir stehen in Ihrer Schuld, mein Bruder und ich. Ich weiß nicht, wie wir Ihnen das je danken können.«

»Wem Sie wirklich danken sollten, das ist Brigadegeneral Rose Castle«, entgegnete Massingham lachend. »Sie mag wie ein altes Schlachtroß wirken, aber sie ist die Güte in Person – und kämpft verbissen für ihre Schützlinge.«

Ich lachte bei dieser Charakterisierung. »Wie kann ich meinem Bruder die Nachricht übermitteln?«

Massingham zögerte, bevor er antwortete: »Ich schätze, es ist klüger, das den entsprechenden Stellen zu überlassen.«

»Unmöglich! Mein Bruder, er quält sich so. Warum darf ich ihn nicht erlösen?«

»Ich verstehe das. Aber wir dürfen nicht riskieren, daß die Presse davon Wind kriegt, bevor Attlee eine offizielle Verlautbarung herausgibt. Moskau würde protestieren, und Attlee müßte möglicherweise alles leugnen. Halten wir uns lieber bedeckt!«

»Vermutlich haben Sie recht«, sagte ich schweren Herzens. »Hoffentlich dauert es nicht zu lange.«

»Nein, höchstens ein oder zwei Wochen, dann sind beide freie – britische Staatsbürger.«

Am nächsten Tag war ich noch so aufgeregt, daß ich an die gute Nachricht fast nicht glauben mochte. Dann traf Hugo Lattimer, Galinas Mann, in Paris ein. Es war wie ein echtes Familienfest.

Zuallererst hörte er die gute Nachricht über Rudi.

»Ich brenne darauf, es Igor zu erzählen. Das wird ihn sicher aufheitern.«

Etwas verwirrt wandte sich Lattimer an Galina: »Ist Igor dein kranker Vetter?«

»Ja, verzeih!« Galina lächelte. »Sie haben mir nicht mal

Zeit gelassen, dich angemessen zu begrüßen. Wir sind alle so aufgeregt. Bitte, sei nicht böse!«

»Überhaupt nicht.« Er lächelte.

Hugo Lattimer sah genauso aus, wie ich ihn mir vorgestellt hatte: breitschultrig, athletische Figur. Die Überraschung allerdings war sein dichtes weißes Haar. Es verlieh ihm eine gewisse Distinguiertheit, ohne ihn alt erscheinen zu lassen. Ich schätzte ihn auf Anfang Fünfzig und hatte angesichts seines eleganten Haarschnitts den Verdacht, daß er nicht ohne Eitelkeit war.

Nachdem sich Galina und Hugo umarmt hatten, nahm Hugo Taschas Hand und lächelte sie mit jener Zuneigung an, die nur ein durch Hörensagen gewonnener Eindruck bewirken kann, der sich bei einer persönlichen Begegnung bestätigt. Hugo sprach ein sehr »britisches« Amerikanisch, und es stellte sich heraus, daß er sowohl in Cambridge als auch in Harvard studiert hatte.

»Das sind ja großartige Neuigkeiten von deinem Bruder«, sagte er ehrlich erfreut, als wir uns die Hand schüttelten. Seine blauen Augen drückten echtes Mitgefühl aus.

Bereits nach wenigen Minuten unterhielten wir uns alle, als habe Hugo schon immer zur Familie gehört. Als wir das Haus am Place de Furstenberg erreichten, war es beschlossene Sache, daß Hugo so schnell wie möglich mit Igors behandelnden Ärzten sprechen würde.

Allerdings bestand Hugo darauf, zuerst Igor selbst zu besuchen. »Ich möchte ihn mir mal ansehen. Ich muß wissen, in welcher Verfassung er ist.«

Am nächsten Morgen empfing uns Kornilow an der Haustür. »Doktor Lattimer – Graf Kornilow«, stellte ich vor. Die beiden schüttelten sich die Hand, und Kornilow führte uns in Igors Zimmer.

Zum Glück entwickelte sich eine spontane Sympathie zwischen den beiden. Igors Augen drückten deutlich Hoffnung und Zufriedenheit aus, als Hugo ihm Frage nach Frage stellte und er mit seiner »Blinzeltechnik« antwortete. Hugo verschaffte sich damit einen ersten Überblick darüber, wieviel Igor hörte, sah, spürte, schmeckte, und inwieweit er flüssige von fester Nahrung unterscheiden konnte.

»Wir Ärzte müssen gelegentlich geradezu kriminalistischen Spürsinn entwickeln«, erklärte Hugo Tascha und mir hinterher. »Igors Ärzte sind offenbar hochqualifiziert, aber möglicherweise zu konservativ. Gerade wir Mediziner müssen immer wieder zu neuen Ufern streben. Das ist der Sinn dieser Kongresse. Ein Gedankenaustausch ist sehr wichtig.«

Der Kongreß, zu dem Hugo geflogen war, hatte sich teilweise mit den Folgen und Heilungsmöglichkeiten von Herzinfarkten beschäftigt.

»Wir haben in Amerika ein neues Medikament für Infarktpatienten entwickelt«, führte Hugo weiter aus. »Es heißt ›Donatol‹ und enthält den Wirkstoff Atropin, der aus Nachtschattengewächsen, besonders der Tollkirsche, gewonnen wird. Belladonna ist euch sicher aus der Kosmetik bekannt, oder?«

Wir schüttelten die Köpfe.

»Es hat keinen Sinn, euch mit komplizierten medizinischen Zusammenhängen zu verwirren, aber das Atropin wirkt hemmend auf das Gewebshormon Acetylcholin im Nervensystem, anregend auf die Herztätigkeit und beseitigt bestimmte Formen des Herzblocks.«

»Ah, ich verstehe. Das ist doch genau das, woran Igor leidet, nicht wahr?«

»Ganz so einfach ist es nicht. Über die Nebenwirkungen in bestimmten Fällen sind wir uns nämlich noch nicht im klaren.«

»Du meinst, es könnte seinen Zustand möglicherweise verschlimmern, ihn vielleicht sogar töten?« fragte Tascha.

»Es wird ihn bestimmt nicht umbringen. Aber – nun ja, es könnte seinen Zustand eben nicht gerade bessern.«

Zwei Tage später wurde bei Igor in Abstimmung mit Dr. Harvey vom American Hospital die Behandlung mit Donatol begonnen, das Hugo großzügigerweise zur Verfügung gestellt hatte. Gleichzeitig ordnete Hugo eine noch strengere Überwachung des Patienten an, so daß jede Reaktion auf das Medikament registriert werden konnte. Die Physiotherapie sollte parallel dazu verstärkt fortgesetzt werden.

Alle diese neuen Entwicklungen, auf die wir große Hoffnung setzten, traten jedoch in den Hintergrund, als wenige Tage später in meinem Büro das Telefon klingelte und sich am anderen Ende London meldete. »Miß Castle möchte Sie sprechen, Mister Korolew. Bleiben Sie am Apparat!«

»Rose!« rief ich freudig erregt, denn wir duzten uns mittlerweile. »Endlich erhalte ich die gute Nachricht! Ist alles überstanden?«

Doch Rose Castles Stimme drückte kaum die Freude und Erregung aus, die ich erwartet hatte. Mit einem Schlag wurde mir klar, daß etwas nicht stimmte.

»Aber – das verstehe ich nicht«, fuhr ich heiser fort. »Massingham hat mir gesagt, daß Attlee bereit sei ...«

»Das war er auch ...« Die Stimme versagte ihr einen Augenblick. »Aber es ist etwas Unvorhergesehenes passiert. Nein, bitte versteh, Attlee hat die Aufenthaltsgenehmigung für Rudi bereits unterschrieben, aber es dauert noch, bis sie in Kraft treten kann.«

»Diese verdammten Bürokraten!« schimpfte ich. »Wie lange noch?«

Rose Castles nächste Worte trafen mich wie ein Keulenschlag.

»Möglicherweise werden wir das nie erfahren«, sagte sie mit bebender Stimme.

»Was soll das heißen?« Ich war außer mir. »Was, zum Teufel, ist passiert?«

»Rudi ist mit ungefähr zwanzig anderen Insassen von Fairways – verschwunden. Es traf die offizielle Order ein, sie per Bus fortzubringen, aber niemand scheint zu wissen, wohin.«

34

Was folgt, ist ohne Übertreibung eine Horror-Story, die ich der Einfachheit halber so erzählen will, wie Rudi sie erlebt hat.

Der Anfang des Dramas fand in Fairways statt, als der Lagerkommandant Rudi zu sich rufen ließ und ihm eine Tasse Tee anbot. Rudi, dem man bereits angedeutet hatte, daß sich Churchill persönlich für seine Freilassung bei Attlee einsetzen wollte, war sehr aufgeregt.

Seinen Hoffnungen wurde jedoch ein arger Dämpfer aufgesetzt, als der Colonel ihm knapp mitteilte: »Ich kann Ihnen im Augenblick keine Begründung geben, Korolew, aber Sie werden verlegt.«

»Und Sie dürfen mir nicht sagen, wohin?« fragte Rudi ängstlich.

»Nun, ich sehe keinen Grund, das zu verschweigen: nach London. Das ist allerdings alles, was Sie von mir erfahren werden. Ich habe meine Anordnungen.«

Rudis Stimmung besserte sich schlagartig. Natalia war in London. Er vermutete also, daß er sie bald wiedersehen würde. Sein Glaube an das Wunder kehrte zurück.

Am nächsten Morgen bestieg er mit neunzehn anderen Kriegsgefangenen einen extra für sie bereitgestellten Bus. Zwei britische Soldaten mit Maschinengewehren wurden ihnen als Bewacher mitgegeben. Ein weiterer Soldat saß neben dem Fahrer.

Als sie London erreicht hatten, fragte Rudi den einen Bewacher: »Wohin werden wir eigentlich gebracht, Corporal?«

»Keine Ahnung«, lautete die lakonische Antwort.

Der Kamerad des Corporals allerdings war gesprächiger. Er erklärte Rudi, der London ja nicht kannte, bereitwillig die Sehenswürdigkeiten, an denen sie vorbeifuhren.

Als Rudi erneut fragte, wohin die Reise gehe, erwiderte dieser leichthin: »Na, zur Themse, zu den Docks!«

Alle zwanzig Männer sahen sich entsetzt an. Rudi sprang auf, als unter seinen Mitgefangenen regelrecht Panik ausbrach. Der Sergeant stieß Rudi mit dem Gewehrkolben auf seinen Sitz zurück.

»Immer schön ruhig bleiben, Männer!« brüllte er drohend. »Los, hinsetzen! Aufstehen könnt ihr noch früh genug, wenn wir die Docks erreicht haben.«

Völlig verstört sank Rudi auf die Sitzbank. Der so nahe geglaubte Sieg hatte sich in eine totale Niederlage verwandelt.

»Aber Sergeant!« schrie er verzweifelt. »Mister Churchill hat mir gesagt ...«

»Schnauze!« brüllte der Sergeant ihn an.

»Ich habe Frau und Kind hier«, fuhr Rudi unbeirrt fort. »Wo sind sie?« Rudi hatte nicht die geringste Ahnung, welches Schicksal Natalia und den kleinen Nicki erwartete.

Hinter einem halbverfallenen Straßenzug hielt der Bus plötzlich an. Die rückwärtige Tür wurde aufgestoßen, und sie rochen sofort jene Mischung aus Teer, schmutzigem Wasser und Maschinenöl, die für jeden Hafen so typisch ist.

Zu ihrer Rechten lagen auch schon die Docks, ein Wirrwarr von Ladekränen, aufgelassenen Schienensträngen, zerstörten Lagerhäusern. Dahinter ragte die Bordwand eines großen Schiffes auf, das am Kai vertäut hatte. Rudi wurde mit seinen Mitgefangenen von einem Dutzend britischer Soldaten aus dem Bus getrieben. Aus den Augenwinkeln erkannte er den Union Jack am Heck des Schiffes vor rotem Hintergrund.

»Hier entlang! Und keine Dummheiten, bitte! Immer schön hintereinander bleiben! Habt ihr euren Becher und die Decke?« Jedem Gefangenen waren ein Becher und eine Dekke ausgehändigt worden.

Rudi trottete niedergeschlagen und wie betäubt hinter den anderen über die Schienen und zur Gangway, welche die ersten bereits erreicht hatten. Alles war verloren. In die Schreie und Kommandorufe der Soldaten mischten sich plötzlich auch barsche Anweisungen auf russisch.

Obwohl das Schiff unter britischer Flagge fuhr, war offenbar russisches Personal an Bord, das den Befehl über die Hunderte russischer Kriegsgefangenen hatte, die bereits in Reih und Glied an Deck standen. Am Ende der Gangway wurden die Personalien jedes einzelnen festgestellt, und Rudi entdeckte auf einmal überall russische Soldaten.

Dann gab es vor ihm in der Schlange plötzlich einen Zwischenfall. Einer seiner Mitgefangenen aus Fairways bückte sich. Ein Soldat brüllte ihn an und stieß ihn in den Rücken, als der Gefangene seinen Becher am Geländer der Gangway zerschlug und sich damit mit einer schnellen Bewegung die Kehle aufschlitzte. Blutüberströmt sank der Mann zu Boden.

»Endlich frei«, gurgelte er, dann war er bewußtlos.

»Ein Arzt!« schrie jemand. »Wir brauchen einen Arzt!«

Der Hafenarzt, der den Gefangenentransport vom Kai aus überwachte, stürmte die Gangway hinauf, warf einen Blick auf den verletzten Russen und befahl dem nächststehenden Soldaten: »Rufen Sie sofort einen Krankenwagen! Wir müssen ihn von Bord bringen. Vielleicht können wir ihn retten.«

Ein sowjetischer Offizier vertrat dem Hafenarzt den Weg. »Der Gefangene bleibt hier«, erklärte er kategorisch in kehligem Englisch.

»Aber der Mann wird sterben!« schrie der Arzt aufgebracht und versuchte, den Offizier beiseite zu stoßen.

»Hier habe ich das Kommando! Diese Männer befinden sich auf einem von der sowjetischen Regierung gecharterten Schiff. In zehn Minuten legen wir ab. Schafft den Mann ins Schiffshospital!« befahl er zwei Gefangenen.

»Das lasse ich nicht zu!« schrie der Hafenarzt aufgebracht. »Das bedeutet den sicheren Tod des Mannes!«

»Und wennschon! Geschieht ihm ganz recht!« rief der Offizier, als der Arzt die Gangway hinauflief, um Unterstützung bei dem englischen Kapitän zu suchen.

»Ich kann leider nichts tun«, erwiderte der Kapitän resigniert. »Ich habe den Vorfall natürlich beobachtet. Rein rechtlich haben – was die Kriegsgefangenen betrifft – die Russen an Bord das Sagen. Außerdem bin ich nur von der Handelsschiffahrt.«

»Das ist ja unmenschlich.«

»Ich weiß. Aber es ist ein russischer Arzt an Bord.«

Rudi hörte, wie die Schiffsmaschinen zu stampfen begannen. Als der Hafenarzt in ohnmächtiger Wut fluchend wieder die Gangway hinunter und an Land gegangen war, wußte Rudi plötzlich, daß er dem Beispiel des Mannes folgen mußte, der sich die Kehle aufgeschlitzt hätte.

Allerdings war das keine Methode für ihn. Er wollte es ohne großes Blutvergießen erledigen. Mit einem haßerfüllten Aufschrei schlug er dem nächststehenden russischen Soldaten seinen Becher ins Gesicht, wirbelte herum, zwängte sich durch die Kameraden hindurch zur Reling und sprang, ohne auch nur eine Sekunde zu zögern, über Bord.

Rudi wollte erst gar nicht versuchen, sich schwimmend in Sicherheit zu bringen. Er wollte lieber sterben, als in Sibirien zu landen und Natalia nie wiederzusehen.

Das eiskalte Wasser schlug wie ein Keulenschlag über ihm zusammen. Wie von weitem hörte er Alarmglocken und Stimmen. Er tauchte in der Hoffnung, nie wieder nach oben zu gelangen, und schwamm unter Wasser ein Stück, als er das dumpfe Dröhnen eines Außenbordmotors hörte.

Der Außenbordmotor gehörte zu einer Barkasse der Wasserpolizei, wie er später erfuhr, die genau auf die Luftblasen zuhielt, die er an der Wasseroberfläche zurückgelassen hatte. Als Rudi schließlich ganz unfreiwillig wieder im schmutzig trüben Wasser auftauchte, packten ihn starke Hände und zogen ihn an Bord.

Wasser spuckend und unter Tränen der Wut und Verzweiflung, schrie Rudi: »Ich will sterben! Laßt mich sterben!«

»Ganz ruhig, Sir«, sagte der Polizeibeamte.

»Ich muß sterben«, schluchzte Rudi. »Bitte laßt mich in Ruhe!«

»Mann, Sie haben uns schon genug Ärger bereitet. Wir bringen Sie jetzt ...«

»Nein, nein!« schrie Rudi beinahe hysterisch, riß sich los und sprang in das ölige Wasser zurück, das er sich als Grab gewählt hatte.

Aber Rudi war ein zu guter Schwimmer. Er tauchte erneut auf, und diesmal hatten sie ihn in wenigen Minuten wieder aufgegriffen. Bevor er sich noch richtig erholt hatte, war er wieder an Bord des Schiffes.

»In die Zelle mit ihm!« schnarrte der sowjetische Offizier. »Du wirst dich noch wundern, wenn wir erst in der Sowjetunion sind!«

Zwei Soldaten nahmen Rudi in Empfang und preßten ihm brutal die Arme auf den Rücken. Rudi, der eigentlich hatte sterben wollen, schrie sehr lebendig vor Schmerz laut auf.

»Achtung! Achtung!« ertönte plötzlich eine Stimme aus dem Bordlautsprecher. »Gefangener Korolew, bitte vortreten! Wir fordern den sowjetischen Offizier auf, Korolew zu uns zu bringen!«

Auf dem Schiff herrschte infolge dieser britischen Aufforderung im ersten Augenblick verblüfftes Schweigen. Kaum mehr als ein Dutzend der 2000 russischen Kriegsgefangenen an Bord waren des Englischen mächtig, und auch von denen wußte kaum jemand, daß es Korolew gewesen war, der versucht hatte, sich durch den Sprung ins Wasser umzubringen.

Dann wurde durch den Lautsprecher die Aufforderung wiederholt, diesmal jedoch auf russisch.

Ein wütender sowjetischer Kommandant betrat die Brükke.

»Was soll das?« erkundigte er sich barsch. »Wir haben bereits Verspätung.«

»Ich möchte Sie bitten, diesen Korolew herzubringen«, entgegnete der Kapitän.

»Warum? Warum sollte ich das tun?«

»Weil ich Sie dazu auffordere«, entgegnete der Kapitän ungerührt. »Wenn Sie jetzt bitte so freundlich wären ...«

»Ich kenne den Namen nicht. Legen Sie gefälligst ab!«

»Tut mir leid, aber das ist ein Befehl des Premierministers.«

»Der zählt hier nicht. Das ist eine Militäraktion.«

»Unser Premierminister zählt sehr wohl«, widersprach der Kapitän gereizt. »Sie scheinen zu vergessen, daß Sie sich auf einem britischen Schiff befinden.«

»Ich kenne keinen Korolew.«

Inzwischen waren unten an Deck Stimmen laut geworden. Die restlichen neunzehn Kriegsgefangenen aus Fairways wußten selbstverständlich, wer Korolew war, und jetzt schrien alle durcheinander.

»Ich kenne ihn nicht«, wiederholte der Offizier hartnäckig. »Er ist nicht an Bord.« Und dann, mit einem Blick auf den Herrn im eleganten Flanellanzug, der hinter dem Kapitän aufgetaucht war: »Wer ist das?«

»Mister Massingham«, erwiderte der Kapitän. »Er ist im Auftrag des Premierministers hier.«

»Und was will er?«

»Er möchte mit Mister Korolew sprechen«, erwiderte der Kapitän ausweichend. »Wenn Sie sich diesem Wunsch nicht fügen, Genosse, dann werde ich die Identität jedes einzelnen Ihrer Gefangenen überprüfen lassen und die Abfahrt des Schiffes um vierundzwanzig Stunden verschieben.«

»Das wagen Sie nicht!«

»O doch! Also, wo ist Mister Korolew?«

»Im Zellentrakt unter Deck – wo er hingehört! Er ist der Mann, der versucht hat, sich mit einem Sprung ins Wasser umzubringen.«

Der Kapitän war so verblüfft, daß er im ersten Augenblick kein Wort herausbrachte.

»Gut. Dann holen Sie ihn her! Mister Massingham möchte ihn sprechen«, erklärte er schließlich.

»Aber ich bestehe darauf, bei der Unterredung anwesend zu sein«, beharrte der Offizier.

»Das steht Ihnen selbstverständlich frei.«

Der sowjetische Offizier schnarrte seinen Soldaten Anweisungen auf russisch zu, und kurz darauf wurde der tropfnasse, halb bewußtlose Rudi auf die Brücke gezerrt. Es war kaum zu übersehen, daß er von den Russen übel mißhandelt worden war.

»Wieso hat der Mann keine trockenen Sachen an?« protestierte der Kapitän. »Und die Blutergüsse …«

»Er wurde gewalttätig«, entgegnete der sowjetische Offizier kalt. »Also, was wollen Sie?«

Rudi gelang es mit beinahe übermenschlicher Anstrengung, die Augen aufzuschlagen. Zuerst sah er alles nur verschwommen.

»Sind Sie Mister Korolew?« erkundigte sich Massingham.

Rudi nickte.

»Und Ihre Frau heißt …? Wir brauchen ein paar Informationen, um Sie korrekt identifizieren zu können.«

»Natalia.« Rudi versuchte verzweifelt, sich zu konzentrieren.

»Und Ihr Kind? Ist es ein Junge oder ein Mädchen?«

»Junge«, keuchte Rudi zwischen blutenden Lippen.

Der sowjetische Offizier fluchte unterdrückt.

»Und wie heißt er?«

Rudi öffnete die Augen, so weit er konnte, und flüsterte: »Nicki. Nach meinem Zwillingsbruder.«

»Ich hab's gewußt.« Massingham legte Rudi den Arm um die Schultern. »Ich bin ein Freund Ihres Bruders. Aber ich mußte vor Zeugen beweisen, daß Sie Rudi Korolew sind. Mister Korolew, es ist mir eine große Freude, Ihnen mitteilen zu dürfen, daß Mister Attlee auf Mister Churchills Betreiben Ihnen und Ihrer Frau ab sofort die britische Staatsbürgerschaft zuerkennt. Sie können damit nicht gegen Ihren Willen nach Rußland gebracht werden.«

Der sowjetische Offizier schwieg verbissen.

Nur einer hörte die letzten Worte kaum noch. Rudi war ohnmächtig geworden.

35

Mitte des Jahres 1947 – das Datum für Balanchines Ball im »Pré-Catalan« rückte immer näher – hatte sich für unsere Familie doch noch alles zum Guten gewendet.

Rudi und seine Familie, die im letzten Augenblick vor der drohenden Repatriierung gerettet werden konnten, hatten inzwischen die britische Staatsbürgerschaft. Wir hatten einen bescheidenen Kredit auf das Smaragdkollier aufgenommen, damit Rudi eine mittelgroße Farm in Brede in Sussex kaufen konnte.

Das Land war gut und fruchtbar, und der schöne alte Besitz lag nur wenige Kilometer von Battle und dem Flugplatz von Lydd entfernt. Rudis Unternehmen warf von Anfang an Gewinn ab. Die drei bildeten eine glückliche Familie, und aufgrund des nahe gelegenen Flugplatzes konnten wir uns häufig besuchen.

Eine kleine Fluggesellschaft namens »Silver City Airways« hatte eine Linie zwischen Lydd und Le Touquet eröffnet, wobei das Ticket pro Person nur 3 Pfund Sterling kostete. Wir konnten also von Paris mit dem Wagen nach Le Touquet fahren, ins Flugzeug umsteigen und waren zwanzig Minuten später in Lydd, wo uns Rudi mit seinem gebraucht gekauften Landrover abholte.

Gleichzeitig trat in Igors Zustand eine sichtbare Besserung ein. Eine vollständige Genesung war zwar ausgeschlossen, und er würde für immer auf den Rollstuhl angewiesen bleiben, doch er konnte Arme und Hände bewegen und lernte wieder, wie ein Kind, zu sprechen.

Eine seiner ersten Fragen galt Anna. Ich berichtete ihm, daß ihr Mann schwer krank sei und es kaum eine Chance gebe, sie wiederzusehen.

»Besser so«, lautete erstaunlicherweise sein Kommentar.

Und nachdem Inspektor Verron Rudi nichts mehr anhaben konnte, schickten wir Igors Chauffeur nach Avallon, um den Delahaye zu holen.

»Er steht dort wohlbehalten in einer Garage«, erklärte ich Igor.

»Brig – gern – gefahren«, stammelte Igor.

»Du meinst, Brig hat ihn gern gefahren?«

Igor nickte. »Schade – daß nicht hier ist«, murmelte er undeutlich.

Schade? Nach allem, was zwischen den beiden vorgefallen war? Ich traute meinen Ohren kaum. Und dann, ohne sich telefonisch oder telegraphisch anzumelden, erschien Brig eines Tages in Paris.

Als sie das Haus betrat, wo Igor in seinem Rollstuhl saß, den er mittlerweile selbst bewegen konnte, ging sie zu ihm, schlang die Arme um ihn, küßte ihn auf den Mund und sagte: »Liebster! Ich werde mich von jetzt an wieder um dich kümmern.«

Ich, der ich unfreiwilliger Zeuge dieser Szene wurde, war im ersten Moment wie vom Donner gerührt. Aber gegen Brig war wie immer kein Kraut gewachsen.

Schließlich wandte sie sich amüsiert mir zu. »Ich dachte mir schon, daß dich das etwas aus dem Konzept bringen würde. Wie schön, daß dich noch was überraschen kann. Wir müssen uns viel erzählen, und wir werden uns später noch ausgiebig sehen. Nein, geh bitte nicht!«

Dann fragte Brig Igor ohne Umschweife: »Igor, verzeihst du mir?«

Igor nickte. »Du – vergibst mir?«

»Es war alles meine Schuld.« Sie berührte zärtlich seine spröden Lippen. »Wenn du für den Rest deines Lebens eine Freundin und Kameradin an deiner Seite haben willst, dann möchte ich gern in dieses Haus zurückkehren. Und Graf Kornilow kann den Haushalt für uns führen«, schloß sie mit besonderer Betonung des Wortes »Graf«.

Brig hatte sich sichtlich verändert. Sie war weicher und fraulicher geworden, jedoch längst nicht mehr so aufreizend und sexy wie in jenen Tagen in Monte Carlo, als ich eine Nacht mit ihr verbracht hatte.

Während all jener Wochen hatten wir nie den großen Wohltätigkeitsball im »Pré-Catalan« aus den Augen verloren, den Balanchine im Juli geben wollte. Dafür hatte schon Galina gesorgt, die bereits Anfang Juni mit Hugo und Balanchine nach Paris kam, um Balanchine bei den Vorbereitungen zu unterstützen.

Kaum hatten sich die Lattimers bei uns im Haus am Place de Furstenberg eingerichtet – Balanchine wohnte im Ritz – wollte Hugo Igor besuchen.

»Es ist unglaublich. Diese Brig!« berichtete ich dem erstaunten Hugo, als ich ihn in die Rue St. Dominique fuhr. »Sie ist eine richtige Florence Nightingale geworden.«

Hugo hatte in Paris eigentlich nichts weiter vor, als mit Igors Ärzten zu sprechen und sich ein wenig zu erholen. Galina und Balanchine dagegen hatten alle Hände voll zu tun. Sie hatten große Pläne und Ideen, die nun in die Wirklichkeit umgesetzt werden mußten.

»Ich möchte unbedingt etwas tun«, erklärte ich Galina. »Wir besitzen eins der schönsten Smaragdkolliers der Welt, den Schmuck der Zarin, den diese Mama zusammen mit zwei Ohrgehängen geschenkt hat. Ich habe vor, die Ohrgehänge als Preis für die Tombola des Wohltätigkeitsballs zu spenden. Ja, wirklich. Mein Entschluß steht fest. Es wird ein Fest für die reichsten Leute von Frankreich, und das sind all jene, die bereitwillig ein Vermögen für die Chance bezahlen, nicht nur herrlichen Schmuck, sondern auch ein Stück Geschichte zu gewinnen.«

»Das wäre der perfekte Abschluß eines großen Abends«, stimmte Galina zu und gab mir spontan einen Kuß. »Welch ein großzügiges Geschenk! Und jetzt verrate ich dir, daß ich auf diesem Ball in Erinnerung an eine andere Schülerin der kaiserlichen Ballettschule von St. Petersburg, an die große Pawlowa, meine Interpretation des sterbenden Schwans tanzen werde. Und weißt du, wer mich begleitet? Pablo Casals, der Cellist, und Alfred Cortot, der Pianist.«

Schließlich war der Abend des großen Ereignisses gekommen.

Rudi und Natalia waren natürlich mit dem kleinen Nicki aus England erschienen und schliefen in jenem Zimmer, das einmal Lilla bewohnt hatte. Rudi sah blendend aus. Als erstes besuchte er Igor.

»Ah, wir werden die ganze Nacht durchtanzen, was, Igor?« sagte er glücklich. »Ich habe mir sogar einen Smoking geliehen.«

»Dagegen wirkt mein Kleid richtig spießig«, sagte Natalia.

Aber Olga löste dieses Problem. Es war üblich, Modellkleider an berühmte Leute auszuleihen, und es fand sich sofort eins für Natalia – auch wenn es nur für eine Nacht war.

Wir hatten um gutes Wetter gebetet, und unser Wunsch erfüllte sich. Es war eine herrlich warme Vollmondnacht, als die Reichen und Berühmten in ihren Limousinen von livrierten Chauffeuren durch den Bois de Bologne zum »Pré-Catalan« fuhren.

Das »Pré-Catalan«, eine der beliebtesten und luxuriösesten Vergnügungsstätten von Paris, war eine ideale Kulisse für solch glanzvolle Veranstaltungen. Jeder Restaurant-Führer – und die schossen jetzt im Frieden wie Pilze aus dem Boden – lobte von seinem berühmten frischen Lachs bis zu seiner exklusiven Weinkarte und der romantischen Kulisse des Bois de Boulogne einfach alles. Das Restaurant mit seiner großen Bühne und den strahlenförmig angeordneten Tischreihen faßte gut fünfhundert Gäste, von denen jeder einzelne einen freien Blick auf die zentral gelegene Tribüne hatte.

Darüber bildeten die Äste der alten Bäume ein transparentes Dach unter einem Himmel voller Sterne, deren Glitzern sich mit den zahllosen kleinen Lampen mischte, die überall im Blätterwerk hingen.

In der Orchesterversenkung spielte ein Orchester sanfte Musik, während die Gäste ihre Cocktails tranken und mit Hilfe ihrer Eintrittskarten ihre Plätze suchten. Galina würde bei ihrem Auftritt später vom Orchester der Pariser Oper und von Casals und Cortot begleitet werden.

Balanchine, der große Zauberer, hatte nichts dem Zufall überlassen – mit Ausnahme des Wetters, auf das er ja keinen Einfluß hatte. Doch jener Juliabend war perfekt. Und Balanchine hatte persönlich für die Menüzusammenstellung gesorgt. Es gab Borschtsch mit Perouschki, gefolgt von Koulibajaka, Erdbeeren mit frischer Sahne und Champagner der Marke Laurent-Perrier.

»Ich liebe Laurent-Perrier«, erklärte Balanchine und prostete mir zu. »Trinken wir auf Ihren Vater, Fürst! Er hat, soviel ich weiß, keinen anderen Champagner in seinem Haus geduldet, nicht wahr?«

»Keinen anderen«, stimmte ich lächelnd zu.

»Arme Galina!« Balanchine seufzte. »All der herrliche Champagner und das ausgezeichnete Essen – und sie kann erst nach dem Auftritt darin schwelgen.«

Dann war es halb zehn.

»So, jetzt bin ich dran«, sagte Balanchine und bahnte sich den Weg zur Bühne, wo er vor dem noch geschlossenen Vorhang stehenblieb. Das Orchester spielte einen Trommelwirbel.

Als dieser verklungen war, rief Balanchine auf russisch: »In diesem Wein und Brot liegt der Frieden Gottes!«

Dies war ein altes russisches Tischgebet.

Dann fuhr er fort: »In zehn Minuten wird das Abendessen serviert. Aber ich schlage vor, wir erheben zuerst unsere Gläser und trinken auf die Stars des Abends: Galina, Cortot und Casals!« Rechts und links neben der Hauptbühne waren zwei kleinere Podeste aufgestellt worden. Auf dem einen stand ein Flügel, auf dem anderen nur ein Stuhl und ein Notenständer. »Nachdem Galina, begleitet von Cortot und Casals, für uns getanzt hat, wird das Orchester der Oper von einer Tanzkapelle ersetzt. Als weiteren Höhepunkt des Abends darf ich die Tombola ankündigen, bei der die Smaragdohrgehänge gewonnen werden können, die zum berühmten Smaragdkollier gehören, das die letzte Zarin der Mutter des Fürsten Korolew geschenkt hat. Fürst Korolew hat den Schmuck freundlicherweise gespendet. Bis dahin allerdings wünsche ich erst einmal guten Appetit!«

Balanchines leichte Verbeugung war das Signal für die Ober, die plötzlich von überallher ausschwärmten wie emsige Bienen. Der Service im »Pré-Catalan« war berühmt. Alle fünfhundert Gäste schienen gleichzeitig bedient zu werden. Und hinter jedem Ober stand der Weinkellner, der dafür sorgte, daß die Champagnergläser stets gefüllt waren.

Schließlich wurde Kaffee serviert. Die Ober kehrten Krümel von den Tischen und überdeckten fleckige Stellen mit frischen Servietten. Es wurden Kognak und Petits fours aufgetragen.

Nachdem für alles gesorgt war, verschwanden die Ober beinahe lautlos, und es legte sich erwartungsvoll knisternde Stille über die romantische Kulisse. Die Lichter gingen langsam aus, und der Vorhang hob sich. Die Bühne dahinter lag im Dunkeln. Als die Geigen des Orchesters leise einsetzten, erhellte sanftes, bläuliches Licht die Bühne, in das sich allmählich kranzartig weiße Reflexe mischten. Dieses Lichtspiel setzte sich mehrere Minuten lang fort, bis die Geigen verstummten, das Licht sich klärte und Casals Cello pianissimo einsetzte. Ihm folgte Cortot auf dem Flügel.

Wie aus heiterem Himmel, beinahe so, als sei sie aus dem Bühnenboden gewachsen, war Galina da, und ihre Bewegungen waren im ersten Augenblick nicht von den sich beruhigenden Lichtreflexen zu unterscheiden, was zum Teil auch an ihrem Kostüm lag. Dieses Kostüm hatte ein Schüler des Ausstatters bei Diaghilew, Léon Bakst, entworfen und dabei die üblichen Federn durch Tüll ersetzt, der Galina so weich und fließend umschloß, daß sie in keiner Bewegung behindert schien, ja, sich beinahe schwerelos fortbewegen konnte. Ihr schlanker Körper schien beinahe von innen heraus zu strahlen, und ihren Bewegungen haftete fast etwas Überirdisches an.

Als die kraftvoll dunklen Töne des Cellos verklangen, schien in Galina ein Stimmungswechsel vorzugehen. Die Harfe aus dem Orchester nahm die Melodie des Klaviers auf, das Licht erhielt einen silbernen Glanz, in dem Galina mit erhobenen Armen und gespannter Körperhaltung der Leidenschaft ihres Flehens Ausdruck verlieh. Ich hörte, wie das Publikum plötzlich den Atem anhielt.

Und als der Höhepunkt der orchestralen Begleitung verklang, sorgte die Musik von Saint-Saëns erneut für einen Stimmungswechsel, das Licht nahm die ursprüngliche Tönung wieder an. Casals Cello setzte ein, gefolgt von Cortots virtuosem Klavierspiel.

Galina schien sich völlig in sich zurückzuziehen. Ihre Arme sanken an ihre Seiten, und als die Musik verstummte, glitt sie wie ein wesenloser Schleier zu Boden. Ihr Kleid umschloß ihren Körper wie Blütenblätter, sie hatte Kopf und Nacken zur Brust gewölbt.

Taschas Wangen glänzten neben mir von Tränen, und ich kämpfte selbst mit den Empfindungen, die Galinas Tanz in mir aufgewühlt hatte. Das Licht ging aus. Einen Augenblick lang herrschte völlige Stille. Dann brauste tosender Beifall auf.

Nur wenigen im Publikum war wohl bewußt geworden, daß Balanchine für den mittleren Teil seiner Choreographie eine andere Musik benutzt hatte, nämlich die einer Oper von Dvorčak. Und auch ich hätte es niemals erfahren, hätte Galina mir diesen Kunstkniff nicht verraten.

Immer wieder mußte sich der Vorhang angesichts des rasenden Publikums heben, und Galina verbeugte sich Hand in Hand mit Cortot und Casals, bis endlich die lauten Rufe »Balanchine! Balanchine!« auch den großen Choreographen auf die Bühne zwangen.

Schließlich vererbte der Applaus, die Unterhaltung wurde wieder aufgenommen, Teller klapperten, und Gläser klangen, als man sich zuprostete. Das Orchester der Oper hatte der Tanzkapelle unauffällig den Platz geräumt, und vor dem geschlossenen Vorhang stand erneut Balanchine.

»Meine Damen und Herren«, sagte Balanchine. »Ich habe nun die große Freude, Ihnen einen Mann vorzustellen, den Sie sicher kennen. Es ist der Sohn unseres letzten Doyen der russischen Gemeinde in Paris – Fürst Nicki Korolew, der Patensohn des letzten Zaren.«

Ich war auf den Auftritt natürlich vorbereitet. Balanchine umarmte mich kurz und ließ mich dann auf der Bühne allein. Ich trat ans Mikrophon. »Meine Aufgabe ist schnell beschrieben, meine Damen und Herren. Wie Sie wissen, haben Sie alle sehr großzügig für die Tombola gespendet, deren Hauptgewinn die Ohrgehänge des Korolew-Schmucks sind.« Niemand hatte die Stücke gesehen oder vielmehr erkannt, denn noch zierten sie zur Vervollständigung des Korolew-Kolliers Taschas Ohrläppchen.

Es entstand eine Pause. Zwei Ober brachten eine Trommel auf die Bühne, die ich vor aller Augen zu drehen begann, um die Lose zu mischen.

Mit erhobener Hand bat ich schließlich um Ruhe. »Diejenigen, die heute abend in der Nähe meiner Frau sitzen, haben vielleicht bereits bemerkt, daß sie das Smaragdkollier der Korolews mit den passenden Ohrgehängen trägt. Ich bitte meine Frau nun, auf die Bühne zu kommen, damit alle – ein letztes Mal – diesen herrlichen Ohrschmuck, einst im Besitz des Zaren, sehen können. Sobald der Name des Gewinners fällt, wird meine Frau die Ohrgehänge abnehmen und sie dem Gewinner persönlich anlegen.«

Beifall brauste auf. Die Spannung im Publikum schien beinahe greifbar. Schließlich würde einer der Gäste eins der berühmtesten Schmuckstücke der Welt gewinnen.

Tascha betrat die Bühne. Sie schien mir an diesem Abend in ihrem schulterfreien Abendkleid und mit den funkelnden Smaragden um ihren schlanken weißen Hals schöner denn je. Die Stelle, an der sie stehenbleiben sollte, war durch ein weißes Kreuz markiert. Als sie diese erreichte, richtete sich ein greller Scheinwerfer auf ihr Gesicht.

Wie ein Aufschrei ging es durch das Publikum, denn der Schmuck funkelte in nie geahntem Feuer, und Tascha berührte leicht die Ohrgehänge, um die Aufmerksamkeit aller darauf zu lenken.

Erneut bat ich um Ruhe. Tascha griff in die Trommel und zog ein Los. Atemlose Stille herrschte, als sie laut verkündete: »Der Gewinner der Korolew-Ohrgehänge ist – Losnummer 387, und daneben steht nur ein Name: Giselle. Würde diese Giselle bitte zu mir auf die Bühne kommen, damit ich ihr die herrlichen Smaragde persönlich anlegen kann?«

Wir brauchten nicht lange zu warten. Von einem der langen Tische schallte ein Freudenschrei herüber, und ein kaum zwanzigjähriges Mädchen sprang, ein Los in der Hand schwenkend, auf. »Das bin ich! Ich bin es!«

Sie lief durch die Tischreihen auf die Bühne zu. »Ich habe gewonnen!« rief sie überglücklich, halb weinend, halb lachend.

Ich hatte nicht die geringste Ahnung, wer diese Giselle war. Als sie atemlos die Bühne erreichte, keuchte sie: »Es ist einfach wundervoll!« Und dann gab sie mir einen Kuß.

Tascha nahm die Ohrringe ab und legte sie dem jungen Mädchen an. Anschließend erklärte uns die Gewinnerin, daß sie Giselle de Contades und Studentin der Sorbonne sei. Ich verkündete anschließend laut ihren Namen, gratulierte ihr, und sie verließ die Bühne.

Gerade als ich so schnell wie möglich abtreten wollte, um den Tanz zu eröffnen, wurden mir zwei Zettel gereicht. Einer war von Olga.

Ich bat um einen Trommelwirbel und verkündete dann: »Meine Damen und Herren! Die berühmte Modedesignerin Olga hat eben einen zweiten Preis gestiftet. Sie erklärt sich bereit, für die Gewinnerin ein Kleid aus ihrer neuesten Kollektion zur Verfügung zu stellen.«

Beifall begleitete Taschas erneuten Griff in die Los-Trommel. Die zweite Gewinnerin war eine Französin, deren Name mir zwar nichts sagte, die jedoch ebenso glücklich und aufgeregt war wie das junge Mädchen vor ihr.

Alle nahmen an, daß dies das Ende der Tombola sein müsse, doch das war ein Irrtum.

Es war mir beinahe peinlich, die Tanzkapelle erneut um einen Trommelwirbel bitten zu müssen, doch schließlich verschaffte ich mir zum letztenmal Gehör.

»Meine Damen und Herren, ich darf Ihnen einen weiteren Preis ankündigen«, begann ich, und diesmal war ich wohl aufgeregter als alle anderen. »Graf und Gräfin Trepow – den Mitgliedern der russischen Gemeinde wohlbekannt –, also der Herr im Rollstuhl dort drüben und seine Frau, haben sich entschlossen, der russischen Gemeinde von Paris ein erstaunliches Geschenk zu überreichen.«

Ich legte eine Kunstpause ein, um die Spannung zu erhöhen.

»Die Trepows haben ein Gebäude neben der neuen medizinischen Fakultät der Universität gekauft und stellen das nötige Kapital zur Verfügung, um dort ein russisches Zentrum einzurichten! Ich schlage vor, wir erheben alle unsere Gläser auf den Graf und die Gräfin! Es ist das wunderbarste Geschenk, das wir uns denken können.«

Brig stand hinter Igors Rollstuhl, und als er leicht die Hand zum Gruß hob, gab sie ihm einen Kuß. Es war eine sehr gefühlvolle Geste.

Schließlich spielte die Band erneut zum Tanz auf, und da Tascha und ich noch immer auf der Bühne standen, eröffneten wir das bunte Treiben.

»Bezauberndes Wesen«, flüsterte ich und küßte Tascha zärtlich auf die Schulter, während wir uns eng umschlungen zu den Klängen eines Slow-Fox bewegten.

»Und du bist ein wunderbarer Ehemann«, erwiderte sie lächelnd. »Ich kann dich jetzt nicht küssen. Das schickt sich nicht. Aber später, heute nacht … Na, du weißt, was ich mir erhoffe.«

»Es dauert nicht mehr lange.«

»Ich liebe dich, mein Fürst – auf ewig.«

Und so endete jener schillernde Abend, der uns immer in Erinnerung bleiben sollte. Für uns Korolews und viele andere russische Emigranten in Paris gab es neue Hoffnung auf die Zukunft. Unsere Schicksale waren eng mit den Wirren des Krieges verbunden, doch das gute alte Rußland bewahrten wir stets in unseren Herzen.

Nacht und Sterne verschwanden. Die Dämmerung erschien wie ein sanftes Leuchten am Horizont, und als die Vögel in den Bäumen zu zwitschern begannen, kehrten wir heim in unser Haus.